U0137732

刘小枫　主编

尼采全集
注疏版

朝霞

尼　采（F. Nietzsche）◎著

田立年◎译　刘丽霞◎校

华东师范大学出版社

·上海·

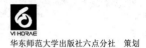

华东师范大学出版社六点分社　策划

出版说明

汉语学界过去几十年围绕尼采的翻译、研究和出版，已相当可观，累积的成果足以支持编辑出版"汉译尼采全集"，为尼采思想学术研究开新。

"尼采全集"编辑说明如下：

1. "尼采全集"收录尼采已发表的全部著作，亦选编其未刊文稿。

2. "尼采全集"的翻译，以 KSA 版为底本（其原文页码作为编码随文用方括号注出，便于研读者查考），广泛采纳德、法、英文本的校勘性和解释性注释，如不同版本的注释有重复，则存德文版注释，去重复注释。

3. 除以上权威版本的注释性材料之外，亦辑译其他研究性注释，必要时增补中译者注或按语。

4. "尼采全集"基于"经典与解释·尼采注疏集"的既有成果和经验，收入"全集"时，对已出版的译本，要么经译者重新校订、增补注释；要么重新翻译，力求传达汉语学界对尼采研究理解的进阶。个别尚未出版的,推举新人新译。

尼采的书好看,却实在不容易读懂,而精准翻译和把握其思想要义则更难。新版"尼采全集"是汉语学界尼采研究学者和德语学者通力合作的结果,每位译者都有很好的翻译经验——这并不意味着译本无懈可击。编译者的心愿是:为尼采著作的汉译提供一种新的尝试。

刘小枫

2021 年 8 月

目　录

KSA 版编者说明

"我探索我自己",赫拉克利特如是说。我们在《朝霞》中看到的,是这一热烈赫拉克利特总结的游吟诗人的变体(die rhapsodische Variation)。在思考他自己的过程中,尼采发现了世界;对他所解说的一切事物,他都在上面打上了他自己的印记,他作为认识者(Erkennenden)的印记。但是,谁若按部就班地将本书作为循序渐进的系列考察来读,他就还没有参与尼采的自我探索——这种接受是天真的(naiv)。当我们带着语文学家的声名狼藉,在这本著作的准备材料中翻腾,我们首先看到的是一个个彼此没有任何可见关联的光辉闪烁的认识,然后看到作者努力在一种炼金术的过程中将它们熔化为文本。在对这些格言进行各种编辑和结构调整之后,它们开始呈现出出版物的模样。从这时开始,尼采的自我探索被加以掩盖,一再被秘密掩盖,被一种艺术家本能、一种艺术性欺骗加以处理,而天真的读者以为这本著作就是像他们读到的那样形成的,他们显然比聪明的读者更好对付、也更安静;聪明的读者闯入内心认识过程的迷宫,希望将它们向全世界公布出来。因为说到艺术,正是尼采自己,在这本书中,也呼唤我们去怀疑:"最让艺术家、诗人和作家们害怕的眼睛:它看穿了他们的小把戏,[……]知道他们如何渴望以很少货色换取很多东西……"(节 223)

但是,深入挖掘认识的内心源泉,离开真实(Wahrheiten)猛然上升,渴望掩盖这种真实,给它们掺入一点毒品,一种"小把戏"——这正是尼采魅力之所在:让读者知道这一切是好的,因为他必须学会接受尼采,同时又防备尼采。此外,这里也正是对认识进行教育的地方。如果我们至少了解到,我们在此涉及的是理解和把握世界上所有事物的一种完全独特的方式——即自我探索的方式——如果我们开始发觉,所有确信(Uberzeugun-gen),而不仅仅是道德确信,都已经被扫除,那么这就足够了——对天真读者和聪明读者都如此。

在《人性的,太人性的》中,尼采让我们看到了一种源于直觉的科学,在《快乐的科学》中则给我们展示了一种科学,这种科学的关键在于将自己与诗歌等同;在这里,在《朝霞》中,他提供给我们一种内容缤纷和流动的科学;这些内容不属于政治和国家事务,与哲学家和艺术家也只有很少的关系。心灵,人的欲望(Trieb),这就是主要研究内容,尼采习惯于称之为道德思考或心理学。在此有必要举例说明,必须为本书中的"科学"一词提出哪些最重要辩护。在节 76 中,关于基督教对于情爱(Liebe)

的毁谤以及有关谈论的增生，我们读到："但是，爱若斯
(Eros)的这种魔鬼化最终以喜剧收场。［……］以至于，
直到我们目前这个时代，爱情故事仍然是所有阶层都能
同等地带着一种夸张的热情乐之不疲的唯一事物，这种
夸张的热情对古代人来说是完全不可理解的，在未来的
人看来也将是可笑的。"我们的文化的所有作品，尼采接
着说，无论是最高级的还是最低级的，"特点都是，爱情故
事在其中作为主要故事以无节制的重要性登场"。我们
在此看到"科学"的一个完美例证，这种科学既不需要广
泛的材料收集，也不需要对其研究对象的时空界定，或者
一种严格的归纳或演绎方法，作为其前提。它唯一地和
单独地只与一种直觉相关，这种直觉基于一种正常的、直
接的或间接的经验。如果我们希望以某种方式界定它
们，我们可以称之为历史直觉(historische Intuition)，因
为在这里，对过去(基督教世界观)的一种判断使对当代
(19 世纪社会)的一种评价成为可理解的。但是从整体
来说，事情在根本上甚至是更多层次的，因为与这一主题
结合在一起的是两个更广泛的评价：一个更遥远的过去
(古代)的评价和一个还不确定的未来的评价，在这件事
上，古代处于头两个判断之外，实际上完全不知道它们是
什么意思，而未来则会嘲笑它们。这是关于历史(Histo-
rie)的反历史的"科学"。为了认识其烛照力，我们不妨
在尼采之后一个世纪看一下有关现象：当年所谓"爱情故
事"者，今天岂不是性欲(Sexualität)和色情(Erotik)吗？

节 254 提供给我们一个关于直觉的例子，人们不能

称它为"历史的"，它甚至也拒绝被冠之以"科学"之名：
"诗人天性中既出众但又危险的是他那淋漓尽致的想象
力：对于行将到来或可能到来的一切，想象力都预先领略
了，预先品尝了，预先忍受了，而在事件和行为的最后时
刻，它已经厌倦了。"将这种写作方式称为心理学，岂非像
是一种贬低？如果是心理学，那么，使它能作出这样一种
结论的重复性经验和行为规则又是什么？在此作为观察
对象的是一独特的唯一的心灵，也许，是正在写下这话的
人的心灵，成了他自己的激情的对象。

如果这一直觉抗拒任何将其标记为历史的、美学的或
心理学的企图，抗拒任何亲密接近，那么，关于下述一种人
性地加以解释的自然景象的背后含义，我们又该如何理
解？"大海躺在那里，苍白而闪烁，它不能说话。［……］但
是，自然，我可怜你，因为你不得不沉默，即使仅仅是你自
己的恶毒捆住了你的舌头：是的，我因为你的恶意的缘故
而可怜你！［……］我心再一次充满［……］它享受自己的
沉默所有的甜蜜的恶意。"（节 423）但是，尼采的全部生活
就是一种"言"（Reden）！所以他将他的说（Sprechen）感觉
为好（Güte）而将自我隐藏感觉为恶意。尼采断然拒绝这
一企图：即对这样一个世界进行一种道德解释，在这个世
界中，启示、表达、语词获悉了行动的位置。

如果所有这些都切合实情——对此我们还可以引用
更多的格言——那么，关于将《朝霞》看作一部启蒙主义、
理性主义和实证主义作品的流行见解，我们又当作何论
呢？确实，在这部著作中，我们可以看到很多反对迷狂

(Ekstase)、幻觉（Gesichte）、迷醉（Rausch）和苦思冥想（kontemplative Versenkung）的说法。但是我们必须注意，不要忘了关于艺术性欺骗所说过的话。尼采在此所描述的科学，与人们通常所理解的"科学"相反，但是，他以正当的信念坚持使用这一语词，因为他想借此附带指出自我否定的禁欲主义激情，指出与他的本能天性相反的被理解为与根据和论证等同的客观性。在此事上，他的榜样是修昔底德，修昔底德在感到同情时即不做认识。因此我们看到，尼采力图甚至不时给予基督教以赞扬和承认。但是，有时他以过于草率的方式应用这种反转技术（Umkehrungstechnik）：我们于是吃惊地听到，他如何开始为辩证法——他一向以来的恶梦——唱颂歌：如果我们听到叔本华为黑格尔唱赞歌，我们就会这样吃惊的。无论如何，我们在节 544 中确实读到："我清楚看到，我们今天爱好哲学的青年[……]从哲学中所要求的，与希腊人曾经从哲学中接收到的，正好相反。谁从没有听到过一场柏拉图式对话中双方的演说和反驳所引起的不断欢呼声，谁从没有听到过为理性思维的新发明而响起的欢呼声，他对柏拉图，对古代哲学，又理解些什么呢？当时，[……]在进行严格而清醒的概念、概括、反驳和限定的游戏时，灵魂充满了醉态。"我们不能相信我们的耳朵，但是尼采不肯停下来："只有苏格拉底才发现了[……]魔力，原因和结果的魔力，根据和推论的魔力，我们现代人对这种逻辑之作为必需品如此习以为常，我们已经养成了以逻辑为必需品的习惯，以至于它变成了我们的正常趣味，而对于那些贪婪而自负的人来说,它却必是一种可恶的乐趣。"

　　阅读尼采这个时期的遗稿(参第 9 卷),我们发现尼采紧张地致力于世俗权力问题,特别是政治权力。大量的片段表明他对拿破仑和保罗的关注。但是,其中只有极少重新出现于《朝霞》中,因为主旋律是启蒙:"国家尽可能小为宜!"(节 179)认识在此被提升为最高的生命价值,所以尼采与相反价值战斗,与行动战斗。因为行动将被按照认识的标尺衡量:"[……]所有行动根本上都是陌生的"(节 116)。但是,认识对于行动的优先性不仅仅是思辨的,而且也被看作是确实无疑的;此外它也涉及一种道德上的优先权:"因此,行动欲也许骨子里就是一种自我逃避?"(节 549)

Pütz 版编者说明①

  《朝霞》出版于 1881 年，1887 年重新出版并增加了一篇前言。在著作史上，《朝霞》位于《人性的，太人性的》卷二②(1880)和《快乐的科学》(1881)之间。《朝霞》分为五卷，由长短不一的段落组成，少则一两行，多则一两页，甚至偶尔长达三页以上。该书比较详细的部分，特别是前三卷，看上去就像是随笔式的短文，但其思想风格是钩玄提要的而非巨细无遗的。在随后的部分中，特别是在第四卷中，每段要更短一些，带有圣经经文的思想风格。在寥寥几个句子甚至单独一个句子结构而成的格言中，论题得到集中和强调，好像短文被压缩了，最后只剩下精华。

---

  ① 本书根据 Friedrich Nietzsche, Morgenröte, Goldmann Klassiker 1998 年版译出，编者说明和注释均为波恩大学古典语文学教授佩特尔·普茨(Peter Pütz)教授撰写。

  ② [译注]卷二包括《意见与箴言集锦》以及《漫游者及其影子》两部分，初版分别诞生于 1879 年 3 月和 12 月。

前　言

在尼采于 1886 年秋为《朝霞》新版所写的"前言"中，随笔风格超过了格言风格。"前言"中所有的段落都比较长，在印刷形象上与此时正在酝酿形成的《善恶的彼岸》(1886)和《道德的谱系》(1887)等晚期作品一致。比外在形式上的一致更明显的是内容上的亲和性:《朝霞》初版中已经存在的副标题"关于道德偏见的思考"为(19 世纪)80 年代后半叶的道德分析和道德批判打下了基础。作于同一时期新增的"前言"强调这一联系，使《朝霞》成为随后探讨善恶的谱系学的预演。为了发掘当代占主导地位的道德被掩埋的根源，需要井下作业，需要下降到大地深处，需要像鼹鼠一样打洞、挖沟和破坏——这就是塑造"前言"头两段风格的图像和思想。它们预示了福柯的知识考古学和价值考古学的开端及其工作方式。

针对发掘善恶之基础和深渊(Abgünde)的努力，占主导地位的道德一直都有效地加以抵制——与其说凭借它权威式的残酷无情，不如说多亏它的劝说、鼓动和施魔术。它带着禁欲主义的拒绝的激情抵制一切感官和本能诱惑，其实不过表明自己才是最无耻的诱惑者。恰恰在那些打算从崇高的原则中搞出自己的合法证明的道德哲学家那里，它不利用精神上的努力，而是利用它的毒素的难以抵抗的权力。人们在道德上中毒，就好像被蝎子蜇了，又好像被毒蛇咬了，或者被喀耳刻施了魔法(前言节

3）。自柏拉图以来，真理之友们就一直努力于给道德提供一个有保障的、由理性新造的基础，以便像康德那样，"为宏伟的道德大厦平整和夯实地基"（前言节 3），但又一次次白费力气。于是他们事先让理性经受原则上的检验，限制其范围，以便在其外留下一块甚至不需要任何基础的飞地。对道德性（Moralität）和信仰的被圣化的狂热所进行的任何怀疑，他们都以这种方式不再给予它们以基础。无论涉及的是信仰优先于知识，还是实践理性优先于理论理性，在每一种情况下，脱离理性都导致对那些既不能证明也不能反驳的东西的神化。这种两个世界的学说，自柏拉图始就统治着路德、卢梭和康德，它采取了自然与道德、认识与信仰二分的形式。尼采认为，在黑格尔关于根本矛盾性的原则中，这一学说仍然在起作用。黑格尔的原则同样是从对立双方不可调和这一悲观主义见解中成长起来的。

那么，又是什么推动"鼹鼠"穿过层层遮掩，追踪传统价值评价的可疑起源？是什么让鼹鼠不得安宁，驱使它离开被误以为踏实的地面，离开表面，下降到深处？尼采承认，仍然是道德性的毒刺，但这一次却不是为了某种确定的伦理准则，也不是为了某种真理的虚荣，而是因为某种不能止息的知识良心这样命令，某种对于不再值得承认的任何东西的否定意志这样命令——即使要否定的是一个人独特的自身和他的诸问题之间变得可疑的同一性。对于知性激进化的这种热情仍然来自悲观的道德主义，后者既不引诱人走向令人瘫痪的听天由命，也不引诱人走向理想化同时也是压抑性的升华。相反,它使人沿着勘测的迷宫幽径"快乐地"不断追寻,因为在追求知识的意志中,意愿与认识之间的分裂被扬弃了。当尼采因此夫子自道,承认"道德的自我扬弃"这一"公式"时(前言节 4),其中包含着一种——不仅仅是黑格尔意义上的——多重的含义。首先,扬弃意味着,关于善恶的传统学说被否定了;其次,这种学说应该在另外一个意义上,一个不是更高但却更深刻的意义上,推动人们反思道德的前提条件,并因此得到了保存(扬弃);第三,这种新型道德性甚至追求自我扬弃,因为它力图克服善与恶、此岸和彼岸以及特别是意愿和知识之间的矛盾。《朝霞》的格言式思考即由此开始。

格　言

"格言"(aphorismus)一词来自希腊文动词 aphorizein,意为"划清界限"。因此,格言的使命似乎就是:做出界定,通过标出某一现象的特异之处,而将其从其所从属的一般存在中分离出来。然而,实际上,格言的目的不在于形式逻辑上的确定,而在于与迄今一直被认为真实的东西"划清界限"。对于这些一直被认为真实的东西,格言将检验它们,将它们放到新的光线下,予以批评,必要时予以纠正。与格言不同,俗语(Sprichwörter)在其应用的文本联系中起证明作用,被安排在讲话中确定的位置,经常构成某一修辞性阐述的顶点。当俗语完全结束了某一思想进程时,格言却正好刚开始某一思想运动。
"烫过的孩子怕火"这样的短语建立在长期经验的基础
上,其有效性被认为已经得到证明,并且还会得到大多数
人的不断证明。以这样的方式得到承认的一种真理很快
就使自己成了多余的,变成了老生常谈。与此相反,格言
背离习惯,打破常规,带着对习惯和常规特有的反叛推陈
出新。由于格言谋求通过语言耸动视听,它看上去与小
说或奇闻异事有某种共同性;而由于格言的风格咄咄逼
人,它与戏剧性演讲和反驳近似。格言完全不是现成的、
可以信手拿来和容易掌握的,所以对于它的听众和读者
来说,格言是不轻松的,他们得经过艰苦努力才能理解。
它并非易记好懂,而是要求思想者费力钻研。

　　从许多方面来看,格言都是颇为主观化的。如果说
俗语的来源大多是无名氏,那么,格言则对抗已经确立的
一致意见,来源于一个具体作者,并且决不否认作者独特
而任意的思想方式以及感受方式。格言的内容不是建立
在某种可以客观化的认识之上,而是建立在单个人的经
验和认识之上。格言因此不是某一共同体、某一阶层、民
族或文化阶段的智慧的表达。同样,它也放弃了流行的
箴言和警句的那种普遍约束力。格言通过其修辞影响
人,多于通过其逻辑影响人,与其说是在澄清不如说是在
激发,它不是提供让人心满意足的回答,而是通过对问题
的追问始终引起新的不安。正如格言并不宣布任何可以
清楚证明的真理,它也不在任何牢固和清楚界定的体系
中停下来。格言的目的不是构想无所不包的广泛联系,

而是将某一特别方面极端突出出来,从这一特别方面出发,新的光线甚至能够照亮广大范围的问题。

格言放弃了认识整体性的联系,这经常被看作是一种危机的征兆。要么人们相信作者能力有限,最多只能在一些短小的形式方面有所创造,要么所有偏爱格言的时代都被视为深刻动荡和急剧衰落的时代。当然,在所有时代都存在着解体和转化。但除此之外,在格言的繁荣和特定历史时期之间也确实可以看到某种亲和性:这些时期不是将继续发展和总结已经取得的东西作为其目标,而是更愿意与过去划清界限,决定性地开启新的开端。每当针对传统价值和现行规范的怀疑兴起,对于过去体系的攻击往往不是表现为一个相反的新体系,而是将格言和随笔作为投枪和匕首,用它们来攻击和杀伤敌方的要害。就此而言,无论启蒙思想家(利希滕贝格)、早期浪漫派(弗里德里希·施莱格尔①、诺瓦利斯),还是尼采,其战斗目标都是差不多的。因此,尼采在《朝霞》中呼吁:"小心体系制造者!——出现了体系制造者的表演:他们想完成一个体系并使之圆润,于是他们不得不尝试允许他们的较弱的品质出现在他们较强品质的风格中。——他们想扮演完美无缺的、独特而强大的人物。"(节 318)

————————————

① [译注]弗里德里希·施莱格尔(Friedrich Schlegel,1772—1829),施莱格尔兄弟中的弟弟,海涅在《浪漫派》中认为他在思想上的成就要大于其兄长奥古斯特·威廉·施莱格尔(August Wilhelm von Schlegel,1767—1845)。

格言作者的个性化与格言的个别化相对应。格言是如此自成一体，并不需要先有一个广泛的脉络联系，然后才能有其意义，才能被理解。俗语和警句只有在一个具体的语境中才是合适的，并且依赖于这一语境，因为它们只有在这一语境联系中才能兑现其意义，而格言则是自为自立的。格言是个别化的，而其对读者的影响也是个别化的：格言谁都可以读，但只有少数人能理解；格言不是大众化的，而只属于有识之人。格言孤悬于文本脉络之外，并对读者有独特而苛严的要求，这与格言在内容和形式上的排外性如出一辙。为了不成为其最凶恶敌人即陈词滥调的牺牲品，格言需要高超的艺术技巧和精深的修辞造诣。单调乏味的声言，正如所有肯定的判断，都是格言要避免的。与此相反，为了出人意料地打开多重复杂和隐秘的意义维度，格言采用了所有可想象的手段：对照和反转，矛盾和悖论，令人震惊和引发感应。

尽管格言自成一体，对一个更广大的语境漠不关心，同样也不知广大读者的多数意见为何物，它却很少是孤立存在的，而是通常都处于更大的集合之中。一条格言总是被与其他格言一起印刷和阅读，但这并不妨碍这条格言的独立自主，因为它完全也可以不与这些其他格言一起出现。另一方面，由于格言有意追求主观性，并且只是一些吉光片羽，从一个不同的立场出发继续下去或进行反驳，使其得到完善或着手相反的构思，乃成为其必需。彼此并列、经常互相争论的格言乃是一些尝试，试图通过不断更新的思考透视性地把握认识对象。不是由于某一格言作者能力不足,也不是由于某一时代丧失了创造力,而是只有很难认识的问题才要求格言风格,这意味着:格言是不断尝试接近真理的形式,因为每当它走得过近,真理马上就会重新躲开。虽然时至今日,对于启示的信仰,对于传统形而上学的基本原则的信仰,已经不再能为"整全"提供根基,知识碎片化,并在这个过程中甚至欢呼主体性的解放,但是,同时也存在一种倾向,知识试图克服其孤立的存在状态,寻找新的结合形式,但其结果不是任何归纳或演绎体系,而是一组探照灯,它们那既不是完全汇聚也不是完全弥散的光束在茫茫黑夜中搜寻着真理。

道德作为偏见

《朝霞》以"关于道德偏见的思考"为副题,而其 500 多条格言和随笔从不同角度讨论的都是:人们在自身和世界中放置进去了什么,人们使自己和世界臣属于的是什么。因此,正如前言所宣告的,它不厌其烦地讨论善和恶,讨论道德命令以及道德习俗的起源和正当性。个人服从戒律,戒律的绝对优先权对所有人普遍有效,这就是原始时代的社会风俗。与此相反,(基督教的、现代的)道德追求的是一己之出众的个体意识。在尼采看来,由此产生的最有害的就是罚的概念,甚至人的实存也被感受为一种惩罚,"似乎迄今为止支配人类教育的都是狱吏和刽子手的幻想"(节 13)。要打破这样一种道德性,只能寄希望于用疯狂来对抗它；按照古人（柏拉图）的看法，疯狂可以说给这个世界带来了最好的东西。卫道士们确立的道德抗拒任何改变，抗拒任何创新，因而也恰恰抗拒更好的道德："道德使人愚昧。"（节 19）所有在其时代被作为罪犯看待的十恶不赦之人，实际上可能是善的古老道德的粉碎机，在历史进程中可能被作为解放者而宣告无罪。抢先于其晚期的著作《善恶的彼岸》和《道德的谱系》，在《朝霞》中，尼采就已经揭露：占主导地位的道德（例如谦卑和谦逊这样的美德理想）乃是类似动物的适应环境的需求，是文雅的残暴和压倒其他道德的工具。

　　按照副标题，《朝霞》承诺将批判"道德偏见"，但"道德的"在该书的论述中并不限于习惯和习俗，限于善的和恶的行动或行为，而是接近其在 18 世纪的词义，包括不同于非人自然存在和物理存在的全部人类存在领域。同样，"道德的"也不只是与伦理学问题有关，它也与认识论和心理学有关，与宗教和政治有关——一句话，与康德眼中可以成为人类学研究对象的一切有关；这些对象被康德归纳为三个根本的哲学问题（我能知道什么？ 我应该做什么？ 我可以希望什么？）。在尼采关于"人类的教育"（参节 13，这种教育由于受惩罚支配而堕落成了狱吏和刽子手的行当）的讽刺性评论中，随着对莱辛同名作品的影射，18 世纪的一个核心概念出现了。至迟在《朝霞》第三卷中，我们得到了对于值得为之辩护的启蒙运动原则的进一步提示。尼采对 19 世纪前半叶做出总结，看到在德国浪漫派的时代有一些力量在起作用，但它们可能不是推动进步而是走向倒退:哲学家退回到"沉思活动最古老的阶段",历史学家和诗人则退回到往昔的或原始的文化形式,以及民族精神、民族语言等集体现象,自然科学家反对牛顿精神和伏尔泰精神,因此正好有效地和不祥地证实了德国人的反启蒙倾向:"对情感的崇拜代替了对理性的崇拜。"(节197)

然而,在尼采看来,非理性主义可能窒息知识的危险,他所处的时代却得以避免。正是那些从前经常被作为反动力量援军召唤来的精灵,参与了对这一危险的抑制:历史学,历史意识,以及与此相关的、新成长起来的知识热情。尼采没有提到名字,但是人们在这儿很难不想到赫尔德。赫尔德对历史个体性的重要发现,推动了19世纪历史思想的发展。在德国精神历史中,赫尔德长期被看作狂飙突进的奠基人之一和浪漫派的先驱,但是从欧洲的观点看,他又一直被看作启蒙运动观念的坚定捍卫者,《朝霞》作者也是这样看待他的。尼采的历史意识从《朝霞》的每一条格言、每一篇随笔中体现出来,他对文化、国家、价值、宗教、习俗和意见的起源与变迁的判断都充满了历史意识。对于人们变换居住地和景观的需要,对于人们改变自己的观点和性格的需要,有谁曾像尼采这样迫切地加以关注呢? 在探讨人类思想、感受和行动之变迁的精神和物质(如气候、饮食等)原因时,尼采看到了启蒙运动对其时代和未来的遗愿。对此,尼采在任何地方都没有比在《朝霞》中更直言不讳:"我们现在必须继续推进这场启蒙运动。"(节197)随笔和格言,因其偏爱跌宕的转折和新奇的细微差异，而成为服务于这一目的的合适的文学形式。

这种思想方式和描述方式完全是试探性的，它不知疲倦地关注各种经验，就像是一种检测仪器，挡在占主导地位的真理的路上，对它们进行盘问、思考和核查。新获得的认识在证明中找到了反证，在确信中发现了错误。需要不断变换开端和视角，需要多元性，因为"不存在唯一的做知识的（alleinwissendmachend）①科学方法"（节432）。"科学"那为人所着重称道的价值，归因于经验学科的多种和多样性，比如医学、社会学、心理学，特别是对尼采来说重要的"孤独学"（Einsamkeitslehre）（节453）。不管认识是宜人的还是令人反感的，应该使所有深入探讨的手段——无论信仰还是热情，希望还是支配，喜爱还是厌恶——都毫无保留地得到使用。各种极为不同的情感和心理状态，从善意、温柔到凶恶和暴力，都有助于认识不确定性。受其"放肆大胆的道德性"（节432）的驱使，进行认识的探险家们借助于临时的、假设的、可能的和或然性的感受、判断和推理方式，以寻找他们的道路。这导致他们不仅不停地检查人们所认为的真者，更不断考察认之为真的主管机关；不仅不断修改认识成果，更不断批评认识本身。面对某个"我们"的临时性所要求的勇气（节453、501），表明了"建立小型实验国家"的决心（节

———————

① ［译注］尼采模仿 alleinseligmachend［唯一能救世的］生造的词。

453）。目标是所有实验者的团结一致。

《朝霞》全书的最高座右铭是"思想的诚实"（Redli-chkeit）这种道德甚至激情（节370），由于这种诚实，它赞扬可以想到的与自身思想相反的一切，而极少去隐藏它们。这一决心不应为任何顾虑所抑制，也不允许自己惧怕任何失败。这种期冀无所畏惧的意志类似绝对命令的强制力，尼采把它转变为对认识的责任。因此可以说，尼采完全是在启蒙运动的意义上，将道德努力的实践要求与"敢于去认识"的理论要求结合起来了。尼采因此接近了康德的要求：充分运用自己的理性而不是跟在其他人的理性后面亦步亦趋。

然而，知识的这种一发不可收拾的引诱，埋藏着滑落进理想主义的狂热之中的危险。至少可以想到的是，人们也许会将纯粹的认识热情宣布为寻求真理的动力，甚至宣布为寻求真理的法庭。因为知性的激进化禁止自身权利的绝对化，"因此，让我们人道地使用'诚实感'"（节536）。这一自我批评的保留态度从许多来源吸收了营养：首先，可以正当地怀疑，追求诚实是否真的那么纯粹，真的没有利益在背后进行操纵和扭曲同时又隐藏和否认利益的存在；其次，也可以怀疑，要求认识者不可被收买是实际上对所认识的真理有好处，还是隐秘的愿望强加给他的；第三，也会担心，认识的无情和强硬会超出认识者的痛苦忍受能力，因此会错失人类的使命和他对幸福的要求。就此而言，即使是诚实这一诚命，本身也不是什么不可削减的原则，而同样有自我反思的责任。

《朝霞》作为过渡和新开端

纵览尼采的全部著作，可以粗略地将其划分为三个阶段，而在这三个阶段中，启蒙原则并非始终占优势。第一个阶段首先包括《悲剧的诞生》(1872)，以及《不合时宜的沉思》(1873—1876)。在这个阶段，我们看到的是追随叔本华和瓦格纳的批评者和狂热者。尼采这时的反对意见主要指向"理论人"，指向19世纪的学术界，指向德国精神的贫困化，他怀念德国精神往日的力量、生命之充沛和创造性。第二个阶段开始于《人性的，太人性的》(1878)，一直延续到《扎拉图斯特拉如是说》(1883—1885)，虽然《快乐的科学》(1882)已经预示了一种新的转向。在这一中间时期——《朝霞》就属于这一中间时期——尼采与其说作为一个说"是"者，不如说作为一个启蒙运动意义上的怀疑者、心理学家，以及分析家。对于哲学上和科学上的寻求真理来说，最高的标准是知性的诚实，它必须禁止自己顾及任何伤害，无论是对思想者的伤害，还是对被思想者的伤害。在这个阶段，学者的身份高于艺术家，尼采无论在音乐上还是在个人关系上都越来越远离瓦格纳。艺术家可疑的此在激起了心理学上明察秋毫的批评家的不信任。尼采在《人性的，太人性的》中声称，艺术只具有一种中间人功能，帮助我们从宗教过渡到一种"真正具有解放作用的哲学的科学"中去。①　在另外一个地方我们甚至读到："科学人是艺术人的进一步发展。"②然而,在以《扎拉图斯特拉如是说》开始的第三阶段,尼采试图克服认识的那种不计任何代价求真理的激情。"权力意志""同一物的永恒复返"等宏大主题取代了启蒙思想者的怀疑主义。在说"是"的扎拉图斯特拉之后,价值重估开始,尼采的伟大形而上学开始。艺术重新被恢复名誉,并作为肯定性甚至唯一激发性的生命力量,获得了一种超越一切的地位。

我们刚刚勾勒了尼采思想的发展阶段。但是,如果更仔细地观察尼采的思想,我们却很难清晰地描述这些不同阶段的边界,甚至无法前后一致地描述它们。然而,在扎拉图斯特拉的演讲中,这些发展阶段却装扮成寓言显现出来。演讲一开头就这样说:"我要对你们说精神的三种变形:精神如何变成骆驼,骆驼如何变成狮子,狮子最后如何变成孩子。"③在寓言中,骆驼是传统之重担的不辞辛劳的负载者,是一切文化成就的保管人,细心看护和传承文化的珍宝。随后骆驼驮着珍贵的重担进入沙漠,在那里变成了食肉动物狮子,将年高德劭的戒律和价值撕个粉碎。《朝霞》扮演了类似狮子的角色,因为它冒失闯入了被视为安全的道德原则猎苑。扎拉图斯特拉说

————————

①　[译注]见尼采,《人性的,太人性的》,第一卷,节27。

②　[译注]见尼采,《人性的,太人性的》,第一卷,节222。

③　[译注]见尼采,《扎拉图斯特拉如是说》,节1,论三种变形。

明了每一个变形阶段所取得的不同成就："创造新价
值——狮子尚无这种能力:但为着新的创造为自己创造
自由——这是狮子的权力所能的。"①分析和解构是中间
阶段唯一能做到的,然而它们通过其否定,有助于为新的
可能性预备基础,在第三阶段上,孩子就可以抓住这些新
的可能性。

被激进化的启蒙

　　食肉动物阶段激进的否定性是否与《朝霞》对启蒙的
着重声明相矛盾?狮子真的会撕碎每一个猎物吗?它不
会放过骆驼驮着的某一部分负荷吗——如 18 世纪流传
下来的价值观念?尼采著作中的诸多矛盾,原则上并不
是如下做法的充分理由,即清除它们以有利于一种令人
安慰的单纯性,而对理性的辩护也的确与对疯狂的颂扬
紧密并存。然而,如果自相矛盾的事物之间的张力,不是
以至少暗示的方式让人看出来,那么,单纯承认矛盾也会
面临被误解为听任思想中断的危险。一方面,在尼采的
著作中到处都会遇到启蒙的主题和倾向,因而遇到神正
论的问题(节91),遇到任何信仰都要被传唤至理性法庭
面前的公设,同时也遇到了所有自由的精灵——若真正
采纳不信神的呼吁(节96)就是所有自由思想者——共

---

　　①　[译注]见尼采,《扎拉图斯特拉如是说》,节 1,论三种变
形。

属一体的世界主义意识。我们一再偶然发现尼采的阅读
成果,他既感谢法国启蒙思想家,但也感谢在精神上与他
有亲缘关系的宗教思想家帕斯卡。尽管完全了解疯狂具
有改变世界的伟大效果,他却不信任迷醉状态(节50),
甚至让"理性的程度"决定创造性的力量(节291)。这种
理性及其知识基础即经验,被提高为"我们内心的神灵"
(节35),而且认识的激情(节327)似乎径直冲进了宇宙
之维,甚至盼望有一天和其他星球上的居民建立联系,以
共同寻求真理。因此,尽管充满怀疑和否定,《朝霞》也为
启程和新开端、为启蒙运动对知识之未来的信念保存了
契机。并非偶然,"朝霞"和"启蒙"都参与了光的比喻的
意义范围,都有"澄-明和开-朗"(Heller-Werden)的开端
和使命。此外,如果想起尼采还不断攻击流传下来但未
经检验的价值评估,以及因权威而被巩固和因个人的懒
惰而被包庇的各种偏见,我们就会回想起康德那劝告我
们要勇敢的著名要求,甚至进一步返回去参照德国启蒙
运动之"父"托马修斯(Thomasius)①的作品:《论偏见》
(1689)。康德在一个世纪之后提出的作为启蒙运动的纲
领的东西,托马修斯基本上已经预先认识到了,因为他探
讨了偏见的两个主要来源,即权威的高压以及贪图舒服

---

　　① ［译注］托马修斯(Christian Thomasius,1655—1728),启
蒙运动早期德国哲学界的重要人物,著名哲学家、法学家。他倡导
科学和普及文化,创办了德国历史上第一本文化期刊——《德意志
学术月刊》,他还致力于推广德语,是第一位在德意志大学中用德
意志方言——即德语——取代拉丁文授课的德意志人。

的诱惑和急躁。托马修斯已经认识到，固定不变的教条和不受控制的情感，乃是独立的认识自觉性之路上最严重的障碍。

因此，一方面，我们在《朝霞》中遇到了一个充满启蒙运动的名称、概念和价值观念的宝库；另一方面，与此相反，骆驼却又必须将自己变成狮子，而在这个食肉动物的欲望面前，没有什么东西能够是安全的，哪怕是 18 世纪的原则。然而，谁若听从尼采后来（1886）撰写的"前言"第五节，并练习作为优秀语文学家标志的"慢"读，谁就不会错过"那些敞开的大门"（前言节 5）。从前的启蒙思想，就是穿过这些大门，从其藏身的住宅中，从自然与理性、思想与行动之间的和谐中走出来，悄悄来到了野外。在广阔无边的野外，在狮子出没的荒漠中，他们开始打猎谋生，同时又不是简单地推进启蒙运动；尽管他们允许启蒙运动为自己提供动力，但又没有仅仅止于效仿启蒙运动。他们常常在相反的方向上追寻其道路，或者走上旁边难以通行的小路，甚至还追踪理性宗教的神灵，从后面攻击他们，指出他们的阴暗面和不真实性。

《朝霞》在形式上追随关于自觉的认识之启蒙运动假设，然而通过把这一假设上升到激进地要求智识之诚实的高度，它对启蒙运动基本原则的内容就不再有任何顾虑，而是让这些内容也重新经受了一种启蒙性批评。因此，它攻击苏格拉底已经为之辩护过的启蒙运动的根本原则：任何认识到善好的人，也必然相应善好地行动。在此，尼采用锐利的现代认识设备看到了将行动和思想彼此分离开来的鸿沟。作为鉴识灵魂的行家，尼采充分了解意志、本能和欲望的特有规律性和执拗任性。尼采在心理学上目光敏锐，超过了18世纪启蒙思想家——甚至也超过了格言作家利希滕贝格（Lichtenberg）①——他不可能不理会，彼此不同和不断变化的各种神经刺激如何变成了表面上自主的理性之"提白员"（节119）。尼采比弗洛伊德领先很多认识到，思想如同梦的含义一样，有其心理学甚至生理学的条件：与停留在表面的清醒意识不同，梦对最隐秘的意志冲动提供了说明，由此产生了对启蒙运动的自由激情以及长期公认的因果规律的深刻怀疑。因此，面对惶恐迷惘者不安的疑问："我在做什么，我全然不知！我应做什么，我全然不知！"尼采以知者的泰然任之回答："你说对了，却不用怀疑：你将被做！"（节120）

　　和弗洛伊德一样，尼采早就认识到了身体和心灵对理性的支配，并且也和弗洛伊德一样，不是赞颂这种支配，而是以彻底的诚实辨识和承认它。对于认识的依附性和可被诱导性的这种自我折磨的认识不正是启蒙的最后胜利吗？尼采不是服务于迷醉之非理性的声明，而是服务于认识思想的界限，但也包括成就：思想甚至能够使自己那模糊的起源变得清晰起来，并由此而不无胜利感地摆脱这种起源。康德在感性和知性的规定性中看到了

---

① ［译注］利希滕贝格（G. Chr. Lichtenberg，1742—1799），18世纪下半叶德国的启蒙学者，杰出的思想家、讽刺作家、政论家，尤其擅长写格言，其《格言集》深受托尔斯泰推崇。

界限；尼采在更深的潜意识（欲望、本能等）和生理学（气候、饮食等）层次发现了这一界限。

尼采以他那既无能为力也泰然任之的供认——"你将被做"——证明自己不仅是心理分析的先驱，而且也是结构主义和新结构主义的问题意识和反思方式的开创者。并非偶然，结构主义和新结构主义的代表人物援引尼采作为其解构尝试的主要证人。列维-斯特劳斯（Claude Lévi-Strauss）似乎就是在继续尼采针对个人主体的同一性甚或其自主性的怀疑，当他在《神话与意义》的导言中提出如下看法时："我觉得自己像一个地点，上面发生了某些事情，但'我'在上面却不是现成的。我们每个人都是一个十字路口，在路口有各种事情发生。路口本身是完全被动的；某些东西在路口发生。"确实，"我"（Ich）之合法性对于启蒙思想家来说就已经是一个问题：从笛卡尔开始，经过德国唯心主义哲学，直到新康德主义和胡塞尔，源远流长。其核心问题之一是：自我（Ego）是如何在意识之流中建构自身或被建构的。在尼采、弗洛伊德那里，在解构主义中分叉的各式各样、绝非同向的潮流轨道，它们的支流早就不再是仅仅由意识来供给的。这并不意味着告别了启蒙问题，反而意味着启蒙问题的激进化。

正如《朝霞》质疑理性的统治权利，正如它使思想和行动主体的自主性甚或同一性成为问题一样，它也动摇了传统的语言理论和认识理论。相信自己可以越过自身感知的内在性，从而深入实在的对象世界，这种信心已经失落了,不单单是因为康德关于自在之物和现象的二分法——它无论如何仍然允许一种主体间的被担保的可靠知识——更多地是由于每一个体的看和思的诠释学。为此尼采用了镜子和牢房的比喻,"我们的理智是面镜子"(节121),它永远不会向我们表明真实的关系,比如原因与结果的真实关系,而始终只表明它的图像。我们试图把握事物本身,最终留给我们的却无非是它的镜像;如果我们反过来想将这一镜像当作可能认识的基础,那么迎面看向我们的又只有来自镜像的事物(节243)。感知对象和感知的反射表面,就像囚犯和看守一样相互依存。可以说,每一单个人类存在都呆在某一囚牢之内,囚牢的墙壁和铁窗限定了他所特有的感知视域:"根本就不存在什么通向实在世界的出口、逃脱通道和隐蔽的小路!"(节117)

　　从语言方面寻求出逃帮助是最没有希望的。因为"语词挡住了我们的去路"(节47)。尼采甚至察觉到了"每个语词背后的错误"(节423)。就这样,尼采从其早期作品《论道德之外意义上的真理和谎言》(1873)得出的结果就是语言批评的开端。尼采的随笔中思想风格和描述风格最深刻也最简练的这篇,其出发点是符号和所指、语词和事物、演讲艺术改换的图像与认识的正确概念之间的传统区分。尼采用另一种不同的语言观来反对这种区分。从一种非反映的艺术本能出发,人类创造了一大堆隐喻和转喻。人类根据自己的感知能力和行动能力,用这些隐喻和转喻来安排世界,以使世界适应他的需要和兴趣。因此，人已经预备好了一切，这意味着对认识的遮蔽式前理解采用了语言地和艺术地组成（或变形）的模式。诸如"理性""科学"和"真理"等概念，都只是一种被规范性地设置的秩序的名称，这一秩序在虚构中的起源被忘记了，也由于习俗和习惯而被压抑了。没有什么能够逃出这种"道德之外意义上的谎言"，因为即使"真理"也是一种虚构。《朝霞》由此得出结论："一切都是比喻说法。"（节 119）

对事物的主体定向的和拟人化的命名方式，没有指示任何道路，以通向事物自在存在着的本质。现在看来，1873 年的这篇早期作品①似乎相信，至少艺术是逃离语言的内在性魔力的一条出路。尽管艺术也使用习俗的图像和概念——它们已经是自我欺骗的结果——图式进行工作，然而它现在又在可自由动用的组合之即兴创作中改变了它们。因此，艺术重新展开了一种虚构，但却是一种二次方的虚构。这种更高程度上的谎言不仅仅是那种已经存在的伪造的一个摹写，它还满足了三方面的认识功能，即便它并没有更接近自在之物的真理。第一，它撒谎，并且知道自己在撒谎。第二，它撒谎不是出于需要，而是出于勇敢的意志，不是为了首先使事物处于它的支配之下，而是因为它已经是支配事物的主人。第三，因为将谎言乘方，它揭露出预先确定的一切是第一层次的非反思的谎言。通过展示一切如何能够完全地不同，艺术

---

① ［译注］指《论道德之外意义上的真理和谎言》。

让人们意识到,由于重复而得到认可的概念世界已经充作真正世界的外观式变形,对真正的世界,我们永远不可能获得一种可靠的认识。

然而,艺术也没有指引走出语言之根本疑难的出路,而是和概念话语一样深深地陷入了问题之中。因为与理论认识、宗教或道德一样,艺术同样很少能够触及世界之真理。最晚从《人性的,太人性的》开始,那就是说随着尼采越来越远离瓦格纳,艺术家也显得越来越像演员,他把人类的宗教和哲学错误搬上舞台,效果显著但却是骗人的。作为不负责任的撒谎者和江湖郎中,他们就像耶稣的门徒们一样,只满足自己自私的需求,在关键时刻睡着了,而不是分担认识的苦难:"思想家能对艺术家说的最痛苦的话莫过于:'你们连片刻也不能同我警醒吗?'"①揭穿科学概念精心编造且化为习俗的谎言,《朝霞》很少把这一任务归于艺术家,因为据尼采的构想,艺术家——自己宣布——也为生命的一切占支配地位的保存条件效劳并听从自身愿望的强制。因此,艺术所创造的,不是它意愿的,而是按照其生理基础的命令,按照其意志的命令必须创造出来的。当被追问其起源的基础和深渊时,艺术也如同语言和概念一样,必须在"侵蚀性"的启蒙之法庭前为自己辩护。

尼采一方面脱离启蒙运动的基本原则,如他对政治

---

① ［译注］见尼采,《人性的,太人性的》,第二卷第一部分,"意见与箴言集锦",节29。

就有一种精神贵族的蔑视,将其看作低等人的一种职业(节179),另一方面,当尼采对人类社会中的边缘群体、少数派和受压迫者给予高度关注并为其仗义执言时,他又遵从18世纪的社会呼吁并将其激进化:他献给犹太人的辩护词(节205),只有莱辛的《纳坦》可与之匹敌。对"工厂奴隶"(节206)、工业工人,尼采发挥了大胆的改革想象,虽然它们也依然那么不现实。尼采不推荐以道德标尺看待被判决者和囚犯(节202),而将其作为生理病人来对待。在所有这些思考中,尼采都坚持忠实于其"蜕皮"意志(节573),重新思考和重新评价的意志:狮子只是撕碎,但还没有创造任何新价值;它的工作就是批评,最好的情况下是带来解放的否定。因此才出现了在书的结尾部分启程的象征与下降的象征相互结合,一首诗的焚烧成了一个新开端的前提,向西的高空飞行指向太阳沉落之处。由此,朝霞最终不也表明自己是一种晚霞?而尼采愿意让我们认识到,"它具有朝霞的某种性质"(节568)。我们同样不应该忘记初版扉页中就已出现的引导全书的题词:"无数的朝霞,还没有升起。"印度最古老的著作①揭开了序幕,并将"没有"(nicht)扩展为"还没有"(noch nicht)。无论是过去的事物还是现在的事物,都无法遮蔽未来事物的微光。朝向东方的目光并不表示任何希望,但却传递出可能有机会;他不增强任何期望,但却鼓励等待。

---

① [译注]指《梨俱吠陀》。

无数的朝霞,还没有升起。[①]

——《梨俱吠陀》[②]

① ［Pütz］尼采的格言集原本打算以"犁铧,关于道德偏见的思考"为名。在尼采于1881年完成的手稿副本的第一页上,加斯特(Peter Gast)写下上述来自《梨俱吠陀》的引文(出自献给最高神之一、道德世界秩序的掌管者伐楼那的颂歌)。尼采是如此喜爱这一题词,遂将自己的著作改名为"一个朝霞。关于道德偏见的思考",后又删去"一个"。(参尼采1881年2月9日致加斯特信。)这一书名可以作为尼采的讽喻性暗示来读:他的哲学以克服西方-基督教形而上学为己任,第一次描述了启蒙的真正开端。

② ［Pütz］《梨俱吠陀》是《吠陀》最古老的部分("吠陀",古印度语"知识"),对这一宗教性的文本的承认是归属正统印度教的主要标准。《梨俱吠陀》包括分别献给几位主神的1028首颂歌,分属10个曼荼罗(Mandalas,界),用来在祭祀时唱诵。这些在公元前1000年已经汇编成集的颂歌,作为印度文学的最古老的成就,是印度语言史、宗教史和文化史的重要材料。

前　　言

1

　　[11] 在这本书中, 你将看到一个工作在"地下"的人, 一个挖掘、开采和探索地下世界的人。如你有足以洞察深度作业的眼睛, 你就会看到, 他如何缓慢、谨慎、带着温和的强硬向前推进, 几乎看不出有什么苦恼, 而这种苦恼本来是任何长期见不到天空和阳光的人不可避免的。你甚至可以说, 他不无愉快地工作于地下深处。是不是有什么信念在引导他, 有什么安慰在补偿他？也许他要的就是长期的黑暗, 就是不可理解, 不为人知, 不可思议, 因为他知道他因此将会有他自己的白天, 他自己的解放, 他自己的朝霞？……他将返回人间, 这没有疑问; 不用问他在那遥远的地下寻找什么, 一俟他重新"变成一个人", 这位似乎暗哑无声的特洛丰尼奥

斯(Trophonios)①和地下人就会开口讲述他自己。谁
要是和他一样,做了这么长时间的鼹鼠,孤独的鼹鼠,谁
就不知道什么叫保持沉默……

2

确实,我耐心的朋友,在这篇本来也许会变成一篇诔
词、一篇葬礼演说的迟到的前言中,我要对你们讲述我在
地下想做什么。[12] 因为我已经归来,并且是安全地归
来了。不要以为,我打算把你们引入同样危险的作业!
或者哪怕仅仅引入同样的孤独! 因为一个这样走在他自
己道路上的人只能形单影只:否则就无所谓走在"自己的
道路"上了。不能指望有谁会来帮助他;所有迎面而来的
危险、灾难、迫害和风雨,他都必须独自应付。他的道路
是"一个人的";这种形单影只的痛苦和挥之不去的烦恼
当然也是一个人的,例如,即使他的朋友们也不清楚,他
在什么地方,他要去哪里,以至他们有时会问自己:"什
么? 他还在走吗? 他还有路可以走吗?"——就在这时,
我却做出了一些不同寻常的行动:我下降到大地的深处,
掘进到事物的根基,开始调查和发掘一种古老的信

_____

①　据希腊神话,特洛丰尼奥斯为阿波罗的另一个儿子,前希
腊时期波奥蒂亚的大地之神。他的神谕宣示所在一个地下空间
里,它所传达的东西激起了巨大的惊骇:据众所周知的民间信仰,
胆怯的拜访者将会失去笑的能力。他的地洞被视为冥界的入口,
而做出预言的精灵则被视为一位已故的先知。

仰——两千年来,我们的哲学家持续不断地在这种信仰
上建筑,甚至当迄今为止矗立其上的每一种建筑都倒掉
了之后仍然不肯罢手,仿佛它是一切基础中的基础,磐石
中的磐石:我开始侵蚀我们对道德的信赖。① 什么? 你
们听不懂我在说什么了?

3

　　善与恶②是迄今最未受到充分思考的题目:一个永
远让人感到太危险的题目。良心、名誉、地狱,有时甚至
还有警察,无论过去还是现在都与费厄泼赖不能相容;在

——————————

　　①　[Pütz]那应该揭开普遍流行的"对道德的信赖"之机制的
特殊思想运动,尼采比之为地下挖掘和地下钻探。20 世纪哲学中
的新结构主义的思想运动深受尼采思想影响,在此也表现出来:他
所制作的比喻被重新捡起:法国哲学家福柯(Michel Foucault,
1926—1984)的代表作《词与物:一种人文科学考古学》(*Les mots
et les choses. Une archeologie des sciences humaines*,巴黎,1966;
德译本名为《物的秩序》,美因河畔法兰克福,1971)以类似的方式
同样表示,要钻探西方现代思想的基础。福柯认为,特别是一种主
体中心的、排除一切异己的和不可公约的东西的合理性的独裁塑
造了现代,这种合理性的基础是在理性(Vernuft)的时代——也就
是在过去的 17 和 18 世纪——奠定的。福柯像尼采一样认为,哲
学家的任务在于分析西方之现代的思想传统,和"考古学地"摊开
其起源。

　　②　[Pütz]1886 年尼采《善恶的彼岸》一书问世。其中"彼
岸"没有任何基督教末世论意义上与此岸尘世相对的值得追求的
出路的含义。它不如说敞开了一个分析的视野和一个发展的目
标,使善与恶之间表面的对立,通过将其还原到一个共同基础和通
过道德价值的一种重估,而得到克服。

道德面前,就像在任何权威面前,人是不许思考的,更不许议论:他在这里所能做的只有服从! 只要这个世界存在一天,就不会有权威愿意自己变成批评的箭垛;愿意将批评的刀斧加诸道德,把道德看作一个问题,看作值得怀疑的:好啊! 这不就是过去所谓不道德吗? 这不就是今天所谓不道德吗? ——然而,道德不仅使用各种恐吓手段,[13]使批评之手和刑具不能加诸其身:她的安全更有赖某种勾魂艺术,对这种艺术,她运用自如——她知道如何"迷人"。由于这种艺术,她通常只要秋波一转,就会使批评意志瘫痪,甚至投入她的怀抱;在某些时候,她甚至知道如何使批评者反戈一击,像蝎子一样把毒刺刺入自己的身体。道德自古以来就擅长摇唇鼓舌:没有哪个演讲者,包括我们今天的演讲者,能离开她的帮助。(看看我们的无政府主义者怎样演讲吧:为了说服别人,他们说起话来是多么道貌岸然! 最后他们甚至自称起"善人和正义者"来了。)哪里存在着演讲和劝说,哪里道德就表现为一切艳妇娇娃中最迷人者和——这一点就我们作为哲学家来说是更重要的——哲学家的真正的喀耳刻。①为什么柏拉图以来的每一位欧洲哲学建筑者都劳而无功? 为什么他们郑重奉为"比青铜更恒久"(aere perennius)的一切都摇摇欲坠或已经躺在废墟之中? 那种直

————————

①　[Pütz]道德迷惑思想,正如希腊神话中那善于迷人之术的喀耳刻让生性狡猾的奥德修斯迷失;他的伙伴被太阳神的女儿变成了猪(荷马《奥德赛》卷10,行229以下)。比较其与"道德,人性的喀耳刻"《瞧,这个人》,Goldmann Klassiker 7511,页131)思想上的平行。

到今天仍为人们津津乐道的回答是多么不得要领："因为他们全都忽略了这样一种建设的先决条件，没有考察基础，对理性进行批判。"——这就是康德的灾难性的回答！他并没有因此使我们现代哲学家脚下的土地变得更结实一点、更可靠一点！（——而且请想一下，所谓一种工具应该批评它自己的有效性和适用性，所谓理性应该"认识"它自己的价值、能力和界限，这种要求不是颇为奇怪吗？它甚至不是有点荒唐吗？——）正确的回答其实是：包括康德在内的所有哲学家都是在道德的驱使下工作的；他们表面上追求"确定性""真理"，实际上追求的只是[14]"宏伟的道德大厦"：再次借用康德的天真自白说，他那"不辉煌但并非无价值"的工作和劳动的目的，就是"为那宏伟的道德大厦平整和夯实地基"（《纯粹理性批判》，II，页257）。可惜，他的目的未能实现！我们今天不得不说，恰恰相反！康德如此热心向善，不过是他那比任何其他世纪都更盲目而热烈的世纪①的真正的儿子，以及幸而还是这个世纪的某些更有价值的方面的儿子（例如他

---

①　[Pütz]指18世纪，欧洲启蒙运动的世纪。在此值得注意的是，尼采认为这个时代具有一种特性，使它恰好可以适用启蒙运动本身的激烈批判原则。在18世纪，各种过度的情感和夸大的想象力被理解为狂热，它们已经丧失了与作为启蒙思想的普遍范畴的理性之调节的关联。现在，尼采在启蒙时期里看到了"狂热的世纪"，并且是由于对理性真理以及——与此不可解脱地联系在一起——对伦理和道德之普遍有效性的非批判信仰。因而据尼采，有理性的人必然能道德地行动，这个启蒙运动的思想结论，恰恰就是一种狂热的信仰。它与其说基于自然的规定，不如说是基于道德的狂热。

在其认识论中大量采用的感觉主义①）。道德毒蜘蛛卢梭同样盘踞在他的心头,道德狂热主义的观念同样使他坐立不安,而这种观念的执行者、卢梭的另一个学生——即罗伯斯庇尔——对此直言不讳,"在地上建立智慧、正义和道德的王国"(de fonder sur la terre l'empire de la sagesse, de la justice et de la vertu,1794 年 6 月 7 日演讲)。另一方面,如果一个人心怀这样一种法兰西狂热主义,他不可能以一种比康德更少法国味、更深刻、更彻底和更"德国化"——如果"德国的"一词今天仍然可以在这个意义上使用的话——的方式进行工作:为了给他的"道德王国"开辟地盘,康德认为除了安置一个不可证明的世界,一个逻辑的"彼岸"之外别无选择——正是因为这个原因,他才需要他的纯粹理性批判! 换句话说,他本来是不需要它的,如果不是有一件事儿对他来说如此重要和刻不容缓:使他的"道德王国"成为理性攻击不到的,最好是理性把握不了的——因为在他看来,事物的道德秩序

————————

①　[Pütz]来自拉丁文 sensus［感觉］;哲学流派之一,认为所有知识都来自感官知觉,或者更准确地说,在感觉和知识之间不存在任何区别。感觉主义的主要代表人物,在古代有伊壁鸠鲁(Epikur, 前 342/1—前 271/70)和斯多葛派,在近代有休谟(1711—1776)和洛克(1632—1704)。感觉主义与经验主义有亲缘关系,二者共同对立于理性主义,理性主义将理性看作是最高的认识原则,以及接受建立在天赋知性概念基础上的独立于经验的知识的可能性。康德在其认识论中批判性地调解彼此对立的感觉/经验主义和理性主义的思想方向:"无感性则不会有对象给予我们,无知性则没有对象被思维。思维无内容即是空的,直观无概念是盲的。"(《纯粹理性批判》,1787 年,第二版,页 75)

在理性攻击面前无险可守，全无屏障！面对自然和历史，面对自然和历史的全然非道德性，康德像每一个真正的德国传人一样，是悲观者；他信仰道德，[15] 不是因为自然和历史证明了道德，而是因为他决心置自然和历史的一再反驳于度外。为了理解这种"置之度外"，我们不妨回想一下另一个伟大的悲观者路德身上的某些相似之处。路德曾以他特有的大胆告诫他的朋友："如果可以通过理性理解降下如此多苦难和灾害的上帝的仁慈和公义，我们干吗还需要信仰呢？""因其荒谬我故信之"（credo quia absurdum est）：这种推论对每一个真正的罗马人来说都是反圣灵的罪过，①但从来就没有什么比这种玩火的推论更能刺激和"打动"德国人的了。正是由于这一推论，德意志逻辑第一次进入了基督教教义史：即使一千年后的今天，我们这些德国人，我们这些无论从哪方面来说都晚熟的德国人，仍然在黑格尔当年用以帮助德国精神征服欧洲的著名辩证法的基本定理背后嗅到了某种真理，某种真理的可能性："矛盾推动世界，一切事物都自相矛盾。"——因为，即使在逻辑领域，我们也是悲观者。

4

　　但是，逻辑的价值判断并不是我们可以悍然加以怀

---

　　① ［Pütz］重罪，这种罪过在于有意识地拒绝必不可少的上帝慈恩："所以我告诉你们：人一切的罪和亵渎的话，都可得赦免；唯独亵渎圣灵，总不得赦免。"（《马太福音》12：31）

疑的最底层的、最根本的东西。逻辑判断的有效性与我
们对理性的信仰密不可分，而我们对理性的信仰，作为信
仰，乃是一种道德现象……也许德国悲观主义还有最后
一步没有走完？也许它不得不再次以一种骇人听闻的方
式把它的"信仰"（Credo）与它的"荒谬"（Absurdurn）等
量齐观？而如果本书把悲观主义扩展到道德领域，如果
本书甚至超越对道德的信赖而走到它的彼岸，[16]——
它难道不正因此表明它是一部真正的德国作品吗？它确
实展示了一种矛盾并且不怕正视这种矛盾：在本书中道
德被宣布不再被信任——然而为什么？出于道德性！如
果不是道德，我们又该如何称呼那种策动本书、策动我们
的慨然之气呢？因为按照我们的趣味，我们本来倾向于
更朴素的话语。但是无可怀疑，一种"汝应"的声音也还
在对我们说话，我们依然屈服于一种严厉的道德法
则——而且这是最后的、依然让我们也可以听得到的道
德，我们也依然很会依照它生活，无论在此，还是随便在
哪，我们也仍然还是良知之人（Menschen des Gewis-
sens）：因为我们不想回到任何过时和陈腐的东西那里，
回到任何"信仰扫地"的东西那里，无论这些东西被冠以
怎样堂皇的名字：上帝、美德、真理、正义、博爱；因为我们
拒绝通过谎言的桥梁回到那些过去的理想；因为我们坚
决与一切企图调和和中和我们的东西为敌；与信仰和基
督教思想的所有当下的形式为敌；与所有浪漫主义和祖
国崇拜的杂种为敌；还与那些想说服我们在我们已经不
再相信的那些事物面前顶礼膜拜的艺术家的放荡和无耻

为敌,因为我们就是艺术家;总之,与所有永远试图"提高"我们因而永远在"降低"我们的欧洲女人主义①(或者说欧洲唯心主义,如果你愿意这样称呼它的话)为敌:正是作为这种良知之人,我们这些现代非道德论者②和不信上帝者才会觉得自己仍然与长达千年的德意志正直和虔诚联系在一起,即使是作为它最成问题和最不可救药的后代;在某种意义上,我们确实是这一传统的继承者,它的最内在意志的执行者、一种悲观意志的执行者——这种意志,如前面所说,它无畏地否定自己,因为否定就是它的欢乐!在我们手中完成了——用一句时髦的话说——道德的自我扬弃!③

————————

　　① [Pütz]影射歌德《浮士德》第二部结尾的诗行:"永恒之女性,引我们上升。"(12110 行以下)

　　② [Pütz]即非道德主义之信奉者,他们否认道德准则和道德规定的约束力。在 1888 年 7 月 29 日致付荷斯(Carl Fuchs)的信中,尼采鉴定了非道德主义者的类型,并在《瞧,这个人》(1908 年出版)中称自己为这一类型的第一个代表(节 2,"为什么我是命运");非道德主义者是"智识之诚实"迄今为止的最高形式,"它在道德本身已经成为本能和不可避免的东西以后仍然可以将道德作为幻想来对待"。

　　③ [Pütz]尼采在这篇写于 1886 年的前言中提出的一种思想,后来在《快乐的科学》中第一次尖锐地予以概述(节 344 和 357),并在《道德的谱系》中详细加以发挥(参其中第三篇论文以及对《朝霞》前言的回顾,节 24):怀疑者和自由精神者的智识之诚实,一方面似乎拒绝任何舒适的信仰,另一方面又以其自律和其对真理价值的信仰,证明自己同样是那种他们拒绝信仰的禁欲主义理想的女继承人。她的任务是通过给对生命的故意否认(例如关于罪、忏悔和救赎的学说)以一种意义基础,弥补生命的所有缺失。像生命中一切都受自我提高的法则所控制一样(关于道德参《朝霞》节 425),所以隐藏在真理问题中的道德原则本身也必须自我扬弃。

5

[17] 但是最后：如此迫不及待和大张旗鼓地说明我们是什么人，我们想做什么，不想做什么，这又有什么必要呢？让我们还是从一个更伟大的高度、更聪明地俯视遥临冷眼静观吧；让我们还是以低低的声音在我们中间说出它，以至只有我们自己听得到，而所有其他人都听不到，听不到我们吧；但是，最重要的，让我们还是慢慢地说出它吧……这篇前言是一篇迟到的前言，但并没迟到太多——毕竟，五年或六年又有什么关系呢？一本这样的书，一个这样的问题，是不能速成急就的；无论如何，我们二者——我以及我的书——都是慢板（lento）之友。我过去是一个语文学家，①也许现在仍然是一个语文学家，

①　[Pütz] 具体指尼采在 1864—1879 年间作为古典语文学家的经历，尼采在 1886 年回顾性地暗示这一职业。尼采 1864 年在波恩开始学习古典语文学和神学，第二年就放弃了神学并转学到莱比锡，以便完全献身于语文学。1866 年在他的老师里彻尔（Friedrich Wilhelm Ritschl）所创立的"语文学学会"中作了他的第一次报告。1867 年，尼采写了《忒奥格尼斯格言集的历史》，1868/69 写了《关于第欧根尼·拉尔修的史料》，以及《荷马和古典语文学，一个演讲》。在还没有获得博士学位和任职资格的情况下，尼采就被任命为巴塞尔大学的古典语文学的编外教授。1869 年 3 月 23 日未经考试，根据他在《莱茵博物馆》上发表的研究，莱比锡大学古典语文学专业授予他博士学位。5 月 28 日他作了在巴塞尔大学的就职演讲：《荷马和古典语文学》。在 1869 年的夏季学期，他讲授希腊悲剧诗人埃斯库罗斯和希腊抒情诗人，冬季学期讲授拉丁语法。1870 年 4 月 9 日他被任命为正式教授。在随后的岁月里，他讲授古代文学和哲学，但从 1873 年开始，由于不断加剧的疾病而经常产生放弃教职的想法。1876 年他被解除教学任务；1879 年 6 月他自愿辞职。

也就是说,一个慢读教师,这并不是没有意义的:结果我的写作也是缓慢的。每写下一行字都让"忙人"者流感到一次绝望,现在这不仅成了我的习惯,而且也成了我的爱好——也许是一种恶毒的爱好? 语文学是一门让人尊敬的艺术,对其崇拜者最重要的要求是:走到一边,闲下来,静下来和慢下来——它是词的金器制作术和金器鉴赏术,需要小心翼翼和一丝不苟地工作;如果不能缓慢地取得什么东西,它就不能取得任何东西。但也正因为如此,它在今天比在其他任何时候都更不可或缺,而且恰恰因此它才最强烈地吸引我们并使我们陶醉:在一个"工作"的时代,在一个匆忙、琐碎、让人喘不过气来的时代,在一个想要一下子"干掉一件事情"、干掉每一本新的和旧的著作的时代——这种艺术并不在任何事情上立竿见影,但它教我们以好的阅读,即,缓慢地、深入地、瞻前顾后地、带着各种敞开大门曲径通幽的思想、以灵敏的手指和眼睛——阅读——我耐心的朋友,本书需要的只是完美的读者和语文学家:跟我学好的阅读吧!

1886 年秋于离热那亚不远的鲁塔①

---

① ［Pütz］鲁塔(Ruta Ligure),位于热那亚东南的海边,尼采多次在此逗留;此外,1880 和 1881 年的冬季月份他在此度过。

卷 一

1

[19]事后理性化。①————一切长期存在的事物在其存在过程中都逐渐理性化了,以至其非理性起源越来越不可思议了。几乎所有关于起源的精确的历史听来不都有一种矛盾和悖谬之感吗? 实际上,悖反(Widerspricht)不正是好的历史学家之能事吗?②

---

① [Pütz]自从早期的论文《论道德之外意义上的真理和谎言》,尼采就将奠基和确立价值描述为事后理性化,以便从中推导出关于一种历史连续性的观念、道德概念的起源,以及宗教、科学和法律的形成(参《朝霞》节 1、34、40、110 和更多)。与此类似,他也看到了情感的事后补充,与其声称的源初性和直接性,这些情感实际上却停留在流传下来的判断和评价的魔力中。通过这种方式,尼采揭露了传统形而上学思想的"原则"(即"第一根据"),他指出,所谓的原初命题其实是在一个永远已经规划好的世界的圆圈中运动(参节 35)。

② [Pütz]尼采的批评针对的是一种历史写作,(转下页注)

2

　　学者们的偏见。——学者们说，所有时代的人，都自以为知道什么是善，什么是恶，什么值得赞扬，什么值得谴责。这判断很正确。但以为我们现在比任何其他时代都知道得更清楚，这就是偏见了。

3

　　一切自有其时。——当人最初赋予所有事物以性别时，他并不认为自己只是随便说说，而认为他由此得到了一种深刻洞见：只是在很久很久以后，他才认识到——也许即使现在他也还是没有完全认识到——这是多么巨大的错误。——同样，人也赋予一切存在以一种道德联系，给世界加上某种伦理含义，[20]而将来会有一天，相信事物之道德意义在那时具有的价值，不多不少正是相信太阳之阳性或阴性①在今天所具有的价值。

（接上页注）这种历史写作通过重构行动而将历史事件规范化的方式，事后赋予历史事件以一种理性的秩序。而"好"历史科学学者与此相反，他们通过一种悖反的方法分析过去发生的事情，将人为制造的连续性、联系和规则性置于怀疑之中，加以拆除，并因此暴露出历史事件的矛盾性。

　　①　［Pütz］对事物本质的"深刻洞见"先于对事物的语言命名，这种假设可以以名词的性为例来加以反驳。不同语言对于同一事物的不同性别的命名为此提供了有力的证明。德（转下页注）

4

关于诸天体的虚幻不和谐。①——我们必须将这个世界的虚假的宏伟性再取消掉,因为这对万物不够公正,而万物有权向我们要求公平。为此,不将这个世界看得比其本来的样子更不和谐,是必须的。

5

值得感谢!——人类迄今为止的伟大成就是:我们再也不用终日生活在对野兽、蛮人、神祇和我们自己梦像的恐惧中了。

6

魔术师和他的对手。——科学中让我们惊奇的东西

(接上页注)语将天体“太阳”规定为阴性,而与此相反,在比如希腊语言以及罗马语言中却被规定为阳性:希腊语,helios;拉丁语,sol;法语,le soleil;意大利语,il sole;等等。

　　①　[Pütz]尼采影射天体和谐观念的颠倒,这种观念起源于希腊哲学家毕达哥拉斯,或者更准确地说,起源于南意大利的毕达哥拉斯门徒的共同生活。按照这种观念,“宇宙”(希腊文中意为“美”“秩序”)就意味着,各天体在一种数字关系的和谐中运动,这种数字关系也构成了一种我们不能听到的天体音乐的音程。通过他的颠倒(不——),尼采同时指涉自从 18 世纪以来讨论的美的形式的审美反类型,指涉崇高感。这种崇高感恰恰是通过极强大的毁灭性的自然威力之无形式在人心中唤起的。(参康德《判断力批判》,节 25 和节28)

截然不同于魔术中让我们惊奇的东西。魔术力图让我们相信,看到的只是非常简单的因果联系,实际上却是非常复杂的因果联系在起作用;而科学却相反,要我们在一切都似乎明白无误的地方放弃简单的因果联系,承认我们受了现象的欺骗。"简单不过"的其实是异常复杂的——一个永远让人惊奇的事实!

7

[21]空间感的变化。——实在的事物还是想象中的事物对人类幸福贡献最大? 有一点是肯定的:正是借助于想象中的事物,在极度幸福和极度不幸之间才展开了广阔的空间。随着科学的发展,这种空间感将不可避免地越来越弱——正如我们从科学已经学到的和仍然在学的:浩瀚宇宙,茫茫大荒,地球如微尘,太阳系乃沧海一粟。

8

变容(Transfiguration)。① ——拉斐尔将人划分为

---

① [Pütz]基督在一座高山上显圣(Verklärung,《马太福音》17:1—13;《马可福音》9:2—13;《路加福音》9:28—36)及其艺术描绘。保存下来的最古老的作品现存西奈卡特琳娜修道院教堂的后殿(565/66)。拉斐尔在其最后的未完成画作(1517—1520)中致力于这一主题。画作现存梵蒂冈博物馆。尼采所喜爱的这位文艺复兴画家将迄今人物群体的严格排列(耶稣旁边是摩西和以利亚,以及被显圣光芒所压倒的门徒约翰,雅各和彼得)置于如(转下页注)

三等:迷惘的受苦者,混乱的梦想者,出世的迷狂者。我
们现在已不再这样看待世界——拉斐尔现在也不再能这
样看待世界:他将目睹一种新的变容。

9

*什么是习俗道德。*① ——与人类千万年来的生活
方式相比,我们现代人生活在一个相当不道德的时代:
习俗的势力惊人地衰落了,而道德感又变得如此精细
和高高在上,以至于它们可以说在某种程度上随风消
逝了。因此,我们这些后来者,要想获得关于道德起源
的真知灼见是非常困难的,而且即使获得了,也张口结
舌,说不出来:因为它们听来粗鄙! 或者因为它们好像
有辱道德! 例如下面这主要命题:[22]道德无非是对
任何可能习俗的服从(那就是说仅仅是!);而习俗则就

(接上页注)此剧烈的运动中,从而使 Transfiguration［变容］这个
概念,从现在起在美学的意义上,又获得了其源于拉丁文的 Umge-
staltung［改变面貌］的含义。

　① ［Pütz］当尼采在习俗中,也就是在一种社会性传统的权
威中,认识到反对个体道德的古老形式的道德,他从事的不仅是一
种历史的调查,而且也是在从事一种价值的确定。反之,晚近的、
可以被视为个体道德之基础的自由,按照习俗的标准则是恶的,因
为它摒弃作为一切正当性之基础的权威是普遍有效的权力。尼采
将现代观念加以谱系学的还原,还原到更早的观念(参在这之前的
《人性的,太人性的》卷一、节 96),从而把彼此对立的价值概念相
对化了,开启了价值观念之功能的视角,也就是其对于生命之提高
的价值的视角(参《道德的谱系》,第二篇,节 2)。

是行动和评价的那些传统的方式。哪里不存在传统，哪里也就不存在道德；传统决定生活的程度越少，道德世界的范围也就越小。自由的人就是不道德的人，因为他在一切事情上都想自己做主而不肯依赖传统：所有原始状态的人类都把"恶的"与"个别的""自由的""任意的""不寻常的""未料到的""不可测的"等等当作一回事。以这些初民社会的不变标尺衡量，如果一行动之发生不是传统命令使然，而是出于别的动机（比如对个人有用），甚至哪怕是出于最初缔造了这一传统的那些动机，它就应该被称为不道德，而行动者自己也感觉它不道德：因为行动者这样做并不是为了服从传统。何为传统？传统是一种更高的权威，人们之所以听命于它，不是因为它的命令对人们有好处，而是因为它命令。——对于传统的这种感情与一般的恐惧感区别何在？它是对一种发号施令的更高智慧的恐惧，对一种不可理解的无限力量的恐惧，对一种超个人的存在的恐惧——在这种恐惧中有一种迷信。——在古代社会，举凡教育和保健，婚姻，医疗，建筑，战争，农事，说话和沉默，人与人以及人与神的交往，全都属于道德的范围：它们要求个体服从指令而不考虑作为个体的自己。因此，在这样的社会中，一切皆为习俗，谁想超越习俗，他只有一条路可走，那就是去成为立法者、巫师和某种半神：也就是说，他必须自己动手创造习俗——一件可怕的、有生命危险的工作！——谁是最道德的人？首先是那些最经常服从律法的人，[23]恰如那些

婆罗门①，他们随时随地不忘律法，所以总是能够找到
将律法付诸实施的机会；其次是那些在最困难情况下
也服从律法的人。人们认为，最道德的人即为习俗做
出最大牺牲的人。但问题在于，什么才叫最大牺牲？
对此问题的不同回答显示为几种不同的道德类型；但
最经常服从的道德和最难以服从的道德之间的分别仍
然是最重要的分别。关于那种以对习俗的最困难实践
作为道德标志的道德学说，让我们不要错认它的动机！
自我克服之所以必要，不是因为它可以给个体带来有
益的结果，而是因为只有这样，习俗和传统才能不顾个
人的一切相反愿望和利益而形成支配：个人应该牺
牲——习俗伦理如此强求着。与此相反，另外一班道
德家则构成例外，如踵武苏格拉底者，教个人自制和禁
欲的道德，作为维护个人自我利益的手段和用来打开
幸福之门的私人钥匙——如果他们之所是在我们看来
并非如此，那是因为我们正是在他们的影响下受教育
的：他们全都走上了一条新道路，在所有习俗道德代表
的极端指责下——他们割断自己与群体的联系，成为
不道德的人和最深刻意义上的恶人。同样，在每一个
真正的、规矩的罗马人眼中，所有"汲汲于一己之拯救"

---

① ［译注］婆罗门（Brahmenen），印度最高种姓之一，认为自
己是高贵的雅利安上层社会的后裔。雅利安人于公元前 1500 年
左右征服了印度文明，引进宗教性的种姓制度，以维护其统治。婆
罗门不仅独占僧侣职务，而且也是构成国家、科学和艺术的知识分
子上层社会和所有高级社会和宗教荣誉集体的成员。

的基督徒都是恶的。——在一切存在着群体并因而存在着习俗道德的地方，都可以看到一种占支配地位的观念，认为对于伤风败俗行为的任何惩罚，针对的都首先是有关群体：这是一种人们带着如此迷信的恐惧加以探究，而其表现形式和限制条件又如此难以理解的超自然惩罚。[24]群体可以强迫个体为其行为造成的直接伤害赔偿另一个个人或整个群体，也可以因为假定个体的行为使神的震怒降临群体而对个体进行某种报复——但无论如何，群体都首先将个体的罪过感觉为其自身的罪过，将对个体的责罚作为对其自身的责罚承担起来。——"每个人心里都在悲叹，如果放任这种行为，习俗将不再成其为习俗。"每一种独特行为，每一种独特思考方式，都唤起了恐惧；在人类历史长河中，由于总是被别人——以及确实也被他们自己——当作恶的和危险的，那些更稀少的、更杰出的、更有创造力的心灵不得不忍受的折磨是难以想象的。在习俗道德统治下，每一种创造才能都得到了一个恶的良心；直到现在这个时刻，最优秀的人还因此一直生活在一片本来不应该那么暗淡的天空下。

10

道德意识和因果联系意识的此消彼长。——道德意识的范围随因果联系意识增加而缩小；一旦人们认识到那些必然的作用，知道如何将它从所有偶然和所有附带结果中分离出来,迄今被当作习俗基础来信仰的无数想象中的因果联系也就无处容身了——实在的世界远小于想象中的世界——世界上的恐惧和强制减少了,对习俗权威的敬重也就相应削弱了:道德总的来说衰落了。[25]谁想反其道而行之,他必须知道如何使结果成为不受人们控制的。

11

民众道德和民众医学。——一个群体的支配性道德不断得到全体成员同心合力的证明:大多数人反复提供因和果、罪和罚之间的假定联系的例证,证明其可靠性,强化他们的信仰;少数人对行动和结果做出新观察,并从中得出结论和规律;极少数人提出这样那样的异议,因此在这里或那里削弱了有关信仰。——然而,就其活动的极端简陋和非科学性来说,所有这些人的所作所为都是一样的:无论提供例子、进行观察、提出异议,还是证明、确认、表达某一规律或反驳某一规律——其内容和形式都毫无价值,正如所有民众医学的内容和形式之毫无价值。民众道德和民众医学完全是半斤八两,人们习惯上对它另眼相看是没有道理的:它们同属最危险的伪科学。

12

视结果为追加。——人们曾经以为,行动的产物不是先行原因的后续结果,而是神所作的自由的追加。还有比这更错乱的想法吗? 行为和结果竟然必须通过非常不同的手段和实践分别处理!

13

[26] 革新人类的教育。① ——你们有能力并愿意帮助者,请伸出你们的手,因为有一件工作等着你们去做:清除蔓延整个世界的惩罚观念! 没有比这更有害的杂草了! 它不仅毒化了人类行动的后果——把原因与结果看作原因和惩罚就够惊悚和让理性恶心的了——而且人们还更进一步,用惩罚观念这种无耻的解释技艺,剥夺了事件的单纯偶然发生所具有的清白无邪。是的,人们甚至疯狂到要求将生存本身也看作一种惩罚——这样看来,似乎迄今为止支配人类教育的都是狱吏和刽子手的幻想!

14

疯狂在道德历史上的意义。——尽管在成千上万年的史前时期,以及大体上也在直到我们今天的整个历史时期,所有人类社会都一直生活在可怕的"习俗道德"的

---

① ［Pütz］指涉德国诗人、文学批评家和哲学家莱辛(Gotthold Ephraim Lessing, 1729—1781)于 1780 年完成问世的作品《论人类的教育》。

压力之下（只有我们自己生活在一个小小特区或者说罪恶世界），尽管离经叛道的思想、价值评估、冲动不断涌现出来，然而，我要说的是，它们都是在一个可怕伙伴陪伴下登场的：不管在什么地方，都是疯狂为新思想开辟道路，打碎人们崇敬的习惯和迷信的枷锁。你知道为什么只有疯狂才有此能力吗？如果某种东西像风云变幻的天空和波涛汹涌的大海一样可怖、狰狞并发出阵阵吼声，它是否因此就同样值得畏惧、值得敬重？〔27〕癫痫者的抽搐和谵沫如此不容怀疑地表明他的完全不由自主，使他看上去就像是某位神灵的面具和传声筒？似乎有什么东西在新观念创造者的心中唤起一种自我敬畏和自我恐惧，让他的羞耻之心失灵，驱使他变成他的观念的发布者和牺牲者？——在我们生活的这个时代，人们总是反复告诉我们，天才带有疯狂而不是理智的印记，而所有古人却更愿意相信，只有在疯狂中才有天才和智慧，才有——如他们有时窃窃私语的——"神圣"。有时，他们更以一种不容置疑的方式表达自己。"希腊一切伟大的东西都拜疯狂所赐"①，柏拉图和所有古代居民一样深信不疑地说。我们还可以更进一步说：一切生来不能忍受某种道

---

①　〔Pütz〕出自柏拉图对话《斐德若》244a—b 的名言："我们最大的财富（Güter）来自一种疯狂，而要得到这种疯狂，只能通过神的恩赐（Gunst）。因为德尔斐的女预言家和多多那（Dodone）的女祭司于疯狂中无论是私事上还是公事上给我们带来了许多善好（Gute）。"（柏拉图《全集》卷 4，施莱尔马赫译本，汉堡 1959，页 25 以下）

德枷锁和注定创造新律法者,如果尚未真疯,除让自己变疯或装疯外,别无他法——而且这适用于所有领域的革新者,不只于神学教条和政治规章的领域为然:——就连诗律的革新者也必须求助于疯狂的签证①。(甚至到了相当文雅的时代,诗人仍然固守着某种疯狂传统:比如梭伦在鼓动雅典人重新征服萨拉米斯时就不得不求助这种传统。②)——"若人未疯,也不敢装疯,则如何才能使自己真疯?"几乎所有古代文明的重要人物都为此苦思冥想,有关技术和饮食方案的秘密教导,以及这样一种思索和计划的无罪感,甚而一种神圣感,蔚然成风,传芳流叶。要成为印度人中的法师,中世纪基督徒中的圣人,[28]格陵兰人中的安基科克③,巴西人中的巴基④,方法都是

---

①　[Pütz]见柏拉图对话《伊翁》533e—534a:"因为真正的史诗诗人不是按照技艺,而是作为受灵感者和入迷者唱出所有这些美好的诗的。真正的抒情诗人也是这样,正如那些被舞之疯狂攫获者完全不是根据理智有意识地舞蹈,抒情诗人也不是根据理智有意识地作诗;当他被和谐和律动所充满时,他就开始作诗。"(同上,页103)我们在此看到的是对酒神颂歌的一种暗示,尼采认为从酒神颂歌中产生出了阿提卡悲剧。(参《悲剧诞生于音乐精神》)

②　[Pütz]希腊诗人和传记作家普鲁塔克在其《平行列传·梭伦》(译按:《平行列传》即《希腊罗马名人传》)叙述了梭伦重新夺取萨拉米岛的奇特计谋:他让雅典的年轻人穿上妇女的服装作为诱饵在海边嬉戏,直到敌人接近。当敌人上岸后,他们从衣服下拔出藏着的短剑,杀死了麦加拉人,重新占领了萨拉米岛。希腊作家拉尔修·第欧根尼(约220年)在其涉猎广泛的《名哲言行录》中也叙述了梭伦的逸事。

③　[Pütz]格陵兰岛的巫师,通过极其迷狂的行动赶走魔鬼。

④　[Pütz]南美印地安族的巫医。

差不多的：极端节食，长期禁欲，走进荒漠，或爬到一座山上，或爬到一根柱子上，或"坐在湖边的老柳树上"，①全神贯注地让自己获得那种迷狂和精神错乱。谁有胆量向所有时代最有创造力的人们在其所挣扎的无边苦海和精神深渊望上一眼！听听这些孤独而狂乱的心灵呻吟："呜呼！神，赐我以疯狂！只有疯狂才能让我真正相信自己！赐我以谵妄和痉挛，电光和浓黑，骇我以凡人未曾经受的严霜和烈焰，让我在咆哮声和鬼影中嚎叫、哀鸣、像野兽一样爬行：只有这样我才能真正相信我自己！怀疑已将我吞噬，我杀死了律法，律法之让我感到恐怖，正如死尸之让活人感到恐怖：如果我不超出律法，我就是所有人中最邪恶的人。新的精神在我心中，这种新的精神如果不是来自你又从何而来？告诉我，我是你的；只有疯狂才能告诉我这一点。"这一热烈祈求常常过于充分地应验了：在基督教最多产圣徒和荒漠隐士并企图通过这种多产证明基督教自身的时代，耶路撒冷也建起了巨大的疯人院，以收容那些丧失了最后一点理智的流产圣徒们。

15

　　最古老的安慰法。——第一阶段：每当人感到痛苦和不幸，他觉得必须为此让其他什么人受苦；[29]通过

---

① ［Pütz］参鲁博克（John Lubbock）：《通过野蛮人的内心和外在生活解释文明的起源和人类的原始状态》（A. Passow 译本，耶拿，1875，页 211 以下）。

让其他人受苦,他意识到自己仍然拥有权力①,并从而得到安慰。第二阶段:每当人感到痛苦和不幸,他从中看到的是这样一种惩罚,即它意味着对罪过的抵偿,意味着从某种实在的或想象的不义行为的罪恶魔咒中解脱出来的方法。一旦他认识到不幸带来的这一好处,他就不再认为必须让其他人为他的不幸受苦了——他放弃了这种满足,因为他现在找到了新的满足。

———————

① ［Pütz］"权力意志"是尼采思想中的一个核心概念,据说也是他从 1885 年开始计划、但后来放弃的主要哲学著作《权力意志:一个新的世界解释的尝试》的书名。尼采为这部著作所准备的格言和笔记,被他的妹妹伊丽莎白·福斯特-尼采(Elisabeth Förster-Nietzsche,1846—1935)和其他人于 1901 年以《权力意志:草稿和片段》为名编辑和部分歪曲地出版。1906 年,对上述著作的理解和研究获得了重要的进展:《权力意志:重估一切价值的尝试》问世。这一著作的纲领性题目能够推动国家社会主义接受尼采。尼采利用"权力意志"作为生成或生命运动的表达方式,他实际上将这种运动理解为认识视角和价值评估的自我克服(参《扎拉特斯特拉如是说》,第 2 卷,"论自我—超越")。意志一词的偶尔复数化(die Willen zur Macht)表明,权力意志不是一种最初的、不可追问的先定根据意义上的原则,而是说它始终遭受着尼采特有的对视角主义之拆毁的渴望和对自我克服的渴望。而且,针对相同物的"永恒复返"之环中的超越的运动方向(《扎拉图斯特拉如是说》,第 3 卷,"七个印章"),尼采在其旁边安置了一个反原则。《朝霞》已经以萌芽形式发展了权力概念的一些重要维度,同样还有其与法、道德、过错、惩罚和牺牲观念(例如参节 12、18、23、107、112、437),以及特别是与价值和语言(节 126、189)的联系。在此也可以开始看到从追求压倒其他人开始到自我克服的逐步升级(节 113)。除了个别地方之外,这一概念后来所具有的机体化的含义这里还是非常少的,而因此而来的错误解释也同样非常少。

16

文明的第一命题。——在未开化民族中,存在着一类习俗,其目的似乎就是习俗本身:这些习俗非常苛刻且几乎完全没有实际意义(例如,勘察加人①的习俗规定,勿用刀去刮鞋上的雪,勿用刀尖去扎煤,勿将铁投入火中——违反者将会死掉!),但是,它们不断提醒着人,习俗无所不在,需要持续不断地加以服从,从而强化了文明由以开始的第一命题:任何习俗都好过没有习俗。

17

"善的自然"和"恶的自然"。——最初,人在想象中将他们自己与自然交织起来,到处都看到他们自己和他们的同类,看到他们那些不好的、恶劣的性情,仿佛它们就隐藏在乌云、风暴、猛兽、树林和草丛之中:这时他们发明了"恶的自然"。然后另一个时代到来了,在这个时代,人们在想象中将自己从自然中重新孤立出来,这就是卢梭的时代②:他们现在是如此互相厌烦,[30]以至于他

---

① [Pütz]勘察加人(Kamtschadalen),生活在北亚勘察加半岛上的古代西伯利亚渔民。

② [Pütz]当按照几何形式修剪和对称装饰建设的法国园林被英国的自然风景园林所取代时,当赫尔德(Johann Gottfried Herder,1744—1803)在其《我在1769年的旅行日志》(转下页注)

们无论如何都想要一个世界的角落,人无法将其痛苦折磨带入其中的角落:他们因此发明了"善的自然"。

18

自愿受苦的道德。——对一个经常处于战争状态、总是处于危险中、实行最严厉道德的小团体中的人们来说,什么是最大的快乐? 或者说,对那强有力的、爱复仇的、以敌视为乐的、狡猾的、怀疑的、随时准备做出最可怕之事并因匮乏和道德而变得冷酷的灵魂来说,什么是最大快乐? 残忍行为(Grausamkeit)之快乐:在这种状态下,对残忍行为的欲望和才能被视为这样一些生灵的美德。在残忍行为中,群体获得了新生,平日的小心和恐惧的阴云一扫而空。残忍行为属于人类最古老的节日欢乐。人们因此认为,如果让天神看到残忍景象,他们也会开心和过节似地高兴——因此就在世界上埋下一种想法,以为自愿的受苦(freiwillige Leiden)、主动的牺牲有

(接上页注)中揭示出越过一切人类秩序的茫茫海洋的力量和无限时,或者当殖民者认为在土著社会中发现了"高贵的野蛮人"并为之叹服时,18世纪认为自己发现了"善的自然",并且确信自己已经和卢梭一起对直到那时的理性的启蒙运动之局限性进行了启蒙。尼采所勾画的有乖戾倾向的、"恶的自然"让人回忆起对一个充满诸神和鬼怪的自然的神秘经验。与此相反,卢梭和他的时代更愿意感觉自己与一种为罪所败坏的造物这样的基督教观念针锋相对,尤其是当它在约翰福音那里,在保罗和奥古斯丁那里得到发展的时候。

善的意义和价值。习俗则在群体内部逐渐创造出一种符
合这种想法的实践:人们开始对一切过度幸福感到疑虑,
对一切难以忍受的痛苦感到释然。人们对自己说:事情
完全可能是,天神不因我们幸运而赐恩,但因看到我们痛
苦而垂爱——却不是出于什么同情! 因为同情①被认为
是卑贱的,对一个强健、可畏的灵魂来说是无尊严的——
他们因为我们的痛苦使他们欢愉和高兴而赐恩:在这种
对于我们的残忍中,神享受到最高程度的权力感的满足。
人们由此认为,群体中最有道德的人的美德是:经常痛

---

① ［Pütz］特别在 18 世纪的进程中形成的感伤的—启蒙的
同情伦理学在基督教的邻人之爱的戒命中有其历史根源。按照卢
梭的观点,同情是人的一种自然的、前理性的能力,这种能力在社
会化和文明的进程中变成了一种反思性情感。它可以说是将自然
的自我之爱(amour de soi)推及其他人,或者说,当这一自我之爱
在人类的历史进程中堕落为自利自私时,它也随之走向了其对立
面。莱辛重新解释亚里士多德的悲剧理论,将其置于基督教的和
道德的框架内,强调同情的反思特性。这种同情最后成为感伤的
敏感性和开明的宽容精神的代表:同情之人成了最好之人。在关
于基督教教义的争论中,莱辛将启示简化为一种如此理解的爱之
诫命。明确地以卢梭和莱辛为榜样,以及带着对康德的形式—法
则性义务伦理学的批评,叔本华的应征作品《论道德的基础》(Über
die Grundlagen der Moral,1840 年)最终将同情确定为伦理学的
基础。这一传统路线的共同宗旨是利他主义,也——在不同的程
度上——是一种拉平化,正如其特别是在卢梭的自然状态构想中
(在《论不平等》［Discours sur L'inegalite］,1755)或者在叔本华对
同情的形而上学的解释中所表现的那样。按照尼采的《道德的谱
系》,正是对一种自然的自我肯定和社会拉平化,应该对无法达到
一种“最高可能的强力和辉煌的人的类型”负责,因此道德乃成为
“危险中的危险”(前言,节 6)。

苦、穷困、[31]艰难生活、极端禁欲,但不是作为——让
我们不惮其烦再说一遍——纪律、自我约束和满足个人
幸福愿望的手段,而是作为使团体见爱于恶神的美德,作
为贡献在祭坛上的永远的牺牲的芳香。每一个想要搅动
其习俗沉闷、可怕泥浆的人民精神领袖,要获得人们对他
们的信仰,特别是要获得他们自己对自己的信仰,除了疯
狂的手段之外,自愿受苦也是不可少的。他们的精神在
新道路上走的越远,他们的良心和焦虑就越不停地折磨
他们,他们就越无情地向他们自己的肉体、欲望和健康开
战,仿佛是给神提供一种欢乐作为补偿,以免神因为他们
对现存风俗的忽视和反对,以及他们所奔向的新目标而
恼怒。不要轻率地以为,我们现在已经完全摆脱了这种
感受逻辑!关于这个问题,那些最勇敢的灵魂们不妨扪
心自问一下。无论是在自由思想领域,还是在个人在其
中被塑造的生活领域,任何最微小的脚步,都不得不以精
神上和肉体上的痛苦来争取——这并不只是指向前的脚
步;在开辟道路和奠定基础的漫长的千万年历史中,任何
脚步,任何运动,任何改变,都有无数人为之献身。但是,
这千万年历史,请注意,并不是人们通常所谓的"世界历
史",那只不过是人类存在的可笑而渺小的一幕。然而,
就是在这一实际上只围绕最晚近发生的事情鼓噪的所谓
"世界历史"中,那些试图在死水中掀起波澜的殉难者的
古老悲剧也是唯一感人的主题。我们付出了高得不能再
高的代价,才换来我们现在引以为荣的那一点点人类理
性和自由感。[32]然而,正是对于理性的这种自豪,使

那些处于"世界历史"之前的"习俗道德"的洪荒时代对我们来说几乎是完全不能理解的,而这些洪荒时代却是决定了人性的真正关键的历史时代:在这些时代里,受苦是美德,残忍是美德,伪装是美德,报复是美德,否定理性是美德,相反,幸福是危险,求知是危险,和平是危险,同情是危险,被同情是可耻,工作是可耻,疯狂是神圣,变革是不道德和孕育堕落的! ——你们认为由于所有这些都已经发生变化,因而人类也必定同时改变了其特性吗? 你们这些人类的认识者啊,学习更好地认识你们自己吧!

19

道德和愚昧化。——习俗代表了前人的经验,代表了他们对于有用的和有害的东西的看法——但是,对习俗的情感(道德)关心的却不是这些经验本身,而是习俗的古老性、神圣性和不可争辩性。因此,这种情感妨碍新经验的获得和旧习俗的修改,道德成为创造更新更好习俗的障碍:它使人愚昧。

20

自由行动者和自由思想者①。——与自由思想者相

_____

① ［Pütz］指 18 世纪出现的自然神论者,他们按照启蒙运动的原则,只服从理性认识,否认一个具有人格的、奇妙　（转下页注）

比,自由行动者处于更为不利的地位,因为很显然,人们更常因为行动的后果而不是思想的后果受苦。[33]但是,如果我们考虑到,二者的目的都是寻求满足,就动机来说二者是一样的,只不过在自由思想者那里,仅仅通过思索和表达被禁止的事物就可以获得这种满足;而且就后果来说,只要我们不只是根据最切近和最粗略的可见性进行判断,也就是不像人们通常那样判断,我们就会看到,自由思想者甚至可能处在一个更为不利的地位。人们对所有那些以行动破坏习俗规矩的人毁谤有加,往往将他们称为罪犯,然而后来又往往不得不大量收回这些毁谤。每一个推翻某种既定习俗规矩的人,迄今总是先被看作坏人,但是当人们看到,规矩迟迟得不到重建成为事实,他们就接受这一事实,并开始以一种不同的方式谈论它:历史完全是那些后来变成友好谈论对象的坏人的历史。

21

"守律令"。——每当服从道德规定的结果不是人们

───────────

(接上页注)地干预世界的上帝的存在;除此以外,尼采还将其用作那些激烈地实践自主思想以反对传统和习俗的人的名称。但是,只要仍然相信真理是不可放弃的价值,那自由思想者就不是真正的自由精神(参《道德的谱系》第3篇,节24)。与此相反,尼采提出了一种自由精神类型,他不仅宣称信仰真理,而且向真理宣战,并作为其迄今独一无二的代理人公开地将自己视为所有价值的重估者:"我们并没有低估这一点:我们自身,我们自由精神,已经成为'一切价值的重估',成为活生生的战斗宣言、征服宣言,消灭所有陈旧不堪的'真'与'不真'概念。"(《敌基督者》,节13)

预料和期待的结果,善男信女得到的不是预期的幸运,而
是与希望相反的不幸和灾难,那些心怀虔诚和恐惧的人
就只剩下一条路可走:"执行过程中有什么东西被忽视
了。"在最糟糕的情况下,一个深度痛苦和绝望的人甚至
会宣称:"我们原本不可能真正守律令;我们彻底是虚弱
的和有罪的,在灵魂深处是道德无能的,因而是不能要求
成功和好运的:道德命令和道德报偿是为比我们更好的
存在准备的。"

22

[34]行动和信仰。——新教教导者一直在散布一
个根本错误的观念:一切都取决于信仰,从信仰必然产
生行动①。这当然不是真的,但它听来如此具有诱惑
性,以至于除了路德派,其他思想者(也就是苏格拉底
和柏拉图派的思想者)也都惑而不察:虽然日常生活的
经验现象每天都表明事实相反。最确定的知识或信仰,
也不能提供行动所必须的力量或技巧,不能取代那
种高度复杂的完整机制的作用,而任何观念要转化为
行动,这种机制都必须首先发动起来。行动,既是最先
发生的也是终极重要的! 这也就是说,起而行之,起而
行之,起而行之! 有关信仰就会尾随而来——这一点

① [Pütz]指路德根据《罗马书》而提出的护教原则 sola fide
[因信称义]:"因为我们看定了,人称义是因着信,不在乎遵行律
法。"(《罗马书》3:28)

千真万确！

23

我们最精于什么。——人类千万年来一直将事物
（自然、工具和各种物品）同样看作是活的和有灵魂的，
有能力伤害人，阻止人实现其意图，从而不必要地极大
增加和强化了人类的软弱无力感：因为这样一来，人们
不仅要用暴力、强力、讨好、约定、献祭等对付其他人和
动物，而且还要用这些手段对付事物——这便是许多迷
信风俗的来源，这种迷信风俗构成迄今人类全部实践活
动的一个巨大的、也许是主要的部分，虽然是多余的和
无用的部分！——然而，由于无力感和恐惧感如此强烈
和长期不断地受到刺激，人的权力感（Gefühl der
Macht）遂以一种极微妙的方式得到发展，[35] 以至于
人现在可与最精密的黄金天平媲美。这种力量感变成
了他的最大乐趣，而为制造这种感觉发明的手段几乎构
成了全部文化史。

24

规则的证明。——一般来说，一条规则，比如如何烤
面包的规则，好还是坏，要看在正确遵守的前提下，是否
取得预期的效果。然而，道德规则的情形却与此不同：因
为道德规则的结果或是不可见的，或是可以加以不同解

释的,因而是不确定的。这些道德规则建立在最少科学价值的假设的基础上,根据它们的结果既不能证明也不能反驳它们。但是,在过去的时代,当所有科学还处于萌芽阶段而一丁点证据就可以使一件事被认为得到确证时,确定道德规则有效性的方法与我们今天确定任何其他规则有效性的方法是完全相同的:结果的证明。如果阿拉斯加土著相信下述规则,"勿将骨头丢到火里或喂狗",其证明则为"这样做的人将在狩猎时不走运"。但是,由于一个人在狩猎过程中几乎总会在这件事或那件事上不走运,因而通过这种方式反驳这一规则的效力是非常困难的,当惩罚的承担者不是个人而是整个群体时就更是如此,而看来证明规则的某些情形永远都可以找到。

25

[36]习俗与美。——应该承认,习俗的好处在于,一个人越是从小就发自内心地屈服于它,他的攻击和防卫器官——无论身体上的还是精神上的——就越是退化:这意味着他变得越来越美!因为使一个人成为丑的和愈发丑的不是别的,正是这些器官的活动及与之相应的性情。因此我们看到,老猩猩比年轻猩猩丑,而年轻的雌猩猩最像人:也就是看上去最美。——由此可知女性美之由来!

26

*动物与道德。*① ——小心避免任何可笑、引人注目、
狂妄行为；隐藏个人的才能和强烈愿望；与环境同化，顺
从等级秩序，自我贬抑，所有这些为文明社会所要求的做
法，作为原始形式的社会道德普遍存在，甚至见于低级动
物的世界，而正是在这些低级动物身上，我们才看清这许
多可爱措施背后的真实目的：逃避敌人和帮助捕食。出
于这一目的，动物学会控制自己和伪装自己，例如，通过
所谓"长期适应"（Chromatischen Funktion）②使自己的

────────────

① ［Pütz］尼采在此已经发展起一种生理学还原方法（参节
542），他在其晚期作品（《善恶的彼岸》《道德的谱系》）中充分地运
用了这种方法。最高原则观念，真理理念，伦理的和美学的价值概
念，逻辑，语法和风格等，都被追溯到身体及其体质，追溯到种族、
本能以及最后追溯到某一生命形式的自我保存原则。与这一自我
调节和生命维持一同起作用的还有外在的条件，如饮食和金钱，甚
至气候也可以成为"道德的"（《朝霞》，节 119、203、320）。尽管对
他那个时代的实证主义完全不陌生而且被国家社会主义的尼采解
释所接纳，但尼采在此并没有陷入一种纯粹的生物主义，即使他晚
期的著作有时会唤起这样的假象；因为这种表面的生物主义仍然
在概念和隐喻之间悬而未决。因此《朝霞》甚至达到了极端的论
点："一切都是比喻说法。"（节 119）

② ［Pütz］Chromatik 在此指的不是音乐中七个主音的半音
前进的"渲染"（参《悲剧的诞生》［Goldmann Klassiker 7555，页
43］）中的"半音音阶"，而是在物理学和生物学意义上的动物的颜
色改变。人们在形态学的色彩改变（例如交尾期 Enten-Erpeln［一
种雄鸭］展示的漂亮羽毛）和物理学的颜色改变（例如变色龙的色
彩改变）之间加以区别。对环境的色彩适应建立在微（转下页注）

颜色接近环境的颜色,装死,或模拟其他动物的样子和颜色,或伪装成沙砾、树叶、地衣、菌类等等的样子(这种种行为,英国动物学者称之为"拟态"[mimicry]①)。同样的,个人将自己隐藏在"人"这个概念的普遍形态下,或藏身于社会之中,或有意识地与其时其地的贵族、阶级、党派、[37]舆论保持一致:所有这些使我们显得幸福、有礼貌、有力和可爱的巧妙行为,其实与动物世界的那些伎俩并无二致。甚至真理感,说到底也不过是人和动物皆有的一种安全感:人不愿意自己被骗,不愿意误入歧途,他不信任地倾听着自己情感的呼声,迫使自己反对自己,留心自己;动物做起这一切来毫不逊色,它们的自我控制同样来源于现实感(也就是来源于明智)。它们同样察言观色,辨别其他动物对自己的反应,并根据这种反应回过头来观察自己,把自己"客观化",它们也有某种"自我意识"。动物判断其朋友与仇敌的活动,记住它们的特性并采取相应的对策:它们和某些种类的动物订下永久和平协定,也能从其他一些动物走近的方式辨认它们具有和平友好的意向。公正、明智、节制、勇敢,总之,我们所谓的苏格拉底美德②,其开端全都是动物性的,都是促使我

_____

(接上页注)小的色素沉积的基础上;可以通过神经系统和通过激素来控制色彩改变。

　　① [Pütz]拟态,指无自卫能力的动物在色彩和体态上适应能自卫的或其他被保护的动物,或适应一种对其来说充满危险的环境。

　　② [Pütz]苏格拉底的美德表是由柏拉图在其主要哲学著作《国家篇》(Politeia)的第四卷提供的。智慧、勇敢、节制(转下页注)

们寻找食物和躲避敌人的同一种本能的产物。只要我们记住,万物之灵的食物种类更多,他关于什么对他有害的观念也更高级和更精微,那么,把整个道德现象说成是动物性的也许并无不妥。

27

信仰超人的激情的价值。——婚姻制度顽固地坚持相信,虽然爱只是一种激情,却能够持续存在,甚至相信持久的和终生的爱情可以被确立为普遍规则。[38]通过旷日持久地坚持这样一个高贵的信念,不顾它经常和几乎总是遭到反驳而成为"神圣的欺骗"(pia fraus)①的事实,婚姻使爱变得更高贵和更庄严了。无论何种激情,只要制度信仰它的持存,并把这种持存当作自己的责任,那么,与激情的本性相反,它就被提高到一个新的境界,从此以后,那些被这种激情击中的人不再像过去那样,认为他因此被降低了或陷入了危险,而是认为无论在自己眼中还是在同类眼中,自己都被提高了。看看我们的那些制度和习俗吧,它们将一时的以身相许转变成永远的

(接上页)和正义等四种基本美德由于柏拉图而成为直到近代为止的西方伦理学的典范:"我认为,我们的城邦,如果被正确地加以构建的话,将是完善的……显然,它将是智慧的,勇敢的,节制的和正义的。"(《国家篇》427e)在该卷接下来的章节(428以下)中,四美德被加以解释,并被从国家传递到个人。

　　①　[Pütz]参奥维德《变形记》卷九,行711)。尼采用拉丁措辞来暗示信仰的荒谬。

忠诚,将片刻的怒火中烧转变成永远的复仇,将瞬间的绝
望转变成永远的悲伤,将偶然发生的简单的语词转变成
永远的义务。这种转变每一次都给人类带来了无数的伪
善和谎言,但以此为代价,它每一次也都带来了一种新
的、超人的（übermenschlicher）①,也即提高了的人的
概念。

28

　　心情作为理由。——"使行动能够发生的愉快的决
心从何而来?"——此乃人类极为关注之问题。最古老
和现在仍通行的回答是:从神而来;神通过这种方式让
我们知道,他批准了我们的意向。在过去的时代,人们
在做某些事情之前先去请教预言者,他们从他那里希望

---

　　①　[Pütz] 在《扎拉图斯特拉如是说》的"扎拉图斯特拉的前
言"中,尼采创造了"超人"这一概念,并且是在一种神学思想方式
的颠倒的意义上。人作为一种创造性的力量从根本上创造出了某
些超出其自身的东西,因此他是"桥梁而非目的","一个过渡和一
种毁灭"(第 4 节)。迄今为止人都从超尘世的希望出发来规定他
的过渡和毁灭,他的"牺牲"—存在,扎拉图斯特拉却教导将人的克
服作为超人自己的创造。但是反神学的对抗却可能把它颠倒过
来,人们曾想将超人重新看作人的一种"上面"和"彼岸"。"超"的
含义与其说是拉丁文的 supra[高超],不如说是 trans[超过]。但
借助于神学自身自我克服的思想方式,神学的克服必须最终也指
向克服方式本身。此外尼采在此还应用了另外一个附加的运动比
喻:在所有矛盾之间和之上舞蹈的比喻。所有试图将惯常的思维
习惯加以固定的意义设定,将被卷入到这一舞蹈的旋转之中,因此
无论对立还是对立的克服都不是什么最终的东西。

得到的不是别的，就是这种愉快的决心；而每一个面对
几个不同的行动选择的人也都这样对自己说："什么使
我产生这种感觉我就选择什么。"因此，他所选择的并不
是最合乎理性的道路，[39]而是其形象最能唤起心灵
的希望和勇气的道路。良好的心情被当作权衡的根据，
而且是比理性更为重要的根据：心情被迷信地说成是预
示成功的神的行动，神的理性的声音因此成为最高的理
性的声音。想想吧，那些聪明的权力渴望者过去曾利用
这种偏见，而且他们现在还在利用这种偏见！"制造心
情！"——然后就可以取缔一切理性和消除一切反对
意见！

29

美德与罪的表演者。——在以美德名世的古人中，
自我表演者多如过江之鲫，特别是天生的表演者希腊人，
一定完全不自觉地沉醉在自我欣赏的表演中，感觉良好。
因此，每个人的美德都与另一个人或其他所有人的美德
处于竞赛中：为什么不应该采取各种办法来展示自己的
美德，首先是展示给自己看，即使仅仅是为了操练的缘
故！一种人们无法加以展示或不知道如何展示的美德又
有什么用！——基督教给这些美德表演者的演出划上了
句号：为此它发明了罪的令人恶心的铺陈和炫耀，它给世
界带来了一种虚假的负罪状态（直到今天正统的基督徒
还把这种"负罪状态"视为"合宜得体"）。

30

被当作美德的巧妙的残酷。——这是一种完全建立在杰出欲望（Triebe nach Auszeichnung）基础上的道德——［40］我们不要对它评价过高！那么，这种欲望究竟是什么？其背后的思想又如何？我们希望我们的样子能刺痛另一个人，能唤起他的嫉妒、他的虚弱无能感以及他的自我贬低；我们在他的舌尖上放上一滴我们的蜜，让他尝到一点所谓的甜头，同时目不转睛和不怀好意地注视着他，等待他啜饮他的命运的苦水。请看这位已经变得谦卑和无比谦卑的先生，正在四处寻找他长久以来就渴望用他的谦卑来加以折磨的同伴！他肯定会找到他们的。再请看另一位先生，他对动物显示仁慈；并因此受到赞扬——然而对某些人，他却恰恰因此把他的残酷发泄到了他们身上。那边站着一位伟大的艺术家：预感到被征服的对手的嫉妒为他带来的欢乐，使他在成为伟大之前决不会让自己的力量沉睡——他是让其他灵魂用多少个痛苦的瞬间来为他成就伟大买单啊！修女的贞节：对于那些过着不同生活的女人，她打量她们的眼光多少让人不寒而栗！其中洋溢着多少报复的欢乐！主题是简短的，可以演奏出来的花样却是无穷的，几乎永远不会乏味的，因为追求杰出的道德根本上乃是一种巧妙的残酷，这永远都是一种异常矛盾和几乎让人痛苦的新奇。所谓"根本"，这里指的是创造各种道德的最初的一代，因为虽然某些表现行为的习惯累代遗传下来,这些行为的隐秘思想背景却没有一起遗传下来(思想不能遗传,只有情感能够遗传),因此,如果不通过教育重新产生这些思想,那么即使第二代人对这种残酷也会已经没有多少兴趣了,而不过是对于习惯感到快乐而已。但是,这种对残酷的快乐,却正是"善"的最初阶段。

31

[41]以精神为骄傲。——人类的骄傲使他对于人类起源于动物说①不能认同,从而在人和自然之间划下巨大的鸿沟。这种骄傲的基础是一种关于精神的性质的偏见,其历史并不久远。在伟大的史前时期,人们认为精神是普遍存在的,而不是人的特权和专利。相反,由于精神(以及所有本能、恶意、愿望)被认作公有财产,而且是为如此多的事物所公有,以至于人并不以于出自树木或动物②为羞,那些高贵的部族反倒以拥有这样的传说为

---

① [Pütz]指英国博物学家达尔文(Charles Darwin, 1809—1882)的理论。根据其起源学说,达尔文支持人和动物原则上的、生物学上的同等级性,因为二者都是同一个进化过程中形成和发展起来的。

② [Pütz]指图腾崇拜,原始民族的信仰,相信某一群体、氏族或个人与动物的、植物的或无机的自然(太阳、月亮、星星、雷鸣和闪电)中的一种确定的存在(图腾)具有共属关系,或者干脆就是它们的后裔。这种关系不仅是通过直接的起源建立的亲缘关系,而且也被理解为一种共生的或同感的亲缘关系。

荣,他们在精神中看到的不是人与自然的分离,而是人与
自然的联结。他们因此变得谦虚——这是又一种偏见的
结果。

32

障碍。——我们因为道德的原因受苦,别人却告诉
我们这种痛苦其实只是一个错误,这使我们愤怒。对我
们来说,痛苦不仅仅是痛苦,它还带来一种独特的安慰,
使我们在痛苦中看到一个任何其他世界都无法与之相比
的更深刻的真理世界,因此我们宁愿忍受痛苦,通过痛苦
走向这一"更深刻的真理世界",从而觉得自己超出现实
之上,也不愿没有痛苦但也没有这种崇高感(Gefühl des
Erhabenen)①。阻碍我们对于道德的新理解的正是这种

---

① [Pütz]崇高这一概念在古代已经产生。这一概念之近代
深化的前提条件在柏克(Edmund Burkes,1729—1797)的作品《我
们的崇高和美的观念之起源的哲学探讨》(*A Philosophical en-
quiry into the origin of our ideas of the sublime and beautiful*,
1757)中得到完成。柏克第一次将美和崇高定义为矛盾。影响尼
采之将崇高解释为"可怖之艺术性的遏制"(《悲剧的诞生》,Gold-
mann Klassiker 7555,页 58)的,首先是康德的崇高学说,也许首先
是通过叔本华的中介(《作为意志和表象的世界》,第一卷,第三篇
节 39)。在其《判断力批判》(1790)中,康德将愉悦和不愉悦的感
觉能力规定为审美知觉的器官。美的愉悦来源于对一个本身合目
的的形式的鉴赏,想象力和知性的一种自由而轻松的和谐。与此
相反,崇高感之形成,则是由于一种无限的大或一种巨大的自然力
打倒了人类的认识和欲望,与此同时对人自己所具有的超感官的-
无限的、最终伦理地规定的天性自然(Natur)的一种意(转下页注)

骄傲及其习惯的满足方式。用什么力量才能消除这种障碍呢？更多的骄傲？或一种新的骄傲？

33

[42] 蔑视原因、结果和现实。——每当有不幸的偶然事件———一场突如其来的风暴，一次歉收或一场瘟疫——降临到一个群体，人们首先想到的是，习俗不知怎么受到了冒犯，要不就是出现了什么新的超自然的力量和精灵，需要发明新的方法加以纾解。由于不假思索地认定超自然的原因，诸如此类的怀疑和思考使对现象的真正自然原因的任何调查都无从开始。这是世代相传的人类心理变态的一个来源，而人类心理变态的另一个来源与此也相去不远；根据同样的原则，人们对一件行动的现实自然结果远不如对其超自然结果（即所谓神的惩罚和奖赏）来得关心。例如，按照规定，人们要在特定的时间进行特定的洗浴，而之所以要进行洗浴，不是为了清洁，而是为了不违反规定。人们要去避免的不是忘记洗

（接上页注）识，又使他的被压抑的力量更多地释放出来。席勒的古典美学试图用"优美"（Anmut）概念来调和美和崇高。在不久前的过去，特别是在利奥塔（Jean-François Lyotard, 1924—1998）的推动下，与尼采之名联系在一起的摆脱了可认识性和可描述性的现实之现代经验，被回溯到康德关于崇高的理论。在其中，对 20 世纪的艺术先锋由于抽象和形式缺失而导致的对一种不可描述性的东西的否定性描述。这种描述的构想最早可见于《悲剧的诞生》的艺术哲学。

浴带来的肮脏的现实结果,而是忘记洗浴引起的想象中的神的不悦。在迷信的恐惧的压力下,人们觉得这些洗浴绝不可能仅仅是洗掉身上的污垢这么简单,而是具有重要得多的意义。他们在其中找到一种又一种不相干的意义,但却逐渐丧失了现实感和对现实的兴趣,以至于到了最后,现实于他们而言,仅仅具备作为符号的价值。因此,在习俗道德的驱使下,人们先蔑视原因,然后蔑视结果,最后蔑视现实,同时用他们的所有更高的情感(敬畏、崇高、骄傲、感激、爱等情感)编织出一个想象中的世界,也就是所谓更高的世界。其结果直到今天仍然可见:每当人的情感高涨,这个想象中的世界就赫然出现。[43]在我们目前这个时代,科学工作者不得不对一切更高的情感加以怀疑,因为它们与幻想和胡说联系得实在是太紧密了,这是一个令人遗憾的事实。它们并不是生来该受怀疑或永远该受怀疑的:但是,在人类即将面临的所有缓慢的净化过程中,这些更高情感的净化肯定是最缓慢的。

34

道德情感和道德概念。——道德情感显然是以如下方式世代相传的:儿童观察到大人意欲或回避某些行动,并作为天生的猴子模仿这些意欲和嫌恶;当他们长大之后,他们身上就充满了后天的和充分发展了的情感,并把说明和证明这些情感看作自己义不容辞的责任。然而,这种"证明"与情感的起源和强度并无任何关系,不过是人作为理性生物应该做的:作为理性生物,人必须有理由地好恶,而这些理由又必须是可接受的和可举证的。就此而言,道德情感的历史与道德概念的历史是非常不同的。前者的力量主要表现在行动之前,后者的力量主要表现在行动之后,以便使行动成为可理解的。

35

情感及其判断来源。——"信赖你的情感!"——但是,情感并非什么终极的或原初的东西,它来源于判断和价值评估①,我们以情感(意欲、厌恶)[44]的形式继承了这些判断和评价。因此,一个发自某种情感的灵感已经是一个判断——往往是一个虚假判断——的孙子,无论如何也不能算是你自己亲生的。信赖自己的情感,实际上就是听从自己的祖父祖母以及他们的祖父祖母,而不是听从我们内心的神灵——我们的理性和我们的经验。②

---

① [Pütz]对尼采的后期哲学来说(参《善恶的彼岸》,节 20;《偶像的黄昏》,"道德作为反自然",节 5),价值评估反映了一种确定种类的生命、"种族"或"类型"得以产生和维持的生理学条件。

② [Pütz]尼采的这一呼吁符合启蒙运动的原则,关于这一原则,康德在其《回答这个问题:什么是启蒙?》一文中这样表述:"Sapere aude![敢于去知]要有勇气运用你自己的理智!这就是启蒙运动的口号。"(《柏林月刊》[Berlinische Monatsschrift],F. Gedike 和 J. E. Biester 编,IV,1784,页 452)(参 Pütz 版编者说明)

36

愚蠢的虔敬及其隐秘目的。——谁第一个制造了工具和测量杆？谁最早发明了马车、船和房屋？谁是天体秩序和乘法规则的最初发现者？啊，所有这些古代文明创造者，他们真的与我们今天的发明家和观察家无可比拟地不同和更为高明吗？难道这些最初的进步具有那样大的价值，以至于我们今天世界上科学发现领域里所有的旅行和环球航行加在一起也不能与之相比吗？这是偏见，是贬低现代人的谎言。谁都可以看到，在过去的时代，机遇实际上是所有发现者和观察者中最伟大的那个，是那些古代发明家最为慷慨的教唆者；在今天最不重要的发明中消耗掉的精神、教育和科学的想象力比过去所有时代加在一起还要多。

37

出自有用性的错误推论。①　——如果我们证明一事物具有最大有用性，我们并没有因此说出关于这事物的

_____

① 　[Pütz]指启蒙运动时代的物理学神学运动（die physiko-theologiesche Bewegung）。按照物理学神学，人们从有形世界的有用性、合目的性和完善性，因此也就是从自然的有意义的秩序，推论出作为其原因的存在（Dasein），也就是推论出上帝的存在（上帝存在的物理学证明）。

起源的任何东西。换言之,我们永远不能从事物的有用性推出它的必然存在性。[45]但是,直到今天,甚至在最精密的科学领域,这种回溯论仍然很有市场。例如,在天文学中,我们不就听说,行星排列方式的(假想的)效用(即补偿因为远离太阳而产生的光的强度的减弱,以便所有天体上的居民都不会生活在黑暗中)乃是这种排列的最终目的并因此解释了它的起源吗? 这使我们不禁想起了哥伦布的逻辑:地球是为人类创造的,因此,所有存在的国度都必须住上人:"太阳无端挥洒它的光明,彻夜闪烁的星斗白白悬于无人航行的海上和无人居住的陆地,这可能吗?"

38

被道德判断改变的欲望。——同一种欲望,如果面对习俗谴责的压力,就会成为一种痛苦的怯懦的感觉;相反,如果它碰到的恰好是基督教那样的习俗,这种习俗体贴它并称它为善,那么它就会成为一种愉快的谦卑的感觉。这也就是说,这种欲望既可以与好良心也可以与坏良心联系起来。就其本身来说,这种欲望像任何一种欲望一样,不仅不具有这些道德性质和名称,而且不具有任何道德性质和名称,甚至不具有任何确定的愉快或痛苦的性质。所有这些都是当它与其他已经被标明善和恶的欲望发生关系时作为第二天性获得的,或者是作为那些人们已经对其进行过道德确定和道德评价的存在的性质

获得的。——因此,早期希腊人对嫉妒的感觉完全不同
于我们今天对嫉妒的感觉。在赫西俄德那里,嫉妒乃善
的、仁慈的厄里斯所赐,①可以把诸神说成是嫉妒的:
[46]在一个竞赛就是一切、竞赛被感觉和评价为善的社
会中,对于嫉妒的这种态度完全可以理解。同样,希腊人
对希望的评价也与我们不同:在他们看来,希望是盲目的
和欺骗性的,赫西俄德在一篇寓言②中最强烈地表达了
这种态度,其意义是如此陌生,以至于没有多少晚近的评
论者能够恰当地理解它——因为它与从基督教那里学会
将希望当作美德来信奉的现代精神背道而驰。对希腊人
来说,认识未来的通道似乎还没有完全关上,在无数我们
只满足于希望的情况下,他们却把探究未来提高到宗教
使命的高度:由于他们的预言家和占卜者,希望变成了某
种低级、卑劣和危险的事情。——犹太人对愤怒的感觉
与我们不同,视其为神圣的:他们对于体现在人身上的盛
怒的评价之高是一个欧洲人所不能想象的。以其愤怒的

----

① [Pütz]赫西俄德将嫉妒视为是"善的、仁慈的厄里斯(E-
ris)在起作用",是人格化争端的效果,是夜神纽克斯(Nyx:希腊文
中的夜)的女儿不和女神在起作用,是战神阿瑞斯(Ares)在起作
用。在《劳作与时日》的开场白之后,赫西俄德描写了厄里斯的两
面性(行 11—26)。其邪恶的部分挑起可怕的仇恨,其好的部分却
驱使人们去竞赛、工作和取得成就。([译按]参《劳作与时日笺
释》,吴雅凌著,北京:华夏出版社,2015 年,页 42—49;页 302—
306。)

② [Pütz]尼采提到的是所谓古代第一个寓言,更准确地说:
关于鹞鹰和夜莺的寓言。(《劳作与时日》202—211)

神圣先知为蓝本,他们创造了愤怒的神圣耶和华①的形象。与这些愤怒的形象相比,欧洲人的最伟大的愤怒者也仿佛只不过是些赝品。

39

"纯粹心灵"之偏见。——无论在哪里,只要所谓纯粹心灵(reinen Geistigkeit)的教导流行,它就会用它的放纵摧毁坚强的神经:它教导轻视、忽视和折磨肉体,教导人们应该由于他们所有的欲望而折磨和蔑视自己;这种教导使人们变得阴郁、紧张和感到压抑,还使这些人天真地相信,他们不仅已经找到了他们不幸感觉的根源,也许还可以动手消除它。"根源必定在身体!身体还在野蛮生长!"——[47] 他们如是得出结论说,而实际上,他们感受到的痛苦表明,身体对它受到的经常的蔑视,一次又一次地提出了抗议。最后,一种变得普遍和长期化的神经衰弱成为那些拥有美德的纯粹心灵的命运:他们只有在迷狂以及其他接近疯狂的形式下才能感受到欢乐,而且当他们把迷狂当作生活的最高目标和据以谴责一切世俗事物的标准时,他们的系统达到了顶峰。

---

①　[Pütz]耶和华(Johova),原来的名字是 Jahwe,由于担心人们可能滥用,不允许妄称其名(参《出埃及记》20:7),因此通过融合 Johwe 和 Adonai(主人)形成了 Johova 一名。对于上帝之名的敬畏反映了以色列人和其上帝的关系,这种关系不仅在于相信上帝的仁慈,而且也在于畏惧上帝的怒火。

40

对于习俗的冥思苦想。——无数习俗规定都是人们根据某些非常事件匆忙做出的，它们随后很快就变成不可理解的；我们既不能确切断定隐藏在这些规定后面的意图，也搞不清违反这些规定所带来的惩罚的性质；我们甚至在仪式的执行方面也会发生疑问——但是，伴随我们的冥思苦想，我们苦苦思索的对象的价值增长起来，而一种习俗的最荒唐部分最后竟然变成了神圣不可侵犯的金科玉律！我们不可小看千万年来人类在这方面花费的心思和力量，更不可小看对习俗的冥思苦想对人类的作用！我们面对的是一片巨大的心智训练场，在这场地上兴起和发展的不仅是宗教，这里也是科学的光荣与可怕的史前世界，诗人、思想家、医生和立法者也在此成长。对于一种以我们不明白的方式要求我们参拜如仪的事物的焦虑，逐渐转变为对难以理解事物的乐趣；当人们不知如何解释时，他们就开始创造。

41

［48］对思想人的价值测定。——作为思想人（vita contemplativa）①，我们不应该忘记，沉思的各种后果给

---

① ［Pütz］理论的、思考的人（希腊文：bios theoretikos），与行动的人（希腊文：bios praktikos）相反。

行动人(vita activa)带来了哪些痛苦和不幸——简单地说,如果我们在他们面前自豪地吹嘘我们的善行,行动人又该要求我们赔偿他们受到的哪些损失呢? 第一是所谓宗教人(religiösen Naturen),他们在思想人中人数最多,因而也是其最常见的类型。他们每时每刻都在努力使实践之人的生活变得艰难,尽可能让他们觉得生活没有意思:使天空暗淡,阳光消失,欢乐蒙上怀疑,希望失去价值,能干之手残废——他们熟知这一切,正如他们熟知如何在苦难的时刻提供安慰、帮助、施舍和祝福。第二是艺术家,他们比宗教人要少,但在思想人的世界中仍然是常见的。这些艺术家作为个人多半是顽劣、任性、嫉妒、暴躁和不好相处的:与其作品之欢乐和崇高的效果形成鲜明对照。第三是哲学家,该类型集宗教与艺术之力于一身,同时还和另外一种因素即爱好证明之辩证法①结合起来,因此除了以与宗教家和艺术家一样的方式给人们带来损害以外,还由于他们对辩证法的嗜好而让许多人

---

① ［Pütz］希腊的辩证法是对话的艺术,同时又是一种思想和证明的方法。对苏格拉底来说,辩证法是一种澄清概念的方法;在柏拉图那里是一种文学形式,同时也是认识理念(存在之根据［seinsgründe］)的一种心智程序;从中世纪到18世纪是逻辑学的标志,对康德来说是理性的一种必然的趋势:不再把经验作为人类认识的基础,关于上帝、自由与不朽之最终的形而上学的存在陈述,其矛盾性和幻想性被康德批判为一种辩证假象;对黑格尔的形而上学逻辑来说,则是通过矛盾和其扬弃(否定、保存和提高到一个更高的水平)而发生的一种存在和思想的运动,同时是作为一种生成的绝对;对马克思来说则是经济和阶级斗争史的运动法则。

不胜厌烦;不过,他们的人数总是很少的。第四,思想家和科学研究者;他们几乎从不以影响他人为目的,而只是像鼹鼠一样在他们自己的沙丘下悄悄挖掘。因此,他们很少引起其他人的烦恼和不快,倒是作为人们促狭和嘲笑的对象,常常在无意中使行动人的生活轻松一些。[49]不仅如此,科学现在还成了某种对每个人都有好处的东西。如果说,由于科学的这种有用性,许多本来注定要投身行动的人现在却操心费力地、不无怨恨地投身科学,那么,这种悲剧并不是那些思想家和科学研究者的错;这是"自讨苦吃"。

42

思想人的起源。——在人类的蒙昧时代,人们对世界和人普遍持有悲观的看法,而那些觉得自己足够有力量的人随时准备按照这种看法行动,将悲观观念变为悲观现实:猎取、抢劫、攻击、伤害、谋杀,以及在团体内部所能允许范围内的这些行动的一些弱化形式。但是,如果他的力量衰退,感到疲倦、不适、空虚或餍足,并因而暂时放弃欲望和愿望,他就变成一个相对好也就是不那么有害的人,这时他仅仅通过言语和思想表达他的悲观看法,比如关于他的同伴、他的妻子、他的生活或他的神的看法——他的判断必然是一些恶的(böse)判断。在这种情况下,他成为思想家或先知,或者诗意地阐述他的见解和发明新的风俗,或者嘲笑他的敌人——但无论他的思想

是什么,seines Geistes[他的思想的]①一切产物都必然
反映出他自己所处的状态:他的恐惧和疲倦的增加,对行
动和享乐的评价的降低;与这些诗意的、沉思的和宗教的
情绪内容相呼应的必定是他的思想产物的内容;[50]其
中支配性的必定是恶的判断。后来,所有将这单个的人
在某种特定情况下的行为变成长期行为的人,也就是所
有那些作恶的判断、忧郁地和不善于行动地生活的人,开
始被人们称为诗人、思想家、教士和法师。——由于他们
乏于行动,人们可能更愿意唾弃他们和将他们逐出群体,
但这样做有危险——他们精通迷信和善于召唤神力:人
们从不怀疑他们拥有未知的权力手段。这就是人们对古
老的思想者家族的尊敬——人们在多大程度上不害怕
它,人们就会在多大程度上唾弃它! 思想就是这样以伪
装的形象、可疑的威望、恶的心肠和焦虑的头脑第一次在
大地上出现的,既虚弱又可怖,私下被人唾弃而在公开场
合又受到迷信的敬重! 在这里像通常一样,我们必须称
之为:pudenda origo[可耻的起源]。

43

今天的思想者需要同时具有多少能力。——远离感
官现象,上升到抽象世界——过去人们确实觉得因此得
到了升华:但是,我们今天已经不太熟悉这种感情了。沉

---

① [KSA]根据清样和草稿补充。

缅于最苍白无力的语词构造和事物构造中,玩弄着这样一些不可见、不可听闻、不可感觉的存在将使我们觉得自己生活在另一个更高的世界中,从而摆脱了对感官上可触知的、充满诱惑的和罪恶的世界的深深蔑视。"这些抽象概念(abstracta)不再诱惑我们,但它们能引领我们!"——人们一边这样说,一边扶摇而上。在科学的史前时代,不是这些精神性游戏的内容,而是这些精神性游戏本身构成了"更高的生活"。[51]因此,我们看到,柏拉图推崇辩证法,热烈相信辩证法对非感性的善人来说必不可少。不仅知识是一点一点缓慢地积累起来的,而且知识的手段本身,即先行于知识的人类存在状态和方法也是一点点缓慢积累起来的。并且,每当人们发现新的方法或感受到新的存在状态,他们都觉得这新的方式和方法不是达到知识的手段,而本身就是内容、目的和值得认识的一切。思想者急需幻想、自我提高、抽象、非感性化、创造、预感、归纳、辩证、演绎、批判、材料收集、非个人的思想方式、沉思和概观,而不是对于所有存在事物的公正和爱,这些手段中的每一种在思想的历史上都曾经分别被当作目的和最后目的,给它们的创造者带来了一种极乐的感觉,当最后的目的闪现时,这种感觉就会出现在人的灵魂中。

44

起源与意义。——为什么下述思想总是萦绕我心头,越来越五彩斑斓地照亮我?——从前的探索者,当他们探寻事物的起源时,总是意欲找到某种对一切行动和判断都无比重要的东西,确实,人们总是假定,人的拯救取决于对事物的起源的洞见：①但是现在,我们看到,事情刚好相反,我们越是接近起源,事物对我们就越是变得索然；确实,我们在追根溯源的路上走得越远和越靠近事物本身,我们曾经赋予事物的所有评价和趣味就越开始丧失它们的意义。[52]我们对起源的洞见越多,它呈现给我们的意义就越少：而那些离我们最近的事物,那些就在我们身边和在我们内部的事物,却逐渐开始在我们眼前展现出早期人类梦想不到的色彩、美、神秘和丰富意义。从前,思想者就像被捕获的野兽一样在笼中愤怒地走来走去,仇恨地注视着栏杆,不时扑向栏杆,企图将它们推倒：在这个时候,谁相信自己通过某个缺口看见了外部世界的某些东西,看见了某些遥远和彼岸的东西,那他似乎就是幸福的。

45

知识的悲剧性结局。——在使人升华的所有手段中,人之牺牲最让所有时代的人感到升华和自豪。而且

---

① [Pütz]在此,尼采颠倒了西方思想的基本模式,按照这种思想模式,永远只是在原则(第一根据和开端)中,在位于感性世界"牢笼"之彼岸的观念和本质中(形而上学),或者在上帝及其"福乐"而非充满罪和痛苦的尘世中(基督教),寻找"意义"(内容、效果、价值)和获得保证。此外,在其激进的语言批判的意义上,尼采的转向还指向自在之物的幻象(康德),他通过语言不可避免的"比喻说"(Bilderrede)质疑这种幻象。

也许用一个非凡惊人的观念就可以把人类所有其他努力
——打倒,以至于它连那个最常获胜者也战胜了——这
就是人类自我牺牲的观念。但是人类应该向谁牺牲自
己?人们现在发誓说,一旦这种观念的灿烂星座出现于
天际,那时将只有关于真理的知识能够作为一个巨大目
标与它相辉映,因为对真理目标来说,任何牺牲都不会太
大。① 然而,人类作为一个整体究竟能够在知识进步的
路上走多远的问题一直没有得到解决,更不用说究竟什
么知识追求可以引导人类带着对未来的智慧的预见无悔
地死去了。也许,假设有一天,人类与其他星球上的居民
为了知识的目的建立起联系,[53]在千万年里将他的知
识从一个星球传播到另一个星球:也许,那时对知识的热
情或许能够上升到这样一种让人晕眩的高度!

46

对怀疑的怀疑。——"对健全的脑袋来说,怀疑是多

---

① [Pütz]自从在《悲剧的诞生》中勾勒了理论人这一类型以
来,特别是自从第二部《不合适宜的沉思》(即《论史学对于人生的
利与弊》)以来,尼采就一直思索知识、科学和生命之间的关系。在
《人性的,太人性的》中("论道德感的历史",Goldmann Klassiker
7596,页 44),道德批判以追问开始,即追问对于这一道德批判本
身的智识诚实来说,"此在的兴奋剂、治愈手段和缓和手段"的代价
([译按]具体参《人性的,太人性的》,卷一,节 36)。由此它就预料
到了《善恶的彼岸》中(第一章,"哲人的偏见",节 1)[译按]中译
参尼采:《善恶的彼岸》,魏育青译,上海:华东师范大学出版社,
2016 年,页 2.)的普遍的追问,即追问对于生命而言求真理的意志
的价值——以及谬误的一种也许更大的价值。

么好的枕头！"①——蒙田②这话总是使帕斯卡恼恨，因为他比任何人都更强烈地渴望一个去忧解惑的枕头。他到底怎么了？——

47

　　阻碍我们前进的词。——原始人每创造一个词，都

---

①　[Pütz]参蒙田《随笔》，巴黎，1864，卷三，节8："无知和自满，多么舒适、柔软、宜人的枕头，可以让一个优秀的头脑在上面睡去。"除了《随笔》法文版外，尼采还有一个德文译本。上述引文也见于帕斯卡，"……无知和无虑，对一个优秀的头脑来说，不啻两个甜美的枕头……"（见帕斯卡：《思考、片段和书信》，根据Prosper Faugère的法文版，德文根据C. F. Schwartz译本第二版，莱比锡1865，第1编，页316。）

　　[KSA]在尼采的读物中不乏帕斯卡作品的德文译本，下述文字（II, 19）被尼采用下划线标出："怀疑当然是不幸的；然而，努力追求怀疑，却是一种不可推卸的责任，因此，谁怀疑而又不追求怀疑，谁就同时是不幸和不正直的。如果他无论如何仍然是快乐和负责任的（présomptueux），那我就无词可以描述这样一位可怜的生灵了。"尼采对此批曰"蒙田"。也许尼采熟悉Prosper Faugère的法文版，因为他会在德文本某一经常不准确的翻译下面写"误译"。

　　②　[Pütz]蒙田（Michel de Montaigne, 1533—1592），法国哲学家和作家；他特别因为其《随笔》（1580年2卷本，1588年3卷本）而著名，该书被看作是法国晚期人文主义的最重要的证明，特别是通过其主体反思的、心理学自我分析的特点而产生了巨大的影响。对蒙田来说，"随笔"不是标示文学种类的概念，而毋宁是一种进行自我观察和探索自身思想力量的方法论术语。蒙田的主要沉思，与其说是要为了获得某一确定的结果，不如说是在于对思想过程本身感兴趣，这种沉思试图将思想对象通过一种永恒的视角变换而全方位地予以把握。道德哲学和人生哲学的话题需要的不是教导而是激励，不是分析而是解释。《随笔》的对象永远是作为认识着的"我"的人。

相信自己做出了一项发现。这与事实相差多远！——他们触及到一个问题；由于假定自己已经解决这个问题，他们为问题的真正解决设下了障碍。——现在，为了获得任何一点新知识，我们都不得不在死去的词的化石中跌跌撞撞地穿行，往往折断了腿而不是踢碎了词！

48

全部科学都是"认识你自己"①。——只有当人认识所有事物之后，他才能最终认识他自己。因为事物不过是人的边界。

49

新的基本感觉：我们最终的易朽性。——过去，人们曾经通过指出人的神圣起源来证明人的高贵伟大，[54]但现在这种方式行不通了，因为在这条路的开端是与其他种种让人毛骨悚然的动物站在一起的猩猩，它以它特有的方式向我们龇牙咧嘴，仿佛在说："回去！此路不通！"因此，人们现在试图走上相反道路②：人类前进的道

----

① ［Pütz］德尔斐——著名的古代神谕宣示所——的阿波罗神庙的铭文。它被归于"七贤"之一的米利都的泰勒斯（公元前620—前543）名下。

② ［Pütz］暗指无政府主义和社会主义的乌托邦，一个更高发展的、公正的和无统治的社会。

路将证明他的高贵伟大和与神的亲缘关系。呜呼！这同样是白费心机。矗立在这条道路尽头的是最后一个人和自掘坟墓者的坟墓，墓碑上写着"人性所在，我无例外"（nihil humani a me alienum puto）①。无论人类进化到多么高的程度——他最后站的地方说不定比他开始站的地方更低！——他都无法移居一个不同的更高的世界，正如蚂蚁和蠼螋在其"尘世生活"结束时仍然与神和永生攀不上关系。已成总是像尾巴一样拖在生成的后面：有什么理由认为这一永恒景象会对某些微不足道的星球或这些星球上某些微不足道的物种破例呢？丢开这些妄想吧！

50

对迷醉的信仰。——有过高度兴奋和迷狂时刻的人，在正常时刻，由于对比和神经能量的大量消耗，往往处于欢寡愁殷的可怜状态，把那些昙花一现的时刻看作他们的真正"自我"，而把他们的痛苦和不幸说成"非我"（Außer-sich）之物的结果，从而对他们生活于其中的环境、时代和整个世界都满怀敌意。在他们看来，只有迷醉才是真正的

----

① ［Pütz］"人性所在，我无例外"语出泰伦提乌斯（Terenz）的喜剧《自责者》I，i，25："Homo sum：humani nihil a me alienum puto"［我是一个人，没有什么人类的东西是我所不熟悉的］。泰伦提乌斯（Publius Terentius Afer，公元前 200 年后—前 159），罗马喜剧作家。这句话也曾被马克思用来自我描述。

生活和真实的自我,其余的一切,无论其为精神的、道德的、宗教的还是艺术的,都只不过是达到迷醉状态所要克服的障碍。[55]这些热烈的饮者给人类带来了无数罪恶,因为他们是不倦的杂草播种者:对自己、对别人不满之杂草,对时代、对世界蔑视之杂草,特别是悲观厌世之杂草。也许,即使倾地狱里的所有罪犯之力,也不可能像放浪、幻想、半疯狂、丧失自制能力,除非完全迷失自己就不能体会到任何欢乐的那一小撮天才的高贵小团体一样,给世界带来如此无远弗届之压抑的、污染大地和空气的巨大影响:事实上,罪犯经常表现出不同寻常的自我控制,自我牺牲和智慧,并在那些恐惧他的人中间唤起同样的品质;他们也许会使生活的天空变得阴沉和危险,但空气仍然凛冽、清新。——不仅如此,这些酗酒者还千方百计地向人们灌输对迷醉的信仰,仿佛迷醉才是生命中的生命:多么可怕的信仰!正如酒精很快败坏和毁掉了野蛮人一样,这些精神"烈酒"及其推销者所造成的酩酊之乐也将逐渐而彻底地毁掉人类:它最终也许会消灭人类。

51

我们目前的状态。——"让我们对伟大的独眼人宽容!"斯图亚特·穆勒如是说,似乎要信仰和近乎崇拜某物就必须宽容它们!我说:让我们对双眼人宽容,无论其为伟大还是渺小——因为像我们现在这个样子,除宽容外,我们还能做什么呢?

52

[56]心灵的新的医生在哪里？——人们用来安慰自己的那些手段使生活变得极端痛苦,但他们现在相信生活本来就痛苦不堪;人类最可怕的疾病不是别的,正是他们用来消除疾病的那些手段,这些手段看起来立竿见影,最终却产生了某些比它要消除的疾病还糟糕的东西。他们无知地相信,那些能够在瞬间麻醉和解除他们痛苦的东西,即止痛剂,就是真正的良药;他们事实上根本就没有想过,他们为这片刻轻松付出的是健康的全面和彻底的恶化,看不到不得不忍受麻醉剂副作用之痛苦,日后停止使用麻醉剂之痛苦,以及最后日夜烦躁不安、神经质和神经衰弱的痛苦。病情发展到一定程度,治疗将不再可能:那些受到普遍信仰和崇拜的心灵医生应该对此负责。根据不无公正的说法,在人类的痛苦被长时间忽略之后,叔本华①开始重新严肃对待它们:那么,在人类痛

---

① [Pütz]叔本华(Arthur Schopenhauer,1788—1860),德国哲学家,其著作特别影响了瓦格纳和尼采,并超出他们继续影响了20世纪(如对作家托马斯·曼[1875—1955]和伯恩哈德[Thomas Bernhard,1931—1989]的影响)。在其主要著作《作为意志和表象的世界》(2卷,1819和1844年出版)中,叔本华教导说,多样的、可以时空方式表象的世界基于一个脱离了理性理解的非人格意志。所有自然事件和被误以为自由的人类行动都只是意志的间接显现方式(客体化)。叔本华在痛苦的象征中看到了现象世界。在时空中个体化了的人,只有通过否定意志,也就是他的自我,才能克服痛苦,这痛苦是他在其个体化的自私的盲(转下页注)

苦的真正解药被忽视了这么久之后，谁能重新严肃对待它们，并把那些人类迄今一直依靠他们治疗心灵疾病的有着堂皇名字的江湖骗子的秘密公之于众？

53

有良心者的滥用。——牧师的布道和地狱的可怕压力使之最痛苦的不是那些无良心之人，而是那些有良心的人，特别当这些有良心的人同时又是具丰富想象力之人时就更是如此。[57] 因此，恰恰是那些最需要欢乐和愉快景象的人，他们的生活被弄得最悲惨：他们需要欢乐和愉快，这不仅能使他们本人得到休养生息，而且也能使人类从他们那里收获某种快乐和美。哦，有多少不必要的残忍和对动物的虐待被用来作为那些宗教的出发点，这些宗教发明了罪。而且也被那些人用作出发点，即他们想借此获得对他们的权力的最高享受！

54

对疾病的感想。——让病人活跃的想象力平静下来，以使他不再因其对疾病的想象受苦，更甚于因疾病本

（接上页注）目中自己创造的。同情为人开启了对于分离的个体化的一种最初的直觉式直观，同时也是通向这种个体化之克服的第一步。因此在艺术的等级次序中，音乐被特别挑出来，因为它不是把现象而是把意志本身客体化了。

身受苦——这将是一件不无意义的事！这件事将功德无量！你们现在明白我们的使命了吗？

55

"路。"——所谓的"捷径"总是使人类处于极大危险中：他们总是在发现这样一条捷径的"福音"（frohen Botschaft）①中离开他们的道路——并终于迷路。

56

自由精神的变节者。② ——谁会对于虔诚的坚信者感到厌恶呢？相反，我们不是每每以无言的尊敬注视着他们，并带着深深的遗憾，为他们感到高兴吗，因为这些优秀的人并不与我们感觉相同？但是，如果看到一个人，他曾经一度是完全自由的心灵，后来却变成一位"信徒"，我们那突如其来的、无端的深刻的嫌恶从何而来呢？每当想到他，[58]我们就像吞下一只苍蝇一样别扭，恨不得马上吐出它才好！即使是最可敬重之人，如果他在这一点上让我们怀疑，难道我们就不会背弃他了吗？而且

---

① ［Pütz］指基督的拯救消息，福音（希腊-拉丁文：好消息）。

② ［Pütz］背离信仰之人被称为 Apostat［叛教者］。在犹太-希腊文献中，叛教指背离以色列的神，在基督教教会中指背离基督教信仰。尼采从原来宗教的语境中借用了这一词汇，将其转用于老年时背离了自由思想者状态的人。

这不是出于什么道德成见,而是出于一阵突然产生的反感和厌恶! 这一强烈反感究竟从何而来! 也许有些人向我们暗示,我们在内心深处并不完全相信自己? 有时我们在自己周围种下一片多刺的轻蔑的荆棘篱笆,以便在岁月的风霜使我们变得虚弱和健忘之后,我们在那些关键的时刻爬不过我们自己的轻蔑之林? ——坦白地说,这种推测完全错了,只能说明作这种推测的人对发动和决定自由精神的东西一无所知:对自由精神来说,改变意见本身并没有什么可鄙。相反,他高度评价改变意见的能力,将其看作不平常的、高超的本领,特别是当这种能力直到暮年仍然不减时就更是如此! 他的野心(而非他的胆怯)甚至伸手摘取蔑视者自身成为被蔑视的(spernere se sperni)①和蔑视自己(spernere se ipsum)②的禁果:不用说,对此他完全没有虚荣和自满之人的那种恐惧。尽管如此,他仍然认为,所有意见都是无辜的这种学说是如此的确定无疑,正如所有行动都是无辜的:那么他怎么会又以审判者和行刑者的形象出现在自由精神变节者面前呢? 毋宁说自由精神变节者的样子触动了他,正

---

①　[Pütz]语出拉瓦尔丁(Hildebert von Lavardins,1056—1134)《杂诗》CXXIV。

②　[Pütz]自我蔑视。spernere se sperni 和 spernere se ipsum,这两个拉丁概念也见于带有双关语风格的《圣伯纳德的箴言》,被歌德(参145—145)在《意大利旅行:第二次罗马停留》中引用,题目是"Philipp Neri, 幽默者的神圣":"spernere mundum,/Spernere neminem,/Spernere se ipsum,/Spernere se sperni"("蔑视世界,/无人可蔑视,/蔑视自己,/蔑视者,自身成为被蔑视的。")

如某些令人反感的患病者的样子触动了医生：对发炎的、
坏死的、肿胀的和溃烂的东西的生理反感瞬间压倒了理
智和救治意愿。由于这个原因，我们的善的意志才被那
种惊人的不诚实的表象所压倒，后者必然支配着自由精
神变节者：被一种普遍的、渗入人物之骨髓的堕落之表象
所压倒。——

57

[59] 不同的恐惧，不同的安全。——基督教给生活
带来了一种前所未有的无限危险状态，同时也带来了前
所未有的安全、享受、休养和对一切事物的重新评价。我
们的时代否定了这种危险状态，还心安理得：然而它还拖
着基督教的安全、基督教的享受、休养、评价这些古老的
习惯前行！甚至将它们拖进最高贵的艺术和哲学中！现
在，由于那个可怕的对照，即基督徒对其是否能获得永恒
拯救的无所不在的恐惧，已不复存在，所以它们看上去全
都变得多么乏味，像被用坏了的，多么不完整和笨拙，多
么想入非非，而且尤其是：多么不安全！

58

基督教和情感。——在基督教中，可以听到一种针
对哲学的大声的群众抗议：古代贤人以理性之名要求人
们远离情感，基督教却重新将情感归还给人们。出于这

一目的,基督教否认如哲学家所理解的美德——作为理智对情感的胜利——有任何道德价值,全面谴责理性并挑起情感,以最堂皇和最强烈的形式表现情感:如对上帝之爱、对上帝之畏、对上帝之狂热的信和对上帝之盲目的望。①

59

谬误作为安慰。——无论如何,有一点可以肯定:基督教希望通过指出一条它认为更近的完善之路卸掉道德要求的重担:[60]正如某些哲学家误以为摆脱了艰苦乏味的辩证法和经严格检验的事实的收集,并且指出了一条通向真理的王者之路。二者都错了——然而对于在旷野中疲惫者和彷徨者来说,它们却是极大的安慰。

60

一切精神最后都成为肉体上可见的。——基督教融无数天性柔和者的精神于一炉,集所有谦卑和敬畏的、精致和粗糙的热爱者的精神于一体,通过这种方式,基督教

---

① [Pütz]基督教之作为根本美德的诸基本美德,从这些基本美德出发可以得到所有其他美德。(参《哥林多前书》13:13:“现在还有信仰、希望和爱这三种,但爱是其中最伟大的。”)与此相反,根据柏拉图的说法,古代的基本美德包括:智慧、勇敢、节制和正义。

摆脱了其最初的乡村的粗陋——比如站在最古老的圣彼
得使徒画像前,我们就会强烈回忆起这种粗陋①——从
而变成了一种高度精神化的宗教,具有最为复杂、巧妙和
高深的面部表情;基督教使欧洲人变得巧慧,而不仅仅是
在神学上变得狡猾。也许人类社会迄今有过的最精巧的
形象就是从这种精神中,在与权力且更经常地与对献身
的最深刻信仰和真诚中雕琢出来的:天主教较高级教士
和最高级教士的形象,特别是那些出身贵族、生来具有高
雅举止、威严目光和优美手足的高级教士的形象。在一
种精心构思的生活方式驯服人身上的兽性以后,人的面
容完全为精神所充满,而这是通过两种幸福(权力感和屈
服感)持续不断的起落才产生的;在此,赐福、赦罪、荣耀
神等一系列活动,[61]每时每刻都在他们的灵魂中,以
及确实也在他们的肉体中,唤起一种超人的使命感;在此
存在着的是如天生的战士那般特有的、对肉体和幸福福
利之易碎性的高贵蔑视;他们因服从而骄傲,这构成了一
切贵族的突出标志;他们在自己的使命的巨大不可能性
中保持着自己的辩解和自己的理想性。教会贵族夺目的
美和雅总是在向群众证明教会的真;而僧侣的偶尔野蛮
化(如在路德的时代那样)也总是把人们推向相反的信
仰。——形象、精神、使命之间的和谐所产生的这种人的
美和雅会随着宗教的灭亡结束吗? 难道就不能获得甚至

---

①　[Pütz]使徒彼得原来的职业是渔夫,在这里被作为原始
基督教最重要的神学家、犹太教学者保罗的对照形象。

也不能想象什么更高的东西吗？

61

必不可少的牺牲。——那些严肃、能干、正直和怀有深刻感情的人，只要他们真心认为自己是基督徒：他们就应该让自己做一次实验，在一段时间内离开基督教而生活，为了他们的信仰而到"旷野"中生活①——只有在这样做之后，他们才有资格谈论基督教是不是必须的。然而，目前我们看到的情景却是，他们把自己关在他们那牢笼一般狭小的王国里，对每一个碰巧处在他们的围墙之外的人大肆辱骂；不仅如此，每当有人告诉他们，在他们的蕞尔小国之外存在着一个广大世界，他们的基督教不过是这广大世界的一个角落，他们都怒火中烧，咬牙切齿。不，直到你们离开基督教生活多年，直到你们已经热情、诚实地过上一种与基督教截然相反的生活：直到你们已将基督教远远抛在身后，走到天涯海角，在此之前，你们的见证都无足轻重。[62]只有当你们不得不从遥远

① ［Pütz］在《旧约》中，上帝引导他的子民穿过"旷野"前往希望之乡（das Land der Verheißung），旷野是一片诱惑之地，同时也是上帝显示其权能和慈恩之地（《出埃及记》14：11以下）。在《新约》中，不仅是施洗约翰，而且耶稣本人也在旷野中度过一些时间，以便为其公众活动做准备（《马太福音》3：1以下；《马可福音》1：1以下；《路加福音》3：1以下；《约翰福音》1：19以下）。当尼采劝虔诚的基督徒前往无神性的旷野时，他也就是在考虑一种圣经-基督教的行为，以之对抗整个信仰传统。

的天边返回,但却不是由于难耐的乡愁,而是根据严格比较后做出的判断,你们的回乡才有某种意义。——未来的人将以这种方式处理所有从前的价值评估;人们必须自觉地让这些价值,以及与它们对立的价值——即使仅仅是为了最终有权筛选这些价值——统统在生活中再来一遍。

62

论宗教的起源。——一个人如何能够把他自己对事物的某种看法看作一种启示?关于宗教的起源的问题在于:总是可以看到一个人,在他身上,启示现象是可能的。前提条件是,这样一个人事先已经相信启示。然后,某一天,他突然产生出一个新的想法,他的想法,一个在想象中包括整个宇宙和所有存在的伟大想法,使他心中充满幸福快乐,这种幸福快乐是如此强烈,以至于他不敢认为他自己是这种福乐的作者,而把这种新想法的原因,以及这种新想法的原因的原因,归于他的神:看作神对他的启示。如此巨大的幸福的创作者怎么可能应该是一个人!——纯属他的悲观主义的怀疑。在宗教产生的过程中,还有其他一些杠杆在暗中起作用:例如,当我们把一种意见感觉为神之启示时,我们就在自己心目中赋予这种意见以力量,去掉了它的假设的性质,避免了一切批评,甚至也避免了一切怀疑,使它变得神圣不可侵犯。确实,在这样做时,我们不免使自己降低到工具(Organon)

的地位,但是,我们的观念,作为神的观念,却最终获得了
胜利——这种最终获胜的感觉征服了我们自己被降低的
感觉。还有另外一种感觉也在背后发挥作用:当人把他
的作品抬高到自己之上,他无疑就撒开了自己的价值,
[63]然而在此却产生了由父爱和父亲的骄傲而带来的
欢呼,这补偿了我们失去的一切,而且还有盈余。

63

他人之恨。——假如我们像另外一个人感觉自己那
样感觉他——叔本华称之为同情(Mitleid),但也许称为
"移情"(Ein-leid)更合适——,那么,当该人像帕斯卡一样
认为自己可恨,①我们就应该对他感到憎恨。这也许就是
帕斯卡心中对人类的基本感觉:早期基督教可能也是这
样想的,据塔西佗记载,在尼禄②统治的时代,他们因为

---

① [Pütz 和 KSA]指帕斯卡《思考,片段和书信》中的内容,
据 P. Faugere 版,德文据 C. F. Schwartz 博士译本,第 2 版,莱比锡
1865,第二部,页 118(在尼采藏书中发现了这一卷著作,尼采在下
述文字下划了线):"没有别的宗教学会恨自己。没有什么宗教这
样喜欢那些仇恨自己和寻找真正和善者。"

② [Pütz]尼禄(Niro Claudius Drusus Germanicus Caesar,
37—68),罗马皇帝,54—68 年在位;尼禄之"邻人之恨"表现在他在家
庭中谋杀母亲(59),离弃他的第一个妻子屋大维娅(Octavia)并将其
谋杀(62),对其第二个妻子波比娅(Poppaea)(65)之死负有责任,以
及在政治—公开的领域中对皮索(Pison)的阴谋(65,牺牲者包括作
家塞涅卡,卢肯[Lukan]和佩特龙[Petron]),以及由罗马大火引起
对基督徒的残酷迫害(64),尼禄试图将大火的罪责转嫁到他们身上。

odium generis humani［天生憎恨人类］而被"定罪"①。

64

令人绝望。——基督教具有一种猎人的本能,不放过任何一个它通过某种方法使之感到绝望的人——它能做的就只是挑选人。它总是在他们背后,伏击他们。帕斯卡在尝试,看能否在最尖锐的知识的帮助下,将每一个人带入绝望。尝试失败了,这让他加倍绝望。

65

婆罗门教和基督教。——获得权力感有两种方法:一种方法适用于那些能够克制自己并因而已经习惯权力感之人;于是,另一种方法就适用于那些恰恰缺乏自制之人。婆罗门教关心第一类人,基督教则关心第二类人。

66

［64］看见幻象的能力。——整个中世纪都认为,最

---

① ［Pütz］对人类的仇恨(语出塔西陀《编年史》第 15 卷(44),第 4 行),历史作者在此描述了尼禄治下的第一次基督徒迫害:"那些公开作为基督徒而为人所知的人首先被抓,然后告密者所指控的无数的人被抓。他们不仅被证明纵火,而且被证明仇恨人类。他们的处决变成了一个盛大的节日。"

高之人真正的和决定性的标志在于：他能够看到幻
象——这意味着一种严重的精神紊乱！实际上，中世纪
的所有高人（思神者［der religiosi］①）的生活都是这样
安排的，以便他们最终能看到幻象！因此，毫不奇怪，对
于歇斯底里的、幻想的、狂热的所谓天才之人的过分尊崇
甚至一直延续到我们的时代。"他们能够看到别人看不
到的东西。"——的确！但这应该使我们警惕他们而不是
相信他们。

67

信徒的价格。——一个人如此看重别人对他的信
仰，以至于他用天堂来为这种信仰担保，他为每个人担
保，甚至为十字架上的一个强盗担保：这样一个人必定为
一种可怕的怀疑所苦，而且他已知悉每一种十字架之苦，
否则他就不会以如此高昂的代价收买他的信徒了。

68

第一个基督徒。② ——整个世界至今仍然相信是"圣

---

①　［Pütz］为神所俘获者，神秘者（在中古拉丁语中，上述理
解占优势）；原来的含义却是：充分沉思，宗教沉思。尼采在此利用
其多义性。

②　［Pütz］约公元 10 年生于塔瑟斯（Tarsus，在今天的土耳
其），死于 64 到 67 年之间，出生于少数民族聚居区的一个具有罗
马公民权的严厉的犹太家庭。在耶路撒冷受训成为犹（转下页注）

灵"写下了圣经,或是仍然处在这种信仰的影响中:我们打开《圣经》,希望通过阅读《圣经》"开导"自己,或者找到安慰我们的大小苦难的片言只语——简言之,我们活学活用地阅读《圣经》。除了少数几个专家,又有谁知道,《圣经》同时也记录了一个最狂妄和最不安分的灵魂的历史,一个既迷信又狡诈的头脑的历史,使徒保罗的历史?[65] 但是,没有这一特殊历史,没有这样一个头脑和这样一个灵魂的迷乱和痛苦,就不会有基督教;我们几乎无从知道一个其导师死在十字架上的犹太小宗派的事迹。毫无疑问,如果人们早早理解了这一历史,如果人们曾经自由、诚实而不是断章取义地阅读保罗的作品,也就是真正阅读保罗的作品,而不是把它当作圣灵的启示,那么基督教很久以前就会不复存在了——但在基督教的 1500 年中,还没有这样的读者。在这位犹太帕斯卡①的作品

(接上页注)太教经师,他迫害原始基督教团体,但却通过他前往大马士革路上的皈依事件(34 年)而成为耶稣使徒。他旅行前往希腊、小亚细亚和在希腊世界传播基督教,同时反对由于异教影响而产生的新学说的过分外来影响。作为原始基督教的最重要的神学家,他将基督教与犹太民族分离,同时没有忽视《旧约》基督教的意义,方法是取消《旧约》-犹太教的律法救赎之路,代之以对通过耶稣的死和复活而来的拯救的信仰。他度过了改变世界发展趋势的一生,在其中,爱作为对抗罪和死的道德立场被置于中心。(参《使徒行传》7—9 章 43 节和 13—28 章以及保罗书信)

① [Pütz] 指保罗。将使徒保罗与这位法国宗教哲学家帕斯卡直接比较,根据是一种生平的类似:出生于一个犹太家庭的保罗最初追捕基督徒,而在前往大马士革的路上由于见到基督显灵而皈依基督教,而 1654 年的一种神秘的内心启示,促使帕斯卡从他的世俗的生活,首先是献身自然科学研究的生活,返回到修道院中和致力于宗教哲学。

中,基督教的起源暴露在我们面前,正如在那位法国帕斯卡的作品中,基督教的最后命运和消亡过程暴露在我们面前。基督教之舟能够将大量犹太教压舱物抛到水里,扬帆驶向异教徒的公海——这全都是因为这一个人的历史,这一个极痛苦、极可怜、极讨厌并且他自己也极讨厌自己的人的历史。使他感到痛苦的是一个固定的观念,或者更准确地说,是一个固定的、总是无可躲避的和从不止息的问题:犹太律法①的意义是什么? 以及更具体的,如何才能满足律法? 在他的青年时代,他竭力满足律法的要求,热切向往犹太民族——这个民族比任何其他民族都更醉心于崇高道德之幻想,并且是创造了神圣上帝观念以及冒犯这一神圣存在之罪的观念的唯一民族——所能想象的这种最高荣誉。保罗很快成了这位上帝及其律法最狂热的捍卫者和荣誉保卫者,不停地与一切侵犯者和怀疑者进行战斗并监视他们,对他们既严厉又恶毒,必欲使他们受到惩罚而后快。然后有一天,他突然意识到,他这样一个人——一个易怒的、[66]纵欲的、阴郁的和恶毒的仇恨者——是不可能满足律法的;而且,在他看来最古怪的似乎是,他那无节制的权势欲不断促使他破

① [Pütz] 犹太教认为,人从上帝那里接受了生命和律法,只有当他履行律法时他才过上了真正的生活。律法(Thora),被视为涉及道德、司法和信仰的生活领域的法律整体,可以直接追溯到上帝,具有如此核心的一种地位,以至于可以说犹太教乃是律法宗教。与此相反,保罗将基督徒对律法以及死亡的自由,和耶稣的复活,确定为拯救的唯一基础。(对此参《罗马书》1—8章)

坏律法,而他却不得不屈服于自己的这种欲望。难道真是他的"肉欲"使他不断成为破坏律法者吗?难道不是,如他后来所怀疑的,律法本身必定在不断证明,它的要求是做不到的,并以一种难以抗拒的魅力诱惑人们破坏它吗?然而那时他还没有找到这样一条出路。许许多多东西压迫着他的良心:他提到敌视、谋杀、巫术、偶像崇拜、不洁、酗酒和无节制的口腹之欲,而他越是试图减轻他的良心的负担,他的权势欲就越以疯狂敬重和捍卫律法的形式拼命发泄自己,最后他终于对自己说,"一切都是白费力气!破坏律法之痛苦是不可克服的。"当路德在其修道院中希望成为精神理想中的完人时,他的感觉大概是差不多的:路德在某一天突然开始从心底里恨死精神理想、教皇、圣徒和整个教士阶级,这种痛恨越强烈,他越不敢对自己承认这种痛恨——保罗也是这样。他觉得律法就是他被钉在上面的十字架:他多么痛恨它!他多么无法忍受它!要是能够毁灭它——无须再遵守它——该有多好!最后,一种拯救性观念不期而至,同时还有一种只有像他这样的癫痫病人才能看到的明亮景象出现在他眼前:这位内心对律法厌烦至极的律法的狂热战士看到,面带神圣光辉的基督形象从一条寂静的街道向他走来,他听到基督说:"你为什么迫害我?"①这一事件的实际意义在于:他的心一下子开朗,[67]"迫害这位耶稣基督,"他在心里对自己说,"这是无道理的!这就是我的出路,这

----

　　① ［Pütz］见《使徒行传》9∶4。

就是我的完美的复仇,这就是我成为律法毁灭者的唯一
道路!"这位最受傲慢所苦的病人觉得自己一下子恢复
了,他的道德绝望不见了,因为道德本身在十字架上已经
不见,化为乌有了——也就是说,被满足了! 在这之前,
对他来说,那一丢脸的死亡一直是新学说追随者宣扬的
"弥赛亚国"的根本反证:但现在,如果这一死亡是废除律
法必须要求的,那又如何! ——这种想法的巨大后果,这
一谜底的巨大后果,在他眼前闪烁,使他立刻就成了世界
上最幸福的人——犹太人的命运,不,全人类的命运,仿
佛都系于这一想法,系于他灵光乍现的这一瞬间。他拥
有思想之思想,钥匙之钥匙,光明之光明;人类历史从此
将围绕他旋转! 因为从现在开始,他就是律法之毁灭的
教导者! 远离罪恶——也就是远离律法! 在肉欲中生
活——也就是在律法中生活! 与基督合一——也就是与
律法毁灭者合一! 和基督一起死亡——也就是像他一样
死于律法! 以后也许仍然会有罪,但将不再有反对律法
之罪:"我超出律法。""如果我现在重新接受律法和甘心
受它支配,我将使基督成为罪恶的同谋。"因为只有在律
法存在的地方才会有罪恶发生,律法不断产生罪恶,正如
催吐剂不断产生呕吐;如果没有这一死亡也可以使律法
得到成全,上帝是不会忍心坐视基督死亡的;现在不仅一
切罪恶都得到革除,而且罪本身也已消失;律法已经死
去,它所居住于其中的"肉身"已经死去——[68]或者至
少是正在死去,好像是在腐烂。生命不过是一段短暂的
坏死的时光——这就是基督徒的命运,直到他变成与基

督合为一体,与他一起复活,分享基督天上的荣光和像基督一样成为"神的儿子"——这使保罗的迷醉达到顶点,同时也使他的灵魂的放肆达到顶点:由于与基督成为一体的观念,一切羞耻、谦卑和节制都从他身上消失了,他的权势欲①那不可遏制的意志显示为预先沉缅于上帝的荣光中。——这就是第一个基督徒,基督教信仰的创造者! 在他之前存在的只是几个犹太宗派而已。

69

不可同日而语。——在嫉妒与友谊、自我蔑视与骄傲之间,存在着巨大的张力和跨度:希腊人生活在前者中,基督徒生活在后者中。

70

心智粗鄙何益。——基督教会是所有史前崇拜和来源极为不同的各种思想的一部大全(Enzykopädie)②,所以它才如此善于"传道":无论过去还是现在,它总是能够

————————

① [Pütz]犹太律法的泛滥,对其崇拜的狂热,对其折磨的仇恨,以及最终在如下观念中的废除,即身体在基督中代表性的死亡和在神性的辉煌中的复活,这之中的整个矛盾性被尼采解释为一种权力意志的表达,尼采因此同时表明了他自己的辩证本质。

② [Pütz]来自希腊文 enkyklios paideia [教育界,知识领域];词典形式的关于所有知识领域的参考书;在此用来喻指基督教的折中特点,指它由来自不同信仰和文化的成分构成。

在任何它愿意立足的地方立足，找到一些与自己有类似之处的事物，使自己适应它们并渐渐赋予它们以一种基督教的含义。使这种世界宗教流行开来的不是它的基督教因素，而是其习俗中无所不在的异教特点；它的思想既来源于犹太世界又来源于希腊世界，从一开始就知道如何把自己提高到民族和种族的区隔和精致之上，如同将自己提高到偏见之上。[69] 无论如何，人们可能都会惊奇于这种导致各种最不相同因素合并的力量，但一定不要忘了这种力量固有的可鄙性质：其心智在教会形成时期令人震惊的粗陋和颟顸无知，这种粗陋和颟顸无知使它可以将就任何食物，消化鹅卵石一样的矛盾。

71

　　基督徒对罗马的报复。——也许没有什么比一个常胜者的景象更让人疲惫的了。在两个世纪时间里，世界看到罗马征服一个又一个民族，疆界合拢，不再有未来，一切现在存在的事物似乎都会永远存在下去——确实，当帝国建筑，它以一种 aere perennius［比青铜更恒久］的精神进行建筑；对于我们这些只知道"毁灭之忧伤"的人来说，当时的人们那完全不同的对"永恒的建筑"的忧伤几乎是无法理解的，面对这种永恒建筑的忧伤，人们不得不设法拯救自己——比如通过贺拉斯那样的玩世不恭的态度拯救自己。其他人则寻找另外的办法，以对抗这种令人绝望的厌倦之感和下述致命意识：心灵和头脑的

任何冲动都不再有希望,罗马帝国像一只巨大蜘蛛蹲伏
在那里,它的魔爪伸向四面八方,无论哪里只要还有血在
流动,它就会毫不留情地将其吸光。疲惫的观众对罗马
统治的这种无言的百年仇恨最后在基督教中爆发出来,
使它把罗马帝国即"尘世"与"罪恶"合并成一个概念。基
督徒报复了罗马,宣布了世界的迅速和突然的毁灭;①他
们再次确立了一个未来——罗马曾经懂得把一切事物都
变成它自己的过去和现在——在这未来中,罗马不再是
最重要的因素;[70]他们梦想最后审判,以报复罗
马——而十字架上的那个犹太人作为拯救标志乃是对不
可一世的罗马行省官员②的最深刻讽刺,因为他们现在
成了不幸和即将毁灭的尘世的象征。

72

"死后生活。"——基督教在整个罗马帝国到处都碰
到地狱惩罚的观念:数目众多的神秘崇拜都带着特别的
满足对此观念冥思苦想,就像在孵化它们的最富有成果
的蛋。伊壁鸠鲁相信,他所能惠予其同胞的最大帮助莫

---

①　[Pütz]早期基督教处于对如下的一种持续期待中:即救世主
(弥赛亚)的降临/再临以及因而还有世界直接面临着的毁灭;弥赛亚在世
界末日从天上降临,复活死者,进行末日审判,永久建立起上帝的统治。

②　[Pütz]尼采在这一语境中暗指彼拉多(Pontius Pilatus),犹
大行省的罗马总督(26—36),他在对耶稣的审判中下达了按照罗马法
律钉十字架的死刑判决。这一罗马世界的"没落"也许也可以从彼拉
多的晚期怀疑主义问题"什么是真理"推断出来(《约翰福音》18:38)。

过于根除这种观念：他的胜利在他的思想弟子卢克莱修——一个悲观然而开明的罗马人——口中得到了最好的表达，但这胜利来的太早了——基督教将这种已经凋落的对阴间恐怖的信仰置于其特别保护之下，而它这样做又是多么精明！如果没有对于这一纯粹的异教学说的大胆借用，它又怎么能取得对广泛流传的密斯拉和伊西斯崇拜（Mithras-und Isiskulte）①的胜利！通过这种观念，它使那些胆怯之人站到它的一边——他们成了新信仰的最坚定的追随者！犹太人，作为一个像希腊人一样和比希腊人还要执着于生命的民族，对于下述观念几乎毫无所知：最终一死作为对罪人的惩罚，永远不能复活作为最大的威胁②——对于那些不愿意放弃他们的身体，

────────

①　［Pütz］密斯拉：印度-伊朗的神，其身上结合了许多不同的特性和功能：最初是契约之神（伊朗文：mithra），然后是太阳和战争之神。在传播到罗马和越过阿尔卑斯、排除妇女的密斯拉崇拜中，迷狂的动物献祭在夜间的岩洞和地下室中举行。埃及的女神伊西斯原来代表天座（Himmelsthron；［译按］伊西斯的名字来自埃及的 Eset，即座位，她的名字也被解释为王座女王），但作为天神荷鲁斯的母亲以及恐怖和死亡之神奥西里斯的妻子，她找到了死亡仪式的入口并被认为是魔法女神。对伊西斯的崇拜在公元前333年之前已经传播到雅典，在雅典与希腊的恐怖女神德墨忒尔（Demeter）结合起来。在古代晚期，伊西斯变成了普遍性的女神，对她的崇敬在罗马帝国境内获得了广泛的传播。

②　［Pütz］由于犹太教比基督教更强烈地将人的生存过程和结果与此岸联系在一起，所以既不能有一种死亡崇拜也不能有一种明显的彼岸信仰，对它来说，[71]永恒的地狱之苦的观念也是陌生的。所期待的与其说是上帝的永恒福乐完满实现和复活的日子，不如说是历史中的"耶和华的日子"（例如参《约书亚记》2：12—22；《约珥书》1：15）。

而以一种精致的埃及主义①希望永远保留身体的奇怪的
人来说，这种观念的影响是足够强烈的。（马加比二书②
中记载了一位犹太殉道者，他不想放弃已经流出的肠子：
他希望带着它们一起复活——这就是犹太人的作风！③）
对最初的基督徒来说，[71]永恒受苦的观念还相当遥
远：他们相信自己已经从死亡中得到了救赎，每天期待的
是一种转变而不是死亡。（对于这些满怀期待的人来说，
第一次死亡必定使他们感到多么奇怪啊！震惊、欣喜、怀
疑、羞耻、狂热，所有这些同时交织在一起，他们的心情又
该是多么复杂啊！——一个值得伟大艺术家探讨的真正
主题！）保罗对他的救主所能说出的最好的赞美不过是他
为每一个人打开了通向不朽的大门④——但他却不相信

---

①　[Pütz]指埃及的死亡崇拜。由于死后的生命被与身体的
完好状态联系起来，所以埃及人将他们的死者制成木乃伊，并为了
身体的利益而设法获得相应的陪葬品。

②　[译注]《圣经》次经，记述了以色列英雄犹太·马加比击
败塞琉古帝国将军尼卡诺尔的经过。

③　[Pütz]参《马加比二书》7:10以下："士兵们又开始拿第
三个兄弟寻开心。当人命令他伸出舌头的时候，他立刻就伸了出
来。接着他勇敢地举起双手，大无畏地说道：'上帝给我双手。然
而对我来说，他的律法比双手更可贵，我知道，上帝会把这些重新
恩赐给我。'"

④　[Pütz]在他的第一次传道旅行中，保罗已经给异教徒洗
礼，放弃了过去的割礼和犹太饮食戒律。耶路撒冷的使徒会议批
准了(48年)保罗在其书信中也表示赞成的这些做法。在给罗马
人的书信的开头，他这样写道："无论是希腊人，非希腊人，受教化
之人和未受教化的人，我都欠他们的债，所以情愿尽我的力量，将
福音也传给你在罗马的人。我不以福音为耻；这福（转下页注）

未被救赎者的复活；确实，根据他的律法之不可满足性和死乃罪之后果的理论，他怀疑迄今还没有一个人成为不朽（或者只有很少几个人由于慈恩而非他们自己得享不朽）：不朽的大门现在才刚刚开启——最后也只有很少的人能够得到拣选——选民的骄傲又使他不禁这样补充说。——在其他地方，那里的生命冲动不像在犹太人和犹太基督徒中那样强，不朽的前景也并不天然地比最终死亡的前景更有价值；异教的但也不是完全非犹太的地狱观念被补充到基督教中，并在传教士手中变成了非常有用的工具，这时才产生了新的教义，即认为甚至罪人和未得救者也是不朽的，关于永恒受责罚的教义，①它比最终死亡这个从现在起已完全失去光辉的观念更强大。只有科学才重新赢回了这种观念，尽管它因此拒绝关于死亡和死后生活的所有其他观念。为了那唯一的利益，我

（接上页注）音本是神的大能，要救一切相信的，先是犹太人，后是希腊人。因为神的义正在这福音上显明出来；这义是本于信，以至于信。如经上所记［《哈巴谷书》2：4］：'义人必因信得生'。"（《罗马书》1：14—17）

①　永恒持续的地狱惩罚说于543年在"反奥利金教规"（Canones adversus Originem）中被确定下来。奥利金（Origines，185—253/54）被认为是基督教第一个世纪中最有学问的和影响最大的教会作家。按照他的受新柏拉图主义影响的观点，所有在人世犯罪的灵魂，在死后处于一种炼火中，所有人——包括被诅咒者——都从其中一级一级地上升，最后体验到超凡的肉体的复活（Apokatastasis）。这一普救说，与正统神学在最后审判的不可撤回性问题上发生矛盾，一直影响到18世纪的虔敬派，以及施莱尔马赫（1786—1834），而后者对19世纪的自由新教发挥了巨大影响。

们变贫乏了："死后生活"再也引不起我们的兴趣了！这是一种巨大的幸福，只不过开始的时间还太短，否则我们就会感觉到它是多么恢弘和廖廓了。——伊壁鸠鲁重新取得了胜利！

73

[72]"真理"之证明。——"基督徒转向有德性的生活，他们面对痛苦的坚毅性，他们坚固的信仰性，尤其是不顾一切痛苦悲伤传播和扩大基督教，这些都证明了基督教的真理性。"——甚至直到今天你们依然这样说！这真糟糕！然而你们应该明白，所有这些既没有证明也没有反驳真理；真理的证明与真诚的证明并不是一回事；后者无论如何不能被当作前者的一个论据！

74

基督徒的心思。——难道这不该是第一个世纪的基督徒内心最通常的想法："还是认为自己有罪比认为自己无罪好些，因为不清楚这样一位有大权力的法官到底怎么想——但又不能不担心，也许他全然乐意看见意识到自己有罪的人！以他之权能之伟大，他可能更愿意赦免有罪者，而不愿意承认谁在他面前打赢了官司。"——那些可怜的乡亲在罗马行省总督面前就是这样感觉的："他太自负了，不可能承认我们无罪。"——在基督徒对最高审判者的想象中再次出现的难道不应该恰恰就是这种感觉吗？

75

非欧洲的和非高贵的。——基督教中的东方性和女人气由下述思想可见一斑："上帝喜爱者，上帝责罚之。"①因为东方女性把其丈夫的打骂和人身拘禁看作是他们的爱的标志，[73]一旦这种标志不存在，她们就开始不安。②

76

将一事看作恶的就是使其成为恶的。——将某种激情看作恶的和有害的，就是使这种激情成为恶的和有害的。基督教就是这样通过信徒每当欲念产生时所感到的良心折磨，而成功地将爱若斯（Eros）和阿芙洛狄特

① ［Pütz］参《希伯来书》12：6。

② ［Pütz］"需要管教"（Gezüchtigt-Werden）作为"女性"的特性，算得上是尼采全部著作中经常可以看到的关于妇女的成问题的笼统判断。例如《人性的，太人性的》第七章"女人和孩子"中就可以看到大量的评论，其中谈到妇女将自己作为牺牲动物献给男人们的兴趣，同样还有服务的爱好。在此同样不能忘记《扎拉图斯特拉如是说》中的著名建议："你去女人那里吗？别忘了带上鞭子！"（《扎拉图斯特拉如是说》，第一卷，"老妪和少妇"，Goldmann Klassiker 7526，页 56）虽然这样说的不是扎拉图斯特拉，而是"老妪"。

(Aphrodite)①——伟大的理想化的能力——变成凶恶的魔鬼和幽灵。将人类必然和经常的感情变成内心痛苦的一个源泉,并通过这种方式使内心痛苦成为每一个人必然的和经常的处境,还有比这更可怕的事吗? 而且,它还一直是一种隐蔽的因而更深的痛苦;并不是每个人都有勇气像莎士比亚在其十四行诗中②所做的那样,公开承认基督徒的这种痛苦。所有我们不得不与之进行斗争的东西,所有我们不得不对其进行限制或有时不得不将其从心中彻底清除的东西,都总是被称为恶! 这与普通人总是不假思索认定敌人为恶的做法有何区别! 而且,人们可以将爱若斯称为敌人吗? 性爱与同情感和爱慕之情在一点上是共通的,即一个人在做使他自己愉快的事同时也给另一个人以快乐,这样一种仁慈的安排在自然中并不多见! 恰恰是这样一种情感,我们竟然会去诽谤它,竟会用坏良心去败坏它! 将人类的生产与坏良心联系起来! ——但是,爱若斯的这种魔鬼化最终以喜剧收场:由于教会在所有爱欲上的诡秘作风,"魔鬼"爱若斯渐渐变得比所有圣人和天使加在一起还更吸引人类:[74]

---

① [Pütz]希腊的爱神(罗马的埃莫[Amor]和维纳斯)。爱若斯有时被描写成自我发生的宇宙的原始力量,有时被描述成阿瑞斯(Ares)和阿芙洛狄特的儿子。他经常以有翅膀的射手形象与他的母亲阿芙洛狄特一同出现。作为 Eroten[爱若斯]的多重化,他们自从公元前 5 世纪以来在希腊艺术中就成了阿芙洛狄特的带翅膀的陪伴者。

② [Pütz]尼采所指可能是十四行诗 CXI, CXXIX, CXLII 和 CLI。

以至于直到我们目前这个时代,爱情故事仍然是所有阶层都能同等地带着一种夸张的热情乐之不疲的唯一的东西,这种夸张的热情对古代人来说是完全不可理解的,在未来的人看来也将是可笑的。我们从最伟大到最低级的所有思想和诗情,都是由无节制的重要性来标记的,而且还不只是标记,爱情故事正是凭着这种重要性在思想和诗情中作为主要故事登场的:①也许因为它们,后世才会认为全部基督教文化遗产都带有某种疯狂和狭隘的特征。

77

论折磨别人的灵魂。——今天,如果一个人折磨另一个人的肉体,整个世界都会对他大呼小叫;人们对他的愤怒瞬间就会爆发出来;仅仅想到可能加之于一个人或一个动物的折磨就会让我们发指,而如果得知某时某地

---

① [Pütz] 对爱若斯的过分兴趣对古代人来说是不可理解的,尼采的这种说法,如果我们看一下罗马诗人奥维德(Ovid,公元前 43—公元 18)的著作《爱经》(*Ars amandi*),以及罗马作家阿普列乌斯(Lucius Apuleius,约 123—180 前后)的《变形记》(〔译按〕不同于奥维德的同名作品,阿普列乌斯的《变形记》又被称为《金驴记》,中译参刘黎亭译本,上海:上海译文出版社,1988 年),就会对之产生怀疑;但是,在此有关的不是爱欲的"过分",而是爱欲的理所当然性。法国哲学家福柯在其《性史》(*Histoire de la sexualité*)(3 卷本,1976—1984,德文版名为《性与真理》[1983—1989])中,不再仅仅将爱若斯作为人的核心兴趣,而更是作为对现代个人的规训力量而加以分析。

确实发生了这种折磨,我们的心灵就会感到难以承受的痛苦。然而,对于灵魂的折磨及其可怕性,我们却远没有达到这样明确和一致的认识。基督教曾经空前广泛地实行这种折磨并且还在继续实行这种折磨;每当碰到尚未遭此厄运的人,它甚至天真地抱怨人心的堕落和冷漠——所有这些造成一种后果,使人类直到今天对精神上的火刑、精神上的折磨和刑具抱同样胆怯的容忍和犹豫不决的态度,正如人们从前对人和动物所受肉体酷刑的态度。地狱不再只是一个空洞的词:而是说与新创造出来的真正的地狱恐怖相符合的也有一种新的同情,[75]一种丑恶的、沉重的、以前的人们所不知道的怜悯,被怜悯的是"永堕地狱之人"的命运,如石客向唐璜① 所

---

① ［Pütz］尼采指的是罪犯和骗子唐璜与一个被他杀害的人的超自然幽灵的碰面,如在西班牙作家蒂尔索·德·莫利纳(Tirso de Molina,原名 Gabriel Telez,约 1571—1648)在《塞维拉的嘲讽者和石客》(*El burlador de Sevilla y convidado de piedra*)一剧中第一次描述的:在戏剧的结尾,唐璜在塞维拉的一所教堂里见到他所杀害的 Don Gonzale 的一尊石像,嬉皮笑脸地邀请死者参加一次盛宴。雕像复活,反过来邀请唐璜参加一次地狱里的宴会,在宴会上,他亲自成为神圣复仇的执行者,最终将徒劳地乞求恩典的唐璜拖下地狱。法国作家莫里哀(Molière,原名 Jean-Baptiste Poquelin,1622—1673)在喜剧 *Don Juan ou Le festin de pierre*《唐璜或石客》(1655)中对素材进行改编,使主人公和骑士团首领的雕像碰面,表现了不同的重音转移:唐璜在第三幕的最后一场中已经拜访了骑士团首领的墓碑。雕像的突然复活可以给唐璜提供一个悔改机会,一个被主人公一直到最后都固执地轻蔑地拒绝的恩典。这一点在喜剧的最后一场中也清楚地表现出来:在唐璜的地狱旅行之前骑士团首领所说的教训之言,表明骑士团首领就是唐璜罪恶生活作风的牺牲者,同时也是神圣恩典的传达者。尼(转下页注)

指出之命运，这种命运在基督教时代甚至使铁石心肠也
常常会发出悲叹。关于在异教内部一个迷信的人的状
态，普鲁塔克提供了一幅悲惨的画面，然而，与一个以为
自己不再能够逃脱"永罚"的中世纪基督徒相比，这幅画
面就算不上什么了。基督徒看到种种可怕征象：一只鹳
啄着一条蛇，却又瑟缩地不敢将它吞下；天地万物突然变
得惨白，或有火红的颜色从大地上掠过；脸上带着异常痛
苦表情的死去亲属形象向他走来；当他睡觉时，黝黑的四
壁突然变得明亮，在黄色的火光中现出刀山剑树和牛鬼
蛇神的样子。确实，通过在大地的每个角落都竖起十字
架和将大地说成"好人受磨难至死"之地，基督教已经将
这个世界变成了一个阴森恐怖的所在。当伟大的布道者
以其雄辩将个人深藏的所有痛苦和"私人"的不幸都公布
出来，当某个怀特费尔德牧师[1]"像一个垂死的人对另一
些垂死的人"那样讲话，时而号啕，时而跺脚，既冲动又无
耻，声音急促而尖利，无情地向某一听众发泄他的仇恨和
愤怒，并以一种可怕的方式将他开除于群体之外时，这时

（接上页注）采所谓通过石客形象而表达出来的对被诅咒下地狱的
唐璜的同情，在莫里哀的唐璜改编的背景下成为可以理解的；不那
么清楚的是与莫扎特（1756—1791）的《唐璜》（*Don Giovanni*）
(1787)的联系。

[1] ［Pütz］怀特费尔德（George Whitefield,1714—1770），英
国神学家；于1735年通过卫斯理（John Wesley）加入循道宗，1736
年被任命为长老。在其穿过英国、苏格兰和美国的旅行中，他通过
激情洋溢的布道，成功地使成千上万的人改宗他所代表的严厉的
加尔文派。

的大地确实已经离"灾祸之牧场"（Wiese des Unheils）①
不远了！人们看到的是疯狂发作后的一堆受害者；许多
人由于恐惧而痉挛；还有人漠然不动,好像失去了知觉；
[76]还有人不停战栗或发出长时间的刺耳的呼号。到
处都可以听到长长的呼吸声,就像是一些快要窒息的人
在大口大口地喘气。"的确,"这种布道的一位目击者说,
"听到的几乎是一片在极度痛苦中死去者的声
音。"②——我们永远不能忘记,正是基督教使人类的安
息之床变成受刑之床;这一折磨之床的场景,只有现在才
第一次被人们听到的可怕的声音,使无数见证者的感官
和血液被毒害,给他们以后的生活和他们的后代的生活
蒙上了阴影！请想象一个头脑单纯的人,他听到下面这
些话后,就再也不能摆脱它们:"啊,永生！让我永生吧！
但愿我没有灵魂！但愿我没有出生！我被打入了地狱,
打入了地狱,永远打入了地狱！六天以前也许你还能帮

---

　　①　[Pütz]尼采在此引用前苏格拉底的恩培多克勒残篇,
Hermann Diels 完整的翻译如下:"[……]一个没有欢乐的地方,
那里有残杀、怨恨、许多其他不幸的精灵和使人枯萎的疾病、腐烂
以及风湿病效果,于黑暗中,游荡在灾祸之牧场上。"（恩培多克勒
残篇121,载《前苏格拉底残篇》,Hermann Dies 和 Walther Kranz
编,3卷本,第6版,柏林1951,第1卷,页360）
　　②　[Pütz]尼采引自莱基（William Edward Hartpole Lecky）
的《十八世纪英国史》（Geschichte Englands im achtzehnten Jahr-
hundert）。英文出自 Ferdinand Löwe。4卷本,莱比锡和海德堡
1879—1883。2卷本,第9章,"宗教复兴",第628页。（[译按]莱
基（Lecky,1838—1903）,爱尔兰历史学家及散文家,《十八世纪英
国史》为其代表作。）

助我,但是现在一切都结束了。现在我是魔鬼的仆从。
我和他一起走向地狱。哭泣吧,落泪吧,可怜的石头的
心! 你不会哭泣? 除了哭泣和落泪,石头之心还能做什
么? 我走向地狱而你却可以得到拯救! 看,他来了;是
的,他来了! 来吧,仁慈的魔鬼! 来吧!"①——

78

惩罚性正义。——不幸与罪责——这两样事物是由
于基督教才被等量齐观的:因此,如果一个罪责带来的不
幸相当严重,那现在罪责也会照此后果始终被回溯性地
衡量为相当严重的。然而,这一看法并非古典时期的。
而且也正因此希腊悲剧——其中详细讨论了不幸与罪
责,但却是在一种不同的意义上——才成为情感的伟大
解放者,②其重要程度甚至这些古人自己也尚未认识到。
[77]他们尚未如此工于心计,要在罪责和不幸之间建立
一种"充分的联系"。确实,他们的悲剧英雄的罪责不过
是阻碍他们行动的一些小石头,有时使他们折断了一只
胳膊和弄瞎了一只眼睛。对此,古代的想法是:"他应该

① [Pütz]同上,页 631 以下。
② [Pütz]尼采反对基督教对罪责和惩罚之间关系的片面
的理性主义道德立场,这种立场与 Katharsis,即古代悲剧中的灵
魂净化相反。悲剧导致"[……]痛苦和恐惧,并因此产生对于
这种不安状态的一种净化作用"(亚里士多德《诗学》[1405a],
Manfred Fuhrmann 译文;Reclams Universal-Bibliothek 7828,页
19)。

小心点走路,不应该太趾高气扬。"只有基督教才会这样说:"我们看到一种巨大不幸,在这巨大不幸后面必隐藏着一种严重的、同样严重的罪责,虽然我们不能清楚看到它! 如果你这不幸的人感觉不到这一点,那是因为你的心灵已经变得冥顽不灵——看吧,更大的不幸还会降临到你身上!"——于是,在古人那里真的依然存在不幸,单纯的、无辜的不幸①;只是在基督教中,所有惩罚才都变成罪有应得的惩罚:使受苦者不仅因他的痛苦受苦,而且还因他对这种痛苦的想象受苦;每一次不幸都使不幸者觉得自己在道德上是卑鄙的和堕落的。可怜的人类! ——希腊人对于其他人的不幸感到愤慨并有一个特定的词来称呼这种愤慨①:在基督教民族间,这种感情

----

① ［Pütz］俄狄浦斯王可以作为希腊神话中无辜而陷于不幸的英雄的典型。在尼采看来,"希腊舞台上最悲惨的形象"就是"不幸的俄狄浦斯"(《悲剧的诞生》,Goldmann Klassiker 7555,页 66)。他在不认识父母的情况下,如德尔斐神谕所说的那样杀死了他的父亲拉伊奥斯(Laios),并且在他将忒拜城(Theben)从斯芬克斯(Sphinx)手下解放出来之后,娶了自己的母亲。经过德尔斐神谕的再次指点,在寻找出杀死拉伊奥斯的凶手后,他发现了真相,绝望地刺瞎了自己的双眼。尼采强调俄狄浦斯主观上的无辜,他对于真相的不懈追求,以及客观的、他不能加以影响的获罪。索福克勒斯在《俄狄浦斯王》(Oidipus Tyrannos,前 429 年以后)中戏剧化地表现了俄狄浦斯命运的这一阶段。尼采眼中智慧的俄狄浦斯没有解开斯芬克斯的谜底为"人"的谜语。但是,后来通过自己那灾难性的、不可窥视和不可避免的命运,俄狄浦斯认识到,人恰恰不是谜底,反倒本身是一个不可解之谜。俄狄浦斯的智慧不仅基于对人的知识,而且也基于对人之深不可测性的认识。这一智慧概念意味着阿波罗的和狄奥尼索斯的知识和直觉的一种综合。

① ［Pütz］指希腊文 nemessetikon,nemsssan［生气,发怒］,或者 nemesis［反感,引起反感］,和人格化的对放肆进行复仇的女神涅墨西斯(Nemesis)。

是不允许的,也就很少得到发展,因此,他们没有什么词汇可以用来称呼同情的这位更为男人气的兄弟。

79

一个建议。——既然按照帕斯卡和基督教的说法,我们的自我总是可恨的①,那么,我们如何又能够允许和假定其他人——无论是上帝还是凡人——去爱他呢？允许其他人去爱我们,同时又完全清楚我们所配得到的只能是恨,甚至其他更为不堪的感情,这样做显然有失光明磊落。"但是,这里不是别处,这里是慈恩②的王国。"那么,你对你邻人的爱是一种慈恩？你的同情是一种慈恩？那么,很好,既然你能做到所有这些,[78]也请你为你自己做点什么吧:出于慈恩而爱你自己,然后你就会不再需要任何上帝,关于人类的堕落和救赎的全部戏剧都会在你们中间落幕了！

----

　　①　[Pütz]尼采指的下述内容:Le moi est haissable[……]vous etes donc toujour haissable[因为自我是可恨的〈……〉所以他们也总是可恨的。](帕斯卡:Pensees, fragments et lettres,Prosper Faugere 编,巴黎 1844,第一部分,页 197)

　　②　[Pütz]圣经的核心思想以及基督教信仰的决定性的观点;一般指上帝对罪人的恩赐,并因此与拯救思想联系在一起。天主教的恩典教义将"做工恩典",即上帝对人的行动的援助,和"成圣恩典",即根据人所做的善的事工而提升人,区别开来,而保罗派的和宗教改革派的恩典教义则根本否认了人通过善的做工而获得道德提升的可能性。在基督新教中,恩典之发生,实际上是因为上帝下降到罪人,作为罪人之不应得的赦免。

80

同情邻人的基督徒。——基督徒同情邻人痛苦的另一面：从心底里怀疑邻人的所有欢乐，怀疑邻人渴望和能够得到的任何事物给他带来的欢乐。

81

圣者的人道。——一位圣者被一群信徒包围，再也忍受不了他们对于罪的持久仇恨。终于他开口对他们说："上帝创造了所有事物，但没有创造罪：因此，他老人家不喜欢罪是不奇怪的。但是，人创造了罪，因此，他怎么可以仅仅因为这一造物的上帝祖父对它加以白眼就拒绝接纳自己唯一的亲生骨肉呢？这符合人性吗？对值得尊敬者表达尊敬是应该的，但无论如何，我们首先必须爱我们的孩子和对他们负责——其次才是祖父的荣誉！"

82

精神上的袭击。——"你必须做出决定，这攸关你的生命！"路德这样气势汹汹地扑向我们，我们仿佛已经感觉到抵住我们喉咙的锋刃的冰冷。但是，我们可以用一位比他更高明也比他更通情达理之人的话回敬他："关于世界上的这事儿那事儿，我们并非非有某种意见不可，灵

魂的无端烦恼完全是自寻的，因为就事物的本性来说，并
不必需我们的判断。"

83

　　[79] 可悲的人类！——大脑中多一滴血或少一滴血
都会使我们的生活想象不到地悲惨和困难，从而使我们因
为这一滴血受到的痛苦比普罗米修斯因为他的兀鹫受到
的痛苦①还要多。然而，更可怕的是，我们甚至不知道使我
们痛苦的原因就是这滴血，而认为是什么"魔鬼"或"罪"！

84

　　基督教语文学。② ——基督教是多么地不关心诚实

---

　　① ［Pütz］希腊神话中无穷无尽痛苦的景象。普罗米修斯将
火带给人类，作为对他的惩罚，宙斯命令将他锁在高加索的一座山
崖上，一只鹰（尼采说的是鹫）每天飞来啄他的肝脏，但每天夜里他
的肝脏又长好如初。

　　② ［Pütz］语文学（Philologie，来自希腊文 philos［朋友］和
logos［言辞，谈话］），在狭义上是根据一种文化或一个民族的语言
和文学而进行的关于其发展和特性的研究。所有语文学努力的源
头是古典语文学及其对古代希腊和古代罗马的讨论。尼采是古典
语文学家（参 12—6）。所谓语文学和基督教的结合指的是在基督
教中世纪，通过大量的罗马文学著作的抄本，拉丁文文献被认为应
该作为思想上和文体上的典范传给后代。"基督教的语文学"同时
意指基督教对《圣经》的解释（Exegese［解经］），具体来说就是在
《新约》的背景下对《旧约》所做的解释（类型学），尼采批评其为对
"解释和强加的嗜好"。

感和公正感的培养,人们可以根据基督教学者的文风来相当好地估价这点:他们如此厚颜无耻地讲出他们的猜测就像讲出的是信条,而且对经文的解释也很少使他们处于正派的难为情中。我们听到的总是:"我是正确的,因为《圣经》上是这么记载的。"接下来就是不害臊的随心所欲的解释,这种解释是如此武断离奇,以至于一位听到这种解释的语文学家不知道自己是应该感到愤怒还是应该感到好笑;他问自己:"可以这样做吗? 这是诚实吗? 这还算是体面吗?"——仍然有多少这类不诚实在基督教讲坛上被当作真理,教士因为知道在这个地方没有人能够打断他而变得多么无耻,《圣经》在他们手里变得多么支离破碎和面目全非,以一切形式为民众提供坏的阅读的技艺:只有那些从来不去教堂——或者从来就去教堂——的人才会对此估计不足。但是最终:对于该宗教的影响,我们本就不该抱任何希望;此宗教在其创立的最初几个世纪里,上演了关于《旧约》的一幕前所未有的语文学闹剧:试图将旧约从犹太人手中强抢过来,断定它只包含基督教的教导,属于作为真正以色列人的基督徒:[80] 而犹太人只是自以为拥有它。于是现在人们沉湎于一种对解释和强加的嗜好,这些解释和强加无论如何也不能说是问心无愧的;不顾犹太教学者的大声抗议,《旧约》被认定是讲述基督和只讲述基督的,特别是只讲述基督的十字架的;每当提到一木、一棍、一梯、一枝、一树、一柳、一竿,都被认为预示了十字架之木;就连独角兽和青铜蛇像的竖立,就连摩西祈祷时伸展的手臂,甚至就连复活节时烤羊肉用的叉子——全都成了十字架的暗示,似乎在冥冥中预示了它的到来!那些作出这种断言的人究竟有谁真相信过这种断言?教会甚至不惜增添希腊文《圣经》①的内容(例如《诗篇》96,《箴言》10②),以便随后把这些私货说成是基督教的预言。他们正在进行一场战争,他们关注的是敌人而非诚实。

85

精致之缺乏。——不要因为希腊神话远不能与你们深刻的形而上学媲美而嘲笑它!相反,你们应该惊叹,这个民族恰好在这一点上勒住了它那敏锐理解力的笼头,

---

① [Pütz] Septuaginta,拉丁文,"七十",《旧约》最古老(公元前3—前1世纪)和最重要的亚历山大前犹太人所讲之希腊语译本,由若干本来各自独立的译本组成,历经反复的修改而成。其名称来自被认为完成译本的七十二个译者。在正统教会里该译本至今仍然具有官方效力。

② [Pütz] 不清楚尼采在此指的是什么:比较不同圣经文本(希伯来本、七十子本、拉丁本和路德本)的《诗篇》有关内容,没有在任何地方发现增补。希伯来本和路德本圣经仅仅是诗篇的计数与七十子本和拉丁本略有不同(对此请参:《旧约圣经评注》。Martin Roth 创办。Siegfried Herrmann 和 Hans Walter 编,卷 XV/1:Hans-Joachim Kraus:圣经诗篇,1 分卷,第 5 版,Neukirchen 1978,页 2 以下)。尼采所指出段落在路德本中内容如下:"Sagt unter den Heiden:Der Herr ist König. Er hat den Erdkreis gegründet,daß er nicht wankt. Er richtetdie die Völker recht."([译按]参和合本中文圣经《诗篇》96:10:"人在列邦中要说:'耶和华作王,世界就坚定,不得动摇。他要按公正审判众民。'")

并长期机智避免了烦琐哲学（Scholastik）①和吹毛求疵
的偏见的危险！

86

身体的基督教解说者。——始终只是来源于胃、
肠、心跳、神经、胆汁、精液的一切——所有情绪恶劣病、
疲劳衰弱、过度兴奋，以及我们对之了解如此之少的机
器的全部随机活动：[81]——这一切在一个帕斯卡那样
的基督徒眼里，都是一种道德和宗教现象，必须搞清楚
在里面栖身的是上帝还是魔鬼、善还是恶、拯救还是诅
咒！哦，多么不幸的解说者！他不得不随时扭曲和折磨
他的生理系统！他不得不随时扭曲和折磨他自己，以便
总是有理！

87

道德奇迹。——在道德领域，基督教只知道道德奇
迹：全部价值判断的急剧变化，所有习惯的断然放弃，对
于新事物和人的突如其来、不可抑制的倾慕。基督教将
这些现象看作上帝做工的结果，称之为重生，赋予它独

---

① ［Pütz］中世纪学校和大学中发展起来的哲学-神学教学，
目的是将希腊的和古代的思想传授给近代。这种教学在基督教和
犹太教的影响下发展出了本体论的-神学的概念和系统，将所有存
在物（Seiende）解释为一个造物主上帝的计划和思想。

一无二、无与伦比的价值——从而使所有其他被称为道
德但却与这种奇迹没有关系的事物对基督徒来说都成
为无所谓的——是的,也许作为幸福感、骄傲感,其他道
德甚至是恐惧的对象。新约中确立了符合律法行为和
美德的规范,但却是以这样一种方式确立的,使它成了
一种不可能的美德的规范①,看到这样一种规范,任何
仍然追求道德的人都应该学会认识到,他们正在离美德
越来越远,他们应该对美德感到绝望,并最终奋然投入
仁慈者的怀抱——只有以这种方式结束的基督徒的道
德努力才可以被认为不是完全没有价值的,也就是说,
只有当它一直保持为一种不成功的、痛苦的和可悲的努
力时,它才会多少具有一点价值,有助于产生那使他体
验到"恩典之爆发(Durchbruch der Gnade)"②和道德奇
迹的高度兴奋瞬间。——但是,这种追求道德的奋斗实
际上是不必要的,因为常常可以看到,正是当罪人在罪
恶中陷的最深之时,奇迹却伸出援助之手;[82] 显然,从
罪孽深重和恶贯满盈到它的另一个极端的跳跃似乎更
容易一些,而作为奇迹的更为醒目的证明,它们也更可
取一些。——只有精神病学家才能决定,我们所看到的
这样一种突然的、非理性的和不可抗拒的逆转,这样一

---

① [Pütz]《新约》中多处列举了成组的美德。有关美德目录
参《加拉太书》5:22;《提摩太前书》6:11;《彼得后书》1:5 以下;《哥
林多前书》13。

② [Pütz] 可以将《新约》中的十字架事件描述为"恩典之爆
发"。

种从不幸的深渊到幸福的顶峰的置换,其生理学意义是
什么(也许是一种变相的癫痫症?);类似的"奇迹"(比如
作为谋杀手法,自杀手法)对精神病学家来说并不陌生。
虽然基督徒的奇迹的结果相对来说要更令人愉快一点,
但它们的本质是一样的。

88

伟大的行善者路德。——路德最大的意义在于,他
唤起了对圣人和所有基督教 vita contemplativa［思想
人］的不信任:从那个时候起,欧洲非基督教思想人面前
的道路才变得又可以通行了,而对于世俗活动和俗人的
轻视也告一段落。路德不愧他那矿工父亲的好儿子,在
被关进修道院之后,由于找不到其他矿坑和"竖井",他就
下降到他自己内心的深处,掘出一条可怕的黑暗的通
道——路德最后认识到,一种圣人般的沉思生活对他来
说是不可能的,在那种生活下,他那与生俱来的灵魂的和
身体的"活力"就会使他走向毁灭。他曾长时间试图通过
禁欲走向神圣——最后他毅然对自己说:"哪有什么真正
的思想人啊! 我们上当了! 圣人一点也不比我们其他人
更有价值。"——这是一种农民式的表达意见的方式,但
对于那个时代的德国人来说,这却是正当和唯一的方式。
[83] 当他们在路德派教理问答中读到这样的话时,他们
是多么高兴:"除十诫外,没有什么作品为上帝所悦
纳——人们赞美的圣人的精神作品都是一些自我编造的

东西。"①

89

怀疑即罪。——基督教竭尽全力自圆其说,甚至宣布怀疑即罪。人们应该毫无理性而只凭一个奇迹就被扔进了信仰中,从此在信仰中,就像畅游在最明亮且最清楚无误的自然力中:即使是对陆地的一瞥,即使人活着也许不仅仅是为了畅游这想法本身,即使我们的两栖本能的轻微颤动,都已然是罪!人们确实注意到,对信仰的任何论证,对其起源的任何思索,作为有罪的都是毫无考虑余地的。人们想要的是盲目、陶醉,对一种把理性吞没掉的波涛的永恒歌唱!

90

利己主义反对利己主义。——有多少人仍然这样断定:"如果上帝不存在,生活将是不可忍受的!"(或如那些唯心主义者所说:"如果生活不具有一种伦理基础,生活将是不可忍受的!")——因此,必然有一个上帝存在(或生存必然具有一种道德意义)!然而,这些议论实际上只

---

① [Pütz]参"十诫的决议","除了十诫之外没有善工","伪君子的傲慢",见路德《德语教理问答》(《大教理问答》;1529),见《路德文集〈考订全集版〉》,第 30 卷,第三部分,魏玛 1910,页 178以下。

能表明,那些已习惯这些概念的人不希望在没有这些概念的情况下生活;因此,对于他们和他们的生存来说,这些概念也许是必不可少的——但如果认为凡我的生存所必须者,就必须实际在那里存在,这是多么狂妄的理由!好像我的生存就是世界的使命![84]其他人的感觉可能正好相反!他们也许并不愿意生活在这两种信仰的条件下,于是生活就不再被认为是值得过的!——现在就是如此!

91

上帝的诚实。——上帝全知、全能,但却对于他的意图是否为他的造物所理解这一点漠不关心——这样的上帝能说是一位善的上帝吗?千百年来,面对无数怀疑和顾虑,这位上帝让它们继续存在而一言不发,似乎它们对人类的拯救毫无影响,然而同时,他又许诺任何一个弄错其真理的人最可怕的后果。如果他手中有真理,但却若无其事地看着人类为了认识真理而呼号痛苦,他难道不是一位残忍的上帝吗?——但或许,他真是一位善的上帝,只是不能清楚地表达自己?也许他缺少表达自己的智力,或口才?这岂不更糟!因为这样一来,关于他的所谓"真理",他同样可能弄错,而他自己变成另一个"可怜的被骗的魔鬼"的日子也就不远了!看到他的造物因为对于他的认识而越来越痛苦,既不能劝告他们也不能帮助他们,而只能像一个聋哑人,当他的孩子或狗面临最可怕的危险时,只能作出种种模糊的手势,他岂不是也像是受着地狱中的刑罚吗? 如果一位这样推论的被困扰的信徒对于这位痛苦的上帝的同情超过了对其邻人的同情,那么他确实是应该得到宽恕的——因为如果这位最孤独和最原初的存在同时也是最痛苦和最需要安慰的存在,那么他的那些邻人也就算不上什么邻人了。所有宗教都表明,[85] 它们的兴起有赖于人类早期的、未成熟的心智——它们全都惊人地轻视讲出真理的责任:对于上帝应该对人真诚和使用清楚的传达方式的责任,他们一无所知。——关于"隐匿的上帝",关于上帝如此隐藏自己和一直半吞半吐讲述自己的原因,没人比帕斯卡①说的更动人了——这是一种象征,说明帕斯卡在这个问题上从来没有能够平静下来:但是他的声音听上去却如此地充满信心,就好像他曾经与这位幕布后的隐藏的上帝坐在一起! 他在"隐匿的上帝"(deus absconditus)中嗅到了某种非道德的气味,并为此而深感羞耻和羞怯,以致不敢对自己承认这点:因此,像每一个深怀恐惧的人一样,他尽可能地大声说话。

---

① [Pütz]参本书前面 63 节第 1 个注释中和帕斯卡作品有关的版次中的下述部分(第一部分,页 38):"如果上帝一直对人显示,那么信仰上帝就不算什么了;但如果上帝从来不对人显示,那么就不会有信仰这回事了。其实,上帝通常隐藏起来,只有在很少时候对那些愿意为他效劳的人显示自己。这一奇特的秘密,上帝隐退的秘密,人类所不能参透的秘密,当我们独处、远离人群时,强烈地指示着我们。"

92

基督教的弥留之床。——真正行动性的人现在心里已没有基督教,而属于精神上中产阶级的更温和、更富思想的人,拥有的也只是一种改良基督教,也就是一种极端简化的基督教。上帝出于爱以一种对我们来说最好的方式安排一切,上帝赋予我们美德和幸福,以及拿走我们的美德和幸福,因此从整体上看,一切都不多不少,恰恰正好,我们没有理由将人生视为艰难的,更没有理由抱怨生活,总之,听天由命和谦恭被提高到神圣的高度——这就是基督教保存下来的最好和最有生气的东西。但是,人们肯定应该已经察觉,基督教由此就变成了一种温和的道德主义:我们现在拥有的与其说是"上帝、自由和不朽"①,毋宁说是一种善意和正派思想,[86] 以及对于善意和正派思想在所有事务中成为主导的信心:这便是基督教的"安乐死"。

93

何谓真理?② ——没有谁会对信徒喜欢的推理表示

---

①　[Pütz] 在《纯粹理性批判》的导言(1787 年第二版,页 7)中,康德将这三个理念定义为纯粹理性及其科学即形而上学的真正对象,虽然他的"批判"的结论是,理性没有能力认识这些对象。康德通过基督教的视角及其在 18 世纪的理性主义灵魂学说(心理学)和理性主义上帝学说中的启蒙了的世俗化,限制了形而上学的主题、关于一般存在者之真理的学说和存在学说。

②　[Pütz] 参《约翰福音》18:37 以下 (彼拉多审（转下页注）

异议："科学不可能是真实的，因为它否定上帝。因而它也并非来自上帝；因而它不是真实的——因为上帝才是真理。"错误不在结论，而是包含在前提中：如果上帝恰恰不是真理，如果这恰恰不能被证明，那又如何呢？如果上帝是虚荣，是权力欲，是无耐心，是灾祸，是人类心醉神迷的、惊恐的妄想呢？

94

　　不悦之治疗手段。——甚至保罗已经开始认为，要消除罪所引起上帝之大不悦，就必须有所牺牲。从这以后，基督徒就一直不停地将他们对自己的不满发泄到某一牺牲品之上，无论其为"世界""历史"，还是"理性"，或其他人的快乐和安宁——总之，为了他们的罪，必须有一些好东西（Gutes）去死（哪怕仅仅是象征地去死）！

95

　　历史的反驳作为最终的反驳。——从前，人们试图证明上帝之不存在——现在人们却表明，上帝存在这种信仰如何能够形成，这种信仰通过什么获得其重量和意义：从而使一种上帝不存在之反证成为多余的。

（接上页注）问耶稣）："彼拉多就对他说：'这样，你是王吗？'耶稣回答说：'你说我是王，我为此而生，也为此来到世间，特为给真理作见证；凡属真理的人就听我的话。'彼拉多说：'真理是什么呢？'"

[87]——以前,当每一种已提出的"上帝存在证明"①被反驳之后,仍可怀疑,是否能提出比这些已被反驳的证明

---

① [Pütz]上帝证明(Gottesbeweis)传统可以一直追溯到古希腊。直到中世纪,它们都与近代不同,更多的不是被理解为面对怀疑时对上帝信仰的辩护或证明,而是作为对不可见的神圣存在的理性把握的尝试,作为心灵面对上帝所激起的崇高感情的思辨表达,或者作为启示信仰和哲学化理性之间的调解。在为数众多的证明中,有一些类型的证明具有特别的重要性:目的论的(根据合目的性论证的)上帝证明从一个充满意义的或秩序化的自然出发,推论一个赋予秩序的神圣心智(Intelligenz)的存在。这种形式的论证,见于苏格拉底、柏拉图和亚里士多德以及斯多葛派。这一证明形式的后继者有中世纪盛期的托马斯·阿奎那(1224/25—1274)。莱布尼茨(1646—1716)关于一种先定和谐的观念与这种证明形式相近。18世纪的物理学神学适应有关的知识状态和意识状态改变了出发点:有人从世界机器的各部分对于整体的一种符合目的的和谐出发,有人从自然秩序对人的功用出发,还有人从有机体的合目的特征出发。宇宙论的上帝证明从运动推论出一个第一推动者的存在,从世界的存在推论出一个最初的创造者的存在,从所有存在物的相对有限性和偶然性推论出一个无限的、本身存在的和绝对必然的存在(Wesen)。重要代表有亚里士多德、托马斯·阿奎那、奥卡姆的威廉(约 1285—1350)、迈蒙尼德(1135—1204)和莱布尼茨。本体论的上帝证明从关于一个不能设想有比其更高存在的存在(Sein)之主观观念出发,推论出这个观念的实存(Existenz),理由是,一种不存在的缺点与至高存在的概念是矛盾的。这一证明方式由坎特伯雷的安瑟伦(1033—1109)发明,直到笛卡儿重新接受这一证明方式为止,这一证明方式在很大程度上是没有影响的。康德将所有上帝证明方式归结为本体论证明,以反驳这些证明。特别新潮的是解本体论(deontologische)的证明:他从良心的一种无条件的义务出发,推论出道德规范的一种神圣的创造者。康德的自律(Autonomie)伦理学将上帝的作用简化为实现最高的善(美德和幸福统一的观念)的保证和一种实践公设——也就是一种为了行动的目的所必须的信仰立场——的证明。

更好的证明:那时无神论者还不知道溯本清源法。

96

以此标志所向披靡(In hoc signo vinces)。① ——无论欧洲在其他方面取得多大进步,它在宗教方面还没有达到古代婆罗门那种自由思想的质朴:4000 年前的印度比我们今天更富于思想,并习惯于留给后代更多思想的快乐。这些婆罗门相信,第一,僧侣比神更有力量;第二,僧侣的力量在于宗教仪式,因此,我们看到,他们的诗人歌颂宗教仪式(祈祷、典礼、献祭、圣歌、韵文)从来不知疲倦,赞美它们是美好事物的真正给予者。虽然在此也始终可能有虚构和迷信:但这些命题却是真的! 接下来一步,神被扔到一边——欧洲人总有一天也将不得不这样做! 再进一步:人们甚至不再需要僧侣和中间人,自我救赎宗教的教导者——佛陀(Buddha)②——出现了——

---

① ［Pütz］康斯坦斯一世皇帝(306—337 年在位)十字架上铭文的拉丁文本。

② ［Pütz］乔达摩·悉达多(Siddharta Gotama,公元前560—前480),被称为“佛陀”(梵语:觉者),主张通过对他来说是沉思的苦行获得觉悟。他所创立的佛教最初是一种改革运动,拒绝承认婆罗门的种姓特权,以及吠陀经典的权威。按照佛教的教导,不存在任何永恒的、不会消失的实体;一切生命(Wesen)都服从所有好和坏行为的因果报应法则,所以宇宙被一种不断的死亡和生成所主宰,个别生命在其中不断改变自己的实存方式(Existenzweisen)。这一转生轮回循环过程可以通过关于本真(Grundwahrheiten)的学说而得到解脱:由于一切皆逝,(转下页注)

欧洲距这种文化阶段仍然多么遥远！最后，一旦神以及僧侣和救赎者的力量建立于其上的所有宗教仪式和习俗被废除，一旦传统意义上的道德不得不走向灭亡：那么将出现——好吧，那时将出现什么？但是，我们还是停止漫无边际的思索吧，让我们还是回到欧洲，确定它将把印度人这一思想家民族，在几千年前就已按照思想的命令做过的事情补做一遍！目前，在欧洲诸民族中，也许有 1000 万人到 2000 万人不再"相信上帝"——[88]如果要求他们彼此给出某种标志，这是否要求他们太多了呢？——一旦他们因此相互认识，他们同时也就会使他们自己为其他人所认识——他们将迅速成为欧洲中的一种权力（Macht），而且令人庆幸的还是民族之间的一种权力！不同阶级之间的一种权力！贫者与富者之间的一种权力！命令者与屈服者之间的一种权力！最不安静者与最安静者、最使人安静者之间的一种权力！

（接上页注）所以一切皆苦，而其原因在于生命意志，所以可以通过消灭所有欲望和情感而克服这一意志。伦理—苦行的训练和专心致志的小路通向救赎知识，这种知识不是理性思考的结果，而是直观的洞见。所经过的阶段是：对自己更早的关于诞生的回忆，对合法则的进程和"高贵的真理"的认识。救赎通向 Nirwana［无］，这一"无"摆脱了所有尘世的概念，并且作为独一无二的东西是永恒而独立的。它只能作为所有规定的不断否定来思考。

卷　二

97

[89]人变得道德了——并非因为人是道德的。——对道德的屈从,可以是奴隶式的或虚荣的,可以是自私自利的或因听天由命的,可以是阴郁-狂热的或漫不经心的,可以是一种绝望的行为,就像屈从于一位君王:这种屈从本身毫无道德性可言。

98

道德的变迁。——由于人们会对道德进行持续不断的改造,会在道德上进行持续不断的劳作——这导致一个人有可能犯了罪却得到了幸运的结局(比如所有道德思想的革新都属此类①)。

---

① ［Pütz]尼采指的可能特别是功利主义(效用伦 (转下页注)

99

在哪一点在我们全都是非理性的。——我们依然不断地从那些我们认为错误的判断,从那些我们不再信仰的学说得出结论,——由于我们的情感。

100

从梦中醒来。——高贵而智慧的人们曾一度相信天体的音乐:[90] 高贵而智慧的人们现在始终还相信"生存的道德意义"。但有一天,他们的耳朵也将不再能听到这种天籁! 他们从梦中醒来,发觉他们的耳朵刚才是在梦中听的。

101

可疑。——接受一种信仰,仅仅因为它是习俗——然而这意味着:它是不诚实的、怯懦的、懒惰的! ——那

(接上页注)理学),按照这种伦理学,道德行动的目的和规范是所有人或大多数人的最大可能的利益和幸福。边沁(Jeremias Bentham,1748—1832)被看作其创立者,而穆勒(John Stuart Mill)被视为其主要代表之一。更一般地说,尼采的论点针对现代类型的行动伦理学(Handlungsethik),其价值判断根据的是对行动结果的判断,而不是对行动意义的判断(意义伦理学)。

么,道德以不诚实、怯懦和懒惰为前提吗?

102

　　最原始的道德判断。——对于与我们有关的其他人的行动,我们实际上是如何对待的? 首先,我们考虑这种行动对我们是否有好处——这是我们看待它们的唯一出发点。我们将行动对于我们的这种利害影响看作隐藏在行动后面的行动者的故意——最后将行动者所拥有的这种故意看作存在于他身上的持存的性质,并称他为,比如说,"一个坏人"。三重的错误! 三重最古老的错误! 也许是动物及其判断能力遗传给我们的错误! 所有道德的来源不都是下述丑陋的一己之见吗? "伤害我者就是恶(本身有害);益于我者就是善(本身有益有利);凡一次或几次伤害我者即是本来和本身恶;凡一次或几次益于我者即是本来和本身善。"O pudenda origo[起源之可耻]! 这岂不是说,某人和我们的个人的、个别的和常常只是随机性的关系就是他最重要和最根本的性质,[91] 而他与世界和与他自己也只能保持我们一次或几次在他身上经验到的这些关系? 在这种令人啼笑皆非的愚蠢的背后,岂不端坐着一切隐秘思想中最狂妄自大的思想:我们就是善的化身,因为善或恶取决于我们的反应?①

────────

　　① [Pütz]尼采在从某一行动的效用到某一行动者的意图和性格的推论之间,以及在按照对我们来说是否合意和有用而对某一行动的评价与道德价值本身,特别是作为善的原则(转下页注)

103

　　有两类道德的否认者。——"否认道德"——这可以意味着:否认那些规定人们的道德动机曾实际上推动他们去行动——也即它是这样的断言,道德只停留于言词,属于人的或粗糙或精致的欺骗(尤其是自我欺骗),而且也许恰恰在绝大多数因道德而最出名的人那里。它也可以意味着:否认道德判断以真理为基础。在此可以承认,道德确实是行动的动机,但却是以这样一种形式,即是作为所有道德判断的基础的谬误把人们推向了他们的道德行动。这是我的观点:虽然我完全无意否认,在许许多多情况下,对第一种观点的一种巧妙的怀疑,如拉罗什富科的观点,同样是对的,并无论如何都具有最高的且普遍的益处。——因此,我否认道德,恰如我否认炼金术,这意味着我否定其前提:但是我并不否认,确实存在过一些炼金术士,他们相信这些前提,并且按照这些前提活动。——同样,我也否认非道德;不是否认无数的人觉得

_____

(接上页注)的主体性("我们自身")之间,建立起一种关联。前一种结论通常在我们看来是自然心理学的结果,而主体性,自从17和18世纪的世俗化和启蒙运动以来,无论是以一种情感伦理学的方式,还是以一种理性伦理学的形式,都得到大力贯彻。我们通常将我们的心理学奠基于与其他人同感的能力。我们一般将伦理规范看作正好是自私自利的反面。尼采的论点必然愈发具有挑衅作用,它将表面上看无疑互相分离的东西追溯到一种自我中心定向的和自我利益的思考。

他们自己非道德的事实,而是否认这种感觉具有任何真理性的根据。不用说——前提是,我并非白痴——我不否认,许多被称为非道德的行为应该加以避免和抵制;[92]同样许多被称为道德的行为也应该加以实施和鼓励——但是我认为:当我们鼓励一些行为而避免另一些行为时,我们的理由应该是一些与我们迄今所见到的理由不同的理由。我们必须改变思想方式——以便最后,也许是很久之后,有可能收获更多:改变感觉方式。

104

我们的价值评估。——一切行动都可以回溯到价值评估;一切价值评估要么是自身持有的,要么就是假定的——假定的价值评估显然是更常见的。为什么要假定它们?出于恐惧——这意味着:我们认为这一点更可取:假装它们也是我们自己的价值评估——并且我们让自己习惯于这种假装,使其最后变成我们的第二天性。自身特有的价值评估:这说明,评价一样事物,只根据它恰恰使我们而非其他任何人快乐或不快的程度——这样的价值评估真是凤毛麟角!但是,至少我们对其他人的价值评估确实必须出自我们自己,出自我们自己的决定,其中这么做的动机在于,我们绝大多数情况下都利用他人的价值评估?是的,但是我们是从孩提时代起就这么干的,而且很少再次去改变;我们大多数人一生都是习惯于孩童式判断的傻子,正如我们以此方式对我们最亲近的人作出判断(他们的精神、地位、道德性,堪称典范还是下流无耻),并且发觉有必要面对他们的价值评估肃然起敬。①

105

伪利己主义。——绝大多数人,无论他们多么热衷于想象和谈论他们的"利己主义",却终生不曾为其自我做过一件事,而只是在为其自我的幻象效劳,这幻象最初形成于周围人的头脑中,[93] 然后又被灌输到他们的头脑中——他们全都生活在一团非个人、半个人的流行意见的迷雾中,生活在任意的、仿佛富有诗意的价值评估的迷雾中,一个人居住在另一个人的头脑中,这另一个人复又居住在其他什么人的头脑中:一个离奇的幽灵世界,然而这样一个世界却同时懂得给出一幅如此清醒的假象!这一习惯和意见的迷雾几乎不依赖生活于其中的人群而存在和生长;它对关于"人"的普遍判断产生了巨大的影响——所有这些对他们自己无知的人都信仰苍白抽象的"人"——这意味着信仰是一个虚构——通过个别强者(如王侯和哲人)的判断进行的对这一抽象的任何改变,

---

① [Pütz] 在此可以看到与早期启蒙思想家托马秀斯(Christian Thomasius,1655—1728)的思想亲合性,这一点在其《论偏见》(De Praejudiciis,1869)讲演中得到了阐明:托马秀斯认为,一切偏见的一个主要根源在于,人在其孩童时代,完全无助地且长期地依赖父母的照料。而在孩子受教育期间则接受了父母的世界观和见解,以便在世界上找到最初的定向。等长大后,许多人已不再能或不愿质疑这些偏见,以便获得独立的判断。

都使芸芸众生面临非常的混乱和调整——这完全是因为,芸芸众生中无一人能够以一个真正的、他能够通达的、由他来进行探索的自我,来对抗普遍的苍白幻想,并借此最终让它消失。

106

反对人们对道德目的所作的定义。——今天,无论在什么地方,道德的目的大体上都是以下列方式定义的:道德的目的在于人类的保存和进步;然而,这其实只是一个空洞的公式。保存什么? 往哪里进步? 在这个公式里,难道不正是这最重要的"什么"和"哪里"没有得到回答吗? 因此,关于我们应该做什么和我们的责任是什么,除了那些已经不假思索地悄悄确定下来的信条以外,它又能给我们提供什么新的指导呢? 根据这一公式,我们是否能确切地得出结论说,应该以人类尽可能长时间的存在为目的,或以人类最大可能的去动物化为目的呢? [94]在这两种情况下,所要采取的手段,也就是实践道德,又是多么不同啊! 假设我们打算要让人类拥有最高可能程度的理性,这肯定不能保证它最长可能时间的生存! 或者假设我们以人类的"最大幸福"作为道德保存的"什么"和道德进步的"哪里":那么,这里所谓最大幸福究竟是指人类个体可以逐渐达到的幸福的最高程度呢? 还是指所有人最终可以获得的——必然无法计算的——平均幸福呢? 而且,为什么非要通过道德来实现这一目的呢? 一般来说,难道不正是经由道德开启了一个如此充满痛苦的源泉，以至于人们可能更有理由说，随着道德的每一次变精致，人类都变得对他自己，对他周围的人，对他此在的命运更为不满？迄今为止，所有最有道德的人难道不是都相信，从道德角度看，人类唯一合理的状态就是极度不幸？

107

我们有权要求我们的愚蠢。——人应该如何行动？人应该为何行动？——在个人最简单和最直接愿望的层次，回答上述问题是足够容易的。但是，行动越是复杂、广泛和重要，问题就越是变得不确定，对它们的回答就变得越任意。然而，恰恰在这些最重要的行动中，决定的任意性是最应该避免的！——于是，道德权威这样命令我们：在行动目的和行动手段绝非一目了然的行动领域，人类应该坚决接受莫名的恐惧和敬畏的指导！在错误思想可能带来危险的地方，道德权威预先就冻结了思想——它在批评者面前通常就是这样为自己辩护的。在这些地方，"错误的"就意味着"危险的"——[95] 但对谁的危险？通常，这总是对权威道德所有者自己的危险，而不是对他们所考虑的行动实施者的危险，因为如果赋予每个人按照自己或明亮或暗淡的理性任意和愚蠢行动的权利，他们的权力和影响就会受到削弱。当然，他们自己运用起这种任意和愚蠢行动的权利来却不会有任何迟疑——他们甚至在几乎不可能回答，或至少极端难以回答"我应如何行动"和"我应为何行动"这类问题的地方，仍然不肯停止发号施令。——如果说，在人类存在的整个历史过程中，人类的理性成长得如此缓慢，以至于人们甚至常常否认它有任何成长，那么还有什么比这种绝对不允许个人询问"如何"和"为何"的严厉道德命令，这种实际上无所不在的道德命令，更难辞其咎呢？我们难道不正是这样被培养起来的，在理智应该尽可能清楚和冷静地去看的时候，恰恰充满激情地去感受并逃入晦暗之中！在所有更高级和更重要的事务上同样如此。

108

几个论题。——只要个人求的是他自己的幸福，旁人就不宜为他提供通向幸福之路的指南；因为个人的幸福，出自特殊的、谁也不知道的法则，而外来的指导只会阻碍或妨碍它。——人们称之为"道德"的指示，事实上是与个人相反对的，根本不欲谋个人幸福的。这种指示与"人类的幸福和福利"同样毫无关系——严格的概念根本不可能与这类说辞联系在一起，更不用说，人们把它用作道德追求的黑暗海洋上的指路明灯。[96]——道德比非道德更有利于理性的发展，这种说法欠真实，虽然偏见愿意相信它是真的。——"最高的幸福"并不是所有有意识生物（动物、人、人类等等）进化的无意识的目标；相反，进化的每一阶段都拥有一种特殊的不可比较的幸福，这种幸福既非更高的也非更低的，而只是属于这个阶段自己的。进化不以幸福为

目的,它所追求的只是进化而已。① ——只有在全人类拥
有一个普遍承认的共同目标时,我们才有可能向别人建
议"应如此这般去做"。然而,至少在目前,这样一种目标
还不存在。因此,将道德要求强加于人类是不合理和不
严肃的。——向人类推荐某种目标则完全是另外一回
事:他们可以按照自己的喜好选择或不选择这种目标;假
如人类普遍愿意接受这样一种目标,他们可以为了实现
这种目标而把某种道德律令加诸自身,这种道德律令说
到底也还是他们自己的自由意志的产物。然而,迄今为
止的所有道德律令都是超出我们的好恶之上的:人们本
来不想自我施加这种道德律,而是想从某个地方取来它,
或在某个地方找到它,或从某个地方能够听命于它。

109

自制与节制(Selbst-Beherrschung und Mäβigung)②
及其最终动机。——我发现要克制一种欲望之强烈,不

---

① ［Pütz］尼采批评传统伦理学将幸福概念规定为道德的目
的。这种伦理学事先将发展固定到一个方向和一个终点上,根本不
允许一种严格的发展概念,从而将生成凝固为存在。相反,尼采强
调与阿波罗对立的自身运动的狄奥尼索斯(《悲剧的诞生》,1872)。

② 尼采在此分析从苦行到补偿的控制欲望的形式。欲望被
理解为一种生理需要,这种需要可以通过一种指向需要对象的紧
张状态而加以辨认(例如饥饿、饥渴、性欲、游戏欲)。欲望的满足导
致欲望紧张状态的缓解或完全消除。弗洛伊德(Sigmund Freuds,
1856—1939)的心理分析的欲望学说证明了诸如能量转移(En-
ergieverschiebung),欲望升华和欲望放弃等类似的欲望控制形式。

外有六种根本不同的方法。第一，避开此欲望满足的机会，使其因为长时间和越来越长时间得不到满足而削弱和枯萎。第二，给这种欲望的满足制订严格规定，以这种方式将冲动置于规则之下，[97] 将其起伏限制在一个个固定时间间隔内，从而使我们拥有某些可以不受打扰的间歇期。从这种方式开始，最后我们也许能过渡到第一种方式。第三，人们可以有意沉缅于一种欲望的狂野而放纵的满足，以便获得对它的厌恶，并通过这种厌恶获得一种控制欲望的权力：前提是，不要步那位骑手的后尘，他把他的马一直骑到累死，同时却也因此折断了自己的脖子——不幸的是，这实验的结局往往如此。第四种方法是一种精神克制术，它把满足欲望的想法与某些非常痛苦的想法如此紧密地联系在一起，以至于只要经过一点练习，满足欲望的想法本身就会让人非常痛苦。（如基督徒练习将魔鬼的接近与嘲笑跟性快乐联系起来，或把永罚与复仇杀人联系起来，或仅仅想一下，如果他偷东西，他最尊敬的人看他那轻蔑的目光；又如许多人已经反复做过的，当他们感到强烈的自杀愿望时，他们想到朋友和亲戚那悲伤和自责的景象，从而在生命的悬崖边上收住了脚步——从此以后，这种联系就会像原因和结果一样同时出现在他心中。）如下情况也属于精神控制术，当人的骄傲开始反抗，比如像拜伦勋爵和拿破仑①，把一种

————————

　　① ［Pütz］拿破仑（Napoleon Bonaparte，1769—1821）。在意大利的法国革命军队的一段光辉生涯之后，他于 1799 年推翻了"五人执政内阁"并结束了革命，1804 年加冕为"法国（转下页注）

单个的情感对全部行为和理性秩序的支配感受为侮辱时：由此就产生了一种对欲望施行暴政并且似乎要把它压碎的习惯和乐趣。（"我拒绝成为任何一种食欲的奴隶"①，拜伦在其日记中这样写道。）第五，承担无论何种特别困难紧张的工作，由此着手其力量集的一种调动，[98] 或故意屈服于一种新刺激和娱乐，把思想和体力活动引入别的轨道。暂时宠爱另外一种欲望，给其充分满足机会，从而消耗掉否则就会被由于高涨而成为负担程度的欲望所掌管的能量，结果也是一样的。确实，有些人知道如何驯服一种想要玩弄专制统治者的欲望，给予所有其他已知欲望一种临时鼓励和节日时间，让它们吃光暴君本想留下独自享用的食物。最后，第六种方法，那些有能力经受并认为有理由全面削弱和压制其身体和心灵机能的人，通过这种方法无疑最终也会达到削弱某一单个的强烈欲望的目的：比如当他饿其体肤时，他同时也饿扁他的活力，而且往往还有他的理智并使它们蒙受耻辱，就像禁欲主义者一样。——总之，不给欲望满足的机会，

（接上页注）皇帝"，到 1812 年前经过多次战争征服了直到俄罗斯和巴尔干的全部欧洲国家。直到他在俄罗斯的失败（1812）、欧洲的解放战争（1813—1815）和他退位（1814 年）以后，欧洲才在维也纳会议（1815）上又恢复了权力均衡。尼采和司汤达、歌德以及黑格尔一样，同属崇拜拿破仑的传统。

①　[Pütz] 尼采引自拜伦《杂著、书信和传记》（*Vermischte Schriften, Briefwechsel und Lebensgeschichte*），Ernst Ortlepp 编，3 卷本，斯图加特，没有出版年代，卷 2，页 31（该版本见于尼采藏书）。

给欲望植入规则,引起对它的厌倦和反感,实现了与某种
痛苦的(耻辱的、带来恶的后果的、损害骄傲的)观念的联
系,随后是力量的调动和最终是全面削弱和消耗——这
就是对抗欲望的六种方法;然而,如果人们想要对抗的只
是欲望的强烈性,我们就无能为力了。究竟选择哪种具
体方法,或这种方法是否一定奏效,也都非我们所能奉
告。毋宁说,在整个过程中,我们的理智只是另外一种欲
望的盲目工具,此欲望是它的对手,通过它的强烈性折磨
我们:它可能是一种渴望安宁的欲望,或是对耻辱以及其
他坏结果的恐惧,或是爱情。当"我们"以为是我们自己
在抱怨某种欲望的强烈性时,[99] 根本上却是一种欲望
在抱怨另一种欲望;这也就是说:知觉到这样一种强烈性
所带来的痛苦,前提是,有另一种同样强烈或还要更强烈
的欲望,是因为战争在即,而我们的理智不得不加入其中
一方。

110

　　进行抵抗者。——人可以在自己身上观察下述过
程,而且我希望它经常被观察和被证实。每当我们心中
产生了一种我们还不熟悉的快乐的气味,我们就产生了
一种新的渴望。现在最重要的是,那抵抗这种渴望的东
西:它们是些普通形式的事物和利益,也是些很少值得我
们注意的人——因此,新的渴望之目标就会用"高贵的、
善好的、值得称赞的、值得牺牲的"这样的感受掩饰自己,

我们继承的全部道德装置从现在起就会把它吸收进来，把它作为它的目标，把它感受为道德的——现在，我们相信，我们不是在追求一种快乐，而是在追求一种道德性——这极大增强了我们追求的信心。

111

论客观性的赞赏者。——孩提时，在亲人和熟人身上，他意识到形形色色的强烈的感情，但却很少见识精致的判断和智识上正直的乐趣，因而他将最好的力量和时间都花在这些情感的模仿上；到他长大成人，发现遇到的每一事物或每一个人都在他心里唤起或好或坏或嫉妒或轻蔑的感情：在这种他感觉对之无能的经验的压力下，[100] 他赞赏"情感中立"或"客观性"为天才的事情和具有罕见道德性的事情，而且不愿相信它们也只是培育和习惯的产物。

112

论权利和义务的自然史。——我们的义务——即他人对我们的权利。他们是如何获得这权利的？他们将我们当作有能力立约和回报的，将我们作为与他平等和相似的来使用，于是他们托付我们某事，教育、指摘和支持我们。我们履行我们的义务——这意味着：我们捍卫对于自身权利的想法，一切都向我们证实了它，我们以人们

给予我们的为尺度来回敬他。因此,要求我们尽义务的
是我们的骄傲——当我们以我们为他们所做的某些事来
对抗他人为我们所做的事情时,我们是在重建我们的专
横独断,因为那些人已经因此介入我们的权力范围,而如
果我们没有以"义务"施行一种重新报复,也就是介入他
们的权力,他们就会持续插手我们的权力。他人的权利
只涉及处于我们的权力范围内的东西;若他向我们要不
属于我们的东西,那是不明智的。更准确地,人们必须
说,他人的权利所涉及仅仅为他们相信处于我们的权力
范围内者,前提是,它就是我们所相信的处于我们权力范
围内的同一个东西。两方面都很容易犯下同样错误;义
务感的关键在于,对于我们的权力范围,我们与他人有相
同的信念:也就是说,我们能够许诺某些事情并责成自己
去做它们("意志自由")。——我的权利:[101] 这是我
的权力的那个部分,他人不仅让与我这部分权力,而且还
想以此保存我。他人为什么会这样做? 首先,由于精明、
恐惧和谨慎:或期待从我们这里得到类似回报(对他们的
权利的保护),或认为与我们对立有危险或不合适,或认
为我们力量减少于他们不利,因为那样我们就不适合在
反对第三方敌对力量的战斗中与他们结盟。其次:由于
赠与和转让。在这种情况下,他人不仅有足够的权力,而
且还有超过足够的权力,因而能交出其中一部分,并向他
所赠与者保证他已放弃的这部分,前提是,在这样做时,
能够被赠与者那里有些微权力感。权利就是这样产生
的:权力被承认和受保证的程度。一旦权力关系发生任

何实质性变化,旧的权利就会不复存在,新的权利就会应运而生——国际法(Völkerrecht)①以其不断的消逝和兴起指明了这点。如果我们的权力根本上缩小了,那些迄今为止一直保证我们的权利的人的感觉就会变化:他们考虑能否让我们重新完全占有过去的权利——如果他们感到自己对此无能为力,从那时起他们就会否认我们的"权利"。同样,如果我们的权力显著增加了,那些迄今为止一直承认我们的权利而他的承认我们现在已不再需要的人,他们的感觉也会发生变化:他们当然试图把它压回从前的大小,他们会想插手并引他们的"义务"为证——但这只是无意义的文字游戏。在权利支配的地方,权力就保持一种状态和程度,拒绝一种增加或减少。他人的权利在于我们的权力感对这个他人那里的权力感的让步。倘若我们的权力深受动摇并垮了,我们的权利随即中止:反过来,倘若我们变得强大了太多,[102]我们过去承认的他人对我们的权利也随之中止。——一个"公平的人"不断需要一架反应灵敏的天平:以衡量权力和权利的程度,而由于人事的流动性,这种程度只短期悬停于平衡状态,而大多数时候则上升或下降——因此,做到公平是困难的,需要多练习,〈很多的〉善好的意志,和非常多、非常好的才智。

---

①　[Pütz]指的不是我们今天所理解的国际法,不是那种法律规范的总合,这些法律规范确定了各国之间关系中的相互权利和义务。尼采用这一概念更多指的是某一民族的权利历史,也就是互相区别的权利秩序的更替。

113

追求杰出。——对杰出的追求有一双时刻注意他人的眼睛,想知道他人对它的情绪反应:然而,欲望之满足所必须的共感(Mitempfindung)和同知(Mitwissen),却远非无害的、同情的或善意的。毋宁说,人希望发觉或猜中,他人怎样因为我们而经受外在的或内在的痛苦,怎样失去对他自己的控制,屈服于我们的行动甚至仅仅是我们的注视对他施加的印象;即使追求杰出者造成和希望造成的是一种愉快的、兴奋的和欢乐的印象,使他享受到成功的喜悦的,也不是他给他人带来的愉快、兴奋和欢乐,而是因为他在陌生灵魂上打下了自己的印记,改变了他们的形态,按自己的意志统治了他们。追求杰出就是追求控制他人,无论其为非常间接的控制,还是感觉上或竟是梦想中的控制。这种暗中追求的控制,其程度有一个很长的序列,一部完整的目录出现了,几近一部文化史,从最初的、依然丑陋的野蛮人开始,一直上升到过分精致且具有病态的理想主义的面孔。[103] 杰出之追求给他人带来的——只举出这架长梯上几个阶段的名字——刑讯,然后抽打,然后惊骇,然后恐慌的惊异,然后惊奇,然后嫉妒,然后钦佩,然后颂扬,然后愉快,然后喜悦,然后笑,然后嘲笑,然后讥笑,然后乱打,然后施刑——这里,在梯子尽头站着禁欲苦行者和殉道者,他同时感受到最高的乐趣,作为他追求杰出的后果由此而自己承受着的,恰恰是梯子第一级横木上他的对立形象——野蛮人——让他人忍受的东西,他想在他人身上并在他们面前感受到自己是杰出的。禁欲苦行者对自己的胜利本身,此外他的转向内部的眼睛,它看到人被分裂为一个受苦者和一个旁观者,并且今后它向外部世界望进去,似乎只是为了从中搜集他自己柴堆的木头,追求杰出这最后的悲剧,里面只出现了一个人,这个人在内心中把自己烧焦——这是开端应得的庄严隆重的结局:受苦者和旁观者在看到刑讯折磨时都有一种不可名状的幸福!确实,被想作最生动的权力感的幸福,也许在这个世界上的任何地方,都没有比在迷信的禁欲苦行者的灵魂中更强烈了。这在婆罗门教关于毗奢蜜多罗王①的故事中得到了表达,毗奢蜜多罗通过千年忏悔练习获得了这样一种力量,以至于他着手建造一个新天堂。我相信,在内心体验的这整个类型中,我们现在是粗笨的新手和摸索着的猜谜者:4000 年以前,人们更懂得自我享受的这种卑鄙的精致化。世界的创造:也许,那时已经被一位印度梦想家想作一位神加诸自身的一种禁欲的程序!也许这位神愿放逐自己于无常的自然中,[104]正如放逐于

① [Pütz]原文 Vicvamitra,现代改写为 Visvamitra,神话中的吠陀王子,他按照一种古老的印度观念通过苦行获得了超自然的力量。当他正准备要去创造新世界,并因此威胁到宇宙秩序时,惊恐的上帝因陀罗派来一个宁芙(Nymphe),她诱惑他并削弱了他的力量。这个故事反映了古代印度社会中争夺政治统治地位的斗争。

一件刑具中以便同时感觉他的祝福和权力倍增！而且如
果，他甚至是一位爱之神：他的乐趣在于，创造一种这样
的、受苦的人，在看到人受苦时，相当神圣地和超人地忍
受无法消除的折磨，并这样来对自己本身施行暴政！而
且甚至如果，他不仅是爱之神，也是圣洁和无罪之神：当
他造出罪、罪人和永罚，在他的天国和宝座下造出一个永
恒痛苦、永恒呻吟和永恒叹息的阴森国度时，这神圣禁欲
苦行者的谵妄就可想而知了！——保罗、但丁、加尔文及
其同类的灵魂偶尔可能探究这样的权力狂欢的可怕秘
密——而且面对这些灵魂，人们可以问：追求杰出的圆圈
真的在苦行者那里达到了最后的终结，并在自身内滚动
吗？难道这一循环就不会从头再来一遍，连同苦行者持
守的基本情绪同时也和同情之神的基本情绪一起再来一
遍？也就是说，折磨别人以便借此折磨自己，以便因此再
次战胜自己和自己的同情，并沉缅于最大限度的权
力！——人们对权力的欲望浩浩荡荡，席卷世界，不知所
终，也许我的思想也随之变得不知所终了？

114

论受苦者的认识。——那些受长期、可怕病痛折磨但
同时其理智却不糟糕的病人的状态，对认识来说并非是无
价值的——还完全没考虑任何深刻的孤独、[105] 任何突
然的和得到许可的、摆脱所有责任和惯性的自由状态所导
致的智识上的善行。苦难深重者从他的状态出发以可怕

的冷酷望向事物：健康人的眼睛看到的、事物通常沉浸于其中的所有那些小小的、骗人的把戏，在他眼前都消失不见了；确实，就连他自己也是没有绒毛和色彩地躺在自己面前。如果迄今为止他都生活在一种危险的幻想中：那么，痛苦带来的最高的清醒就是将他解放出来的手段：而且也许是唯一的手段。（很可能，这正是基督教创始人在十字架上所经历的：深入地、正确地加以理解，所有言辞中最悲苦的"我的上帝，你为什么离弃我"，包含着对其生命之虚妄的见证，耶稣感到一种普遍的失望并彻悟了这点；在他最大痛苦的瞬间，他像诗人笔下可怜的、快死的堂吉诃德（Don Quixote）一样，①对他自己有了清醒认识。）理智因想反抗痛苦而产生了巨大的张力，这使耶稣目光之所及的一切都处在一种新的光线照耀下：所有新的光照所带来的无法形容的魅力，常常强大地足以对抗自杀的一切诱惑，对于受苦者而言，继续活下去呈现为最值得追求。他轻蔑地想起了那个舒适而温暖的雾一般的世界，健康人在里面毫无思虑地徜徉着；他轻蔑地想起了那个最高贵也最

---

① ［Pütz］指西班牙文学中的著名文本，西班牙作家塞万提斯（Miguel de Cervantes Saavedra，1547—1616）的小说《奇情异想的拉曼查骑士堂吉诃德》（El ingenioso hidalgo Don Quixote de la Mancha，第 1 部出版于 1605 年，第 2 部出版于 1615 年）。小说讲述了贫穷的骑士堂吉诃德（Don Alonso Quijada）的事迹，他读了太多的骑士小说而走火入魔，失去了理智，他以小说中主人公为榜样，作为冒险骑士，堂吉诃德过上了想入非非的生活。在小说结尾，这位主角在临死前发誓放弃狂热的模仿，认识到他自己的愚蠢和骑士著作的有害，最后重新承认他自己的现实的身份：善人堂吉诃德（Don Alonso Quijada el Bueno［el Bueno 意为"善人"］）。

心爱的幻觉,他以前曾在里面玩弄过自己;现在对于召唤
这种如同来自最深的地狱的轻蔑,对于使灵魂遭受如此这
般最剧烈的痛苦,他有一种享受的乐趣:正是通过这种平
衡力量,他才为生理上的痛苦持守了一个立足点,——他
觉得这种平衡力量就是他现在所需要的一切! 在对自己
存在本质的这样一种可怕的预见中,他对自己呼喊:"做一
次你自己的诉讼者和刽子手,[106]将你的痛苦当作由自
己施加的对于自己的惩罚! 享受你作为裁判者的优越性!
更享受你的意愿,享受你暴君似的专断! 将你自己提高到
你的生命之上,正如提高到你的痛苦之上,从那里俯视地
面以及深渊!"我们的骄傲从未如此这般昂扬:反对如痛苦
这般所是的一位暴君,反对它对我们所做而我们因此才为
反对生命作证的所有唆使——反而恰恰反对暴君而为生
命辩护,这对耶稣来说都有一种无比的魅力。人们就在这
处境下抵抗那种悲观主义,以便它看来不是作为我们处境
的后果,不把我们作为被战胜者进行侮辱。同样,公正判
断之行使的魅力也从未比现在更大,因为它现在代表对于
我们自己的一种胜利,对于所有处境中最富魅力的一种处
境的胜利,这种处境能使判断的所有不公正成为可以原谅
的——但我们不想被原谅,我们现在恰恰想表明,我们可
以是"无罪责的"。我们现在处于傲慢之痉挛中——就在
这时,天边泛出了缓和、康复的第一道曙光——它的第一
个效果立刻就出现了,我们反对我们的傲慢之优势:在这
点上,我们称自己愚蠢可笑、虚荣自负,就好像我们不曾经
历过某种独一无二的东西。我们不知感谢地贬低这曾使

我们忍受痛苦的万能的骄傲,并热烈地渴望骄傲的解药:
在苦痛太强烈和太久地使我们个人化以后,我们希望自己
变得自我疏远和非个人化。"走开,让这种骄傲走开!"我
们叫道,"它不过是另外一种疾病和另外一种痉挛而已。"
我们又一次凝视人和自然——这次用了一种渴望的眼光:
想到我们对它们有了一些新的、与过去不同的了解,一层
面纱垂落下来,我们不禁凄凉地微笑;[107]但每次看到生
命的被削弱的光线,走出我们过去作为痛苦者用以看待事
物和穿透事物的那种可怕的、清醒的明亮,我们重又感到
振奋。当健康之戏法重新开始游戏,我们并不反感——我
们仿佛变了一个人,变得柔和了,但仍然感到疲倦。在这
种情形下,人们若听音乐无不会潸然泪下。

115

　　所谓"自我"。——在对内在的过程及欲望的探究
中,语言及其据之以建立起来的偏见,对我们来说,是成
倍的阻碍:例如,由于在此只有这些过程和欲望的最高程
度才有真正的语词——但是现在我们已经习惯于在那些
没有语词的地方,不再做精准观察,因为在那里还要进行
严密思考是很为难的;事实上,过去,人们曾不由自主地
下结论,语词的疆界之所止,即此在的疆界之所止。① 愤

---

　　①　[Pütz]尼采想的大概是语言对世界的塑造。从一种动力
学的语言概念出发,洪堡(Wilhelm von Humboldt,1767—1835)第
一次描述了"世界图像"的语言性。

怒、仇恨、爱、同情、渴望、认识、欢乐、痛苦——全是一些极端状态的名称:更温和、更中等的,甚至不断游戏着的更低级的程度则被我们忽略了,但正是它们织就了我们性格和命运的轻纱。那种极端的爆发——即使我们吃到一种食物或听到一种音乐时,意识到的最节制的欢喜或不欢喜,严格来说,也还是一种极端的爆发——往往撕破这一轻纱,因而是粗暴的例外,大多数情况下也许是积聚的结果——因此,这样一些名称怎能不使观察者迷途呢?不下于它们之将当事者引入歧途。我们所有人都不是我们按照我们独独对之有意识和有语词(因而对之有赞扬和谴责)的那些状态所显现出来的样子;[108]我们根据这些独独为我们所熟悉的、更粗糙的爆发误认我们自己,我们根据一种在其中例外胜过常规的材料做出结论,我们按照关于我们自己的表面上清晰无误的文字误读"自己"。然而,我们通过这种错误方式获得的关于我们自己的意见,所谓的"自我",共同作用于我们的性格和命运。

116

　　"主体"的陌生世界。① ——从古至今,就人而言,如

---

　　① [Pütz]尼采所批评的关于行动和行动者的判断中的幼稚,一直延续到今天,例如所谓自我明知,在刑法的"责任能力"概念中得到了应用,并允许雇佣心理学家作为鉴定人。对主体性概念的批评性反思的历史,甚至部分地与近代主体性哲学的历史符合一致。当一种新的意识形式使解释知识和意义的传统基本模式开始普遍瓦解,主体观念首先就发生了一种根本的动 (转下页注)

此难以理解的，是他们对自己的无知！不仅仅是对善和恶的无知，而且还有对许多更根本事物的无知！一直存在着一种古老的幻想，以为人们在任何情况下都知道，都全然准确地知道，人类的行动是如何完成的。不仅仅是"看透人心的上帝"，不仅仅是慎重考虑行动的行动者——不，每一个人也都毫不怀疑，他了解每一个他人的行动的过程中根本重要的东西。"我知道我想做什么，知道我做了什么，我对我的行动是自由的和负责任的，也要求别人对其行动负责，我可以叫出面对一种行动时所产生的每一种道德可能性和内心活动的名字；无论你们如何如你们所愿地行动——在这件事上，我都既了解我自己，也了解你们所有人！"——从前每个人都是这样想的，

_____

(接上页注)摇。属于流传下来的模式的例子有：自我确定性的观念，本质属性与偶然属性的可区分性，奠基和被奠基者的可区分性，以及符号(能指)和所指之间的单义联系；所有这些特征都会合在笛卡儿的 sum cogitans［我思故我在］中，他以此奠定了近代主体性哲学，而且也会合在他的上帝证明中，他试图以此进一步确保那些越出"我思"的确定性。尼采的认识论的视角主义和他的语言哲学碰到了所有上述预设，以至于他对主体的批评越过反对内省的浅显的怀疑主义而继续追溯。在这样一些前提的基础上，20世纪发展起了结构主义和新结构主义的萌芽，将有意识的主体只是作为关系交叉点的伴随现象看待，在这一交叉点上并没有任何意识，在这一交叉点中不存在任何主动的把握："我从未曾有过一种关于我的人格统一性的感觉［……］。自我(Ich)在我看来就像是一个场所(Ort)，其中有某些事情发生，但是并没有一种叫自我的东西存在。我们每个人都是一个交叉路口，形形色色的事情就在这路口发生。十字路口本身是完全被动的；某些事情在路口上发生而已。"(列维-斯特劳斯［Claude Levi-Strauss］：《神话和意义》，美因河畔法兰克福1980，页15)

今天几乎每个人也还是这样想的。苏格拉底和柏拉图，在这方面虽然是伟大的怀疑者和值得钦佩的革新者，但谈到那最严重的偏见，那最深刻的错误，他们仍然是天真的相信者："正确的知识必然带来正确的行动"——这一原则表明，他们仍然是那流行疯狂和狂妄的继承者：相信存在着关于一项行动的本质之知识。[109]"若看到正确行动的本质，却不跟随正确的行动，那多么可怕！"——这就是那班伟人认为用来证明这种思想所必需的唯一方式，相反的思想在他们看来是不可理解和疯狂的——然而相反的思想却是赤裸的，由来已久、每时每刻都在得到证实的现实！我们关于一项行动的知识，无论多么详尽，从来都不足以使我们做出该行动，从知识到行动的桥梁，迄今为止从没有在任何一种情况下，哪怕唯一一次，也没有被建立过，这难道不正是"可怕的"真理吗？行动从来就不是它对我们显现出来的那个样子！我们费了很大力气才认识到，外在事物并不是其对我们显现出来的那个样子——现在，好吧！内心事物也是一样的！道德行动事实上是"某种不是道德的东西"——更多的东西则是我们无法言说的：所有行动根本上都是陌生的。这过去和现在都与普遍的信念背道而驰：最古老的实在论是我们的敌人；直到现在人类都还一直认为："我们看到一个行动如何，一个行动就是如何。"（当我重读此文时，我回想起叔本华的一段非常生动的文字，我愿意在这里引用这段文字，证明叔本华到底也还停留在且一直停留在这种道德实在论中，并在这样做时毫无顾虑："我们每个人都名副其实地是内行的、完美的道德法官,当他喜爱善而憎恶恶时,他清楚了解什么是善和恶,而这是神圣的——只要受审查的不是他自身的而是陌生人的行动,我们所有人都是那个人,他所要做的只是表示赞成还是反对,而行动的负担落在陌生人肩上。因此,我们每个人都可以作为忏悔牧师全权代理上帝的职位。")①

117

[110] 在监狱里。——我的视力,它现在强也罢弱也罢,都只能往这处看一段距离,而我就活动并生活在这段距离中,这种视域线就是我最切近的大大小小的厄运,我无法逃脱它们。在每一生物的周围都存在着这样一个具有圆心的同心圆,它是该生物特有的。听觉将我们封闭在一个差不多的边界里,触觉也是如此。根据这些由我们每人的感官闭合而成、将我们像监狱的墙一样禁闭起来的边界,我们开始测量世界,说这是近的,那是远的,这是大的,那是小的,这是硬的,那是软的:我们把这种测量称为感觉——所有这一切本身全都错了!人们根据在某一给定时间中通常可能的经历和情绪的数目衡量他们的生命,说它是短暂的或漫长的,贫乏的或丰富的,充实的或空虚的:又根据人类的平均生命数值去衡量所有其

---

① [Pütz] 叔本华:《叔本华手稿遗稿选编》(Aus Schopenhauer's handschriftlichem Nachlaß, Frauenstädt 版。莱比锡 1864,页 433 以下)。

他生物的生命——所有这一切本身全都错了！若我们的视力对于近处的东西敏锐百倍，人在我们眼中就会呈现出可怕之高；事实上，我们完全可以设想这样的感官，由于它，人会被感觉为不可测量的。另一方面，感官又可以具有这样的特性，以至于整个太阳系被感受为像一个细胞一样缩小和紧凑：而对一个具有正好相反构成的生物来说，人体的一个细胞可以展现出有如一个太阳系一样的运动、构造和和谐。我们感官的习性使我们沉浸于感觉的欺骗和谎言中：而这又再次构成我们的全部判断和"知识"的基础——根本就不存在任何通向实在世界的出口、逃脱通道和隐蔽的小路！我们这些蜘蛛，生活在我们自己的网中，而我们在其中捕捉到的，我们所能捕捉到的，也无非刚好是在我们的网中允许我们捕捉到的东西。

118

[111]究竟何谓他人！——关于我们的他人，我们究竟把什么理解为他的边界，我指的是他凭此就算是把自己画在我们身上、印在我们身上的东西？我们所理解的他人无非是他作为原因在我们身上造成的那些变化，——我们关于他的知识就是一片空洞的、徒具人的外形的空间。我们把他的行动在我们身上引起的感觉加给他，从而赋予他一种虚假的、颠倒的实在性。我们根据我们对自己的知识，把他塑造成我们自己的系统的一颗卫星：无论他是照亮我们还是自己暗淡下去，我们都是二者

最终的原因——然而我们相信的却正好相反！我们生活在幻象世界中！一个颠倒的、倒置的、空虚的世界，然而我们相信是充实的，实际上却刚好是梦幻的世界！

119

经历与虚构。——无论一个人的自我认识可以多么深刻，也没有比他关于他的全体欲望——它们构成了他的存在——的图画更残缺不全的了。对于那些较粗劣的欲望，他甚至叫不上它们的名字：其数目和强度，其高峰和低谷，其彼此相互作用和反作用，特别是其营养规律，对他来说仍然完全未知。这种营养过程因而是偶然的一件作品：我们每天的经历把猎物时而丢给这种欲望，时而丢给那种欲望，而欲望则贪婪地抓住它们，但是，这些事件的发生和进行从根本上说与我们的全体欲望的营养需要没有任何合乎理性的联系。因此，总是出现两种情况：某些欲望饥饿和干枯，另外一些欲望则吃得过饱。我们生命的每一时刻，都根据这一时刻有无随身携带营养，从而让我们存在的触角中的一些生长，而让另一些萎缩。[112]正如我们已经说过的，我们的经验在这个意义上全都是营养品，但却是由一只漫不经心的手发放的，不区分饥饿者和过饱者。由于各个部分的这种偶然的营养状况，整个成型的珊瑚虫正如它的形成之所是那样，同样是某种偶然的东西。更清楚地说：假设一种欲望恰好处在渴求满足之际——或是运用它的力量，或是释放它的力

量,或是满足一种虚空(一切都是比喻说法)——那么,它
就会以特别眼光看待那一天的每一件事物,考虑是否能
够利用它们达到自己的目的;无论人或行,或止,或怒,或
读,或说,或斗,或欢,渴求满足的欲望似乎触摸了人陷入
其中的每一状态,而且多半不能从中得到满足,它必须等
待和继续渴望,一段时间后就会变得虚弱;如果几天或几
个月后仍然没有得到满足,它就会像长期得不到雨水的
植物一样枯萎。如果所有欲望根本上都和饥饿一样不肯
以梦想的食物为满足,那么,也许这种偶然支配的残酷性
就更会让人触目惊心;然而,大多数欲望,特别是那些所
谓道德的欲望,恰恰是这么干的——如果我可以假设的
话,那么,我们的梦的价值和意义就是在一定程度上弥补
白天的营养之缺席。① 为什么昨日之梦充满温柔和眼
泪,前日之梦嬉戏而纵情,而一更早之梦则冒险刺激和一
直在焦渴地寻找什么? 为什么在一个梦中,我陶醉在音
乐的难以描述的美中,为什么在另一个梦中,我又像山鹰
一样欢乐翱翔在遥远的山峰之上? 这些虚构,使我们的
感伤欲望、戏弄欲望、冒险欲望,[113] 或我们对音乐或
山峰的渴望找到了活动天地和得到了释放——而且每个
人手头都有他的更令人信服的例子——;这些虚构是对

---

① ［Pütz］尼采的猜测建立在下述见解的基础上:在睡中出
现的梦的心理-生理学状态与做梦者对其生活经历的加工有关,其
目的特别在于弥补(补偿［Kompensation］)现实生活经历中的缺
失。弗洛伊德在其《精神分析引论讲演》(1915—1917)中坚持这样
的见解:愿望之满足是一切梦的目的。

我们睡眠时神经刺激的解释,对如下的极其自由和极其武断的翻译:血液和内脏的运动,手臂和被子的压力,教堂的钟声,风信鸡的转动声,夜饮者的喧闹声,以及其他种种声音。① 虽然这些背景几乎每夜都差不多,但在不同的梦境中,它们得到的翻译却是如此地彼此不同,我们那善于编造的理性能力,为同一神经刺激,昨天想象出一种原因,而今天又想象出一种完全不同的原因:其原因在于,这种理性的提白员(Souffleur),今天不同于昨天——一种不同的欲望希望使自己有所满足,有所作为,有所发挥,有所振奋,有所释放——昨天是那种欲望高涨,今天却是这种欲望。——醒时生活不具有梦中生活这种解释的自由,它很少诗意,也很少放纵——但是,我是否必须阐明,我们醒时的欲望之所作所为也同样无非是解释神经刺激并根据自己的需求为神经刺激安排"原因"? 清醒与做梦并没有什么本质的不同? 在比较非常

［Pütz］尼采的生理学还原不仅向前预示了弗洛伊德(参本书节28),而且向后回溯到康德。在一篇从独断的形而上学向批判哲学转变的作品(《一个通灵者的梦,通过形而上学的梦做解释》,1766)中,康德像尼采此处一样,将理性之梦(即关于上帝、自由和不朽的假定的、超感官的形而上学认识;在尼采那里则特别对应于我们的道德的价值评价)和感官之梦(通灵,对尼采来说则首先是所有梦的形成［Traumbildungen］)加以类比。康德对这些梦加以漫画式解释:"当内脏中气不舒,它就会在所前进的方向上下降,因此就会出现一个降调,但是它若向上上升,那么就会出现一种幻像或一种神圣的献身。"(原版,页73以下。)与康德相反,尼采在此甚至将绝不少见的清醒时的幻想观念算作虚构,而且也与弗洛伊德不同,没有什么现实原则保证清醒意识具有一种本体论上的优先性。

不同的文化发展阶段时，甚至发现，一种文化在醒时所作解释的自由一点也比不上另一种文化梦中所作解释的自由？我们的道德判断和价值评价不同样也只是某种不为我们所知的生理过程的想象和幻象，一种用来指称某些神经刺激的习惯性语言？我们的全部所谓意识不都是对一个未知的、也许是不可知的但却被我们模糊感觉到的文本的或多或少抽象性评注？——让我们来看一个小经历。假设某一天，我们走过市场，发现有人笑我们：[114]这一事件对我们具有何种意义，取决于事件发生时恰好是何种欲望在我们身上正占上风；由于我们的人格类型的不同，这件事可以呈现出非常不同的面貌。一人接受这事就像接受一个雨点，另一人则把这事像一只虫子一样从身上抖掉，第三人试图为此寻衅问罪，第四人检查其衣服，看是否有什么地方惹人笑，第五个人开始沉思作为结果的笑本身，第六个人因为自己无意之中增加了世界的欢乐和阳光而怡然——在每一种情况下都有一种欲望得到了满足，无论其为愤怒欲望、好争欲望、反思欲望或为善欲望。这种欲望及时抓住事件，像抓住它的猎物：为什么恰好是这种欲望？因为这种欲望最如饥似渴地埋伏以待。——最近有一天，在上午 11 点，有一个人在我眼前突然倒在地上，好像触了电似的，旁边的妇女都大叫起来；我走上去将他扶起，直到他神志完全恢复过来，开始说话——在这过程中，我的表情没有变化，没有生一点感情，没有惊慌，没有怜悯，而只是简单地做了该做的事、最合理的事，然后冷静地走开了。——假设在这前一天有人告诉我,明天上午 11 点有人会在我身边这样倒地——我必定会事先经历各种痛苦,夜不能寐,而在那最紧急的一霎那,也许不能帮助他,反而和他一样了。因为在这种情况下,所有可能的欲望都将有时间对该经历进行想象和解释。——那么,我们的经历到底是什么? 它是这样一种东西,我们放进去的远远多于其本身包含的! 或者,这甚至必定意味着:它们本身并不包含任何东西? 经历就是一种虚构①? ——

120

[115] 安慰怀疑论者。——"我在做什么,我全然不知! 我应做什么,我全然不知!"——你说对了,但却不用怀疑:你将被做! 在每一个瞬间! 人类总是将主动式和

---

①　[Pütz] 尤其是由于"生命"概念在尼采哲学中的组织功能,尼采哲学被判给了通常所谓的"生命哲学"(其中还有:施莱格尔 [Friedrich Schlegel, 1772—1829], 狄尔泰 [Wilhelm Dilthey, 1833—1911], 柏格森 [Henri Bergson, 1859—1941], 克拉格斯 [Ludwig Klages, 1872—1956])。在这一反理性主义的潮流中,体验概念(特别是在狄尔泰为精神科学所作的奠基中)占有一个中心的地位。尼采怀疑"体验"作为一种"虚构",这并不允许把它还原为这一艺术性术语的活力的和无意识的性质,还原为创造性的生命力(柏格森的"生命的飞跃"[elan vital])。这不仅根本错认了尼采生命概念和艺术概念中的唯理智论,而且也忽视了这一节的真正目标指向对一种普遍有效性的担保:"一切都是比喻说法"([译按]参本书节 119),这些文字本身也警告解释者,尤其是他还用问号来结束这一节。

被动式混淆，这是他们永远的语法错误。①

121

"原因和结果"。——在这面镜子——我们的理智是面镜子——上，发生着某些事物，它显示出某种合规律性，某一特定事物每次总是继之以另一特定事物——我们觉察到这些事物并想用名称来称呼它们，于是我们就称之为原因和结果，我们这些傻瓜！好像我们在此真理解到了什么或能理解到什么！其实除了"原因与结果"的图像以外，我们别的什么也没有看见！而正是这种图像性使我们对于一种比相继更为根本的联系的洞见成为不可能！

---

①　"早先，[……]人们曾经信仰'灵魂'，就像信仰语法和语法的主语一样：人们说：'我'是条件，而'思'是谓语且由条件决定——思是一种活动，必须设想有一个主体是其原因"（《善恶的彼岸》，节 54）。（[译按]中译参尼采：《善恶的彼岸》，魏育青译，上海：华东师范大学出版社，2016 年，页 79）语词是量事物之体而裁制的名称，尼采对这种幼稚信仰的批判，通过追溯到语言自身的隐喻技巧从而摧毁了世界可在语言中被描摹这样的观念。这破坏了神学和哲学的原则，科学的前提，以及很大程度上也破坏了日常的定向。在哲学和人文科学中的语言学转向（在尼采之外，特别是通过索绪尔 [Ferdinand de Saussure, 1857—1913]，维特根斯坦 [Ludwig Wittgenstein, 1889—1951]，以及海德格尔 [Martin Heidegger, 1889—1976]的后期哲学）之后，笛卡儿的"我思"——作为对近代主体性的原初确信——首先陷入了危机。主体性似乎仅仅作为语言内的函数——即使不完全是作为语言的纯粹后果——才仍然还可以是被描述的。

122

自然中的目的。——谁若作为不带偏见的研究者，探究眼睛的历史及其在最低级生物中所采取的形式，并显示眼睛的整个逐步的形成过程，他都必然得出一个伟大结论：看不是眼睛产生的意图，毋宁说它是当偶然把装置积聚而成之时才产生的。单单看这么一例：我们对于"目的"就恍然大悟了。

123

[116] 理性。——理性是怎么来到世界上的？多么蹩脚，以一种非理性的方式，通过一次偶然事件。这偶然事件是什么，人们不得不像猜谜一样去猜。

124

何谓愿意！——我们笑这样的人，当他走出房间之时太阳也步出它的宫殿，于是他就说："我愿意太阳升起！"当他发现自己不能让转动的轮子停下时，他就说："我愿意它滚动！"当他被人打倒在地时，他就说："我躺在这，但是我愿意躺在这！"但是，尽管他们全都是笑柄！我们是不是也该想一想，当我们使用"我愿意"这种说法时，我们的行为和这三位难道真有什么不同吗？

125

所谓"自由王国"。——与我们所能做或所能经历之物相比，我们所能思想之物不知要多多少倍——这意味着，我们的思想是表面的并满足于表面性的，事实上，它甚至没有注意到这点。若我们的心智严格按照我们的力量和我们对力量的运用这一尺度来发展，我们就有了我们思想中的第一原则，只有那些我们能够做的，我们才能对之有所理解——如果根本上有一种理解的话。一个口渴的人需要水，然而他的思想所产生的水的形象却一刻不停地在他眼前流淌，好像再没有比这更容易做到的事了——我们心智的表面的和容易满足的特点使其不能理解真正的、匮乏的需求，并同时感觉自己是占优势的：它能做得更多，跑得更快，[117]几乎眨眼之间就能达到它的目的，这使它骄傲——因此，与行动、意志和经历的王国相比，思想的王国似乎是一个自由的王国；而实际上，如我们前面所说，它只是一个表面的和易于满足的王国。

126

忘却。——有所谓忘却这回事，这依然是未经证实的；我们所知者不过是，对于重新回忆起来，我们已失去了权力。我们临时把那个词即"忘却"放在了我们权力的这一缺口上：就好像它不仅仅是一笔登记在册的财富。

但到底什么在我们的权力范围内呢! ——如果那个词在
我们权力的一个缺口上,那不该有另外的词在我们关于
我们权力的知识的一个缺口上吗?

127

有目的的。——在所有行动中,有目的的行动大概
是最少被理解的,皆因它们总是被看作最易懂的和对我
们的意识来说最平凡的。大问题混迹于小胡同。

128

梦与责任。——在一切事情上你们皆愿负责! 惟独
不愿对你们的梦负责! 多么可悲的软弱,多么虎头蛇尾的
勇气! 再没有什么比你们的梦更属于你们自己! 再没有
什么比你们的梦更是你们自己的作品! 题材,形式,时长,
演员,观众——在这一幕幕喜剧中,你们是一切,而这一切
就是你们自身! 然而,恰恰是在这里,你们对自己感到害
怕和羞耻,甚至俄狄浦斯,[118] 聪明的俄狄浦斯,也懂得
从这样的想法得到安慰,即我们对于我们所梦的一切无能
为力!① 由此我得出结论:大多数人一定是意识到了其梦
之丑恶。否则:人们早就不知道该怎样利用这夜间的诗情

---

① [Pütz]也许指希腊戏剧家索福克勒斯(Sphokles,约公元
前 497/96—前 407/06)的悲剧《俄狄浦斯王》(*Oidipus Tyrannos*,
前 409)981 行以下:"虽然许多人在梦里娶过母亲,但那些对此不
以为意的人,生命的重担最轻省。"

来自我吹嘘了！——还要我再补充吗？俄狄浦斯，聪明的俄狄浦斯是有道理的，我们的确不能对我们的梦负责——但我们同样也不能对我们的醒负责，而且意志自由说诞生于人类的骄傲和权力感这对父母。关于这一点，我说得也许太过频繁了：但至少它还未因此而成为谬误。

129

所谓动机冲突。——人们说"动机冲突"，但以此标明的却是一种非动机冲突的冲突。因为：在一种行动开始之前，在我们的考虑着的意识中依次出现了我们认为能够完成的各种不同行动的后果，我们对这些后果进行比较：我们觉得，对一种行动必会更坚决，如果我们已经断定，它的后果会是那种更具压倒性好处的后果；在我们的考量得出这一结论之前，我们经常真诚地感到痛苦，因为猜中后果，看到它们的整个数量，更确切地说，全部，没有犯遗漏的错误，是非常困难的：此外，在此种情况下，计算还必须用偶然来除尽。是的，然后来列举最困难的，所有这些单个来说已如此难以确定的后果，我们现在却要把它们放在同一个天平上相互比较；而由于所有这些可能后果的质的不同，除了砝码之外，对于这种优点的决疑论（Kasuistik）①，我们经常缺少天平。[119]但是如果我们连这点也解决了，偶然为我们把可以互相比较的后

————

　　①　［Pütz］法律发现的方法，不是从一般出发，而是从特殊的、法律上适用尽可能多个别事件的事实状况出发；在口语中也指吹毛求疵，钻牛角尖。

果放到了天平上；因此，我们现在就在某一特定行动的后果的图像中拥有恰好是进行这一行动的一个动机——确实，一个动机！然而，在我们最终行动时，充分决定我们行动的往往不是我们这里讨论的那些动机，不是这种后果的图像，而是一种不同类型的动机。在此起作用的，或是我们力量游戏的习惯，或是某位我们害怕、尊敬或爱恋的一个人的一个小小的不满，或是那种更喜欢做随手可做之事的安逸或是由于某些最切近的、最好的、最微小的事件在关键时刻引起了我们想象力的激动，起作用的是某些完全无法预料地出现的身体影响，起作用的是一时心血来潮，起作用的是某种刚好偶然准备好要爆发的情绪的爆发：简言之，起作用的动机，部分是我们根本不知道的，部分是我们知道得很不理想的，我们从未能事先对照考虑过它们。也许，在这些动机之间同样也存在着斗争，一种驱近与驱离，重量分担的抵消与压倒——这是真正的"动机冲突"——但对我们来说却是完全不可见的和意识不到的。我计算了后果和成果，然后把一个非常重要的动机送上动机的战线——然而，战线本身不是我建立的，我甚至看不见它：斗争本身对我隐藏起来，胜利作为胜利也同样对我隐藏起来；因为虽然我当然知道我最后做的是什么，但我却并不因此就知道究竟何种动机胜利了。然而，我们却习惯于把所有这些无意识过程排除在考虑之外，只是在一个行动是有意识的时候，如此深远地思考它的准备过程：因此，我们把动机的冲突与

各种不同行动的可能后果之比较混为一谈——[120]
一种后果严重的混淆,一种对道德发展来说最具灾难
性的混淆。

130

目的? 意志? ——我们惯于相信,存在着两个领域,
一个是目的和意志的领域,另一个是偶然的领域;在偶然
领域里,一切都无意义地发生,在其中,一切都发生、停
留、陨落,没人能说出它们因何? 何为? ——我们害怕这
个强大的领域,充满大量的、宇宙的愚蠢的领域,因为我
们通常对此如此熟悉,即它每每像从屋顶落下的瓦片一
样,落入另一个世界,目的和意图的世界,不知道会把我
们哪个美好的目的砸得粉碎。关于两个领域的这种信仰
起源于古老的浪漫幻想和寓言:我们这些聪明的小矮人,
连同我们的意志和我们的目的,都被那些愚蠢的、极其愚
蠢的巨人——即偶然——纠缠着,被奔跑而来的他们撞
倒,经常被他们踩死。——然而,尽管如此,我们还是不
想这位邻居那可怕的诗意消失;因为当目的蛛网中的生
活令我们感到无聊厌倦或让我们变得小心翼翼、谨小慎
微时,常常是这些巨人怪出现在我们身边,一下撕开整个
网,给我们带来一种崇高的转向——这些没有理性的家
伙并不是有意这样做的! 他们甚至没有注意到他们做了
什么! 他们那粗大的手指穿过我们的网就像是穿过什么
也没有的空气。——希腊人将这不可测的、崇高的和永

恒的狭隘之域称为莫伊拉(Moira)①,将其布置在诸神周围,作为其边界,越过这个边界,诸神就既做不了什么也看不见什么:这里透露出希腊人那种隐秘的对诸神的抵抗,这在许多民族中都可以找到,它体现在那种形式中,即人尽管崇拜神,但却手持反对神的最后的一张王牌,例如,印度人和波斯人认为,[121]神依赖有死者的献祭,因此有死者万不得已时可以让神尝尝饿肚子的滋味,甚至将神饿死;或如强硬而忧郁的斯堪德纳维亚人,通过想象将要到来的"诸神的黄昏"(Götter-Dämmerung),②设法让自己享受隐秘的复仇,以报复他那恶毒的诸神长期以来让他感到的恐惧。基督教的情况与此不同,它的基本情感既非印度的也非波斯的,但也不是希腊的或斯堪的纳维亚的:基督教要我们匍匐在尘土中膜拜权力的神灵,甚至亲吻尘土本身:它向我们暗示,那个万能的"愚蠢之域"并非像看上去那样愚蠢,毋宁说愚蠢的倒是我们,因为我们没有注意到,它背后站着我们慈爱的上帝,虽然这上帝爱走黑暗、扭曲和神奇的道路,但他终将"荣耀万物"。关于爱的上帝的这一新的寓言,这位

----

① [Pütz]希腊文,意为应得之分、运气、命运;也指厄运,这里就是如此;然后成了希腊神话中的命运女神的名字;在荷马那里只有一个莫伊拉,但在赫西俄德那里则有三个莫伊拉,她们给人生分配应得之分:克罗托(Klotho)纺织生命线,拉克西斯(Lachesis)确定其长度和守护它,而不可避免的阿特洛波斯(Atropos)则剪断它。根据各种传说,诸神隶属于莫伊拉,或者说,莫伊拉支配这些神和人类。

② [Pütz]日尔曼神话中的世界末日观念;诸神和人类的死亡。瓦格纳歌剧《尼伯龙根指环》的最后一部"众神的黄昏"(1874)即以这一神话为主题。1889年尼采的《偶像的黄昏》问世。

上帝迄今一直被误认为巨人族或莫伊拉，他亲自编织目的
之网，比我们的理解力还要精细——以至于它们不得不看
上去就像是无法理解的，甚至是不可思议的。这一寓言是
一种如此大胆的翻转和如此无畏的悖谬，以至已经过分
精细的古代世界都无能于抵抗它，无论事情听起来是多么
荒唐和矛盾；——因为，说实话，它包含有一个矛盾：如果我
们的理智不能猜中上帝的理智和目的，那么它又何来猜中
自身理智的此种性质呢？又何来猜中上帝理智的此种性质
呢？——在更晚近的时间里，人们实际上已经越来越怀疑，
从屋顶上落下的瓦片是否真的是由于"神的爱"而落下的，
而且人们开始重新回到巨人和矮人的浪漫幻想这样的老路
上去。因此，现在是时候了，我们应该认识到：在目的和理
性这个我们臆想的特殊领域里，巨人也同样是统治者！而
且我们的目的和理性不是什么矮人，而是巨人！[122]而且
我们自己的网被我们自己同样经常也同样粗笨地撕破，就
像被瓦片撕破一样！而且一切被称为目的的都不是目的，
一切被称为意志的也很少是意志！而且如果你们想得出结
论说："因此，只有一个领域，即偶然和愚蠢之领域？"——那
么必须补充说：也许只有一个领域是存在的，也许既不存在
意志也不存在目的，它们全都是我们幻想出来的。投掷偶
然骰子的那只必然性的铁手在无限长时间里玩它的游戏：
因此，必然会出现那么一掷，它们看起来跟各种程度的目
性和合理性完美相似。也许，我们的意志行动和我们的目
的也只不过是这样的一掷——只是由于我们太有限和太自
负，以至我们不能理解我们的这种极度有限性：也就是说，

就是我们自己用一双铁手摇着骰子筒；我们自身以自己最具意向性的行动来完成，其实无非是在玩必然性的游戏。也许！——为了超越这个也许，人们必须曾经在冥界和所有表面世界的彼岸做客，坐在珀耳塞福涅①的桌边，与女神本人一起掷过骰子、下过赌注。

131

道德风尚。——道德的全部判断已经发生了怎样的改变啊！古代道德的这些最伟大的奇人，如爱比克泰德，全然不理解现在为何流行赞美替别人着想和为别人生活；按照我们的道德风尚，人们必定称他们为十足不道德之人，因为他们竭力保卫他们的自我并抵抗同情他人（特别是对他人的痛苦和道德缺陷的同情）。[123] 也许他们会这样回答我们："如果你们所拥有的自己本身是一个如此乏味或丑陋的对象，那就真的多考虑别人而不是你们自己吧！你们做得对！"

132

道德中逐渐消逝的基督教信仰。——"同情之人即为好人，缺少同情即为情感残缺"（On n'est bon que par la pitie：il faut donc qu'il y ait quelque pitie dans tous

――――――――――

① ［Pütz]希腊女神，宙斯和德墨忒尔的女儿，哈德斯之妻，地狱和冥府的女王。

nos sentiments)——我们今天的道德如是说！它从何
而来？——作出同情的、无私的、普遍有用的社会的行动
的人被感觉为道德的——这也许是基督教带给欧洲的最
普遍的影响、改变和说服（Umstimmung）：虽然这既非其
意图，也非其教导。当完全相反的、严格利己主义的对
"最需要的只有一件"的基本信仰①，对永恒的个人拯救
之绝对重要性的信仰，以及作为这种信仰基础的教条逐
渐退却时，对"爱"的次要信仰，对"邻人之爱"的信仰，协
同教会庞大的慈善实践，由此而开始出风头，但是，这只
是基督教对欧洲之改变和说服的残余。人们越是从宗教
教条中解放出来，就越是要在一种对人类之爱的狂热崇
拜中寻找似乎是对这种解脱的辩护：在这点上，不是落在
基督教理想后面，而是尽可能超越它，这是从伏尔泰到奥
古斯特·孔德的所有法国自由思想家的一个隐秘的推动
力：而孔德通过其"为他人活着"（vivre pour autrui ），实
际上已经超越了基督徒的基督教。把同情、怜悯或利他
当作行为准则的学说，叔本华让它在德国，穆勒让它在英
国广泛流传：然而他们本身也只是一种回声——[124]
那类学说，大约自法国大革命之时起，以一种强大的生长
力到处迅速生成，并且同时以最粗糙的和最精致的形态
迅速生长，而所有社会主义思想体系都仿佛不由自主地
站到这类学说的共同基础上了。也许现在没有什么比这

---

① ［Pütz]参《路加福音》10：42。当马大向耶稣抱怨，她妹妹
马利亚无所事事地听耶稣讲道，而不是帮助她忙活款待客人，耶稣
用关于个人拯救的优先性的这一提示回答马大。

更深入人心的偏见了:我们知道究竟是什么构成了道德的东西。现在听到社会正在使个人适应普遍需要,听到个人的幸福,同时也是个人的牺牲,在于感到自己成为整体的有用环节和工具,人人似乎都认为这是对的:当下,人们唯一还举棋不定的是,这个整体该去哪里找,是在一个已经存在的国家中,还是在一个有待创立的国家中,到底是在一个民族中,还是在各民族之大团结中,或是在新的小经济共同体中? 在这个问题上,目前还有许多思索、怀疑和争论,许多激动和激情;但奇妙和动听的是其要求的一致:必须否认自我,直至他以适应整体这一形式,重新获得他固定的权利和义务范围——直到他成为新的和完全不同的东西。人们真正需要的是——无论他们是否这样承认——从根本上重新塑造个人,也就是削弱和消灭个人:——列举并控诉个体此在迄今为止的形式中所有的恶毒、仇恨、浪费、耗费和奢侈,对此人们从来不会疲倦。人们希望在只存在大团体及其成员的情况下,更廉价、更安全、更平等和更一致地管理。不管以什么方式,任何与这种建立团体和成员关系的欲望及其附属欲望符合的事物都被感觉为善的,这就是我们时代道德的基本潮流:[125]同感(Mitempfindung)与社会感(soziale Empfindung)互为掩饰。(康德仍然站在这场运动之外:他明确教导说,如果我们的善行要具有道德价值,我们就必须对旁人的苦痛没有感觉①——叔本华对此甚为气

___

① [Pütz]参康德《实践理性批判》第一部分,第一卷,第三章"纯粹实践理性的动机",原版,页146以下。

愤,正如人们理解的,他称之为康德式乏味①。)

133

"不再想到自己。"——让我们好好想想:为什么看到某人落水,我们自己也会跟着跳到水中,即使我们对落水者并无特殊感情? 因为同情;在这事儿发生的瞬间,我们想到的只是旁人的生命——没头脑的人这样说。为什么看到某人吐血,我们自己就会感到和他一样痛苦,虽然我甚至可能对他怀有敌意? 因为同情;那时我们完全不再想到自己——那没头脑的人又这样说。真相是:在同情中,我指的是在习惯于以误导的方式通常称为同情的东西中——尽管我们不会有意识地想到我们自己,但却会非常强烈地无意识地想到自己,就像,如果我们脚下一滑,此刻我们并未意识到,我们做出了最合目的的反向运动,同时明显地使用了我们的全部理智。他人的事故会侮辱我们,因为若我们不给它补救,它就会证明我们对于自己的软弱无能,也许是自己的胆怯是有罪责的。或者它本身已经导致了我们的荣誉在他人面前或我们自己本身前的一种降低。或者在他人的事故和痛苦中有一种对我们所面临的危险的示意,作为人类共有的受到威胁和

---

① ［Pütz］可参叔本华《叔本华手稿遗文选》(Aus Schopenhauer's handschriftlichem Nachlaß),Frauenstädt 版,莱比锡 1864,页 333。

脆弱性的标志,这些事故和痛苦能够作用于我们,使我们难堪不快。对这种痛苦和侮辱,我们通过一种同情行为加以拒绝和报复,在同情中包含巧妙的正当自卫甚至某种复仇成分。我们最终念念不忘的还是我们自己,[126]这可以从下面的决定中看出:面对苦痛者、穷困者和呼号者,在我们能回避他们的情况下:如果我们能以更有力者和帮助者的形象出现,如果我们确信能得到赞扬,如果我们想感受我们的幸福的反面,或者也希望通过他们的景象摆脱无聊,我们就会决定不回避他们。把我们面对这样一种场面可能遭受的而且可能是非常不同的痛苦称为同情(mit-leid,共同痛苦)是误导性的,因为在任何情况下它都是与我们眼前的痛苦者无关的一种痛苦:我们感到的是我们自己的痛苦,正如他感到的是他自己的痛苦。当我们实施同情行为时,我们摘掉的只是这种我们自己的痛苦。① 然而,无论何时何地,只要我们做出了这类行动,我们的动机就不会是单一的;我们同时想摆脱一种痛苦,这是无疑问的,通过同样的行动我们屈从于一种快乐欲望,这也同样是无疑问的——这种快乐在于,看到我们处境的一种反面,想到只要我们愿意帮助就能够帮助,若我们帮助就会给我们带来的承认和赞扬,在于这种帮助

---

① [Pütz]可以把尼采对"同情"的通常理解的重新解释概括如下:同情是指向他人的对我们自身的恐惧。因此,他对同情的理解似乎是莱辛对恐惧——亚里士多德悲剧理论中的一对情感"恐惧和同情"中的恐惧——重新解释的一个颠倒。在其《汉堡剧评》75 条中,莱辛这样定义:"恐惧是指向我们自身的同情。"

行动本身,只要这种行为是成功的并且作为某种逐步取得成功的东西使执行者对自己感到赏心悦目,但尤其在于一种感受,即我们的行动以一种令人愤慨的非正义为目标(发泄自己的愤慨已经是令人振奋的)。所有这些,还有其他许多更为微妙的心理活动也算上,都是"同情":语言用它的一个词就狼吞虎咽了这样一个复调的存在①,多么粗笨啊! 反之,认为同情与看到那幅景象时产生的痛苦是一回事,或者认为同情对这种痛苦具有一种特别细致而透彻的理解,这两者都与经验相矛盾,如果谁恰恰在这两个方面大肆赞扬,他恰恰在道德的这一领域缺乏足够的经验。[127]对于所有那些难以置信的东西,就是叔本华才知道如何作出的关于同情的报告,我的怀疑是:他希望通过这种方式迫使我们相信他的伟大新闻,即同情——恰恰是他对它的观察如此有缺陷,描述又如此拙劣的同情——是所有过去和未来的道德行动的源泉,而且恰恰又是出于他为同情发明的能力之故。无同情心者与有同情心者究竟有什么不同? 首先——这里也只是提供一个大概轮廓——,他们缺少对于恐惧的敏感的想象力,缺少嗅出危险的精细的能力;如果某些他们本来可避免的事情还是发生了,他们的虚荣心也不会那么

---

①　[Pütz]在叔本华看来,同情抵消了个体化的趋势,因为在痛苦中产生了与另一个个体的身份认同(Identität),从而使与语词统一性的冲突不能形成。尼采批评语言的人为简化和一种主体同一性的观念,正如他也质疑对 Individuums(拉丁文:不可分的) 传统理解。

快受到伤害。(他们骄傲的谨慎,使他们不会无谓卷入陌生的事务,是的,他们从自身出发喜欢每个人自己帮助自己和打好他自己的牌。)此外,他们还比有同情心者更习惯于忍受痛苦;而由于他们自己受过苦,所以在他们看来,旁人受点苦也算不了什么了不得的不公正。最后,他们发现,一副菩萨心肠对他们来说是一种痛苦,正如保持斯多葛式的冷静对有同情心者是一种痛苦;对那种菩萨心肠的状态,他们备以轻蔑的话语,认为它会威胁他们的男人气概和冷酷的勇敢——他们不想让别人看到他们的眼泪,他们擦掉眼泪,并因此对自己不满。这是一种与有同情心者不同的利己者类型——在一种特别意义上把他们称为恶,而把有同情心者称为善,这只不过是一种道德风尚,这种风尚有它自己的流行期,正如相反的风尚也有它自己的流行期,并且是相当长的流行期!

134

我们为何必须提防同情。——同情,就其实际产生痛苦而言——这是我们在此唯一关注之点——[128]乃是一种缺陷,正如沉溺于任何一种有害情绪一样。它增加了世界上的痛苦:虽然有时同情的结果,可能也会间接减少或消除痛苦,但这些偶然的且整体上无关紧要的后果,无益于为它本质上是有害的——正如我已经说过的——作辩护。哪怕它只统治一天,人类也会立刻因之而毁灭。和所有其他欲望一样,同情本身并不具有任何

善的品格：只有在那些需要它和称赞它的地方，这发生在
那些人们未认识其有害性反而在其中找到某种快乐源泉
的地方——好的良知紧跟着它，尔后人们才乐意委身于
它，不畏惧它的声明。在人们认识了它的有害性的其他
地方，它就会被看作一种缺陷，或像在希腊人那里那样，
被看作一种其危险性可通过偶尔的、任意的发泄而消除
的周期性的病态感情。① ——若一人在一段时间内进行
实验，每天有意寻找同情的机会，他的心灵不断看到周围
所有的不幸，这人最后无可避免地变得病态和忧郁。但
不管是谁，只要他想在无论什么意义上作为一个医生为
人类服务，他就必须对这种感情加以警惕——它将在每
个关键时刻麻痹他，禁止他的知识和他的有益而纤巧的
双手。

135

被同情。——对野蛮人来说，每当想到被人同情，他
们都会感到一阵道德上的恐慌——因为它剥夺了一个人
的全部美德。对谁表示同情就是对谁表示轻蔑：我们无
兴趣看一个卑贱的生物受苦，因为这不提供任何乐趣。

---

① ［Pütz］亚里士多德在其《诗学》中提出了一种悲剧接受理
论，按照这一理论，唤起痛苦（élos）和恐惧（phobos）的目的是，通过
震撼，情感生命恰好被这些情感（或这些情感通过自身）就像医药
或心理卫生那样得到净化（katharsis）。情感的平静在亚里士多德
那里同时具有伦理的和（作为公民的使命）政治的重要性。

[129] 反之,看一个敌人痛苦,这个敌人和我们一样骄傲,并且不肯因为受折磨而放弃其骄傲;或者说,看到任何一个生物痛苦,这生物不愿勉强同意唤起同情——这意味着不愿勉强同意最卑劣且最深刻的耻辱——这是一种享受中的享受,此时野蛮人的灵魂产生了敬佩,他们所能做的就是最后杀死这位勇士,以对这不屈者致以他们最后的敬意:然而,如果他发出呻吟,如果他的脸上不再有那种冷酷的嘲讽表情,如果他表明自己是可鄙视的——那么,他也许就会像一只狗一样被允许活下去——他不再唤起观者的骄傲,同情和怜悯代替了敬佩。

136

同情中的幸福。——如果人们像印度人那样,将关于人类苦难的知识当作所有精神活动的目的,①如果在一代又一代的时间里,人们对这样一种可怕的意图始终不渝:那么,在这些遗传了悲观主义的人眼中,同情最终获得了一种新的价值,作为保存生命的权力,以便此在变得可以忍受,哪怕出于厌恶和恐惧,此在似乎同样是值得被抛弃掉的。作为一种包含着快乐并提供小剂量的优越性让人品尝的情感,同情是自杀的解毒剂:它从我们自身撤离,使心灵变得充实,消除恐惧和僵化麻木,激发言语、

---

①　[Pütz] 不仅在印度教中,而且在佛教中,救赎的第一步都与某种认识相连,即一切痛苦的根源都在经验现实中。

抱怨和行动——与那种从四面八方把个体驱赶进角落和
黑暗中、使他透不过气来的知识的苦难相比,同情是一种
相对幸福。幸福,无论什么样的幸福,都给我们带来了空
气、阳光和自由的行动。

137

[130] 为何要把"自我"加倍! ——以一种我们通常
审视旁人的眼光审视我们自己的体验——这非常有安静
作用,是值得推荐的一剂良药。反之,我们如此看待并接
受他人的体验就像它们是我们自己的体验——一种同情
哲学的要求——那么,用不了多久,我们就会彻底完蛋:
只管做些尝试吧,这样就不会再抱什么幻想了! 此外,第
一种原则肯定也更合乎理性和追求理性之善良意志,①
因为我们能对事件的价值和意义做出更客观的判断,当
它发生在他人身上而非我们自己身上时:比如关于一次
丧事、一种财产损失和诽谤中伤的价值。同情作为一种
行动准则要求:"因他人的不幸而如此痛苦,就像他人自
身痛苦那样",从而使他们那不无夸大和过激的自我的立

---

① [Pütz]尼采所谓原则即主体的基本原则,暗示康德伦理
学。按照康德伦理学,"在世界上,除了善的意志以外,没有任何东
西可以完全算作好的"(康德:《道德形而上学基础》,节1,原版,页
393)。在他看来,自由和实践理性、行动的普遍规律性和自我一致
相互参照(康德:《实践理性批判》第一部分,卷一,章一,节5和节
6,原版,页29以下)。

场,也依然是他人的立场,不得不变成同情者的立场:以至于,我们可能同时忍受我们的自我和他人的自我的双重痛苦,使我们的非理性负担因此在不知不觉中增加一倍,而不是尽可能使它们变得越来越轻。

138

柔情。——我们热爱、尊敬和赞赏某人的现在,后来却发现他在受苦——这时我们总是感到巨大的震惊,因为在我们的想象中,我们的从他那流出来的幸福来自他自身幸福的一个极其丰富的源泉——因此我们的热爱、崇敬和赞赏之情就发生了一个根本变化:它变得更柔和了;这也就是说:横亘在他和我们之间的鸿沟似乎消失了,[131]一种向平等的接近似乎出现了。只有现在,我们才有可能想到,我们也可以对他作出报答,而在我们过去的想象中,他是我们的感谢所不能高攀的。这种做出报答的能力使我们极其快乐和振奋。我们试图猜到某种能使他的痛苦有所减轻的东西并给予他这种东西;如果他需要安慰的话、目光、关注、服侍、礼物——我们就给他;但是,最重要的是,如果他需要我们因他的痛苦而痛苦,我们就会把痛苦着的自己给他,然而,尽管所有这一切,我们也享受着主动的感激,这种主动感激说穿了不过是一种仁慈的报复。如果他根本不想、不接受我们任何东西,我们就会心灰意冷地、几近屈辱地离开;那种感觉就像我们的感激被人扔了回来——在此事关荣誉之时刻,即使最和善的人也会敏感的。——由这一切可以得出结论,即使在最有利的情况下,痛苦也使人有所降低,同情则使人有所提高并给予某种优越感;这两种感情永远相互分离。

139

所谓更高!——你们说,同情的道德是一种比斯多葛式道德更高的道德?那就证明这一点!但请注意,你不能再用道德的尺子来衡量不同道德的"高"与"低":因为不存在绝对的道德。因此,还是去别的地方拿把尺子吧,而且——现在就留神!

140

赞扬与谴责。——如果一场战争以失败告终,因此人们就会追问,谁应该对这场战争"负责";如果战争最后取得胜利,因此人们就会赞扬其发起者。事情一遇挫折,我们就会到处寻找罪责;[132]因为挫折带来一种恶劣情绪,对此会不由自主运用唯一的药物:权力感的一种重新激发——这种权力感在对"罪人"的谴责中被找到了。这位罪人也许不是其他人的罪的替罪羊:他是虚弱者、受辱者和沮丧者的牺牲品,他们要在某些事情上证明他们还是有强力的。即使对于自己的谴责,实际上也可以是帮助失败者恢复强大感的一种手段。——反之,对战争发起者的赞

扬,常常是另一种需要牺牲品之欲望的同样盲目的结
果——而且这次牺牲者闻到了作为牺牲的动物自身的芳
香诱人——因为当一场巨大胜利使一个民族或一个社会
的权力感过分饱和,一种对胜利的厌倦开始出现,而人们
希望放弃他们的某些骄傲;一种献身的感情就应运而生并
且寻找着它的目标。——无论被谴责还是被赞扬,我们通
常是我们的邻人们的机会,而且同时太过经常地是被任意
抓住并拖来、好让他们心中已经膨胀起来的谴责或赞扬欲
望发泄出来的机会:在这两种情况下,我们都帮了他们的
忙,然而对此,我们没有功绩,他们也不表示感谢。

141

更美,但更少价值。——如诗如画的道德性:情绪陡然
产生、过度鲜明的道德性,充满伤感的、急切的、可怕的、庄严
的手势和声音的道德性。它是道德性的半开化阶段,人们千
万不要被它的审美的魅力所诱惑,分配给它一个更高的等级。

142

[133] 共感(Mitempfindung)。——所谓理解别人,
就是在我们心中模仿别人的感情。毫无疑问,为了达到这
一目的,我们常常追问别人情感的原因,例如追问他为何
忧伤,以便我们自己也因为这一原因而变得忧伤。但更常
见的是,我们不是追问别人情感的原因,而是注意别人情

感的结果,观察这种情感在别人身体上如何表现和展示,并在我们自己身上模仿——至少是肌肉活动和神经活动的一种轻微相似——别人的眼神、声音、步态、举止(或者只是它们在文字、图画和音乐中的写照)。通过在动作与感觉之间以机械方式往返建立起来的古老联系,我们在心中重新产生出别人的情感。在这种理解别人情感的技艺方面,我们已达到炉火纯青的程度;无论何时何地,只要我们遇到另一个人,我们就会不由自主地运用这种技艺:只要看一下女子的表情动作,如何通过一刻不停地模仿和反映她所感觉到的周围人的表情活动而颤动并闪烁,便可知道这一点。不过最能向我们说明问题的还是音乐,在音乐中,我们每个人都是迅速而微妙领悟情感和发生共感的大师。音乐只是情感的模仿的模仿,情感在音乐中变得遥远而不确定,但是,仅仅由于我们在音乐中听到了某种声音和旋律,它们使我们想起悲伤者的声音和动作,甚或只是约定俗成的悲伤者的声音和动作,我们常常就充分地分享了这种情感,以至于我们似乎毫无来由地悲伤起来,完全像个傻瓜。据说有个丹麦国王,他被一个歌者的音乐如此深地卷入战斗的热情中,[134] 以至于从他的座位上一跃而起,杀死了聚集在宫里的人群中的五个人:当时并无战争,并无敌人,毋宁说一切都正好相反,可是,由情感推及原因的力量是如此强大,直至压倒了亲眼所见和理性。可是,这刚好几乎始终是音乐的效果(设其能有效果的话),而且为了看清这点,人们也用不着如此违背情理的例子:音乐使我们陷入的那种情感状态,几乎每次都与我们对眼前实际状况的印象,以及与认识到这种实际状况及其原因的理性相矛盾。——如果我们问,为什么在模仿别人情感方面我们会变得如此熟练,那么,答案无疑是:人,作为所有造物中最胆怯者,由于他那细腻而脆弱的天性,他的胆怯便成了教师,教他如何跟旁人发生共感,如何迅速领悟旁人(以及动物)的情感。在成千上万年的漫长时间里,他在一切陌生和活跃的事物中都看到一种危险:一看到这些事物,他立即就在心里对它们的面貌和姿势构成了一个印象,认定在这些面貌和姿势背后隐藏着凶恶的意图。人甚至还把这种用意图来解释一切动作和面部特征的做法搬到了没有生命的自然界,陷入一种幻觉,认为不存在什么没有生命的东西:我相信,在看天空、草地、岩石、森林、风暴、星辰、海洋、风景和春天时,我们称之为自然情感(Naturgefühl)的一切,其源盖出于此——若不是对恐惧的古老训练,使人们在所有这一切背后看出一种额外的隐蔽意义,我们现在就不会有对自然的快感,正像我们也不会有对人和动物的快感。因此,快乐、适意的吃惊,最终连滑稽感也都是共感的晚生子、[135]恐惧的小妹妹。——迅速理解的能力——因而是以迅速伪装的能力为基础——在骄傲的和专横独断的人和民族那里在下降,因为他们不那么恐惧:相反,在胆怯的民族中间,每一种理解和自我伪装都有在家之感;这里也是模仿艺术①和高级才智

---

① [Pütz]亚里士多德在其《诗学》中已经认识到,模仿(希腊文:Mimesis)是一切艺术共有的基本特征。他将艺术产生的原因归结为人天生具有一种模仿才能并从中感到快乐。

的真正故乡。——从我这里提出的共感论出发,我想到了
如今恰恰受欢迎和被神圣地谈论的一种神秘过程论(由于
这一过程,同情把两个存在合而为一,使一个人可以直接
理解另一个人):我想到像叔本华这样一个如此清醒的头
脑竟然也喜欢上了这种狂热而卑劣的破烂儿,并把这种喜
欢移植到其他清醒和半清醒的头脑中:当我想到这些时,
我就只能不胜惊诧和怜悯之至了!我们对不可理解的荒
唐事物的兴趣该有多么大!当一个人倾听自己隐秘的理
智的愿望时,整个人多么近乎是一个疯子!——(为什么
叔本华会对康德感激涕零和深感自己有欠于康德?有一
次他完全清晰无误地泄露道:有人谈到,康德的绝对命令
应剥除其隐藏的神秘性质[qualitas occulta],以便成为可
以理解的,对此叔本华讲述道:"可以理解的绝对命令!完
全错误的想法!埃及式的愚昧!它永远不会成为可理解
的,上天保佑此事不致发生!刚好存在着一种不可理解之
物,尝试理解它的这种不幸是存在的,而且对它的概念把
握也是受限制的、有条件的、有限的、欺骗性的;这一确信
是康德的伟大馈赠!"①——考虑一下:某人是否对认识道
德事物有一种良好的意志,[136]若这个人一开始就通过
相信道德事物的不可理解性使自己感到快乐!一个人,仍
然真诚地相信上天的启示,相信奇迹和灵现,相信形而上
学的蟾蜍式的丑陋!)

----

① [Pütz]叔本华:《叔本华手稿遗文选》(Aus
Schopenhauer's handschriftlichem Nachlaß),Frauenstädt 版,莱比
锡 1864,页 180。

143

　　某种冲动爆发将带来的苦头！——若依恋和操心他人的冲动(同情情感)比现在强上一倍,地上的生活将让人难以忍受。只要想一下,由于对他们自己的依恋和操心,人们每天每小时干出多少傻事,而此时他又多么让人难以忍受:现在若我们成为他人的愚蠢和纠缠的目标,那是他们迄今只用来折磨他们自己的,那将是一幅什么景象！我们岂不是一看到"邻人"走近就要不顾一切跑掉吗？我们岂不是要用我们现在用来称呼自私自利的那些恶名称呼同情情感吗？

144

　　充耳不闻哀号。——如果我们让自己因为其他终有一死者(Sterblichen)的痛苦和哀怨变得抑郁,让我们的天空蒙上阴影,那么,谁来承担这一阴沉化的后果呢？当然恰恰是其他终有一死者,他们的负担不但没减轻,反而加重了！若我们甘愿成为他们的哀怨的回声,甚或只是长期倾听他们,我们就既不能帮助他们也不能振奋他们——除非我们已经学到奥林匹斯诸神的本领,我们为人类的不幸感到高兴,而不是因之变得不幸。但是,对我们来说,这是过于奥林匹斯式的东西:[137]尽管通过享

受 悲 剧 ， 我 们 已 朝 这 理 想 的 神 类 相 食 (Götterkannibalismus)①迈进了一步！

145

"无私"。——一人空虚而求充实，一人充溢而求倾空——二者都渴望找到一个能满足其要求的人。人们在最高的意义上来理解这一过程，用一个词来称呼二者：爱——怎么？爱应该是某种无私的东西？

146

也超越我们对于他人的考虑。——什么？真正的道德的本质在于考虑我们的行动对别人产生的最切近和最直接的后果并据此做出决定？如果说这也可能是道德，

---

① ［Pütz］Kannibalismus，源于西班牙语 canibal［食人者］，或源于 Kariben，美洲的发现者在古巴认识的所谓的"食人者"。讽刺性地指赫西俄德《神谱》(624 以下)中所记述的泰坦之战：发生在泰坦诸神［Kronos,Kyklopen 等］和 Kroniden［宙斯及其兄弟姐妹］之间为建立一个更好的世界统治而进行的血腥战争。根据预言，一个子女将推翻他，所以克洛诺斯等他们一出生就把他们全都吞下(赫斯提亚、德墨忒耳、赫拉、哈德斯、波塞冬)，只有宙斯是个例外，因为克洛诺斯的妻子瑞亚将其托付给了其母亲该亚；克洛诺斯吞下的不是宙斯，而是瑞亚用襁褓包着的大石头。后来宙斯战胜了父亲，并迫使他吐出兄弟姐妹。克洛诺斯同时也吐出了"宙斯之石"；该石被放置在德尔斐，并被称为世界的中心。宙斯将克洛诺斯和泰坦诸神放逐到地下。

那也只是一种狭隘的、小市民的道德：在我看来，更高和更自由的似乎是，不理会我们的行动对他人的最切近的后果，甚至不惜以他们的痛苦推动更为遥远的目的——例如，推动知识，尽管认识到我们的自由思想会首先并直接使其他人陷入怀疑、忧虑和更糟糕的境地。难道我们就不能至少像对待我们自己一样对待其他人吗？如果当涉及我们自己时，我们对于直接的后果和痛苦并不如此狭隘和小市民：为什么在涉及旁人时要这样？如果我们已经决心牺牲自己：那么，又有什么能够阻止我们一起牺牲别人呢？迄今为止，国家和君主就是这么干的，他们牺牲一个又一个公民，"为了普遍利益"，如人们所言。[138]我们也有普遍的并且也许是更为普遍的利益：因此，为什么我们就不可以牺牲这一代的几个人，而有益于未来的数代人呢？因此他们的忧伤，他们的不安，他们的绝望，他们的错误和恐惧的步伐，都可能被视为必需，因为一把新的犁铧应该翻开土地并使之成为适宜一切生长的沃土。——最后：我们也传播对他人的信念，在这种信念中，他感到自己是一个牺牲者；我们劝说他担负起我们利用他来担负的任务。我们这样做就没有同情心了吗？然而，若我们也想超越自己的同情，取得对自己的胜利，那么，与那种当弄清一种行动到底有益于还是有害于他人时所感觉到的稳妥相比，这难道不是一种更高级、更自由的立场和心境吗？反之，通过这样的牺牲——包括我们自己以及他人的牺牲——即使我们在其他方面无所收获，我们也会使人类普遍的权力感有所提高和增强。而这已经是幸福的一种肯定的增长。但是,若它此外还——好了,让我们就此停住! 你们在一瞥之间已经理解了我!

147

"利他主义"的根源。——人们之所以总体上如此强调和如此神化地谈论爱,是因为他们太缺少爱,也从未允许自己饱餐这一食物:因而爱在他们眼里变成了神的食物。若让一位诗人描绘一个实现了普遍的人类之爱的乌托邦,他肯定会描绘出一种痛苦和可笑的状态,类似这样的状态地上的人还没见过哩①——由于一种不可抑制的欲望——这种欲望那时已经变得像从前的自私一样备受人们辱骂和诅咒——每一个人都不像现在这样,[139]只为一个情人所簇拥、所纠缠和所渴望,而是同时为千百个,实际上也就是每一个其他人所簇拥、所纠缠和所渴望;那种状态中的诗人——若人们那时还允许他们安宁以写诗的话——所梦想的无非是那幸福的、没有爱的过去,那神圣的自私,世界上的人们曾经可能的孤独、不受打扰、不被人爱、被人憎恨、被人唾弃,以及像我们始终生活于其中的、我们的爱的动物世界所具有的整个无耻下流。

――――――――――

① [Pütz]德语文学中对这样一种乌托邦景象的最早描述也许是莱辛的戏剧《智者纳坦》(1799)。不过,它表明"普遍人类之爱"并非作为"现成的",而是作为无尽的任务。

148

眺望远方。——按照一种定义，只有那些因为其他人且仅仅因为其他人的原因做出的行动才算道德行动，但这样说来，就不可能有什么道德行动！按照另一种定义，只有出于意志自由的行动才是道德行动，这样说来，同样不可能有什么道德行动！——那么，那种不管怎么说毕竟存在、要求解释和被人们冠名为道德的东西到底是什么？它是某些心智错误的结果。——若我们现在从这些错误中解脱出来，"道德行动"将会是什么呢？——由于这些错误，迄今为止，我们分配给某些行动更高的价值，高于它们所拥有的价值：我们把它们跟"利己的"和"非自由的"行动隔开。如果我们现在要把价值重新分配给这些行动，如我们必须要做的那样，那么我们肯定会降低它们的价值（它们的价值感），而且是以公平的尺度来降，因为"利己的"和"非自由的"行为迄今为止都被大大地低估了，根据那种所谓最深刻且最内在的区分。——道德行动由于现在受到了不那么高的评价而从此变得不那么经常被做出了吗？——[140]不可避免！至少在相当长一段时间内，事情还会如此，只要价值感的天平依然处在过去的错误之反作用下。但是，我们要作重新清算，要把对于被诋毁为自私的行动的勇气归还给人们，恢复这些行动的价值'——我们要拆除这些行动被赋予的坏良心！而由于迄今为止，它们显然是最经常性的行动，而且在未来所有岁月中也将仍然是最经常性的行动，因此我们拿走了行动和生活的整个印象所具有的恶的外表！这将是一个非常了不起的成果！一旦人们不再以罪恶的眼光看待自己，他就不再会是罪恶的！

卷　　三

149

[141] 不足道之越轨行为是必要的！——面对风俗习惯，也曾有违自己更好的洞见而行动；在此处是在实践中屈服但却保留了精神的自由；与所有人共进退，以向所有人表明我们的殷勤和善举，仿佛是为我们在意见上的偏离做出补偿——在许多还算自由思想的人那里，这不仅被认为是"毫无问题的"，而且还被认为是"正派的""通人情的""宽容的""不迂腐的"，以及其他任何听来可以使理智的良知昏睡过去的溢美之词。因此，我们看到，有人以基督教的方式给他的孩子洗礼，而他同时是个无神论者；有人像旁人一样在部队服役，虽然他可能诅咒一切民族间的仇恨；也有人拉着他那从小在宗教家庭长大的未婚妻的手跑进教堂，并且毫不害臊地在牧师面前赌咒发誓。"若我们做了一些所有其他人正在做和已经做过的

事,那有什么大不了的?"——粗劣的偏见这样说!多么
粗劣的错误!因为对于一种已经是强大的、传统的且非
理性地得到承认的习俗来说,再没有比让自己在某个被
认为有理性的人的行动中得到证实更重要的了:由此,在
那些听说此事的人眼中,[142]它就获得了理性本身的
批准!你们的见解弥足珍贵!但不足道的越轨行动却更
有价值。

150

　　婚姻之偶然。——如果我是上帝,慈悲的上帝,那
么,再没有比人类的婚姻更让我无法忍受的了。在他生
命的 70 年中,甚或在他生命的 30 年中——若他只有 30
年可活的话——他可以取得的进步之大是无法想象的,
连上帝也会为之惊奇!然而,我们随后看到,他如何把这
场战斗和胜利的遗产和遗言,他的人性的桂冠,挂在首要
的最好的位置上,而一个女人去把它撕成了碎片;我们看
到,他多么长于获取而又多么拙于保存,甚至没有想到他
可以通过生殖为一种更大胜利的生活铺平道路:正如已
经说过的,我们开始失去耐心,并且说:"人类最终不会获
得任何东西,个体都被浪费了,婚姻的偶然使人类的一种
伟大进程的全部理性变得不可能;——让我们不要再做
这没有目的的演出的热心看客和傻子!"——正是怀着这
种心情,伊壁鸠鲁的诸神当时隐退到神的幸福和沉默中:
人类和人类的爱情纠葛使他们厌倦。

151

此处该发明新的理想。——对任何一个热恋中的人，应禁止他做出关于其生活的任何重要决定，更不许他根据自己的强烈幻想一劳永逸地决定他的伴侣人选。应公开宣布，恋人之间的誓言无效，并且不许他们成婚：因为婚姻是一件当然需要更严肃对待的大事！[143] 所以，现在的结合将来一般都不会得到允许。现在的大多数婚姻难道不都是这样一种婚姻，对这种婚姻，人们更愿意没有第三者在场吗？然而，这第三者——孩子——却几乎从不缺少，他不仅是一个见证者，而且还是一位替罪羊！

152

宣誓的套语。——"若我现在说谎，我就不是正派人，无论何人都可以当面这样骂我。"——我建议以这句套语代替法院里的誓词以及其他通常的对上帝的呼唤：它（比它们）更强大。对此，即使虔信的人也没有理由反对它：因为以往的誓词已不再够用，虔信的人就必须听从他们的教义手册，上面说："你不可妄称你主神的名字。"

153

不满者。——这是一位过去时代的勇士：他恼怒于文明,因为在他看来,文明所追求的目标,所有好的事物、荣誉、财宝、美人——同样也为懦夫们所拥有。

154

遭受危险者的安慰。——希腊人,在他们的生活中,时刻面临巨大的危险和灾难,所以他们在进行思想和认识时,寻找情感上的安全和最后的庇难所的安全。我们,在一种无比安全的状态中,于是我们把危险带进了思考和认识中,而且我们在生活中得到恢复并从危险中平静下来。

155

[144] 即将消失的怀疑。——与古代和中世纪相比,我们这个时代的大胆冒险行动要少得多——这很可能是因为,现代世界再也不能相信什么预兆、神谕、星象和预言家了。这意味着:我们已经没有能力像古人那样相信一种注定属于我们的未来了。与我们不同,古人对未来事物的怀疑要远远小于他们对现存事物的怀疑。

156

恼怒于纵情放肆。——"只求我们不要感觉太舒适了!"——这是鼎盛时期希腊人内心深处的隐秘忧虑。因此,他们才劝诫自己节制。再看看我们是怎么回事!

157

对"*自然之声*"(Naturlaut)的崇拜。——我们的文化不仅容忍种种痛苦表达,容忍眼泪、抱怨、咒骂,愤怒或谦卑的姿势,而且还赞许它们①并把它们看作高贵的、不可或缺的,这说明了什么? ——相反,古代哲学的精神不无轻蔑地看待它们,无论如何也不会把它们看作不可或缺的。例如,请回想一下柏拉图②——并非最冷酷无情的哲学家中的一个——是如何谈及悲剧舞台上的菲罗克忒忒斯(Philok-tet)③的。也许是因为我们的现代文化缺少"哲学"? 这些古代哲学家也许会把我们所有人都看作"贱民"?

―――――――

① [Pütz]尼采提到的"对'自然之声'的崇拜"在卢梭的《关于语言起源的探讨》(1761,于卢梭去世后的 1781 年出版),以及在赫尔德(Johann Gottfried Herder,1744—1803)的《论语言的起源》(1770)中可以看到。他们二人都将原始语言看作是激情在"诗歌"(Poesie)中的自然表达;这种语言的显著特点是有元音的、有节拍的和有韵律的,其中图像比概念处于优先地位。

② [Pütz]此处亦参柏拉图《理想国》(Politeia):里面可以看到反对悲剧诗人的最严肃的思考,悲剧诗人"用悲伤的动作模仿某一英雄,长时间地悲叹吟唱"(605c—d)。

③ [Pütz]希腊神话传说中波阿斯(Poias)的儿子。由于他在奥伊塔(Oita)山上为垂死的赫拉克勒斯点燃了火葬的柴堆,赫拉克勒斯把弓和有毒的箭送给了他。由于溃烂恶臭的伤口,他被奔向特洛亚的希腊英雄们遗弃在雷诺斯岛上,但 10 年后他被奥德修斯用诡计接回,因为按照一个预言,没有他和赫拉克勒斯的弓箭,就不能征服特洛亚。索福克勒斯在其戏剧《菲罗克忒忒斯》(公元前 409 年)中对这一素材进行了加工。

158

[145]（适宜）谄媚者的气候。——今天，要找摇尾
乞怜的谄媚者，我们不应该到王公贵族的身边去找，因为
他们全养成了一种与谄媚不能相容的尚武之气。但是在
银行家和艺术家近旁，谄媚之花现在也还在生长。

159

复活过去的人。——虚荣之人，当其与过去某段时
光发生了共鸣，特别当他们这样做是在勉为其难时，他们
就会如获至宝，把这段时光抬到天上，甚至想方设法地要
使它复活过来。由于虚荣之人为数众多，因此，一旦整个
时代都致力于历史研究，其危险性是不容小觑的：大部分
力量都浪费在了在想象中复活过去。从这种观点出发，
也许最能理解整个浪漫主义运动。①

---

①　[Pütz]浪漫主义者从对启蒙运动的批评出发，指责启蒙
运动的片面理性主义以及与此相连对生命领域的孤立，他们对历
史产生了一种强烈的兴趣。此外，他们也同时发现了中世纪文学
（童话，民间话本），将之作为启蒙运动之前最后的普遍文化的见
证。就其应该助长生命的一种不断的普遍诗化来说，浪漫主义的
历史神话同时也是一种未来乌托邦：历史研究不应促使我们倒退
到过去时代的天真的安全之中，而应促进一种有计划地发展了的
新开端。然而，在后期浪漫主义中，在历史兴趣和未来布局之间的
这种辩证关系，为了有利于一种片面的保守的灵活后退而丢失了，
这种灵活后退在政治关系方面的断念中体现出来。

160

虚荣、贪婪和没头脑。——你们的欲望大于你们的理性，而你们的虚荣又大于你们的欲望——从根本上来说，对你们这样的人，推荐一大堆基督教实践再加上一丁点叔本华理论将是非常合适的。

161

遵照时代的美。——若我们的雕刻家、画家和音乐家想要猜中时代的鉴赏力，他们就必须将美塑造得臃肿、庞大和神经质：正如希腊人，在他们的节制的道德魔力吸引下，[146] 把美看作并塑造成望楼的阿波罗①的模样。我们本该称他为丑的，可是，那些愚蠢无耻的"古典主义者"使我们所有的诚实丧失殆尽！

---

①　[Pütz]希腊神、宙斯和勒托（Leto）之子阿波罗最著名的雕像，保存在梵蒂冈（望楼的庭院）的一件复制品，其希腊青铜原型很可能来自古代雕塑家列奥卡列斯（Leochares）（约作于公元前350年）。阿波罗迈步向前，举目侧视飞向观者的离弦之箭。自从文艺复兴以来就抱有的对早期希腊艺术作品的赞赏（该雕像于15世纪末被发现）直到19世纪末才开始有所减弱。温克尔曼依然在这尊阿波罗雕像中看到了"所有幸存下来的古代作品中最高的艺术理想"。（温克尔曼：《古代艺术史》，第2部，"据希腊时代的外部状况来考察"，德累斯顿1764，页392）

162

当代的嘲弄。——当下，欧洲人的方式是，以嘲弄对待所有伟大的兴趣，由于我们是如此忙于利用它们，以至于没时间严肃对待它们。

163

反对卢梭。——如果我们的文明是某种自身可鄙的文明：那么，对此我们可以选择像卢梭那样，认定"这种可鄙的文明应该对我们的坏的道德性负责"，或者，我们也可以反对卢梭，认定"我们的好道德性应该对我们的文明的这种可鄙性负责。我们关于善与恶的那些虚弱的、非阳刚的和群居性的概念，以及这些概念对肉体和灵魂的巨大惊人的统治，最终使所有身体和灵魂都变得虚弱了，并且使那些自主的、独立的和无偏见的人夭折了，而这些人却正是一个强大文明的支柱：如果你现在在什么地方还能碰到坏的道德，那么你所看到的就是这些支柱的最后的碎片"。因此，我们用悖论反对悖论！在此，真理不大可能同时属于双方：那么它到底属于哪一方呢？我们不妨试试看。

164

也许被引诱。——目前看来，那些不拘于现行法律和习俗的人,已经作了首次尝试,[147]即组织起来并以此为他们自己创造一种权利,尽管在形形色色错误的、迷惑性的名目下,且多半处在来自他们那方面的巨大的不清晰性中:而迄今为止,他们都如此生活着,即被诋毁为罪犯、自由思想家、不道德的人和恶棍,他们受到被放逐的绝罚、具有坏良知的绝罚,变成了被败坏的和败坏别人的人。大体上来说,我们应该认为这一步是正确和正当的,尽管它也许会带来这样的后果,使未来的世纪变得不那么安全,以至每个人都必须携带武器:因此,已经有一种相反的权力在此,它不断提醒我们,并没有什么只有它自己才可以称为道德的独一无二的道德,①而且一种排他性的肯定自身的道德杀死了许多好的力量,并且人类为之付出了高昂的代价。偏离分子,他们如此经常地是那种独创性且丰产的人,不该再被牺牲掉;无论在行动上还是在思想上偏离道德,都不应再被视为可耻的;必须对生活方式和社会组织形式进行大量新的实验;坏良心这一巨大惊人的负担必须被消除:这些最普遍的目标应该为所有诚实的、追求真理的人所承认并被推动。

────────

① ［Pütz］通过对唯一正确的说法──它表达了天主教会的传统要求──进行挑衅性改变,尼采在此指引我们注意他所主张的哲学视角主义学说:尼采从不同的和永远变换的视点来考察和评价道德、科学、世界、艺术以及思想本身,以便能把握生命的完整光谱,而一种片面固定的观察方式将会掩盖和歪曲它。

165

哪些道德不使人无聊。—— 一个民族不厌其烦地宣扬
和传播的头号道德律令,跟它的头号缺点有关,因此它才不会
让这个民族感到无聊。希腊人,他们是多么经常地丢掉节制、
冷静的勇敢、正义感或甚至可理解性,然而,当他们聆听苏格
拉底的四美德时,他们是多么津津有味——他们如此需要这
些美德,然而同时又如此没有能力获得这些美德!

166

[148]十字路口。——唉!你们希望变成某个体制
的一部分,在这个体制里,一个人不是毫无保留地变成一
只轮子,就是被其他轮子所碾压!在这个体制里,不言自
明的公理是,每个人之所是就是上面规定其之所是!在
这个体制里,"联络"竟然变成一种天职!在这个体制里,
如果人们因为听说"他某一天也许会对你有用"而注意到
某人,在这件事中竟然没人觉得受到了侮辱!在这个体
制里,人们竟然毫不害羞地造访某人,以便获得他的推
举!在这个体制里,人们甚至根本没有想过,由于在习俗
面前如此猥琐和谦卑,他们已经使自己变成了自然生产
出来的破铜烂铁,其他人可以随意使用和打碎它而不会
感到有什么内疚? 人们仿佛是在说:"像我这样的东西永
远都不缺,随便用! 别客气!"

167

绝对崇拜。——当我想到人们最多阅读的德国哲学家,最多倾听的德国音乐家和最受人们欢迎的德国政治家时,我不能不对自己承认,德国人这一充满绝对情感的民族,现在被搞得相当郁闷,而且还是被他们自己的伟大的人物。三次,我们都看到了一种壮丽的景象:每次都是一条呼啸而来的急流,奔腾在它自己开出的河床里,波涛汹涌,气势磅礴,常常使人觉得它们就要向高处流去。然而,无论人们对它们如何奉若神明,在整体上以及在大的方面,谁又会不愿意与叔本华意见不同! 在整体上以及在细节上,谁又能与瓦格纳(Richard Wagner)①不无分

---

① 　[Pütz]指挥家、作曲家和文学家瓦格纳(1813—1883);自从《漂泊的荷兰人》以来,发展出一种特别德国风格的"音乐剧"(Musikdrama),通过咏诵表演出来的台词和主导动机式的通谱音乐之间的统一,消除了意大利和法国歌剧形式中咏叹调和宣叙调之间的分裂。尼采从 1868 年后一度与瓦格纳保持友好关系。在《悲剧的诞生》中,他从狄奥尼索斯崇拜的狄奥尼索斯音乐歌队中引出希腊悲剧。自苏格拉底发动的启蒙进程开始以来,尼采看到艺术走向衰落,但他相信在瓦格纳的作品中看到了悲剧从音乐精神中的一种新生。在《不合时宜的沉思》(1875/76)第四部中,尽管赞扬瓦格纳的音乐,尼采却批评瓦格纳的诗人才能和作为一种文化的未来之先驱的资格。1876 年,当瓦格纳在拜洛伊特成功实现其音乐节计划时,他们的友谊宣告结束。在晚期著作中,尼采分析瓦格纳的作品,视其为文化颓废(décadence)的表现。在《瓦格纳事件》和《尼采反瓦格纳》(同为 1888 年)中,他有力地论证在《道德的谱系》(1887)中建立的论题,比如瓦格纳在《帕西法尔》(1882)中向基督教的靠拢。

歧!——就算有人所言是真实的:每当瓦格纳自己发火
或惹别人发火,[149]都表明那里埋藏着一个问题——
当然他自己并没有揭开问题。——最后,又有多少人会
甘愿与俾斯麦一致,就算他总是能够与他自己一致,或者
仅仅是有可能在将来与他自己一致?尽管:毫无原则而
只有基本欲望,一个灵活的精神服务于强大的基本欲望,
而且刚好因此而毫无原则——这对一个政治家来说完全
不应该有任何引人注目之处,毋宁说应该被视为正当和
符合天性;但遗憾的是,到现在为止,它完全不是德意志
的!围绕着音乐的喧嚷,以及围绕着艺术家的不协和音
和坏情绪,同样不是德意志的,叔本华所采取的不同寻常
的新立场,同样不是德意志的;也就是既不高踞于事物之
上,也不匍匐于事物之前——这两种态度依然可以说是
德意志的——他反对事物!难以置信!难以忍受!把自
己与事物并列,然而却是作为它们的反对者与它们并列,
以及最后但并非最不重要的:作为自己的反对者与它们
并列!——对于这样一位榜样,绝对的崇拜者应当如何
呢?而且三位这样的榜样甚至彼此不能和平共处,对此
他又当如何呢?叔本华反对瓦格纳的音乐,瓦格纳攻
击俾斯麦的政策,俾斯麦则攻击所有瓦格纳派和叔本华
主义!① 绝对的崇拜者留在这儿做什么好呢?带着他那

---

① ［Pütz］在帝国成立 10 年后,尼采攻击他的同时代人那种
将德国文化视为整齐划一的眼光,对他们而言,这一文化的一切都
同样值得崇拜。实际上,叔本华、瓦格纳和俾斯麦并不能协调为一
个共同的传统,相反,他们代表的是彼此对立的立场。(转下页注)

"整体崇拜"的渴望逃向何方呢？我们也许能从音乐家的作品中选出几百小节好的音乐，它们请一个人来细心照料自己，人们也愿意让它们来照料自己，因为它们触动人心，人们也许能带着偷来的这点赃物走到一边并忘掉其余一切呢？关于哲学家和政治家，我们恰好也可以找到这样一种脱身吗——挑一些东西，让自己细心照料它们，特别是忘掉其他一切！是的，唯当忘记不是太难的话。

（接上页注）像瓦格纳在其 1851 年完成的著作《歌剧和戏剧》中针对绝对音乐的观念所陈述的意义，与叔本华关于作为一种非人格意志之客体化的绝对音乐的观念背道而驰。瓦格纳在转向基督教之后继续批评哲学家，如在《宗教与艺术》(1880/81) 导论第二部分"英雄主义和基督教信仰"中。1854 年，当瓦格纳带带有他手写"出于崇敬"献词的作品《尼伯龙根指环》(1876 年全剧首演) 请人转交给叔本华时，叔本华评论说，这家伙更像个诗人而不是音乐家，此外还对剧本语言加以改动，但使作曲家感到遗憾的是，他仍然欠作曲家一个回应。叔本华很可能在瓦格纳所着重描述的沃尔松家族 (Wälsungen) 的手足之爱〔译按：沃尔松家族是北欧神话中最有名的半神家族，沃尔松是主神奥丁之子希吉 (Sigi) 的孙子，他生有十个儿子和一个女儿，其中西格蒙德 (Sigmund) 和西格妮 (Signy) 兄妹二人乱伦生下了屠龙勇士西格弗里德 (siegfried)。从冰岛神话《埃达》和《沃尔松萨迦》到日耳曼史诗《尼伯龙人之歌》再到瓦格纳的音乐剧《尼伯龙根指环》，这个故事一脉相承。〕中嗅到了与他自己所主张的对性爱的形而上学否定的一种冲突。虽然承认《尼伯龙根指环》的地位，但叔本华更喜欢莫扎特和罗西尼 (Rossinis，1792—1868) 的古典歌剧，由于它们篇幅更短小、构思更清晰。（对此请参 Ulrich Müller 和 Peter Wapnewski《瓦格纳手册》，斯图加特 1986，页 102。）与哲学—美学上的对立结合在一起的是政治上的分歧：与反动的叔本华不同，瓦格纳在 1848/49 年站在革命一边。但作为艺术家他支持一个由对文化政治改革友好的君主领导的共和国，并从 1864 年后得到了巴伐利亚国王路德维希二世 (1864—86) 热情然而反复无常的支持。瓦格纳与俾斯麦的德意志帝国的关系一直是三心二意的。1871 年 5 月 3 日，当两人在柏林碰面时，都表现出一种相互的但是非常有距离的敬意。清醒的实力政治家和悲剧的—悲观的艺术家终归不是同路人。（对此请参 Martin Gregor-Dellin《瓦格纳：他的生平，他的作品和他的世纪》，慕尼黑 1980，页 643 和 689。）

从前有一个非常骄傲的人，[150] 他除了自己所有的东西以外，不接受任何无论好还是坏的东西，直到有一天，他需要忘记，但发现自己不能给自己提供这种东西，于是他不得不三次召来精灵；精灵来了，听了他的要求，最后说道："只有这件事儿是我们做不到的。"德国人难道不能从曼弗雷德（Manfred）的经验①中学到什么？干吗要召唤精灵？这样做毫无用处，人们忘不了，即使他想忘。而如果我们要成为我们时代的三位伟人的五体投地的崇拜者，关于他们我们所需要忘记的"其他"又何其多哉！然而，在此值得推荐的是，利用这个好机会并去寻找某些新的东西：即诚实地对待自己，从一个深信不疑跟着说和凶狠盲目地敌视的民族，变成一个有条件地赞成和善意地反对的民族：但是，首先是要认识到，绝对的个人崇拜乃是某种可笑的东西；认识到因此改变立场即使对德意志民族来说也算不上什么不光彩；认识到有一条深刻的、值得牢记的箴言："重要的不是人，而是事。"这条箴言，有如其作者，卡诺②，战士和共和主义者③，伟大、诚实、简单

---

① ［Pütz］拜伦勋爵的同名悲剧《曼弗雷德》(1817)的主角。曼弗雷德，深受知识之苦，于是在戏剧开头召来精灵，请求他们赐给他遗忘的能力，然而连精灵们也不能满足这一愿望。

② ［Pütz］卡诺（Lazare Nicolas Carnot，1753—1823），法国政治家、数学家和军官。作为一个共和主义者（Republikaner），他曾参与推翻罗伯斯庇尔并多次反对拿破仑。

③ ［Pütz］共和政体的信奉者。共和国（Republik，拉丁文 res publica，意为"共同体"［Gemeinwesen]）原指任何不是为统治者的利益而是为全体人的幸福服务的国家；因此，与专制政体不同，君主政体也可以是共和制的。直到 18 世纪末，共和制和君主制这两种政体才被认为是不能相容的。

和沉默。——然而，我们现在可以这样对德国人谈论一个法国人，而这个法国人又是一个共和主义者吗？也许不行；确实，我们可能甚至早就不记得尼布尔①可以告诉他的时代，告诉德国人的话了：在他心目中，没人比卡诺更像是真正的伟人了。

168

一个榜样。——我喜爱修昔底德的是什么？为什么我尊敬他胜过柏拉图？人或事物的一切独特性都使他感到无限的、无偏见的快乐，[151]他相信每一种存在类型都有某种引人入胜：他的目的就是去发现这种引人入胜。在实践中，他也表现得比柏拉图更公正，对那些他不喜欢或在生活中伤害过他的人，他并不加以谩骂或贬低。相反，由于寻找类型并且仅仅寻找类型，他在他所处理的所有人和事物中都看到某种伟大性并加以考察；因为后代对于非典型的东西是不会有兴趣的，而他正是要把自己的工作献给这些后代。因此，在这位人类描述者的身上，那对于世界最公正无私的知识的文化开出了最后的美丽花朵；索福克勒斯是这种文化的诗人，伯里克利是这种文化的政治家，希波克拉底是这种文化的医生，德谟克利特是这种文化的自然哲学家；以它的教师智术师的名字命名这种文化

---

①　[译注]尼布尔(Barthold Georg Mebuhr，1776—1831)，德意志历史学家，其巨著《罗马史》影响巨大，开创了历史编纂的新纪元。

是完全应该的,然而,不幸的是,从它被命名的那一刻起,
它却变得苍白和不可理解了——我们现在开始怀疑它一
定是一种非常不道德的文化,因为柏拉图和全体苏格拉底
学派都反对它! 此处,真理是如此复杂、难以分辨,以至于
它引起了反感,我们索性不再试图去分析它了:因此,古老
的谬误(错误比真理简单)依然在走它的老路!

169

　　我们对希腊极为陌生。——东方的或现代的,亚洲的
或欧洲的:与希腊的相比,它们全都占有量大的东西,并拥
有对作为崇高之语言的宏大的量的乐趣,当人们置身帕埃
斯图姆(Pästum)、庞贝(Pompeji)或雅典(Athen),①面对
全部希腊建筑,看到希腊人是多么善于并且爱好用寥寥几
笔勾画出崇高的形象,我们不能不感到惊奇。——同样:

————————

　　① [Pütz] 近代对之部分进行保护、部分进行重建或发掘出
来的三座具有巨大文化价值和建筑价值的古代名城。帕埃斯图姆
是一个希腊城市,位于南意大利,有著名的圣迹和至今仍然保存完
好的古代神庙(公元前6/5世纪的赫拉和雅典娜神庙)。温克尔曼
和歌德赞颂帕埃斯图姆的神庙是古代希腊建筑的杰作。庞贝是一
个小城,公元79年因维苏威火山爆发而彻底掩埋,就这样在火山
熔岩下保存下来,以至于到了1869年以后,人们通过系统的发掘
重新发现了一个正处于日常生活进程中而突然被打断的罗马城
市。庞贝城中著名的有阿波罗神庙、公共温泉浴场、圆形露天剧
场、别墅中的壁画。希腊时代的东西留下来的只有市场上的多立
克式神庙。雅典作为古代阿提卡地区的首府,展示了许多古代地
点,特别是在卫城上的带有迈昔尼时代遗迹的神庙群。

在希腊,在其想象中,[152]人自身又是多么简单! 我们在关于人的知识方面超出他们有多么远! 但是与他们相比,我们的心灵和我们对于心灵的想法,看起来也是多么地像迷宫啊! 假如我们愿意并且敢于按照我们心灵的形态造一建筑(对此我们还太胆怯!),那么,错综复杂的迷宫就是我们最好的样板! 我们已经让为我们所特有并真正表达我们的音乐①猜中了这一点。(也就是说,在音乐中,人们可以这样进行,因为他们误以为无人在此,无人能够在他们的音乐下面看见他们本身。)

170

情感的不同视角。——我们关于希腊人的闲话多么不着边际! 对于他们的艺术,我们究竟理解些什么! 他们的艺术的核心是对男性裸体美的激情;他们正是从这种激情出发,去感受女性美。因此,他们对于女性美具有一个与我们截然不同的视角。他们对于女人的爱也是如此:他们以不同的方式爱慕,他们以不同的方式鄙视。

171

现代人的食物。——他善于消化众多东西,实际上

---

① ［Pütz］尼采指瓦格纳的音乐。关于这种音乐的特点,亦参《人性的,太人性的》,"来自艺术家和作家的心灵",节 219,以及"意见和箴言集锦",节 144。

几乎所有的东西——他的抱负正在于此；但是，假如他在这方面不是如此擅长，他也许会是更高的目类；杂食的人（homo pamphagus）并不是最精美的种类。我们生活在一个趣味更为反常、偏执的过去与一个其趣味可能更为讲究和精细的未来之间——我们正在途中，离二者同样遥远。

172

悲剧与音乐。——其情绪处在一种战争的根本状态中的男人，如埃斯库罗斯时代的希腊人，[153]是难以打动的，而且一旦同情战胜了他们的严酷，像一阵眩晕同时也像一种"魔鬼的强力"一样突然抓住他们——他们就觉得自己不自由了，因一种宗教的战栗而激动起来。在这种状态过去之后，他们不无疑虑；但是，只要他们还处在这种状态中，他们就会享受到神不守舍的、奇妙的欣喜，混合着痛苦的最苦涩的苦艾酒：这是适合战士的饮料，一种危险、稀有、苦涩而甜美的东西，一个人是不容易享受到的。——如此感受同情的灵魂，严酷且好战的灵魂，无论通过恐惧还是通过同情都不容易将它们制服，但通过同情不时地被软化一下也没有什么坏处：这样的灵魂构成了悲剧所要诉诸的对象。至于那些像帆渴望风一样渴望"同情心"的人，悲剧于其何有哉！到了柏拉图的时代，雅典人变得更温柔和更敏感了——但即使这时，他们离我们现代社会大小城市居民的多愁善感仍然是多么遥远！——但是哲学家们已经开始抱怨悲剧的害处①。在刚刚开始的那样一个充满危险的时代里,勇气和男人作风的价值提高了,它也许会逐渐使灵魂重新变得如此强硬起来,以至于这些灵魂迫切需要悲剧诗人;但是暂时悲剧诗人还有点——用最温和的词汇来说——多余。——同样,对于音乐来说,那样一个时代也曾是一个更好的时代(当然也会是一个更恶的时代),音乐家们必须用音乐诉诸那些严格个人的、内心严酷的、受自身激情的晦暗严肃统治的人:但是音乐之于目前这个正在消逝的时代的这些过于灵活的、发育不全的、半个人的、好奇的、对一切都渴望贪婪的灵魂,又何有哉！

173

[154] 赞美工作的人。——在对"工作"的一片颂扬声中,在关于"工作福音"的喋喋不休中,我看到了同一种隐蔽的想法,与人们在赞美公益的非个人行动时的想法是相同的:对任何独特性个人性的恐惧。所谓工作,总是意味着高强度和长时间的工作;人们现在感到,这样的工作不啻最好的警察;它给每个人都戴上了一副沉重的镣铐,而且懂得强有力地阻碍理性、贪欲和独立意识的发

---

① [Pütz]尼采心里想的可能是柏拉图的主要著作《理想国》,在该书第 10 卷中,悲剧被作为一种模仿与所有其他模仿相提并论,仅仅是游戏,当不得真(602b)。如果没有更深刻的关于真理的知识作为药物,所有诗作都会败坏听众的心灵(595b)。

展。由于工作消耗了特别多的精神力量,那就从同一个
人身上取走了反思、筹划、梦想、忧虑、爱恨,工作始终给
人树立眼前的目标,并且提供容易的和定期的满足。因
此,一个充满了不断紧张工作的社会也拥有更多的安全:
而安全现在正被奉为最高的神明。——现在! 令人吃
惊! 正是"工人"开始变得"危险"![①] 到处都挤满了"危
险的个人"! 而且在他们的身后站着各种危险中最大的
危险——真正的个人。

174

商业社会的道德风尚。——当代道德风尚的基本原
则是:"道德行动即出于同情别人而做出的行动。"在这一
基本原则的背后,我看到的是一种企图统治可怕性的社
会欲望,它以这种方式理智地伪装了自己:对于这种欲望
来说,最高的、最重要和最切近的就是,想要生活去掉它
在过去时代所具有的全部危险性,而且每个人都应该为
此贡献他的全部力量:因此,只有那些以公共安全感和社
会安全感为目的的行动才有权被称为"善"! [155]——
当这样一种对可怕性的暴政变成了规定人的绝对的道德
命令,当人们可以如此毫无异议地命令自己摆脱自己、撇
开自己,但却命令自己对来自他处的每个人的困境、痛苦
有一双猞猁般的锐利之眼,那么人们现在在他们自己身

---

① ［Pütz］指在 19 世纪后半叶经常尖锐化的社会问题。

上所能找到的欢乐必定是少之又少！怀着磨平生命的所有棱角这一巨大惊人的意图，我们不是正在使用最有效的手段把人类变成一堆沙子吗？沙子！小小的、圆圆的、软软的、一望无际的沙子！这是你们的理想吗，你们这些散布同情心（sympathischen Affektionen）的先锋？——此间甚至有个问题依然悬而未决，我们怎样才能对别人更有用呢？是一看到他的影子就跑过去，拉住他，帮助他——然而这种帮助在它不会变成暴君式的绑架或强制改造的地方，只会被看作非常表面草率的做法——还是把我们自己变成另外一个样子，使他一看到我们就感到愉快、神清气爽，仿佛看到一个与世隔绝、带有一道遮挡风暴和马路尘土的高墙以及一扇好客的大门的美丽而宁静的花园？

175

　　一种商业文化的基本观念。——今天，我们一再看到，一种社会文化正在形成，商业活动是这种文化的灵魂，正如个人竞赛是古希腊文化的灵魂，①战争、胜利和

---

　　①　［Pütz］指19世纪的经济自由主义，作为理性主义和启蒙运动之子，它要求让个人的天生的赢利欲自由活动，以便各种经济力量恰当的相互作用能够引起最大可能的总体经济利益。这个意义上的自由竞争仅仅由经济活动参加者的供需来调节。尼采看到，不仅经济生活，而且未来的全部文化生活和社会生活，都是根据这两个标准来规定的。

法律是罗马文化的灵魂。商人并不生产，却善于为一切事物定价，并且是根据消费者的需要，而不是根据他自己个人的需要来定价："什么人和多少人会来消费这种东西？"这永远是他的头号问题。这种定价方式已经变成了他的第二本能；对于出现在他面前的一切事物，他都不断通过这种方式加以衡量，无论它们是艺术和科学的产品，还是思想家、学者、艺术家、政治家、民族、党派乃至一个时代的成就。[156]一切创造出来的事物，在他那里都只具有供应和需求的关系，他探讨这种关系，以便使自己能够决定它们的价值。这构成了整个文化的特质。它细致入微，无孔不入，制约着一切愿望和能力：这是你们未来世纪的人将会为此感到骄傲的：假如商业阶级的先知有权把这一文化特质交到你们手上的话！但是，我对这些先知毫无信心。用贺拉斯的话来说：让犹太人阿培拉去相信他们吧（Credat Judaeus Apella）。①

176

批评我们的前人。——为什么现在我们难以忍受哪怕是不久前过去的真理？因为总是有这样的新的一代已经在此觉得自己与这个过去格格不入，并在对过去的批评中享受权力感的处女作。在过去的时代，情况正好相

---

① ［Pütz］拉丁文：犹太人阿培拉才信这个（意思是：我可不信！）据贺拉斯的讽刺诗 I,5,100。阿培拉是当时获释奴隶的常见外号，在此用来称一个轻信的犹太人。

反,新的一代总是希望把自己的权威建立在过去一代的基础上,不仅接受他们的父辈的意见,而且还尽可能比过去更严格地保守这些意见,他们以这种方式去开始感觉。在过去的时代,批评前人代表轻佻放荡,而在我们这个时代,年轻的理想主义者却把批评前人当作自己的出发点。

177

学会孤独。——噢,你们这些可怜的无赖,在世界政治的各大都市中,你们这些年轻的、有才华的、为野心所折磨的男人,对任何事情——总是不断地发生着什么事情——都发表意见,你们把这视为你们的责任! 你们如此扬尘飞声,便以为自己是历史的前驱! 你们总是在打听,总是在留意那些你们可以插嘴的时机,因此你们永远失去了真正创造的能力! 你们依然还可以如此渴望伟大的作品:[157]孕育的深刻沉默绝不会降临在你们身上! 日常事物驱赶你们有如驱赶面前的秕糠,你们却以为是自己在驱赶日常事务——你们这些可怜的无赖! ——人若想在舞台上扮演一个主角,就不该考虑搞合唱,甚至一次也不可以知道怎么合唱。

178

每日被用掉的。——这些年轻人既不缺少个性,也不缺少才能或勤奋,然而,他们却从来没有时间为他们自己选择一条道路;相反,从童年时代起,他们就习惯于接受某个别人为他们指出的道路。到了长大成人,完全可以"放之荒野"时,人们却不这么做——人们利用他们,人们使他们自己偷窃自己,训练他们每天把自己用掉,并把这看作一种责任——现在,离了这种责任他们就无法生活;他们不希望改变这种责任。只是人们不可以不给这些可怜的役畜他们的"假日"——正如人们所称呼的那样,一个工作过度的世纪里的这种闲暇理想:只有这时他们才可以随心所欲地无所事事、发呆犯傻、幼稚可笑。

179

国家尽可能小为宜。——让社会中最有天才的人处理政治与经济事务,是得不偿失:这种精神浪费比最糟糕的处境还要糟糕。政治与经济过去是,且永远是智力稍逊一筹者的领地,智力高于稍逊一筹者应该被禁止进入这一工作领域:让他们在政治和经济的工厂里效力,倒不如让机器坏掉![158]然而,现在的情况却是,几乎每一个人都认为,不仅必须知道这里发生的一切,而且要不断参与到这种重要生活中去,为此甚至不惜荒废他们自己的工作,这真是发疯和可笑! 我们为"公共安全"付出的代价实在是太高了,而最荒唐的是,我们得到的不是公共安全,反而是"公共不安全":对这一事实,我们可爱的时代正在努力加以证明,好像过去还未有证明似的! 使社会不受小偷和火灾之害,让各种贸易和交流畅通无阻,把

国家变成好的以及坏的意义上的无虞城（den Staat zur
Vorsehung）①——这都是些低级的、平庸的、无论如何
也不是不可或缺的目标，我们不应该为了实现这些目标
使用我们那仍然以某种方式存在的最高级的手段和工
具，而应该把他们保留给我们的最高和最珍贵的目标。
我们的时代，无论它怎样大谈经济，其实是一个浪费者：
它浪费最宝贵者、浪费精神。

180

战争。——*当代的大的战争是历史研究产生的
影响。*②

181

统治。——*一些人统治是因为他们乐于统治；另一*

---

①　[Pütz]此外，尼采的批评可能指向当时正在讨论而后由
俾斯麦宣布的社会法。1883 实行疾病保险，1884 年意外保险，
1899 年老人和残疾人保险。由此启动了一个发展过程，在尼采看
来，它把自由的国家变成了 20 世纪的保险国家，在这样的国家中，
一个匿名的官僚阶层管理着不断增长的社会福利负担和社会保险
费用。

②　[Pütz]尼采可能特别想到的是与德国民族国家统一有关
的战争。他作为普鲁士爱国者经历了 1866 年的德国—丹麦战争，
作为卫生兵参加了 1870 年普法战争的战役。此后不久他改变了
对普法战争的看法，认为其历史理由（重建失去的民族统一）只是
一种事后追认合法化的企图。

些人统治是因为他们不愿被统治——对于他们来说,统治不过是两害之轻者。

182

粗犷的坚定。——当人们说某人"很有性格",这被认为是一种莫大的荣誉。所谓有性格,就是说他表现了粗犷的坚定,这种坚定即使迟钝的眼睛也能看见。[159]然而,当更精致也更深刻的心灵发号施令并以更高的方式表现其一贯性时,观众却否认有任何性格存在。因此,狡猾的政治家们经常身披粗犷坚定的甲胄亮相,出演他们的喜剧。

183

遗老和遗少。——"议会在道德方面有问题,"总有人这样想,"因为在议会里甚至反政府的观点也可以得到表达!"——"我们在任何问题上都必须以我们的全能的主的命令为准。"—— 在许多遗老的头脑里,特别是在北德意志,此乃第十一诫。我们嘲笑它,认为它不合潮流,然而在过去的时代,它就是道德! 也许有一天,我们会再次感到好笑,嘲笑现在在议会制度下成长起来的一代人认为是道德的东西,即把党派的政策置于自己的智慧之上,回答起关于公共福利的任何问题都像是在为党派之船扬帆。"党的需要就是我们的观点。"——这就是他们的行为准则。在这种道德下，便有了现在的各种献身、自我克服和壮烈牺牲。

184

作为无政府主义者之产品的国家。——在人们受到普遍限制和压制的各个国家里，仍然有许多漏网者和不服从者：现在他们大多聚集在社会主义的阵营中，而非其他任何地方。应该会发生这样的事，这些人有一天要制定法律，那么人们就可以指望，他们肯定会把铁链套在自己身上并实行可怕的纪律：——他们了解自己！而且他们将忍受法律，[160]由于意识到这些法律是他们自己强加给自己的——权力感，而且这种权力感对他们来说是如此新奇和迷人，以至于他们愿为它忍受任何痛苦。

185

乞丐。——人们应该取缔乞丐：因为向他们施舍让人烦恼，而不向他们施舍也让人烦恼。

186

商人。——你们的生意——这是你们最大的偏见，它把你们限制在你们的地方、你们的圈子和你们的爱好上。勤于生意——但却荒于思想，对你们自己的贫乏心

满意足,并把这种心满意足掩盖在责任的外衣下:这就是
你的生活,你还想让你的子女也这样生活。

187

来自一种可能的未来。——我们难道不能想象这样一
种社会状态,在这种社会状态中,罪犯自首和公开宣布对他自
己的惩罚,骄傲地觉得,通过这样惩罚自己,他自己制定的法
律得到了尊重,而他自己也行使了一个法律制定者的权力?
他也许曾经犯罪,但是通过他的自愿的惩罚,他使自己超越了
他的罪过,不仅以其坦白、伟大和镇静消除了罪过,而且还维
护了公共利益。——这样的未来罪犯完全是可能的;当然,这
又以一种未来的立法为前提,这种立法的基本观念是:"在任
何事情上都只服从你自己制定的法律。"必定还有多少实验尚
未进行! 必定还有多少未来之黎明尚未来临!

188

[161]陶醉与营养。——一个民族之所以反复被
骗,是因为他们一直在寻求一个骗子,也就是刺激他们感
官的酒精。只要能够得到它,他们就对黑面包没有怨言。
对他们来说,陶醉比营养更重要——他们每每因为诱饵
吞下铁钩! 与那些威风凛凛的征服者和庄严的古老宫殿
相比,从他们自己中间挑选出来的人——即便其为专精
的实干家——又算得了什么! 民族领袖至少必须让他们

看到征服和辉煌的前景，他们才有可能相信他。他们总是俯首帖耳，甚至不只是俯首帖耳，前提是他们同时能陶醉！人们不可以只为他们提供安宁与娱乐，而其中却没有月桂花环和让他们疯狂的力量。然而，这种群氓式趣味，视陶醉比营养更重要，它决不是民众中间土生土长的：毋宁说，它是被带到民众中间，被移栽过去的，只不过在那里大多数时候它依然既保守又茂盛地快速生长着，而它的起源则出自某些最高的心灵，已经在那里生长了上千年。群众则是这奇妙的野草仍然可以繁荣的最后的荒地。——怎么！人们恰恰应该把政治托付给他们吗？以便让他们每天都可以痛饮和陶醉一番？

189

大政治（Große Politik）。① ——无论个人和民族的

---

①　［Pütz］在后期著作中，特别是在 80 年代遗稿中，"大政治"成了纲领，成了与尼采所蔑视的"欧洲各王朝的利益政治"对立的概念，利益政治使"各民族彼此反对的自高［傲］"和"自私"成为原则，甚至几乎成为义务。与此相反，尼采拥护的基本原则是："大政治将使生理学变成所有其他问题的主宰"，也就是说：大政治将根据生命之健康的权力充盈来衡量一切思想和行动的等级（尼采，KSA，第 13 卷，页 637 及下页）。与这一生理学界定形成惊人而独特的对比的，还有另一关于"大政治"的不同界定，它让人想起柏拉图（《理想国》中）的哲人王观念："新哲人只有与一个统治阶层结合才能产生，作为其最高的精神提升（Vergeistigung）。"（同上，第 11 卷，页 533）唯心主义的和生理学的概念之间的转换尤其是尼采后期作品的思想方式和描述方式的特点。

虚荣心和实用考虑对于大政治有多大影响:驱使他们向前的最强有力的洪水还是他们对权力感的需要,这种需要不仅在贵族和强者的灵魂中,[162]而且还恰恰并非最小部分地在下层群众中从不渴的源泉不时发出来。我们一次次看到,群众准备冒着牺牲他们的生命、财产、良心和美德的危险,忙于他们的那种最高的享受,作为胜利的、暴君式任意的民族支配着其他民族(或至少是认为自己支配着其他民族)。挥霍的、有牺牲精神的、希望的、轻信的、不顾后果的和幻想的感觉,在此如此丰富地涌上来,以至于有野心或已聪明地预先有准备的君主会挑起战争,利用其群众的良心来掩盖自己的非正义。伟大的征服者从来都是满嘴感人的道德语言;聚集在他们周围的群众激动万分,只愿听到慷慨激昂的话。道德判断的奇妙的疯狂!当人体验到权力感时,他觉得并称自己为善的;然而恰恰是那些他必须对之发泄其权力的人却觉得并称他为恶的!赫西俄德在其关于人类时代的神话中,①先后两次描述同一时代,即荷马的英雄时代,因此

①   [Pütz]指赫西俄德《劳作与时日》中关于时代划分的文字(106—201 行),这是第一个分期理论,它将古代划分为四个按照作为价值符号的金属命名的时代:黄金时代,克洛诺斯统治的时代,是最幸福的时代(人像神一样生活);白银时代,宙斯统治的时代,带有衰败的趋势,这一趋势在战神阿瑞斯统治的金属时代是如此加剧,以至于人类开始互相杀戮。按照赫西俄德的说法,接下来是第四个时代即英雄时代,它要晚于青铜时代,包括了从特洛伊到忒拜的时代。许多古代作家都觉得他们所处时代是黑铁时代。奥古斯都的第一罗马帝国,由于其和平思想连同艺术和科学的一种繁荣,而被欢呼为黄金时代的重新开始。

从一个时代里区分出两个时代：对那些在专制者和冒险家的铁蹄下呻吟的人，以及对他们那听说这段历史的后代来说，这是一个恶的时代；对那些英勇的人的后代来说，这是一个善的时代，充满了美好的令人怀念的幸福时光。在这种情况下，诗人除了那样做之外别无选择——他的听众中两种人的后代肯定都有！

190

　　从前的德国文化。——就在不是很久之前，德国人开始引起其他民族的注意，[163] 这主要是由于一种文化的缘故，而他们现在已不再拥有这种文化，确实，他们已怀着一种盲目的热情摆脱了它，就好像它曾是一种疾病一样：然而他们又不知道什么更好的东西可以用来与之交换，除了政治的和民族的疯狂。当然，由于这种疯狂，他们实现了让其他民族对它更感兴趣，比之前它通过文化让它们感兴趣还要更甚：而且他们还因此而拥有满足感！在此期间，不可否认的是，从前的德国文化愚弄了欧洲人，它实际上不值得他们这样对它感兴趣，甚至还加以模仿和争相学习。我们现在不妨回想一下席勒、威廉·冯·洪堡、施莱尔马赫、黑格尔和谢林，读一读他们的通信，暂时加入其门徒的庞大圈子：让我们看看，他们的共同特点是什么，他们身上究竟有什么东西对我们产生影响，使我们今天时而如此不能忍受，时而又不无怜悯和感动？首先，是他们那不惜一切代价地露出道德上的激动的癖好；其次，他们要求闪着诱人而虚假的光芒的、柔软无骨的普遍性，同时也意图使一切（性格、激情、时代、风俗）意愿看起来美——很遗憾，这种美根据的是一种糟糕的且模糊的趣味，尽管如此，却自诩为希腊的后裔。这是一种柔软的、善良的、闪着银光的唯心主义，它的最大愿望就是装出高贵的样子和装出庄严的声音，它是这样一个东西，狂妄然而无害，灵魂中充满了对如下事物最由衷的反感，即"冷冰冰""干巴巴"的现实，解剖学、全身心的激情、任何哲学克制和怀疑主义，特别是任何不适合充当宗教符号的自然科学。歌德以他自己的方式注视着这场德国文化闹剧：站到一边，温和地抗议，保持沉默，更坚定地走自己更好的道路。[164]一段时间之后，叔本华也注意到这场闹剧：在他那里，真正的世界和世界的凶恶残暴重新变得可见，他谈起它时既粗劣又充满热情；因为这种凶恶残暴具有它自己的美！——究竟是什么诱骗了这些外国人，使他们不能像歌德和叔本华一样观察这种德国文化，或者更好，干脆不观察这种德国文化？是围绕着这种文化闪烁的那种暗淡的光泽，捉摸不定的银河之光：当外国人看到这种光，他们对自己说："它离我们非常非常遥远，我们的视力、听力、理解力、快感和评价在这里都失去了作用；然而，我们相信，它应该是某些恒星发出的光！也许德国人应该不动声色地发现了一处天堂并已在那里定居？我们必须想办法接近这些德国人。"因此，他们走近德国人；然而没过多久，德国人自己却开始努力摆脱这种暗淡的星光；因为他们心里最清楚，他们并不在天堂——而只是在一团云中！

191

更好的人们。——人们告诉我,我们的艺术①诉诸当代的那些贪婪的、不满足的、未被驯服的、反感的、受折磨的人,并在他们荒芜的景象旁展示出一幅极乐、高空和出世的景象;从而使他们暂时得以忘忧,舒一口气,也许还能从这种忘忧中找到逃避和返回的推动力。可怜的艺术家竟有这样一群公众! 他们不得不怀着这样一种半是牧师半是精神病医生的可怜用心! 相比而言,高乃依是多么地幸运——"我们的伟大的高乃依!"——正如塞维涅夫人用女人面对一个真正男人时所特有的声调惊呼的那样——他的听众是多么地崇高,对这样的听众,描述骑士的美德、严格的责任、慷慨的牺牲和英雄的自制是完全相宜的,而且对他们不无教益。他以及他的听众对此在生命的爱又与我们何其不同,[165]不是来源于一种盲目的放荡粗野的"意志",因为不能毁灭它而诅咒它,而是被感觉为这样一个场所,在这里,伟大和人性能同时并存;在这里,即使形式最严格的强制,即使对一种王侯专制和精神专制的屈从,也不能压制所

---

　　① ［Pütz］指浪漫派和后期浪漫派的艺术,这种艺术的特征是,一方面高扬宗教、超越有限进入无限,另一方面又展示出人的一种阴郁的、有时是魔鬼的、阴森恐怖的内心世界和外部世界,二者彼此对立。有关的例子首先是霍夫曼(E. T. Hoffmann,1776—1822)的短篇小说。

有个体的自豪、骑士风度、优美和精神,毋宁说,它们被感觉
为促使人走向对立面的刺激和动力,促使人走向天生的自
负与高贵,走向遗传而来的意愿与激情的强力!

192

　　想望完美的敌手。——无可争议,法兰西曾是世界
上最基督教化的民族①:这不是因为法兰西的群众要比
其他地方的群众更有信仰,而是因为在法兰西,最艰难的
基督教理想不再仅仅是观念、萌芽和半成品,而是变成了
活生生的人。例如,帕斯卡,所有基督徒中第一位把热
情、精神和真诚集于一身者——人们考虑下,是什么在此
不得不联合起来!费奈隆,教士文化之全部力量的完美
和迷人体现:一种历史学家认为不可能而实际上只是极
其困难和极少发生的绝对的金平衡;盖恩夫人②及其法
国寂静派③同道:在她身上,使徒保罗力图从那种基督徒

---

　　①　[Pütz]尼采关于法兰西民族是世界上最基督教化的民族
的断语,很可能同时也是一个影射:"最基督教化的国王"的荣誉称
号,作为特别忠于天主教基督教的奖赏,向来是为法国君主们保留
的。除此之外,路易十四的权力之丰盈包含一个特别的根据,他的
权威在法国主教波舒哀(Jacques Bénigne Bossuet,1627—1704;
[译按]波舒哀为路易十四的宫廷布道师)的著作中被解释为神圣
的,因为王侯作为上帝的代理进行统治。
　　②　[译注]盖恩夫人(Frall von Guyon,1648—1717),法国寂
静派代表人物,神秘主义作家。
　　③　[Pütz] Quietisten,源于拉丁文 quies[静]。寂静派代表了
基督教神秘主义的一种形式,它在被动献身和放弃主动塑造自身此
在这样的基本态度中,追求、实现通过内心世界与上帝合一的理想。

的最光辉、最慈爱、最宁静和最迷人的半神圣状态中猜中的雄辩与胸怀,在此变成了事实,同时由于语言和姿态中的一种真诚的、女性的、优美的和高贵的古老法兰西式的天真,又使她避免了保罗在其上帝面前表现出来的犹太式纠缠;[166]特拉普修会①的创始者,他赋予基督教禁欲主义理想以终极的严肃性,而他这样做是地道的法国作风,完全不是什么例外:因为直到现在他那禁欲的杰作也只能在法国人中熟悉而有力地保留着,它们也随着法国人的脚步进入了阿尔萨斯和阿尔及利亚。我们也不应忘记胡格诺教徒:在他们身上,尚武精神与勤勉精神,更文雅的习俗与基督徒的严格要求从没有这样完美地结合在一起。还有波尔-罗亚尔②,正是在这里,基督教的伟大学术传统最后一次再现繁荣:法国的伟人比其他地方的人更懂得如何盛开和绽放。虽然完全不是浅薄之徒,一个伟大的法国人却总是带有一种明显的表面性,仿佛是他的内容和他的深度的自然的皮肤——而一个伟大德国人的内心世界通常都是重封密锁,仿佛一粒仙丹,试图通过它坚硬的、奇特的壳来防止光和轻率的手——现在,

----

　　①　[译注]特拉普修会,天主教隐修教派西多会的分支,17世纪西多会内部改革的产物。创始人阿芒德·德朗赛(Armard de Rancé,1626—1700),1667年在法国大特拉普圣母修道院(La Trappe)进行了一系列改革,要求回归原始西多会的纯洁和严格,新修会因此得名。

　　②　[译注]波尔-罗亚尔:天主教西多会女修道院,17世纪成为法国宗教改革派冉森派的大本营,帕斯卡曾在此为冉森派与耶稣会展开论战。帕斯卡逝世后,波尔-罗亚尔于1709年被毁。

让我们说说，这一拥有如此完美的基督教化的民族为什么也必须产生同样完美的、非基督教的自由精神的类型！法国的自由精神在自身中与伟大的人交战，而不像其他民族的自由思想家那样，只能与教条及崇高的怪胎交战。

193

机智（Esprit）与道德。——德国人，他精通使精神、知识和心灵变得令人厌倦的秘密，精通把这种厌倦感看作是道德的秘密——他对法国人的机智不无恐惧，担心它会戳瞎道德的双眼——然而一种恐惧同时夹杂着兴趣，有如小鸟在响尾蛇面前那样。在德国的名人当中，也许没人比黑格尔更富有机智——[167]然而他身上又带有如此大的德国人对机智的恐惧，以至于这种恐惧造成了他特有的差劲的风格。这种风格的要点在于，一个核心被一层又一层反复包裹，直到它不再被看得穿、不再害羞、好奇，就像"年轻女子撩起面纱的一角张望"——用古代女性厌恶者埃斯库罗斯①的话——然而，那个核心，其实只是关于精神事物的机智的、经常是插嘴的灵机一动，是一种巧妙而大胆的词语结合，像是某种应该被归给思想家圈子的东西，作为科学的配菜——但是在那层层包裹之下，它却显示为最深奥的科学，而且绝对是最高道德

---

①　[Pütz]可能指埃斯库罗斯的传记和文学作品中"男人的"，在当时也就是好战的特点。

的无聊。这就是德国所拥有的一种为他们所容许的机智的形式,他们带着如此放纵的欣喜享受着它,以至于叔本华那么卓越的,非常卓越的理解力在它面前都止步了,①——在他的一生中,他一直大声叱责德国人提供给他的表演,但却从来没有能力对其做出解释。

194

道德教育者的虚荣。——道德教育者总体上收效甚微,可由以下事实解释:他们一下子要求太多,也就是说,他们野心太大:急于为每一个人颁布规则。这实际上无异于漫无目的地向动物演讲,指望它们会摇身变成人类:因此,动物对之厌倦也就不足为奇了!正确做法应该是选择特定的圈子,努力发掘和提高他们的道德:例如,我们应该怀着把狼变成狗的目的对狼演讲。然而,无论如何,大的成就既不属于试图教育每一个人的人,也不属于教育特定圈子的人,而只属于那仅仅试图教育一个人并且绝不离开他的目标左顾右盼者。上个世纪所以优于我

---

①　[Pütz]这已经属于叔本华与黑格尔交锋的风格:在其1820年柏林短期学术"中场表演"期间,他选择与黑格尔同一时间上课,因此不可避免地亲眼看到,他的听众寥寥无几,而黑格尔的课堂却人头攒动。叔本华对黑格尔的攻击在纯粹不讲道理的、胡闹式的指责中达到顶点。尤其当丹麦科学院小心翼翼暗示他,由于他对黑格尔的笔伐,他的应征论文《伦理学的两个基本问题》不能获奖时,他断然污蔑丹麦科学院不具有正常人的智力。(《伦理学的两个基本问题》,第一版前言)

们的世纪,正是因为它拥有众多受过个别教育的个人,
[168]包括同样众多的教育者,他们在此找到了他们生
活的使命,而且也因这种使命不仅在自己面前,而且也在
所有其他"善的社会"面前,找到了尊严。

195

所谓古典教育。——发现我们把生命献给了知识;
发现我们会虚度光阴,不! 我们已经虚度光阴,如若不是
这种献身阻止我们的话;我们就经常且深有感触地朗诵
如下诗句:

命运,我追随你! 我不愿意,然而我不得不如
此,惟余叹息!①

——当回首我们的生命历程,我们同样发现有一样
东西无法重新弄好了:我们的青春被浪费了,当我们的教
师没有把那渴求知识的、热情的、饥渴的年华用于引导我
们追求关于万物的知识,而是把我们引导到"古典教育"
上时! 我们的青春被浪费了,当人们既不灵活又折磨人
地教我们关于希腊人、罗马人以及他们的语言的贫乏的
知识时,而且这完全违背了一切教育的最高原则:只有饥

------

① ［Pütz］出自尼采本人。Schicksal, ich *folge* dir! Und
wollt ich nicht, ich *müsst'* es doch und unter Seufzen tun.

饿者,方可与食物!当人们以一种暴力的方式强迫我们接受数学和物理学,而没有先引导我们怀疑无知,引导我们去解决我们平凡的日常生活、我们的活动以及我们从早到晚在家中、在工厂里、在天空和大自然中千百次地遇到的问题,那些令人困惑、令人难堪、令人恼怒的问题,从而让我们的好奇心意识到,谁若不曾如饥似渴地学习物理和数学的知识,日后他就不会体会到这种知识的绝对的合乎逻辑性带来的科学的欣喜![169]从来就没有人教给我们这种对科学的敬重,过去的伟人们奋斗、失败和再奋斗的故事,构成严密科学历史的苦难和牺牲,从来没有哪怕一次打动我们的心灵!毋宁说,吹向我们的气息是对这些真正的科学的某种轻视,是对历史学、"形式教育"(formalen Bildung)①和"古典主义"的偏爱!我们就这样轻易地被欺骗了!形式教育!我们难道不应该指着我们文法学校(Gymnaisen)②最优秀的教师,嘲笑他们

---

① [Pütz] Bildung 原为塑造物质材料的活动,特别是通过德国古典文学而成为核心性概念,以及通过威廉·洪堡成为教育的基本概念。从教学的观点出发,人们在实质性教育(材料获得[Stoffaneigung])、形式性教育(功能养成[Funktionsgewinn])和范畴性教育(意义推导和自我反思)之间加以区分。尼采对高级中学语境中的形式教育的批评指向的是在 19 世纪日益功能化的、一维的历史主义和实证主义。

② [Pütz]来自希腊语 gymnasion,希腊青少年进行身体和精神训练的地方,由 Dromos[跑道]、Palästra[带柱廊的庭院]和公共温泉浴池组成;在近代成为"高级中学"的名称,自 19 世纪成为文科高级中学(Humanistisches Gymnasium),其主要专业为拉丁语和希腊语。Gymnasium 唯一有权成为大学预科的 (转下页注)

并且问:"形式教育究竟在哪里? 如果他们身上都缺乏,他们又怎么能教人形式教育?"古典主义! 我们从古人教育他们的后代方面学到任何东西了吗? 我们学会像他们那样写和说了吗? 我们一直在练习对话的剑术、练习辩证法吗? 我们学会他们那样优美和骄傲的举止了吗? 学会像他们一样角力、投掷和拳击了吗? 关于所有希腊哲学家奉行的禁欲主义,我们学到了什么吗? 在古人奉行的任何一个个别美德上,我们有过多少相同的训练? 对道德的任何沉思在我们的教育中不都是完全看不见吗? 更不用说对道德的任何可能的批评,或者按照这种或那种道德生活的勇敢和严格的尝试了! 人们在我们心中唤起过任何古人比现代人评价更高的感情吗? 他们是否曾经以一种古代的精神向我们表明日子和生命应该如何安排,以及表明超越生命的目标了吗? 我们是像学习现在生活着的民族的语言那样学习古代语言吗? 即是说,关于这种语言,我们能够脱口而出,运用自如吗? 除了荒废光阴,我们没有获得任何真正的能力和新本领! 我们只获得一种知识,关于古人所为、所能之知识! 而且是多么肤浅的知识! 我现在越来越坚信:希腊人以及古代人的全部生活方式,无论看起来是多么简单和确实,实际上却是非常难以理解的,甚至是无法理解的,[170] 而我们通常用来谈论古代人的陈词滥调,要么是出于轻率,要么是

(接上页注)学校类型(根据是《1788 弗里德里希敕令》)。尼采关于"我们目前文科中学的灾难性后果"的批评,在《关于我们教育机构的未来》的演讲中得到了表达(尼采,KSA,卷 1,页 685 以下)。

出于我们世代相传的愚蠢的自以为是。我们看到古代的
词汇和概念与我们自己的词汇和概念不无相似,不知道
这只是一个假象,在这些词汇和概念后面,隐藏的全是我
们这些现代头脑必然感到不熟悉、无法理解和痛苦的情
感。对我来说,这就是那片可以让小孩子在上面跑来跑
去的地带! 够了:当我们还是小孩子的时候,我们就是这
么干的,而且我几乎是经常同时把一种对古代的反感带
回家,一种由于表面上太过巨大的亲密产生的反感! 我
们的古典教师是如此狂妄无知,他们认为自己已经完全
了解古代,并把这种狂妄无知传给他们的学生,同时还传
给他们一种轻蔑,让他们觉得,这样一种了解对人类的幸
福毫无帮助,只对那些顽固、可怜、疯疯癫癫的老书虫很
有用:"让他们守着他们的宝贝过活! 他们也只配守着这
些宝贝!"——怀着这样潜藏的隐密想法,我们的古典教
育结束了。——对我们来说,一切都已经无可挽回地过
去了。但我们想到的并不只是自己。

196

　　最切身的真理问题。——"我在做的,这究竟是什
么? 而且我因此恰恰想要什么?"——这是我们现行教育
方式既不教授因而也不提问的真理问题;我们对此无暇
顾及。然而,另一方面,我们却有时间跟孩子说笑话而不
是告诉他们真理,跟女性——不久将要为人母亲的女
性——说恭维话而不是告诉她们真理,跟年轻人谈他们

的未来和他们的娱乐消遣而不是告诉他们真理——我们做起这一切从来就不缺时间和兴致！——但是，70 年啊！时间飞逝，很快就到了我们向这个世界说再见的时候；真理对我们来说似乎无关紧要，就像波涛不知道它如何涌动和往哪里涌动一样无关紧要！[171]事实上，它不知道也许更为明智。——"就算你说的对吧；但从不问这个问题表明我们避免了某种骄傲；我们的教育使人们避免了骄傲。"——因而我们的教育是更好的。——"真的更好吗？"

197

德国人对启蒙运动的敌视。——让我们来看一下，本世纪上半叶德国人的思想活动对整个文化做出了哪些贡献。首先是德国的哲学家①：他们退回到沉思活动最开始和最古老的阶段，因为像梦想时代的思想家一样，他们满足于概念而不是说明（Erklärung）——一种前科学的哲学形式经由他们重又焕发生机。其次是德国的历史学家和浪漫派②，他们一般致力于为某些古老和原始的

————————

①　[Pütz]尼采可能特别想到的是德国唯心主义哲学家，也就是费希特（Johann Gottlieb Fichte，1762—1814）、黑格尔和谢林。

②　[Pütz]萨维尼（Friedrich Carl von Savigny，1797—1861）奠定了历史法学派，用历史来源取代了自然法的建构。他以其法律产生于"民族精神"的学说而影响了浪漫主义运动。凭借其在《基督教或欧洲》中的思辨性历史建构，诺瓦利斯（Georg Friedrich Philipp Freiherr von Hardenberg，1772—1801）创造了（转下页注）

情感,特别是为基督精神、民族精神、民族传说、民族语言、中世纪、东方禁欲主义和印度思想恢复荣誉。第三是自然研究者(Naturforscher)①,他们反对牛顿和伏尔泰的精神,他们像歌德和叔本华一样,力图重新确立一个被崇拜或受谴责的自然的观念,以及关于这种自然的普遍的伦理含义或象征含义的观念。从整体的大趋势上说,德国人反对启蒙运动、反对被简单地误认为启蒙运动后果的社会革命:对于一切现存事物的恭敬试图摇身一变,变成对于一切曾经存在的事物的恭敬,以便重新填满心灵和头脑,不给未来的和新的目标留下任何位置。对情感的崇拜代替了对理性的崇拜,德国的音乐家②,[172]

(接上页注)一份浪漫的中古崇拜的纲领性文件。施莱格尔(Friedrich Schlegel,1772—1829)也勾勒了一种"旧文学和新文学的历史",并写下了《印度的语言和智慧》。格林兄弟(Jacob Grimm,1795—1863,Wilhelm Grimm,1786—1859),由于他们的《儿童和家庭童话集》而著名,他们以其对德语历史和语法的研究、对德国传说和法律遗产(Rechtsaltertümern)的研究,以及他们的德语词典,为一种广泛的"日尔曼学"奠定了基础。

①　[Pütz]参谢林的《自然哲学观念》(1797),它把舒伯特(Gotthilf Heinrich Schubert,1770—1860)受谢林影响的《关于自然科学的阴暗面》(1808)和诺瓦利斯的自然科学研究残篇——在这一研究中,诗性的想象力、采矿专家的现代自然科学和16、17世纪符号学说(自然作为符号世界)的唯心主义的和自然哲学的新生——结合起来。物理学家里特尔(Johann Wilhelm Ritter,1776—1819)将实验经验和整体思辨结合起来,从而对直到黑格尔的《哲学全书》的浪漫主义自然哲学产生了重要影响。在元素之间互相渗透这样的浪漫主义观念背景下,他奠定了现代电化学。

②　[Pütz]可能特别指德国浪漫派作曲家,诸如韦伯(Carl Maria von Weber,1786—1826),他在其歌剧《魔弹射(转下页注)

作为一切不可见的东西、狂热的东西、童话般的东西、渴
慕的东西的艺术家,在新神庙上进行建设,比任何语词或
观念的艺术家都更有成就。即使我们考虑到个别来看已
经有数不清的好处被说过和被研究过,而且自那时以来
其中某些好处其判断也比过去更为公允:然而还是剩下
一点要从整体上说,即在有关过去的最充分且最确定的
知识之假象下,存在着的是把一般知识压到了情感之
下——用康德规定其使命的话来说——"通过表明知识
的局限性重新为信仰铺平道路",而这正是不可小觑的普
遍的危险。我们重又呼吸到自由的空气:这种危险的时
刻已经过去!而且奇怪的是,正是德国人如此雄辩地召
来的精灵长时间地变成了对它的巫术意图的最大损害
者——历史学,对起源和进化的理解,对过去的同感,对
情感和知识的新生的激情,这一切在似乎是为阴暗的、狂
热的、萎缩的精神做了很长时间得力的帮工之后,突然有
一天具有了新的性质,现在,它们展开最宽大的翅膀飞过
了它们那些古老的巫师并且继续向上飞,作为它们被召
来恰恰要反对的那个启蒙运动的新的且更强大的守护
神。我们现在必须继续推进这场启蒙运动——无需操心
曾经出现了一个"大革命"以及又出现了对同样的"大革

(接上页注)手》里几乎集中了尼采所提到的所有要素;然后是舒伯
特(Franz Schubert, 1797—1828),舒曼(Robert Schumann, 1810—
1856),门德尔松(Felix Mendelssohn-Bartholdy, 1809—1847),李
斯特(Franz Liszt, 1811—1886),以及——正如我们总是在尼采那
里看到的——后期浪漫派的化身:瓦格纳。

命"的大反动,是的,无需操心两者还会出现:因为与我们
在其中推波助澜并愿意推波助澜的真正壮阔的洪流相
比,它们不过是浪花!

198

决定民族地位的人。——拥有丰富的、伟大的内心
经验,[173]并带着精神之眼安居于这些经验之上并超
越于它们之上——决定一个民族的地位的文化伟人就是
这样构成的。在法国和意大利,决定民族地位的是贵族,
但在德国,由于迄今贵族全属精神贫乏者之列(也许他们
很快就将不再如此),所以是教士、教师以及他们的后代
决定了民族的地位。

199

我们是更高贵者。——忠诚、慷慨、珍惜名誉:三者
结合为一种单一信念——我们称之为贵族的(adelig),高
贵的(vornehm),高尚的(edel),而且我们借此超过了希
腊人。我们不想因为这些美德的古老目标已经(正当地)
不再受人尊重而放弃它们,而是力图为这种宝贵的遗传
欲望找到了新的用武之地。——从我们自己那本质上仍
然是骑士风和封建性的高贵性看,甚至最高贵的希腊人
的信念也必定会被感受为比较低级和事实上几乎不太光
彩的;为了理解这一点,我们不妨回想一下奥德修斯蒙受

羞耻时用来安慰他自己的那些话:"忍受它,我亲爱的心!反正你已经忍受过最屈辱的事了!"①作为这种神话榜样的生活实例,我们还应该提到一位雅典官吏的事迹,他在全体官吏面前被另一位官吏用木杖威胁,他用下面的话来为自己摆脱耻辱:"打我吧,但也请听我说!"(此人就是地米斯托克利斯,古典时代诡计多端的奥德修斯,在如此屈辱的时刻用如此安慰的诗句、困顿的诗句来打发他那"亲爱的心灵",这完全符合他的为人。)希腊人离这点还很远,他们不会像我们印象中想的那样干,即由于遗传下来的骑士冒险精神和牺牲乐趣,为了一种辱骂就如此轻易地采取生与死的抉择;[174]或者寻找机会能够拿生与死去冒一种光荣的危险,如我们在格斗中那样;或把保持美名(名誉)看得比获得恶名更有价值,即使后者与我们的荣誉和权力感合得来;或对阶级偏见和信条忠贞不逾,即使这种忠贞可能会妨碍我们当上僭主。因此,出于最深刻的嫉妒,将每个同伴都看作一个平等的竞争对手,但是随时准备像老虎扑向他的猎物那样,把他们全都置于自己的统治之下,这就是每一个好的希腊贵族的不高贵的秘密;因此,撒谎、谋杀、背叛、出卖自己的家乡和城邦,对他又算得了什么! 对这种人来说,正义似乎是极其

————————

① [Pütz]引自荷马《奥德赛》20:18:"忍着点,我的心;当不可抵抗的库克洛普斯,吞下我杰出的伙伴,那天你已忍受过比这更屈辱的事。"(译文据 Wolfgang Schadewaldt)([译按]中译参《荷马史诗·奥德赛》,陈中梅译,上海:上海译文出版社,2016 年,页378。)

困难的,被视为某种几乎是不可信的东西;"正义的人"之于希腊人听来就如"圣人"之于基督徒。但是当苏格拉底竟然开始说出"有美德者就是最幸福者"这样的话时,他们不能相信自己的耳朵,以为他们听到的全是疯话。因为一想到最幸福者的形象,每个出身高贵的人都会自然地想起为了一己喜怒而牺牲所有人和所有事物的僭主,想起他们那完美的肆无忌惮和暴虐行径。毫无疑问,在那些暗中如此野蛮地幻想这样一种幸福的人中间,对国家的敬重不可能深入人心——然而,那些其权力欲望不再像这些高贵的希腊人这样盲目地熊熊燃烧的人民,在我看来,也将不再需要对国家观念的偶像崇拜以便控制这种权力欲望。

200

忍受贫困。——高贵的出身最大的好处是,它让贫困更好忍受。

201

[175] *贵族的未来*。——高贵的世界的神情表明,在他的四肢中持续不断地有权力意识在玩着它那诱人的游戏。具有贵族习惯的男人或女人,绝不会让自己在一把椅子上颓然坐下,耗尽了精力一般;在其他人竭力把自己弄得舒服的场合,例如在火车旅行中,他却坐得笔直,绝不东

倒西歪;他可以一连几个小时站在公堂之上而不露出倦
意;他布置他的房间,不是考虑怎样才舒适安逸,而是怎样
才能使他的房间庄严大方,仿佛是某种更伟大也更长久的
生物栖身之所在;面对挑衅的言辞,他总是不为所动,头脑
清晰,不像惊慌失措、脸红心跳的平民。正如知道如何让
人觉得他在任何时候都拥有过人体力一样,通过即使在处
于困境中时仍然不失风趣和礼貌,他也希望给人留下印
象;他的头脑和心灵可以面对任何危险和意外。就激情而
言,一种贵族文化就像是一位骑手,他或以使其激情的、高
傲的坐骑跳起西班牙马步①为乐——请想象一下路易十
四时代的情景——或觉得胯下的骏马就像出膛的子弹一
样带着他风驰电掣而去,马和人都因为高度的紧张仿佛就
要爆裂开来,但却仍然没有爆裂开来和仍然保持着清醒头
脑,因而体验到一种非常的快乐:在这两种情况下,贵族文
化都充满了权力感,而如果说它在其习俗中通常要求的只
是权力感的假象,那么,通过这种游戏给非贵族阶层留下
的印象,以及通过这种印象的奇观,真正的优越感持续不
断地增长着。——建立在这种优越感基础上的贵族文化
的无可争议的幸福,现在登上了一个更高的阶段,在那里,
[176]多亏了所有自由的精神,从现在起允许那些在贵族
圈子里出生和成长的人进入知识领域而不会受到非议。
在知识的王国里,他们将比以前获得更有才智的庄严、学

---

① ［Pütz］一种古典马步,从维也纳的西班牙骑术学校流传
开来的术语,用来表示马的溜步(马被勒紧缰绳碎步疾进)。

习更高的骑士责任;他们景仰那种获胜的智慧之理想,对于这种理想,还从来没有一个时代像即将到来的时代那样,可以心安理得地置于自己面前。最后:如果事情一天比一天变得更明显,从事政治将成为某种不光彩的职业,那么,贵族还能从事什么职业呢?——

202

保养健康。——我们几乎还未开始对犯罪生理学进行思索,然而,人们已经面临一个不容拒绝的洞见,即在罪犯与精神病患者之间,并没什么本质不同:只要我们相信,通常的道德思想方式就是精神健康的思想方式。由于我们至今仍然坚信这种思想方式,因此,我们就不用害怕从它引出的结论,不用害怕把罪犯当作精神上有毛病的人来看待:首先不是出于高傲的怜悯,而是出于医生的聪明、医生的良好意愿。也许他需要换换空气,换换同伴或暂时消失一段时间,也许他需要一个人呆着或换个新的职业——这样就好了! 也许他自己发现,一段时间的监禁生活对他是有好处的,使他能不受自己以及一种讨厌的、暴虐的欲望的危害——这样就好了! 我们应该把痊愈恢复的可能性及其手段(那一有害欲望的消灭、改变和升华)清晰地摆在他面前,如果情况不好,我们应该把治疗的不可能性摆在他面前;对于那些病入膏肓、变成了他自己最讨厌的人的罪犯,[177]我们还应给他提供自杀的机会。应该保留如下最大的缓和手段:我们不应该错过任何帮助犯罪者恢复心灵自由和勇气的机会；我们应该从他的心灵中清除悔恨，仿佛清除某种不洁的东西，并向他表明，他如何可以通过帮助另一个人甚至帮助整个集体，弥补他以前的过失而且还做的更多。保留一切体现了最大的爱护的措施！而且特别是允许他隐姓埋名，或者改名换姓，不断更换居住地，以求使他的名声正派和他未来生活尽可能少冒危险。毫无疑问，在目前的情况下，每一个受到伤害的人，不管伤害如何能够得到弥补，都仍然希望施行报复并为此求告法庭——而法庭就像一位手执天平的伙计，一成不变地按照它那伤天害理的法律条文在等量罪恶的另一端放上等量的惩罚；我们难道就不能超越这种报复？如果我们把我们古老的复仇本能，连同我们对罪的信仰一起抛开，那生命的普遍感觉该变得多么轻松啊，而且它甚至把如下视为幸福之人的一种精致的聪明，即跟基督教一道祝福自己的敌人和善待那些冒犯过自己的人！让我们消除"罪"这一观念！让我们随之也消除"罚"这一观念！从此以后，这些被放逐的魔鬼也许仍然能够生活在其他什么地方，如果他们竟然还希望继续活下去和没有因为对于他们自己的厌恶而死去的话，但不是在人们中间！——这时候我们也可以考虑下，犯罪者给社会和个人造成的损失，与病人给社会和个人造成的损失完全是同一类：病人散布忧虑和恶劣情绪，什么都不生产，耗尽别人的收益，需要看护者、医生和保养，靠健康人的时间和精力过活。[178]然而，如果有谁今天因此而希望对病人进行报复，我们就会指责他没人性。但是，毫无疑问，在较早的时代，人们却正是这样做

的;在原始文化中,甚至在今天的某些未开化民族中,病人
事实上是被当作罪犯来对待的,被当作对集体的一种威
胁,被当作在犯罪后进入其体内的恶魔存在的居所！这意
味着,在这里:每一个病人都是一个罪人！而且我们——
应该还不够成熟,以至于能采取与他们完全相反的观点
吗？我们应该还不能说,每个"罪人"都是一个病人
吗？——不,这样的时刻尚未到来。首先,我们还缺少医
生,对于他们来说,被称为实践道德的东西必须转变为他
们的治疗技艺和治疗科学的一个组成部分;我们普遍缺乏
对这些事物的强烈兴趣,它们有一天也许并非不会像那些
古老的宗教的兴奋一样"狂飙突进"(Sturm und Drang)般
地显现;教会并不拥有健康的保养者;无论是我们的小学
还是我们的中学,都还没有身体保健和饮食理论方面的课
程;还没有这样一些隐蔽的团体,它们彼此允诺放弃法庭
的帮助,放弃惩罚和报复向他们作恶的人;还没有哪个思
想家有勇气根据其所承受寄生者的数量来量定一个社会
或某些个体的健康,同样,还找不到这样一个国家的缔造
者以那句慷慨而仁慈的话所表明的精神挥动他的犁尖;
"你要是开辟土地,就用犁开辟土地:这样,跟在你犁后面
的鸟和狼将尽情享用——万物都将尽情享用。"①

---

① ［Pütz］参加尔特内勒(Wernher der Gartenaere):《佃农
赫尔姆布莱希特》(Meiner Helmbrecht),行 546 以下。尼采引自:
《带论文和注释的古代高地和低地德语民歌》,乌兰德(Ludwig Uh-
land)编,卷 2;《论文》,斯图加特 1866。卷 3 关于《乌兰德论诗歌和
传说的历史》,页 72;geneußt 是 genießt 的拟古用法。

203

[179]反对不良饮食习惯。——呸,反感人们今天在酒店以及在上流人士到处生活的场所的吃法!甚至当有名的学者聚会时,他们也像商人一样,桌上摆满山珍海味:"多多益善"和"品种繁多"是他们的原则,按照这一原则,备饭不是为满足人身体的营养需要,而是为了排场,并且需要通过让人兴奋的饮料来帮助消除胃和大脑的沉重。呸,反感这必然产生的普遍后果,也就是放荡和过分敏感!呸,反感在他们身上必然出现的美梦!呸,反感作为这种饮食之饭后甜点的艺术和书籍!而且他们可以随心所欲做他们想做的一切;但是在他们的行为中,火药和矛盾或厌世都将占上风!(英格兰的富人阶层需要基督教以便能够忍受他们的头疼和消化不良。)最后,事情不仅具有让人作呕的一面,而且还有让人发笑的一面:这些人实际上完全不是讲究吃喝的人;我们的时代及其忙碌的方式对他们四肢的控制比对他们的胃的控制更强大:这种饮食所来何为?为了代表!代表什么,代表全部神圣的名称?代表等级?——不,代表金钱:我们现在已经不再拥有等级!我们现在是个人!然而,金钱却是权力、声望、尊严、特权和影响力,一个人拥有金钱的多少决定了别人对他的大小道德偏见!没有人愿意把金钱放在谷仓里,但也没有人愿意把它摆在桌子上;因此,金钱需要一个人们能够自豪地把它放到桌面上的代表:看我们吃

的饭菜!

204

[180] 金钱中的达娜厄与神。① ——这种无节制的无耐心从何而来,它现在把人变成了罪犯,在哪些情况下,即它本来可以更好地声明相反的倾向的情况下? 有人用假秤,有人在将房子高额保险后纵火图赔,还有人参与造假币,而上流社会的四分之三习于合法欺诈,做着问心有愧的生意或投机事业:当他们这样做时,是什么在驱使他们? 并非真的贫困,因为他们谁也没有沦落到生活不下去的地步,有的还过着衣食无忧的好日子。但是,对于财富增长过慢的一种可怕的无耐心,以及一种同样可怕的对积聚起来的财富的兴致和热爱日夜催逼着他们。但是在这种急躁和这种热爱中,那种对权力欲的狂热再次显露;在过去,点燃这种权力欲是通过人对自己拥有真理的信仰,由于这种信仰是如此冠冕堂皇,以至于人们可以带着好良心干坏事(把犹太人、异教徒和优秀书籍投入火中,消灭如秘鲁和墨西哥这样的全部更高级的文化)。权力欲的表现形式已经有所改变,但是同一座火山依然始终燃烧着,这种无耐心和无节制的热爱依然想要它的

----

① [Pütz]达娜厄,阿尔戈斯王阿科里索斯和欧律狄克的女儿,被他的父亲囚禁在一座铜塔里,因为据神谕,他将被达娜厄的一个儿子杀死。宙斯化成黄金雨进入塔内,她成了帕尔修斯的母亲。

牺牲品:过去我们为了上帝的缘故而做的,现在我们为了金钱的缘故而做,也就是,为现在给我们带来最高权力感和好良心的东西而做。

205

关于以色列人。——欧洲犹太人的最终命运如何,这是我们下一个世纪有幸目睹的场面之一。显而易见的是,他们已经掷出了他们的骰子和渡过了他们的卢比孔河(Rubikon)①:[181]对于他们来说,唯一还剩下的只是,是将成为欧洲的主人呢,还是如许多世纪以前,当他们面临着类似选择时,像丢掉埃及一样丢掉欧洲。他们的得天独厚之处是,在 18 世纪的欧洲,他们经受了任何其他欧洲民族都未经历的严峻考验——这段可怕的考验时期的经历不仅使犹太民族的整体受益,而且犹太民族的个人甚至从中受益更多。由此带来的结果就是,灵魂上和精神上的救助之源泉尤其在今天的犹太人那里,在所有欧洲居民中,他们是最少在困境中求助于酒精或自杀以逃避一种深重困境的——而这离那些少有天赋的人

---

①　[Pütz]卢比孔是位于翁布里亚(Umbrien)和罗马行省 Gallia Cisalpina[山南高卢]之间的一条边界小河的古代名称,即今天的卢比孔河(Lubicone),从拉文纳南部流入亚德里亚海。当恺撒于公元前 49 年 1 月 11 日渡过卢比孔河(并且说:alea iacta est [骰子已经掷出去了!][据苏维托(Sueton)《恺撒》,32]),离开他的行省向意大利进发时,他开启了内战。尼采用这句已经成为谚语的说法表示,骰子已经掷出,险已涉定。

却总是如此地近。每一个犹太人都能在他父亲和祖父的历史中,找到一大堆在可怕困境中沉着冷静、坚毅不拔的例子,找到对抗灾难与不幸的巧妙和机智;他们隐藏在逆来顺受外表下的勇敢,他们的"蔑视蔑视者"(spernere se sperni)的英雄主义,使所有圣徒的美德相形见绌。在2000年的时间里,人们充满鄙视地对待他们,堵住他们通向任何高贵和尊严的道路,迫使他们从事越来越肮脏的工作,企图使他们永远抬不起头来。结果,他们在这种对待下确实没有变得更纯净。但是,他们是可鄙的吗?他们可从来没有停止过相信,他们担负着最高的使命;一切受苦者所具有的美德也从来没有停止对他们进行美化。他们尊敬他们的父母和他们的孩子的作风,他们的婚姻和婚姻习俗的合乎理性,使他们在所有欧洲人中与众不同。此外,他们还知道如何从那遗弃给他们(或者说他们被遗弃给)的职业中创造出权力感和永恒的复仇;甚至关于他们的高利贷,①我们也不得不说些辩解的话,没有这种加诸那些鄙视他们的人身上的偶尔惬意而有用的折磨,[182]他们也许很难如此长久地保持他们的自尊。因为我们的自尊本身取决于我们在无论好还是坏的事情上再次作出报复的能力。同时,他们的复仇从来没有轻易把他们扯太远:由于居住地、气候、邻人以及压迫者的

----

①　[Pütz]尼采赞赏犹太人的能力,他们把针对他们的限制——即唯一的职业是允许从事金钱交易——转变成了他们的(超)生命意志的工具,尼采重估了人们对犹太人长期怀有的一种谴责。

习俗等等频繁变换,培养了他们自由的思想和开阔的心胸;他们的人类社会交往经验是最丰富的,即使在感情冲动时,他们也不会忘记他们从这一经验中所学会的审慎。他们对自己精神上的随机应变和圆滑世故是如此自信,以至于即使在他们最为穷困潦倒时,他们也不需要像粗笨的工人、脚夫和农夫那样靠体力赚取他们的面包。从他们的行为举止中,我们也可以看出,他们的灵魂根本就不知道什么高贵的骑士感情,他们的身上从来没有佩带过什么好看的武器:取而代之的是某种纠缠不休交替着一种经常是温柔的又几乎总是难堪的卑躬屈膝。但是,现在,由于他们一年比一年越来越多地和不可避免地与欧洲最高贵的贵族血统联姻,因此,用不了多久,他们就会在精神和身体的风度教养方面获得一种好的遗产:这样,在一个世纪以后,他们已经能够足够高贵地去注视,以便作为主人在屈服于他们的人面前唤起的不是耻辱。这一点非常关键! 正是由于这一原因,现在要解决他们的问题尚嫌过早! 他们自己心里完全清楚,所谓征服欧洲或任何暴力行动,对他们来说都只是无稽之谈;但是,欧洲早晚有一天会像成熟的果子一样落下,那时只要他们轻轻伸手接住即可。同时,为了实现这一目的,他们也必须在欧洲所有重大事务上发挥更重大作用,站在前列,直到他们自己能够决定什么是真正的重大为止。那时,他们就会被称为欧洲民族的创造者和路标而不会冒犯欧洲民族的感情。[183]对于每个犹太家庭来说,构成了犹太历史的这种被累积起来的伟大印象的丰盈,这种激

情、美德、决心、自制、斗争和各种各样的胜利的丰盈，如
果不是最终表现为伟大的精神性的人和事业，还能有什
么别的表现呢？因此，犹太人把这些珠宝和这些金器作
为他们自己的作品——历史比较短暂和经验不那么深刻
的欧洲民族所不曾创造和不能创造的作品——摆在我们
的面前之日，以色列把它的永恒复仇转变为对欧洲的永
恒祝福之日：就是第七天再临之日，在这个日子里，古老
的犹太上帝将为他自己，他的创造和他所选定的人民而
欢欣，我们大家、我们每个人也都将与他一起欢欣！

206

不可能的阶级。——贫穷、快乐和独立！——可以
聚集在一起；贫穷，快乐和奴隶，这同样也可以。如果我
们的工厂奴隶不觉得像现在这样被用做机器上的螺丝
钉和人类发明精神的填充物有什么耻辱，那么我无话可
说。呸！有人认为，更高的工资将会从根本上改变他们
的苦难，我认为，他们非人的奴役反而可能被提高。呸！
听任别人说服自己，随着一个新机械化社会中非个人性
程度的提高，这种被奴役的耻辱将转变成美德。呸！这
样做会有一个代价，人不再会成为有人格的，而是变成
了螺丝。愚蠢！在今天想要尽可能多地生产和尽可能
富裕的民族愚蠢中，你们是同谋吗？但是，你们的事情
本该是为他们提供相反的计算：[184]为这样一种外在
的目标，有多么巨大量的内在价值被浪费掉了！然而，

如果你们已经不再知道什么叫自由呼吸,如果你们在了结自己本身方面从不曾缺乏暴力,如果你们就像对一瓶走了味的酒一样对自己感到太过厌烦,如果你们紧盯报纸,窥伺富有的邻居,随着权力、金钱和舆论的起落而充满贪欲,如果你们不再相信破衣烂衫的哲学和简朴自足者的坦率,如果自愿的田园牧歌般的贫穷和不受职业及婚姻限制的自由——这应该是唯一适合你们中间精神高尚的人的——变成了嘲笑的对象,那么,你们又有什么内在价值可言呢? 相反,如果你们的耳朵里总是充满了社会主义煽动者的哨声,它意在用疯狂的希望激起你最强烈的欲望,要求你做好准备并且只是做好准备,一天天地准备下去,一天天地等待下去,等待着某种事情从外面发生,同时保持过去的所有生活原封不动——一直到这种等待变成了饥饿、渴望、热情和疯狂,最后"暴民的胜利"(bestia triumphans)的日子带着它的全部荣耀从天而降,那么,你们又有什么内在价值可言呢? ——相反,每一个人都应该自己思考:"宁愿移居,到世界上蛮荒的、新鲜的地区,试图成为那里的主人,而且首先是成为自己的主人;只要有任何奴役的征兆向我示意,就不停地从一个地区换到另一个地区;既不躲避冒险也不躲避战争,在最坏的情况下,甚至甘愿赴死;而不再继续忍受这种可耻的奴役,不再变得更为恼怒、刻毒和热衷于阴谋诡计。"这将是正确的信念:欧洲工人应该表示,作为阶级,他们从现在开始赞成一种人类的不可能性,而不只是像通常发生的那样,作为某种被冷酷无情地且不恰当地安排的东西；他们应该开创一个时代,从欧洲的蜂箱中蜂拥而出,如此之类的景象迄今还未曾被经历过,[185]通过这种大规模的自由迁徙行动反对机器,反对资本,反对他们现在面临的不得不在成为欧洲国家的奴隶还是成为某个革命党的奴隶之间做出选择的威胁。欧洲四分之一的居民就可以轻松了！欧洲和这些居民的内心,会变得更轻松！只有在遥远的土地上,在蜂拥而出的殖民者迁徙行动中,我们才会看出,欧洲母亲给她的子女灌输了多少理性和公正、多少健康的怀疑——这些子女,他们不再能忍受在她——这位沉闷的老妇——身边,而且他们还面临着危险,即将会变得像她本身一样阴郁易怒、容易激动而且耽于享乐。欧洲的美德将和这些工人一起在欧洲以外的地方漫游；那些在他们的家乡已经开始退化为危险的坏情绪和犯罪倾向的东西,一旦到了国外,就获得了一种粗犷、优美的自然性,被称为英雄气概。——最终,一阵清新的空气将重新吹进这古老的、人满为患的和内部增殖的欧洲！那毕竟会出现“劳动力”的短缺！人们那时也许就会想到,我们之所以习惯于许多需要,其实只是因为这些需要太容易满足了——我们完全可以放弃这些需要！也许我们还可以招来大批中国人；他们将带来与工作蚂蚁相适应的生活方式和思想方式。的确,总体上他们也许还会有助于为这焦躁不安和自我消耗的欧洲血液中注入某种亚洲式的平静和沉思,以及——也许是最需要的——亚洲式的坚忍。

207

　　德国人对待道德的态度。——德国人有能力成就一番大事，但他又几乎不可能成就一番大事；由于懒惰的天性，他总是能服从就服从。[186]当他被带入困境中不得不自我依靠和抛开懒惰，当他不再能像一个数字一样被压进一个总数中时（在这方面他远远不像一个法国人或一个英国人那样有那么多价值）——他就发现了他的力量：这时他变得危险、恶毒、深刻和大胆，揭开了他自身内具有的沉睡着的能量宝藏，对此别人（甚至他自己也）难以置信。在这样一种情况下，德国人开始服从他自己——这是伟大的例外——他以一种与他以前服从国王和他的公职一样笨拙、强硬和坚持服从他自己：因此，正如我们所说，这时他完全可以胜任一番惊天动地的事儿，那种与他过去所假定的"软弱性格"完全不成比例的事儿。然而，一般来说，他害怕依靠自我，害怕发凡起例：德国所以需要那么多官吏和墨水，原因就在此。——他与轻举妄动格格不入，对于轻举妄动来说，他是过于小心翼翼了；但是，在全新的环境使他从昏睡中惊醒之后，他几乎是轻举妄动的；新环境的陌生和新鲜感使他感到陶醉，飘飘然忘乎所以——在自我陶醉方面，他可是一位行家里手！因此，我们看到，目前这个时代的德国人在政治上几乎总是轻举妄动的：虽然即使在这里，他对彻底性和严肃性的偏见也有可取之处，而且他在与其他政治力量周旋时可能充分利用这些偏见,然而他因此私下里充满自负,他觉得自己终于可以东游西荡、喜怒无常和追新逐异,可以随意更换人物、党派和希望,仿佛他们仅仅是一些面具。——德国学者,迄今依然享有这样的声望,即他们是最具德国性的德国人,他们过去是并且也许现在还是像德国军人那样优秀,由于他们那深刻的、几近孩子气的倾向,在一切外部事物和需求中的服从倾向,在科学中更多倾向于独自对待并倾向于更多地承担责任:只要他们懂得在风云变幻的时代中保持他们的骄傲、单纯和耐心,以及他们那不受政治愚蠢影响的自由,[187]我们就依然可以期待他们大有作为:像他们现在这样(或者像他们过去那样),他们乃是某些更高事物的胚胎状态。——德国人(甚至他们的学者也不例外)的真正长处和短处在于,迄今为止他们比其他民族更爱好迷信和渴望信仰;他们的恶习一直是他们的酗酒和自杀倾向(这表明了他们精神的笨拙迟钝,这很容易促使他们自暴自弃);他们的危险在于一切束缚理智力量和放纵情感的东西(例如,音乐和精神饮料的过量使用):因为德国人的情感是一种对自己不利的因素,像一个醉汉的情感一样是自我毁灭的。热情本身在德国比在其他地方价值要少,因为它是徒劳无益的。若德国人做了什么伟大事业,必发生在困厄中,在勇敢无畏的状态下,在咬紧牙关的状态下,在最紧张的深思熟虑以及经常是宽容慷慨的状态下。——与德国人交往本应该值得好好推荐,因为几乎每一个德国人都可以给予某种东西,只要我们知道把他带到那儿使他发现这种东西，找回这种东西（德国人本身是乱糟糟的）。——现在，如果这样一个民族开始从事道德：什么样的道德刚好会使他满意？无疑，它首先想要的是，它那由衷的服从倾向在道德中被理想化地显露出来。"人必须有某种他可以无条件服从的东西"——这是一种德国情感，一种德国式合乎逻辑性，在德国的所有道德教导的深处，我们都可以看到这种情感和逻辑。当人们站在整个古代道德面前时，印象是多么地不同！所有道德方面的希腊思想家，无论他们向我们迎面而来的形象是多么千差万别，作为道德家却都像体操大师，①他对一位少年说："来，跟着我！听从我的管教！这样，也许有一天你就会在全体希腊人面前夺冠！"[188] 个人成名——这是古代人的道德。悄悄地或公开地顺从和追随——这是德国人的道德。——早在康德及其绝对命令很久以前，路德就基于同样的感情宣布说：必定有一种存在，人可以对之绝对信任——这就是他的上帝存在证明；与康德相比，路德更粗糙和更大众化，他要人们无条件服从的不是一个概念，而是一个人格。康德最终也是因此才走弯路，绕道道德的，即为了达到对于人格的服从：这是典型的德国人的崇拜，在宗教崇拜中留给他的东西恰恰越来越少。希腊人和罗马人在这方面的感情是不同的，他们肯定会对这种"必定有一种存在"的说法嗤之以鼻：如下属于他们

---

①　[Pütz]指弗里德里希·路德维希·雅恩（Friedrich Ludwig Jahn，1778—1852），"德国体操之父"。为了通过体操艺术促进普鲁士人心灵的强健，他于1811年开办了第一个露天体操场。

的南方的自由情感,即抵御任何"绝对的信任",并在内心最深处保留着对所有的一切——无论神、人还是概念——的些微怀疑。那位古代哲人更过分! 不动心(Nil admirari)——他在这句话里看到了哲学。而一个德国人,也就是叔本华,则在相反的方向上走得这样远,以至于说: admirari id est philosophari〔哲学就在于崇拜〕。——但是现在,如果像将来有一天发生的那样,德国人需要再次进入能够完成伟大事业的状态,那又如何? 如果不服从的非常时期突然来临,那又如何? ——我并不认为叔本华有权说,德国人超出其他民族的唯一长处是,在他们中间有比其他地方更多的无神论者——但是我知道:当德国人处于能够胜任一番事业的状态中时,他总是使自己超于道德之上! 他难道不应该这样做吗? 现在有新的事情等待他去做,也就是说,等着他去命令——无论是命令他自己还是命令其他人! 但是,他的德国道德并没有教过他如何去命令! 德国道德已经完全忘记了如何命令!

卷　四

208

[189] 良心问题。——一句话(in summa)："你们到底想要什么样的革新?"——我们不想再让原因成为罪人,而结果成为刽子手。

209

最严格的理论的好处。——只要人们始终信仰最严格的道德理论,他就会原谅一个人的许多道德缺点,就像手持一面粗筛子。相反,对于带有自由精神的道德家的生活,人们却总是把它放在显微镜下仔细检查:其隐秘想法是认为,他生活中的每项错误都是他那不得人心理论的最好反驳。

210

　　所谓"自身"(an sich)。① ——从前人问,什么是可笑的东西? 好像在我们之外存在着某些东西,可笑乃是附着于这些东西上的性质;为了发现这些可笑的东西是什么,我们绞尽脑汁,苦思冥想(一位神学家②甚至认为它们是"罪的天真状态")。现在人们问,什么是笑? 笑是如何产生的? 人们深思之后的结论是:[190]不存在什么本身善、本身美、本身崇高和本身恶的东西,但却可能存在着心灵的诸种状态,我们正是在这些状态下用这样一些词来为我们身外身内的事物命名。我们现在重新收回了事物的称谓,至少想起来是我们把这些称谓借给了事物:——我们需要注意,这一洞见不应该使我们失去出借的能力。我们既没有因为这一洞见变得更富有,也没有因为这一洞见变得更吝啬。

211

　　致梦想不死者。——你们想让你们心爱的意识永

---

　　① [Pütz]指康德的区分:不依赖主观形式的事物"自身"的存在和事物在知识中"为我们"显现的存在。康德的区分以新的方式继承了柏拉图在理念与生灭的感官世界之间的区分。
　　② [Pütz]指微内(Alexandre Vinet,1797—1847),瑞士神学家、哲学家和文学史家。

远持存？这是否有点不知耻？你们就没有替其他存在者想想，如果你们长生不死，那些比基督徒还耐心容忍你们到现在的存在者将不得不一直容忍你们到永远？也许，你认为你的存在可以唤起它们永恒的舒适感？只要地球上有一人永存不死就够了，为了使那时仍存在的所有其他存在者因对他的厌倦而处于对死亡和自杀的狂热爱好中！你这渺小的地球生物，带着历史长河中几千个瞬间的微不足道的经验，想让永恒的普遍的此在永远地厌烦吗？还有比这更纠缠不休的吗？当然，对一个只活了短短 70 年的生物，我们不能要求太高——他还不能想象自己可能经历的"永恒的厌烦"——他的生命于此还太短。

212

　　自我认识的来源。——每当一动物看见另一动物，它就在心里跟它较量；野蛮时代的人也是这样。由此可知，每个人几乎仅就自身的防御力量和攻击力量来认识自己。

213

　　[191] 拥有错误的一生的人。——有些人是由这样的材料做成的，即允许社会从这些材料做成这或做成那：无论任何情况下这些人都会满意，不打算抱怨其错误的

一生。另外一些人则由特殊的材料构成——不需要特别高贵，只求恰好是一种更稀有的材料——好让他们不必感觉自己很差，只有一种情况除外，即他们能够按照自己独一无二的目标生活：——其他任何情况下社会都会因此而受到损害。因为这个人会把在他看来作为错误的、失败的生活的一切，把他全部的苦恼、坏情绪、麻痹、病态、敏感性、贪欲，都回掷给社会——于是在社会上就形成了一种阴郁沉闷的气氛，或最好的情况下，也形成了一片带电的乌云。

214

与原谅何干！——你们感到痛苦，要我们在你们由于痛苦而对人和事物不公时原谅你们。但是，与我们的原谅何干！但是为你们自身的缘故，你们应该更小心！如此赔偿一个人的痛苦，以至于为此损害了他的判断，这是一种多么美的方式啊！你们诋毁其他事物时，你们自己的报复又重新针对自己；你们弄坏的是自己的眼睛，而不是别人的：你们将习惯于错视和斜视！

215

牺牲品的道德。——"热情牺牲""自我牺牲"——这是你们的道德格言。我也相信，当你们说这些格言时，你们确实是"发自内心"的。[192] 只是当你们为了这样一种道德而"发自内心"时,我比你们更了解你们的"内心"
是什么! 站在这样的高处,你们蔑视其他要求自我控制、
严格和服从的更为清醒的道德,甚至称其为自私,而且毫
无疑问! 当你们发现它们让你们不快时,你们完全是发
自内心的——它们必定令你们不快! 因为在你们热情献
出自己和牺牲自己时,你们体验到的不是痛苦,而是一种
让你们迷恋和狂喜的思想:现在你们不再是你们自己,而
成为你们为之献身的更有力量的神或人的存在的一部
分;你们沉醉在他那因为你们的牺牲而再一次得到证明
的权力感中。其实,你们只是表面上牺牲自己,实际在思
想中已经变身为神并体验着他的快乐。与这种快乐相
比,服从、责任和理性的"利己主义"道德在你们看来是多
么地虚弱和贫乏:你们不喜欢它们,因为它们必定要求实
在的牺牲和奉献,同时又不能使牺牲者在幻想中变为一
个神。总之,你们想要陶醉和放纵,而那被你们鄙视的道
德禁止陶醉和放纵——因此,它们让你们不快,我完全
相信!

216

恶人与音乐。——除了那些深深地不信、邪恶和暴
躁的人外,还有谁曾经体验过绝对信赖中的爱的极乐吗?
在这种爱的极乐中,恶人的灵魂仿佛置身于一种巨大、空
前、难以置信的例外状态。一种无边的梦幻感觉在某一
天不期而至、大驾光临,与他们过去所有隐秘和公开的生

活都截然不同,恰成鲜明对照:宛如一个珍贵的谜和奇
迹,熠熠生辉,超出一切语言和形象。[193]绝对的信赖
使人暗哑无言;事实上,在这幸福的暗哑无言中甚至有一
种痛苦和一种沉重。因此,我们看到,这些因幸福而沮丧
的灵魂比所有其他好人更感激音乐;透过音乐,犹如透过
一片彩色的轻烟,他们遥视和谛听他们的爱,他们的爱仿
佛变得更遥远、更动人和更轻松了;音乐是他们唯一的手
段,使他们得以凝视他们的非常处境,以一种疏远和轻松
的方式享受眼福。每个爱着的人在听音乐时都这样想:
"它在说我,它代替我说,它知道一切!"

217

艺术家。——德国人想通过艺术家达到一种梦寐以
求的激情;意大利人想通过艺术家摆脱他们实际的激情
获得安宁;法国人想从艺术家得到证明自己判断的机会
和谈论的资本。因此:让我们公正!

218

如艺术家那样自由支配自己的弱点。——如果说每
个人都不可能没有弱点,如果说每个人最终都只能像接
受命运一样接受自己的弱点,那么,我希望每个人都至少
能像许多艺术家一样,拥有足够的技巧,知道如何用他的
弱点反衬他的优点,通过他的弱点使我们渴慕他的优点:

大音乐家们在这方面的本领是无与伦比的。在贝多芬的
音乐中常有一种粗暴、蛮横、急躁的音调；在莫扎特的音
乐中常有一种不登大雅之堂的老实伙计的和气；瓦格纳
的音乐常有突然而强烈的动荡不安，[194] 眼看最有耐
心的听众也要失去了好脾气，然而就在这时，他又恢复了
他的力量。其他两位也是如此。通过他们的弱点，他们
使我们渴望和珍惜他们的优点，让我们有十倍敏感之舌，
品味他们音乐中的每一滴轻灵、优美、卓越。

219

屈辱之欺骗。——由于你的愚蠢，其他人遭受到深重
痛苦，他的幸福蒙受了不可弥补的损失——最后，你终于
克服了你的虚荣来到他面前，让他唾弃你的愚行，以为在
经历了这对你来说极端痛苦的一幕后，一切都恢复正常，
你的自愿荣誉损失补偿了他那不自愿的幸福损失：带着这
种感觉，你心安理得扬长而去，相信一切美德又回到了你
身上。但是，无论如何，其他人的痛苦并没有比以前减少
一分。不错，你曾经犯傻并且现在承认自己曾经犯傻，但
其他人丝毫不觉得这对他是什么安慰：相反，看到你在他
面前自我贬低，使他想起你带给他的痛苦的场面，如同你
给他新造成一种伤害——但他并不想报复，也不认为你能
以什么方式加以补偿。实际上，这出闹剧是你为了自己而
演给你自己看的，受害人不过是一个证人，他被请来作证，
但不是为了他，而是为了你——别再自欺欺人吧！

220

威严与恐惧。——礼仪，官服和等级制服，表情严肃，[195] 目光沉着，步态稳健，总之，一切人们称为威严的东西：这皆是恐惧者的作态，他们希望以此使他们自己或他们所代表的东西令人恐惧。无所畏惧者天生和自然地令人畏惧，他们不需要仪式和威严：他们把诚实，径直体现在言辞和手势（名声好的、更多是声名狼藉的）中的诚实，作为那种自信的可怕性的标志。

221

牺牲之道德性。——那种根据牺牲程度评价自己的道德性是一种半野蛮时代的道德性。理性在灵魂中获得的胜利艰难而血腥，因为强大的相反欲望被镇压下去了；没有野蛮神明（kanibalische Götter）所要求的牺牲身上发生的这样一种残暴，理性不可能获胜。

222

狂热之用。——要唤醒冷漠者，只能使其狂热。

223

可怕的眼睛。——最让艺术家、诗人和作家们害怕的眼睛:它看穿了他们的小把戏,事后明白了他们如何经常在满足自己的欲望和欺世盗名之间犹豫不决;知道他们如何渴望以很少货色换取很多东西,知道他们如何怀着卑贱的心在肮脏的角落里鼓吹美和崇高;[196]透过他们的艺术的全部幻觉,看到他们心底的观念,像他们自己原来看到的那样:可能是一道迷人的光影,也可能是一件普通的赃物,一种平常的思想,他们不得不为它梳洗、打扮、包装、上色、加工、处理,以便把它做成什么,而不是从中产生什么思想——哦,你们作品中的全部不安,你们的窥伺和贪婪,你们的模仿和夸张(夸张不过是嫉妒性的模仿),你们的羞愧,你们在别人面前掩盖这种羞愧和在自己面前解释这种羞愧的技俩,都逃不过这眼睛!

224

他人不幸的"陶冶作用"。——当某人遭到不幸,"有同情心者"闻风而至,向不幸者刻画他们的不幸——最后他们心满意足,飘然而去:他们以不幸者的惊恐为乐,正如以自身的惊恐为乐,他们让自己度过了一个不错的下午。一个愉快的下午。

225

很快引人轻视的方法。——一个说得快而多的人,尤其深地引起了我们的重视,但是在最短暂的接触过后,哪怕他说得再有理——他也让我们厌烦，不是适度的厌烦，而是极深的厌烦。因为我们猜到，他必定已经让多少人厌烦啊。因此，在他引起我们个人的不快以外，我们又加上我们能想到的别人对他的必然的轻视。

226

与名人交往。——甲："你为什么回避这位大人物？"[226]乙："我不想误解他！我们的缺点彼此不容：我目光短浅且多疑，而他戴着一副假钻石，神气活现，好像戴的是什么真家伙！"①

227

被囚者。——当心一切被囚的心灵！例如，要当心那些聪明的妇人，命运使她们被贬于一个狭小、昏暗的环境，她们就在那老去了。她们常常懒洋洋地半闭着眼，似乎在晒日，然而，每一阵不熟悉的脚步声和每一个不速之客，都会使她们立即开始狂吠，她们要对一切逃到她们那狗窝之外的东西进行报复。

228

赞颂中的报复。——这是一篇颂词，你们称其肤浅：

---

①　[KSA]指瓦格纳。

但当你们猜出复仇的恶意隐藏于这颂词中,则将惊其深微,句子之大胆和辞藻之丰富将使你们尤其满足。使作品如此深刻、离奇和匠心独具的不是作者,而是他的仇恨,一种他自己几乎也意识不到的仇恨。

229

骄傲。——啊,你们可了解一个受刑后带着秘密回到牢房的人的感受! 他咬碎牙齿也不肯透漏他的秘密。关于人类骄傲的欢乐之谜,你们又了解多少!

230

"功利的"(Utilitarisch)。①——现在,我们对道德事物的感受是如此莫衷一是,[198]以至对一些人来说,道德的有用性证明了道德,而对另一些人来说,道德的有用性反驳了道德。

231

德国人的德性。——当一个民族把简单等同于低劣

---

① [Pütz]指涉功利主义的原则,按照这种原则,道德行为的基础在于最大可能的功用(拉丁文:utilitas)。理想只有当其对个人和集体有用时才会被承认有价值。这一主要在盎格鲁-萨克逊世界广泛传播的学说的主要代表人物是两个英国哲学家:边沁(Jeremy Bentham,1748—1832)和穆勒(John Stuart Mill)。

(Schlichte als das Schlecht)①,把简单的人等同于低劣的人,它的趣味该是多么低下,而它在权势、等级、服饰、奢华和排场面前又必定是多么奴颜婢膝! 对于德国人道德上的这种傲慢,人们始终都应该用"低劣"这个小词而非其他来予以反驳。

232

来自一次辩论。——甲:"朋友,你嗓子哑了!"乙:"胜负已决,再争无益。"

233

"有良知之士。"——你们是否留意过,什么样的人最强调最严格的良知? 是这样一些人,他们意识到自己内心有许多卑劣的感情;他们忧虑地注视着自己,恐惧着别人——因此,他们试图装模作样(sich selber zu imponiren),用那种良知的严格性和义务的冷酷性装扮自己,于

---

①　[Pütz] Schlecht(在古高地德语中为 sleht)原来的含义是"平的""水平的",后也有"简单的"之义;这一含义自从 15 世纪以后逐渐为形近词 Schlicht 所取代,同时 schlecht 经历了向"贫乏""低劣"的词义转移(17 世纪),时至今日,该词几乎完全与 böse [坏,恶]同义,作为 gut[好,善]的反义词使用。这一语言史的事实在目前这段文字中有所反映,但在后来的《善恶的彼岸》中(特别是在其第 9 章"何为高贵"中),或者在《道德的谱系》中(第 1 篇:"善与恶""好与坏"),尼采作出了不同的解释和评价。

是由于这种严格而冷酷的印象,其他人(特别是那些低于他们的人)也得不得不借此了解他们。

234

羞于名声。——甲:有人避开他的名声,有人故意侮辱他的赞美者,[199]有人怕听关于他自己的评价,羞于被颂扬——你信也罢不信也罢,这类人是真有的!乙:我相信真有这样的人啊!只是请再多一点耐心,我的自大先生(Junker Hochmut)①!

235

拒绝感激。——人们可以拒绝别人的请求,但绝不可拒绝别人的感激(冷淡地和敷衍地接受别人的感激也一样)。那样做伤人最深——为什么?

① [Pütz]在瓦格纳的音乐剧《纽伦堡的工匠歌手》第2幕第4场中,汉斯·萨克斯(Hans Sachs)称瓦尔特(Walter von Stolzing)为Junker Hochmut。([译按]瓦尔特为来自法兰肯的骑士,在教堂偶遇金匠的女儿爱娃,遂心生爱慕。为赢得爱娃,瓦尔特去参加工匠歌手大赛。无奈他出于爱情而充满情感的歌唱与工匠师傅们对规则的苛求之间发生了冲突,以致瓦尔特初试不为工匠师傅们所接受。为此,爱娃去试探身为裁判的唱歌师傅、鞋匠汉斯·萨克斯。Junker Hochmut就是汉斯·萨克斯对爱娃说的他对瓦尔特的评价。中译参《瓦格纳戏剧全集》(上),高中甫等译,北京:中国文联出版公司,1997年,页755。)

236

惩罚。——一样古怪的事物，我们的惩罚！它不净化罪犯，它不赎罪：相反它比罪行本身造成更大的伤害。

237

党派之急迫。——几乎每个党派都会碰到一种可笑然而不是没有危险的苦恼：遭受苦恼的是所有那些人，那些长期忠心耿耿的和值得尊敬的捍卫党的教条者，某一天他们突然发现，一个比他们强大得多的声音已经从他们手里接过了党的号角。然而他们如何能够甘于寂寞！于是，他们提高了他们的声音，有时甚至改变了他们的声调。

238

追求优美。① ——一个充满活力的人，如果他不具有残忍的倾向，又不总是沉溺于孤芳自赏，就会不由自主

---

① ［Pütz］对优美的追求，在尼采那里是"强大人物"的特质，与席勒在其于 1793 年问世的作品《论优美与尊严》中所描述的"优美"概念有根本的区别。对席勒来说，"优美"不是通过一个由自然给定的美的形式来定义的，而是通过一个由主体自身的道德情感才能产生的美的形式来定义的。因此，对席勒来说，这一概念与理性和道德的观念不可分割地联系在一起。

地追求优美——这是他们的标志。相反,虚弱的人则爱
酸涩的批评——他们与蔑视人类的英雄人物,[200]与
此在生命(Dasein)的宗教式或哲学式诋毁者结为伙,或
退回到严格的习俗和谨慎的"终生职业"里:以便试图为
自己创造一种个性和一种强大。他们这样做同样是身不
由己的。

239

对道德家的提示。——我们的音乐家现在有了一个
伟大的发现:令人感兴趣的丑甚至在他们的艺术中也是
可能的! 因此,他们全都像醉酒者一样纷纷跌入这片广
阔的丑的海洋,而创作音乐变得从来没有像现在这么容
易。只是到了现在,我们才第一次拥有了一种无所不在
的深渊似的背景,在它的衬托下,一束美的音乐的光线,
无论多么微弱,都像金子和绿宝石一样熠熠发光;只是到
了现在,我们的音乐家才敢用风暴和骚乱折磨听众,让他
们喘不上气来,为的是随后在片刻的安宁与和谐中,让他
们感到无比的幸福和宁静,并从而对整个音乐做出好评。
人们发现了对比:现在只有最强烈的效果才是可能的
的——而且也廉价:没人再要求好的音乐。但是,你们必
须抓紧时间! 一种艺术一旦作出了这种发现,其生命余
下的日子也就不多了。——呜呼! 但愿我们的思想家长
出善解音律的耳朵,透过音乐听到那些音乐家的灵魂!
人们得等多久才能重新找到这样一个机会,去抓住具有

这样内心世界的人，他在作恶但又对这恶行感到清白无
辜！因为我们的音乐家对此毫无察觉，他们把他们自己
的历史，他们灵魂丑化的历史置入了音乐中。以前，一个
好的音乐家几乎是为他的艺术之故，而不得不成为一个
好人——而现在！

240

[201] 舞台上的道德性。① ——谁要是以为莎士比
亚戏剧有道德作用，看了《麦克白》②就会不可抗拒地放
弃野心之恶，他就错了：若他还以为莎士比亚本人也是像
他这样想的，他就更错了。真正着迷于强烈野心的人会
很有兴致地观看麦克白的这一形象，当主角毁于自己的
激情，这恰恰不啻于是这热烈的兴致饮品中最刺激的作
料。诗人自己就感觉不同吗？从犯下大罪的那一刻起，
他的这位野心家主角就在舞台上高视阔步，没有半点流

——————————

①　[Pütz] 指席勒的纲领性作品《论剧院作为一种道德机
关》。在这篇作品中，席勒赞扬剧院为不断进步的启蒙运动和道德
教育的工具，能够首先掌握有文化的市民，然后掌握全体民众的民
族精神，最后将超越所有阶级和民族限制而将人类联合在一起。
（[译按]中译参席勒：《论剧院作为一种道德机关》，选自《席勒文
集》第 6 卷，张玉书等译，北京：人民文学出版社，2005 年，页 3—
15。）

②　[Pütz] 莎士比亚的戏剧作品，对 18 世纪的德国的戏剧文
学有开创性影响。席勒在上述作品中特别以莎士比亚的作品，即
《恺撒》和《麦克白》，作为例证，说明虚构人物的厄运和罪责如何能
够对观众的道德立场和道德行动产生影响。

氓无赖的样子！正是从那时起,他才像有某种"魔力",吸引心性相似的人去模仿他;——魔力在此意味着:若为一种思想和欲望故,可置利益和生命于不顾。你们是否真以为,《特里斯坦和伊索尔德》①用两位主人公毁于通奸一事提供了一个反对通奸的教训？这可完全颠倒了诗人的用意:诗人,尤其是莎士比亚这样的诗人,珍爱自己的激情,同样也珍爱自己准备赴死的心境——他们的心灵之依附于生命并不比一滴水之依附于玻璃杯更执著。他们不把罪责及其不幸结局放在心上,莎士比亚是这样,写下《埃阿斯》《菲罗克忒忒斯》《俄狄浦斯》的索福克勒斯②也是这样:在这些剧本中,本来可以很容易地把罪责当作全剧的杠杆,但这却被确定地避免了。悲剧诗人同样不愿通过他所描绘的生命的形象反对生命！相反,他们喊道:"这是刺激中的刺激！这令人兴奋的、变化无常的、充

①　[Pütz]瓦格纳1859年首演的一部音乐剧的剧名,取材于公元1200年前后的哥特弗里德·冯·斯特拉斯堡(Gottfried von Straßburg)的同名宫廷小说。这是瓦格纳在首次深入研究叔本华哲学期间形成的歌剧构想,在这部歌剧中,他第一次打破了传统的调性,并引入了音乐之现代性。在《瞧,这个人》("为什么我如此聪明",节6)中,尼采仍然将他转变成一个瓦格纳分子的日期确定为自《特里斯坦》起,而瓦格纳所有后来的作品则被他视为倒退。

②　[Pütz]尼采反对索福克勒斯悲剧中所体现的道德化的罪责观:埃阿斯(在发疯之后自杀),菲罗克忒忒斯(被遗弃的伤员,参本书节157及其相关注释),俄狄浦斯(弑父娶母)。不如说尼采强调那些陷入根本的困境中的人物的伟大和痛苦,他们的悲剧经常是建立在无过错的被蒙蔽基础上的(俄狄浦斯等:客观上有过错,主观上无过错)。

满危险的、阴云密布但也常常阳光普照的人生！生活就是一场冒险——无论你们躲到什么地方，你都不可能躲开冒险！"——这是一个不安分的旺盛活跃时代的声音，[202]一个因为热情洋溢和精力充沛而忘乎所以的时代的声音——这是一个比我们的时代更恶的时代的声音：因此，我们才有必要把一部莎士比亚戏剧的意图弄得合宜而公正，也就是说，不是去理解它。

241

恐惧与心智。——如果真像人们现在深信不疑的那样，不能到阳光作用中寻找黑肤色形成的原因，那么，这也许是千万年来经常发作的怒火（和皮下充血）日积月累的最终结果？而那些心智更为发达的民族，由于同样频繁的恐怖和惊慌失色最终造成了苍白的肤色？——因为恐惧程度是心智的一个标尺；而经常暴怒是一种迹象，说明脱离动物性还不远，随时可返回那里。——因此，认为人的本来颜色也许是某种棕灰色——有些类似猴子和棕熊的颜色——也许是合适的。

242

独立。——独立（其最弱形式即所谓"思想自由"）是支配欲强烈的人最终采取的一种弱化形式——他长期寻找可以让他支配的东西，最终只找到了他自己。

243

两个方面。——我们试图查看镜子本身,最终看到的无非是镜中的事物。[203]我们想把握事物,最终抓住的无非又是镜子。——这就是知识的最普遍的历史。

244

现实之物带来的快乐。① ——我们现在倾向于现实之物带来的快乐——我们几乎全都有此倾向——这只能由如下来理解,即我们拥有由非现实之物带来的快乐太久直至厌倦。这种倾向本身并非是不叫人担心的,若它像现在这样出现,对现实不加选择且不求精致:它最小的危险也是,变得毫无品味可言。

245

权力感的精细。——拿破仑不善言辞,这使他很恼火。他也确实不善言辞:但他的权势欲——并不鄙弃任何机会而且比他精细的精神还要精细——促使他说得比他本来能够说出的还要糟糕。因此他报复自己的恼怒(对他自己的所有情感,他都嫉妒,因为它们拥有权力)并享受着

---

① ［Pütz］尼采指 19 世纪的实证主义思潮。

专断的愿望。于是,就听众的耳朵和判断来说,他又一次
享受到这种愿望:仿佛他能这样向他们说话就已经够好的
了。确实,他暗地里欢呼,在思想领域中通过最高权
威——它来自权力和创造性的结合——的电闪雷鸣,麻醉
着判断并误导着趣味;然而判断和趣味两者在他身上则冷
静而骄傲地坚持这一真理,即他讲得糟糕。——作为把一
种欲望完美地思考到底并完善到底的那种类型,拿破仑属
于古人,他们的标志很容易充分辨认——简单建立一个或
少数几个动机,进行有独创性地完善并完成它们。

246

[204]亚里士多德和婚姻。——在伟大天才的子孙
那里,疯狂爆发出来,在伟大的有德性者的子孙那里,痴
呆爆发出来——亚里士多德发觉。① 他想以此邀请那些
特立独行之人结婚吗?

247

坏脾气的起源。——许多人情绪偏激,变化无常,每
每无条理、失节制,此乃其祖先所犯逻辑不准确、不彻底
和蓦下结论等无数错误的最后结果。相反,好脾气的人
则出自高度重视理性,习惯于沉思和透彻思考的家

---

① 　[Pütz]参《修辞学》卷二,章 15,1390b,行 28—31。

族——至于究竟是为了值得称赞的目的还是为了恶的目
的而重视理性,则并不重要。

248

伪装作为义务。——善最多地通过伪装来得到发展,
那种伪装试图看起来是善:那里存在伟大的权力,这种伪装
恰恰就被理解为必然——伪装引起安全感和信赖,成百倍
地增加了自然权力的实际总量。谎言即使不是善的亲妈,
也必定是善的保姆。同样,诚实也是由显得诚实和老实的
要求抚养大的:在世袭贵族中。从一种伪装的持续不断的
练习中最终产生了天性自然(Natur):伪装最终超越了自
己,器官和本能正是伪善之园中毫不出乎所料的果实。

249

[205]究竟谁曾孤独过? ——胆小鬼不知道何为孤
独:在他椅子后面总是站着一个敌人。噢,谁能为我们讲
述那被称为孤独的精致情感的历史?

250

黑夜与音乐。——耳朵,这恐惧的器官,只有在黑夜
中,在密林和岩洞的幽暗中,才会进化得如此丰富,正如

它已经进化成的那样以适应人类产生以来最长的时代——即恐惧时代——的生活方式的需要；在亮处，耳朵就不再那么必须了。因而，音乐的特点即是一种属于黑夜和幽暗的艺术。

251

斯多亚式的。——出现了一种斯多亚主义者的明朗快乐，当他感到为礼节所限制，而他自身用自己的转变示范了这些礼节时，他享受自己同时作为礼节的统治者。

252

想一想！——受罚的不再是那个犯事的。受罚的永远是替罪羊。

253

表面现象。——糟糕！糟糕！人们不得不最好地、最顽强地加以证明的东西竟然是表面现象。因为太多太多的人不具备看到它的眼睛。但这是多么无聊啊！

254

[206] 预先领略的人。——诗人天性中既出众但又

危险的是他们淋漓尽致的想象力：对于行将到来或可能
到来的一切，想象力预先领略了，预先品尝了，预先忍受
了，而在事件和行为的最后时刻，它已经厌倦了。深知个
中滋味的拜伦勋爵在日记中写道："如果我有一个儿子，
那他应当成为一个相当散文式人物——律师或海盗。"①

255

关于音乐的谈话。——甲："关于这音乐你怎么看？"
乙："它完全征服了我，我无话可说。听，演出又开始了！"
甲："这样更好！让我们来看看这次我们能不能征服它。
关于这音乐我可以说几句话吗？也许我还能让你看到一
出戏，这出戏是你第一次听时不一定注意到的？"乙："很
好！我有两只耳朵；若需要，还可以有更多。请坐近点！"
甲："我们现在听到的还不是他想对我们说的：直到现在，
他只是许诺他将说出某些东西，某些我们从未听过的东
西，正如他通过他的这些姿势想要告诉我们的。看，他如
何鞠躬！如何站得笔直！如何伸展他的手臂！现在，最
激动人心的时刻似乎来到了：几声号响过后，他牵来了他
的主题，庄严，华丽，发出像钻石一样悦耳的声音。这是
一个美人，还是一匹骏马？好了！他如醉如狂地环顾四
周，他的任务就是要让人们觉得他如醉如狂。只是到了
现在，他才对他的主题完全放心；只是到了现在，他的创

① ［Pütz］尼采引文出自拜伦：《杂著》卷2，页108。

造力才高涨起来,敢于挥洒和出其不意。且看他如何展开他的主题!啊,注意——他不仅知道如何点缀,而且还知道如何涂色!① 是的,他知道什么是健康的颜色,知道如何才能显出这种颜色——他比我想象的更精于他的自我认识。[207] 现在他相信,他已经打动了他的听众;他把他的观念描绘得好像是天底下最重要的东西;他毫不害臊地指点着他的主题,好像这个世界还不配聆听它。——哈,他是多么多疑! 他担心我们会厌倦! 因此,他现在让他的乐曲充满了甜蜜的音符——他现在甚至诉诸我们更为低级的感官,以激动我们,把我们再次置于他的影响之下。听,他唤来风暴和雷电的自然旋律。现在,看到这些力量吸引了我们,让我们窒息,几乎被压碎了,他不失时机地重新引进他的主题,要我们这些半昏迷和被震惊的听众相信,我们的昏迷和震惊乃是他那神奇主题的结果。从此以后,他的听众就相信了他:只要一听到同样的主题,他们就会回想起那令人震惊的自然效果——这种回忆现在对主题有利——主题现在变得有魔力了! 他是怎样一个灵魂专家啊! 他用煽动家的技艺征服我们。——但现在音乐停下了!”——乙:“这正是我所

---

① ［Pütz]《不合时宜的沉思》以来,在尼采对瓦格纳音乐日益增加的批评式评论中,此类特征刻画大量重现。尼采的保留态度反对赋予主题和主导动机过度重要的作用,反对对于效果的爱好,直至谴责其为颓废(Dekadenz,一种生命活力和文化的衰落,只是依然装扮出“健康的颜色”)和缺乏诚实(Redlichkeit)。然而,在尼采的美学中,这一处于现代派与古典风格之间的艺术,依然保留着它的权利。

盼望的！因为我再也听不下去你的高谈阔论了！我宁愿十次被骗，也不愿一次像你这样了解真理！"——甲："我早就知道你会这样说。像你一样的最优秀的人们甘愿被骗！你们带了粗糙而贪婪的耳朵，却没有一起带来聆听艺术的良知，你们把你们最精致的诚实扔在了你们前来的路上！你们这样既败坏了艺术也败坏了艺术家！当你们鼓掌和欢呼时，艺术家的良知就掌握在你们手里——而且可悲的是，当他们发现你们不能区分无辜的音乐和有罪的音乐时！我指的确实不是'好的'音乐和'坏的'音乐——但无论无辜的音乐还是有罪的音乐都有好有坏！但无辜的音乐，我指的是那种音乐，[208]它完全只想到自己，只信仰自己，因自己而忘掉世界——它是最深沉的孤独的独白，自顾自盼自语自言，而不知道有听者、闻者、影响、误解、失败等外境。——最后，我们刚刚听到的音乐就属于这种高贵而稀少的音乐，我关于它所说的话全是开玩笑——若你愿意，原谅我的小小恶作剧！"——乙："哎呀，你也爱听这音乐吗？那您许多罪被宽恕了！"

256

　　恶人的幸福。——这些沉默、阴郁、恶毒的人拥有某种你们不能否认的快乐：不同寻常的难得的闲情逸致(dolce far niente)①，有如黄昏薄暮时的宁静，只有经常

---

　　①　[Pütz]意大利语：甜蜜的无所事事。

饱受激情骚扰、折磨和毒害的心灵才能充分体会到它。

257

我们目前所有的词。——我们总是用我们手边有的那些词表达我们的思想。干脆直接说出我的怀疑吧：我们无论什么时候都只能有那些我们手边有词可以大概加以表达的思想。

258

向狗谄媚。——只须抚摩一下：它就会呜呜叫，摇尾巴，和别的谄媚者一样——它这方式很风趣。我们何不与它和平共处呢！

259

[209] 从前的阿谀奉承者。——"他变得闭口不谈我了，虽然他现在知道真理，也可以说出真理。但真理听来像报复——而且他对真理尊崇如此之高，这可敬的人！"

260

依附者的护身符。——不得不依附某个恩主的人，必须具有某种让人畏惧和控制恩主的东西,比如正直,或诚实,或恶毒的舌头。

261

为什么这样高蹈?——哦,我了解这些动物!当然,他们最喜欢自己"像神一样"直立而行,——但我更愿意看到他们重新四脚着地:这适合他们,简直无与伦比地更自然了。

262

权力的魔鬼。——不是需要,不是欲望,——不,对权力的爱,才是人的魔鬼。给他们所有的东西——健康、食物、住所、娱乐,他们还是觉得不幸和不快,总是觉得不幸和不快:因为魔鬼等了又等,想得到满足。拿走他们的所有东西,但满足魔鬼:他们就会极度地幸福——像人和魔鬼所能幸福的那样幸福。但我为什么要喋喋费词呢?路德早说过了,比我说的更好,就在他的诗里:

> 他们拿走了我们的身体、财产、荣誉、孩子和女人:让它们去吧——还有(上帝的)国必为我们留着!

是的！是的！（上帝的）"国"！①

263

[210] 身体和灵魂中的矛盾。——在所谓的天才身上存在着一种生理矛盾：他拥有许多野蛮的、混乱的和不由自主的活动，之后，他重又拥有这活动的许多的且最高的合目的性——他就像一面镜子，同时反映着这两种冲动：这两种冲动相互并存，相互交织，但也常常相互冲突。这种景象的结果就是，天才常常是不幸的，而且只有当他在创造中时才感觉最好，之所以如此，是因为他忘记了，实际上他这时正在以最高的合目的性做着某些幻想和非理性的事（所有艺术都如此），且必须这么做。

264

愿意弄错。——有更灵敏嗅觉的嫉妒者，试图不那

---

① 　[Pütz] 尼采节引自路德的一首五节歌曲的最后一节，这首歌曲在新教教堂歌曲集中也能找到，题目是"我们的主是一坚固城堡"。完整引文是："他们拿走身体/财产，荣誉，孩子和女人/让它们去吧/它们全都没什么好处/但必须给我们留下上帝国。"（《路德文集》，魏玛版，第 1 系列，卷 35，页 457。）[译注] 肯尼迪（J. M. Kennedy）在其英译本中注释说，尼采这里的"帝国"暗示德意志帝国。尼采一直指责德意志帝国，因为它导致古老德意志精神的完全毁灭。"上帝国"和"帝国"在德文中都是 Reich。

么精准地了解对手，以便自己能感觉到自己优越于对手。

265

需要戏剧的时代。——一个民族在想象力变得不济之后，就会开始热衷于在舞台上表演他们的传奇，想象力的这种捉襟见肘的替代品现在对他们来说不再是不可忍受的。相反，在史诗吟诵者（epische Rhapsode）①的时代，剧院本身以及装扮成英雄的演员乃是想象力需要跨越的障碍而非借以飞行的翅膀：它们太临近、太确定、太笨重、太缺少梦想的色彩和太缺少飞鸟的轻盈了。

266

缺少优美。——他缺少优美，而且他清楚这点：哦，他知道如何隐藏这一点！通过严格的道德，通过目光的忧郁，[211]通过对人和此在的假定的不信任，通过粗俗的笑话，通过对更精致的生活方式的蔑视，通过激情与权利，通过犬儒哲学——是的，他就变成了这种性格的人，

---

①　［Pütz］古代希腊的漫游吟唱诗人，他们在达官贵人的庆祝活动中演唱本国的或外国的史诗诗歌，经常用基塔拉琴（Kithara，弹拨乐器）伴奏。吟游诗人往往凭记忆吟颂荷马的诗歌，因此为《伊利亚特》和《奥德赛》的传播做出了贡献。尼采认为，吟游诗人比悲剧演员更能刺激听众的想象：听觉反对视觉。（亦参《悲剧的诞生》）

不断地意识到他缺少优美。

267

为何如此骄傲？——高贵的人和平庸的人的区别在于，他不像后者那样手头拥有一大堆习惯和观点：他意外地既没有继承也没有养成这些习惯和观点。

268

演说者的两难（Scylla und Charybdis）。①——在雅典，这样做是多么困难啊，如此演讲，以至于只为所演讲的事情赢得听从，而没有由于形式而把听众推开或用形式把他们从所演讲的事情引开！在法国，如此写作，依然是多么困难啊！

269

病人与艺术。——针对任何悲伤和心灵痛苦，人们

---

① [Pütz] 斯库拉和卡律布狄斯，希腊神话中的两个海怪，它们阻断了一个海峡，即意大利墨西拿通道，无论谁从此通过都要冒生命危险。斯库拉——一个咆哮着有六个头的怪物——先袭击奥德赛，然后他的船又陷入了卡律布狄斯旋涡。只是通过伸出悬崖的一棵树他才得救。斯库拉和卡律布德斯早就成为一种谚语，用来表示一种处境，在这处境中，人们在两种祸事中左右难以解脱。

首先应该尝试:饮食的改变和身体的粗重劳动。然而,在这种情况下,人们却惯于追求麻醉手段,例如艺术——从而既害了自己也害了艺术。你们难道没有察觉,当你们作为病人渴望艺术时,你们使艺术家也生病了?

270

表面上的宽容。——关于科学,为了科学,你们说了好意、善意、理解的话。[212]但是!但是!我却看到了你们对科学的宽容的背后!在你们心底,你们以为,尽管科学于你们并非必需,但你们却让它发挥作用,是的,还做它的代言人,这于你们是慷慨,特别是鉴于科学对你们的意见并没这么慷慨!你们知道你们根本就没权利这样表示宽容吗? 这种仁慈的神情是比一个傲慢自负的教士和艺术家胆敢对科学的公开嘲弄更粗野的对科学的诋毁吗? 你们对真正的、实际存在的东西缺乏那种严格的良知,发现科学与你们的感情冲突,你们也无痛苦不安,你们并不以求知识的饥渴为必须服从的法则,你们不感觉有责任,以眼光到处探索,在那可认识的地方,不放过那被认识的。你们并不认识你们如此加以容忍的东西! 正是由于你们并不认识它,你们才会做出这等慈善的样子! 若你们真的看到科学,你们会比任何人都要痛苦和狂热呢。——因此,如果你们对着一个幻象表示宽容! 甚至不是对我们的宽容! 而我们又有什么关系呢!

271

节日气氛。——正是那些最热烈地追求权力的人，在感觉自己被征服时，体会到不可名状的幸福！突然深深陷入一种感觉，好像正向一个旋涡中沉下去！丢开手中的缰绳，天知道将往哪里驰去？看啊！无论为我们取得这种状态的是什么人什么东西——这都是为我们做了一件大好事：我们这么幸福，这么透不过气来，觉得周围非人世般寂静，宛如置身在地球的最中心。[213]终于没有一点权力了！一个在原始力量推动下自由滚动的球！在这幸福里，有一种轻松，一种放下重担的释然，可以不费力地向下滚去，就像将自己完全交给了自然引力。这是登山者的梦想，虽然登山者知道他的目标在他头上，却精疲力竭地在途中睡了过去，梦见了相反的幸福，即不费力地滚下去的幸福。在我看来，这就是我们今天狂躁、渴求权力的欧洲和美洲社会的幸福。他们经常希望可以暂时回落到无权力的晕眩中——战争、艺术、宗教、天才则提供给他们这种快乐。偶尔听天由命，把自己交给吞没和摧毁一切的瞬间印象的波涛——这是现代人的节日气氛——他此后就会比以前更自由、更旺盛、更冷静、更严格，而且会不知疲倦地重新追求相反的目标：追求权力。——

272

种族的纯化。——大概没有什么纯粹的种族，只有

逐渐变得纯粹的种族,而且这种变得纯粹的种族也是非
常少有的。常见的是杂交种族,这些种族除了体态上的
不协调(如眼睛和嘴互相不协调)外,必然在习惯和价值
观念方面也不协调。(利文斯通①听人说过:"上帝创造
了白人和黑人,魔鬼创造了杂种人。")杂交种族同时也总
是意味着杂交的文化,杂交的道德性:他们一般来说更
恶、更残忍、更不安分。纯粹性是无数适应、吸收和淘汰
的最后结果,而且种族向纯粹的进展从这方面显示出来:
即种族中现成的力量越来越局限于少数个别选定的功
能,[214]而以前它们用于操持众多的且常常互相矛盾
的事物:这样一种限制看上去难免总像是一种贫乏化,应
该仔细地和小心地对待。但是,如果纯粹化过程最终获
得成功,过去那种耗费在各种不同性质之间互相争夺的
力量就会全都归于机体整体:因此,变得纯粹的种族也总
是变得更强壮和更美。——希腊人为我们提供了一个变
得纯粹的种族和文化的典范:也许我们可以希望,有一天
我们还将获得一种纯粹的欧洲种族和欧洲文化。

273

赞美。——你察觉到这个人就要开始赞美你了,于
是你紧闭双唇,屏住呼吸:天哪,把这杯苦酒拿走吧! 但

---

①　[Pütz] 利文斯通(David Livingstone, 1813—1873),穿越
南非的英国科考旅行者。

是，它没有被拿走，它被送到我们面前！因此，还是让我们吞下赞美者甜蜜的无耻，克服我们对其赞美本能的反感和极度轻视，作出一副感激的表情吧——因为无论如何，他认为他在对我们做好事！现在，在这之后，我们看到，赞美者信心饱满，自我感觉良好，因为他战胜了我们。真的，这个无赖也战胜了他自己，因为他是不情愿将自己的赞美送人的！

274

人类的权利和特权。——我们人类是唯一的造物。如果这些造物失败了，则它们可以自己将自己删除，有如删除一个写坏的句子——无论我们这样做是为了维护人类的荣誉，还是出于对人类的同情，或是出于对我们自己的厌恶。

275

[215] 变形的人。——现在他变成了美德的化身，但只是为了以此伤害别人。太关注他是不必要的！

276

多么经常！多么意外！——有多少已婚男子，曾经在某个早晨，突然清楚意识到，他们的年轻妻子虽然自以

为非常迷人，但实际上特别乏味，更不用说那些肉欲强烈
而精神虚弱的女人了！

277

热的美德与冷的美德。——有时，勇敢是冷酷的、不
可动摇的决心的结果；有时，勇敢是热烈的、几乎盲目的
勇气的结果，然而，我们却用同一个名字来称呼这两种勇
敢！——冷的美德何其不同于热的美德！如果有谁认为
只有热才能产生"德"（Gutsein），那他就是一个傻瓜；但
如果有人认为"德"只属于冷，那他同样也是一个傻瓜。
事实上，人类发现冷的勇敢和热的勇敢都很有用，但也都
很难得，因而只能将这两种颜色的美德都当作稀有的
宝石。

278

亲切友好的记忆。——谁若拥有一个高的等级，他
就善于为自己购置一种亲切友好的记忆，这意味着察觉
他人一切可能的善并转身记上一笔：由此人们就视他们
处于一种适意的依赖关系中。因此人也可以这样对待他
自己：他是否拥有一种亲切友好的记忆，[216]最终决定
了他对自己本身特有的态度，决定了在观察自己的爱好
和意图时的态度是高贵的、善意的还是不信任的，而且最
终也决定了这些爱好和意图本身的性质。

279

我们何以成为艺术家。——一旦一个人把某人当作自己崇拜的对象，他就会把这人理想化，以便向自己证明后者完全配得上他的崇拜；换句话说，为了使他自己的作为在良知上能通过，他变成了艺术家。如果他现在感到痛苦，那不是因为无知（Nichtwissen）使他痛苦，而是因为强作无知的自我欺骗让他痛苦。——像所有一往情深的恋爱者一样，这种人的内心悲欢不是寻常斗勺可以罄尽的。

280

孩子似的。——谁像孩子一样生活，即无需为他的面包操劳和不相信他的行动具有最终的意义，谁就仍然是孩子似的。

281

自我想把一切纳为己有。——好像人行动只是为了占有什么：至少人类的各种语言表明了类似的想法；在语言中，所有过去的行动都使我们获得了某些东西！ich habe geschprochen, gekaempft, gesiegt,①（意即我现在

①　［译注］"我说过了，战斗过了，胜利过了"，德语完成时态中的助动词 haben 作独立动词时表示"拥有"。

拥有我的讲话、战斗和胜利。）何其贪也！他甚至抓住过去不放，希望过去仍然为他现在所拥有！

282

［217］美中的危险。——此女美且聪明：啊，但是若她不美，那她该变得怎样更聪明啊！

283

安身和安心。——我们习惯的心境取决于，我们知道在什么样的心境中维持我们的周围环境。

284

将新的表达成旧的。——听到别人告诉新奇的事情，这是许多人所不乐意的，因为这让他们感到别人更早知道这事情，从而超过了他们。

285

自我于何处止步？——大多数人将其知道的所有东西都置于自己的保护之下，仿佛知道某事就意味着拥有某事。自我感的占有欲无边无际：伟人们说起话来好像整个时代都站在他们身后，而他们则是这一长长躯体的头;可爱的女士把她们子女的美丽,她们的服装,她们的狗,她们的医生,她们的城镇都算作她们自己的功劳,就差没有说"这一切就是我"。"谁无所有,谁无所是"(Chi non ha,non è),意大利人如是说。

286

家畜、宠物及其他。——还有比这更恶心的吗,比来自这样一个造物的对植物和动物的多愁善感,[218] 即从一开始就像盛怒的敌人一样居住在他们中间,最后却还对被他弄得虚弱和残缺的受害者提出温柔情感的要求! 在这种"自然"面前,如果人还有一点思想的话,那对他来说适宜的首先是严肃(Ernst)。

287

两个朋友。——原来是朋友的两个人不做朋友了,双方同时终止了对对方的友谊,一个认为对方太不了解自己,另一个认为对方过于了解自己——他们都在欺骗自己! ——因为他们每个人都没有很好认识自己。

288

高贵心灵的喜剧。——某些人做不到高贵的、热诚的亲密无间,因而试图允许人们通过矜持、严厉以及对于

亲昵的某种轻蔑，来猜出他们的高贵天性，仿佛他们内心
的信任情感是如此强烈，以至于羞于示人似的。

289

不宜发表反对一种德性的言论的场合。——在懦弱
者中间说反对勇敢的话，是不合适宜的，而且引来了轻
视；在听到反对同情的话时，冷酷无情的人总会显得
生气。

290

一种浪费。——对于好激动和好冲动的人来说，他
们按照第一反应说出的话和做出的行动往往不是他们内
心实际的真心流露[219]（而是在当时情境影响下不由
自主做出的，在某种程度上可以说是这些当时情境的气
氛的简单再现），但是，为了弥补、收回和消除这些不表达
实际内心的语言和行动，往往造成了随后表达内心实际
的语言和行动的浪费。

291

傲慢。——傲慢是一种扮演的和伪装的骄傲；然而，
骄傲之所以为骄傲，正在于它不善和不喜扮演、掩饰和伪
装；因此，傲慢可以说是不善伪装之伪装（die Heuchelei

der Unfähigkeit zur Heuchelei），十分困难，常常失败。但是，如果傲慢未遂——它通常总是未遂——傲慢者就体会到三重苦恼：因为想要骗人而招恨，因为想要显得比别人优越而招恨，以及最后，因为既没有骗过别人也没有显得比别人优越而被人嘲笑。因此，傲慢之举不智多矣！

292

一种误解。——当我们听人说话，有时一个单独字母的发音（如 r 的发音）就足以使我们对说话者情感的诚实产生怀疑：这声音在我们听来如此刺耳，以至于我们必须经过努力才能将其"同化"（machen）——它对我们来说是"做作"（gemacht）的。许多根深蒂固的误解都来源于此。一个具有与众不同写作习惯的作家的风格也是这样：只有他一个人觉得他自己的风格是"自然"的，对其他人来说，他的风格是"做作"的；相反，当他觉得自己是在"做作"时[220]（因为这时他不得不屈服于时尚和所谓"良好趣味"），其他人却开始觉得他是自然的、令人愉快的和值得信任的。

293

感谢。——感恩和虔敬，只要有一点就已经太多了——而且人会因此受苦，有如因某一恶习受苦，并使其全部独立性和正直蒙上坏良心的阴影。

294

圣者。——肉欲最盛者,是那些不得不避开女人并折磨自己的肉体的人。

295

服侍的境界。——在服侍这门伟大艺术中,最高境界是为一个大野心家服务,他在一切事情上都是地道的自私鬼,然而他又最不愿意被看作一个自私鬼(这正是他的野心的一部分)。他要求每件事情都以这样一种方式发生,既与他的意志和喜好一致,又使他看上去似乎在牺牲自己和从不为自己要求任何东西。

296

决斗。——我视之为一种优点,某君尝言:若我不得不决斗,就让我决斗好了;能够决斗是好的,因为在决斗中,人们永远不会缺少勇敢的对手和朋友。决斗是我们能找到的最后的体面自杀手段,虽然是一种令人遗憾、间接和不十分可靠的手段。

297

[221] 败坏。——败坏一个年轻人的万无一失的方

法是,教他对那些与他思想相同的人比对那些与他思想
不同的人评价更高。

298

英雄崇拜及其狂热的信徒。——一般来说,某一具有
血肉之躯的理想的狂热崇拜者,只有当他否定此理想时,
他才是正确的,而且当其时他也是可畏惧的:他就像了解
自己一样了解他所否定的东西。原因最简单不过:他来自
那里,他在那里就像在家里一样,他一直生活在某一天自
己不得不返回那里的恐惧中——他希望用否定永远挡住
自己返回那里的道路。然而,一旦开始肯定,他就眼睛半
闭,开始进行美化(这样做往往只是为了刺激留在家里的
那些同伴);你可以说这做法是艺术性的——是的,但同时
也是不诚实的。他把某人当作自己的理想,把他放在一个
遥远又遥远的地方,使他的形象在自己眼中模糊起来,渐
渐呈现出一派匀称、柔和朦胧之美。由于希望永远敬拜他
的高悬远举的理想,使其不受“渎神的暴民”(profanum
vulgus)的损害,他必须为其建造一座殿堂。在这座殿堂
中,他把他所拥有的全部其他景仰和神化对象都安置进
来,济济一堂,以便它们的光辉都落到他的理想之上,使理
想得到神奇的滋养,越来越神圣。最后,一个完美的神出
现,他的造神事业大功告成! ——但是,有一个人知道这
一切是如何得到的——他的思想的良知;还有一个人,虽
然是完全无意识的,对此加以抵制——被神化者自己,他

由于所有这些迷信、崇拜和歌颂变成了一个让人无法忍受
的家伙，[222] 以一种粗鲁可怕的方式表明，他完全不是什
么神，而只是一个人。在这种情况下，这样一个狂热的崇
拜者只有一条路可走：他听任自己和他的同伴容忍虐待，
并通过一种新的自欺和高贵的谎言把这种苦难说成"为荣
耀上帝受苦"(in majorem dei gloriam)：他采取了一种反
对自己的立场，因此作为被虐待者和解说者体验到了某种
类似殉道者的感觉——由此达到了他的狂妄的顶
点。——举例来说，这样的人就曾经生活在拿破仑周围；
确实，也许正是这些人在我们世纪的灵魂中播下了对"天
才"和"英雄"的浪漫主义崇拜(prostration)的种子，这种
迷信与启蒙运动的精神是背道而驰的。他们中间的某位
拜伦甚至毫不害羞地说，在这样一种存在面前，他只是"虫
豸"。① (自以为是、头脑混乱和愤愤不平的老卡莱尔②发
明了这种迷信的规则，他一生都想使他那英国人的常识浅
见浪漫化，最终却白费功夫。)

299

　　英雄气概之假象。——奋勇冲向敌人也可能是怯懦

---

　　① ［Pütz］尼采引自拜伦：《杂著》，卷2，页145。
　　② ［Pütz］卡莱尔(Thomas Carlyle, 1795—1881)，英国作
家，他扎根于苏格兰清教并受德国唯心主义影响，坚决反对19世
纪的唯物主义。在他的著作《法国大革命》(1837)和《论英雄和英
雄崇拜》(1841)中，世界历史被描绘成上帝所引导的伟大人物的
作品。

之标志。

300

对谄媚者的仁慈。——贪婪的野心家最后的聪明在于，他不让人察觉他看到谄媚者时对他们所生的轻蔑：反而对他们也做出一副仁慈的样子，好像一位上帝，除了作为仁慈的化身以外不可能有其他的存在。

301

［223］"个性"。——"我说到做到！"——人们认为，这种思想方式表明了一种强烈而突出的个性。有多少行为是这样做出的啊：我们所以选择这种行为，并不是因为它是最合理的行为，而是因为它在我们的想象中不知怎么点燃了我们的野心和虚荣，以至于如果我们不能一鼓作气将它付诸实施就无法安宁！通过这种方式，它增加了我们对自己的个性和好良心（gut Gewissen）的信仰，从而也就是增加了我们的力量感，而某些最合理的行动选择却只能带来对我们自己的怀疑，从而增加我们的无力感。

302

一重、二重、三重的真！——人几乎无时无刻不在说

306

希腊的理想。——希腊人喜爱奥德修斯①身上的什么？最喜他能说谎，能狡诈和可怕地报复；能适应环境；能在需要时显得比最高贵的人还高贵；能成为人们想要他成为的人；英雄式的镇定；必要时能使用任何手段；机智——他的机智让诸神惊奇，他们想到他的智力不禁莞尔——所有这些就是希腊人的理想！其中最值得注意的是，显现与存在的矛盾对他们来说还是完全陌生的，因而根本不具有道德上的意义。还有比这更完美的演员吗！

307

事实！虚构的事实——历史学家所处理的，不是实际发生的事，而是在人们想象中发生的事，②因为只有在

——————————

①　[Pütz]传说中的伊塔卡(Ithaka)的国王，莱耳忒斯(Laerte)和安提克勒亚(Antikeia)之子；荷马《伊利亚特》中的重要角色和《奥德赛》的主人公。尼采经常将他的狡诈和谎言说成是他的勇敢。

②　[Pütz]按照亚里士多德的《诗学》，历史学家描写现实发生的事情，相反，诗人则描写根据概率或必然规律可能发生的事情（特别参《诗学》第9章）。因此，按照通常的哲学标准，诗人构造的真实比历史学家的史实更真实。深受——特别是在德国——历史思想影响的19世纪，否认一种超时间的普遍性，更愿意在这一背景下颠倒亚里士多德对历史写作和诗歌创作的特征概括。因此，历史科学的首要任务是永远只探讨一个时代的精神，以及通过这种方式同时只描写那个过去了的时代认为有效的真理（转下页注）

人们想象中发生的事才会对人产生效果。同样,他也只处理想象中的英雄。[225]他的所谓世界历史研究,其实只是关于各种想象中的行动及其想象中的动机的一些意见,这些意见反过来引起新的意见和新的行动,而其本身的实在却再一次立即蒸发了,只作为蒸汽起作用——从漂浮在深不可测的现实上空的浓雾中,不断孕育和产生出一些幻象来。历史学家谈论的全都是一些除了在他们的幻想中从来没有在任何地方存在过的事。

308

不知道经营是高贵的。——只以最高价格出售自己的所长,甚或利用所长来放高利贷,像教师、官吏和艺术家那样——从天赋和才华中整出点商人干的事。现在人们一次也不该想用他们的智慧搞点小聪明才对!

309

恐惧与爱。——恐惧比爱更多地促进了对于人的普遍洞见,因为恐惧要求猜出,他人是谁,他会做些什么,他想要什么:在这个问题上欺骗自己是不利和危险的。反

(接上页注)或"观念"(例如可参兰克[Leopold von Ranke,1795—1886])。尼采反对这种观点,他用对真实发生事件的解释效果代替了真实发生的事件。历史学家不是描述历史,而永远只是从历史写作者那里剽窃历史。

过来,爱却包含一种隐秘的冲动,希望将被爱的他人看得尽可能美或抬得尽可能高:在此欺骗自己是有利的和欢乐的——因此他就这样做了。

310

和善者。——和善者的和善性情是这样获得的:他们的祖先生活在不断被攻击的恐惧中——他们长期惯于说好话,息事宁人,自我轻贱,小心翼翼,讨好,谄媚,隐苦,茹痛,若无其事,强作欢颜,[226]最后将所有这些甜美和完美的技能都遗传给他们的子女和子女的子女,而这些子女,感谢其更为可喜的命运,从来没有过这种恐惧感,但还是一再唱起了同样的人生之歌。

311

所谓"灵魂"。——人觉得容易并因而乐于去做和勇于去做的内心活动的总和,人们称为他的"灵魂";——如果察觉到内心活动于他是费力而严酷的,人们就会认为他没有灵魂。

312

善忘者。——在激情的爆发中,在梦境和精神错乱的狂想中,人重新发现了其自身以及整个人类的史前时期:动物性及其狂野的狰狞;他的记忆这时回到遥远的过去,而他的文明状态正是通过忘却这些原始经验发展起来的,也就是说,是通过这种记忆的衰退发展起来的。谁若属于最善忘的人,离开这一切很远,便不会懂得人类——但是,若不时能有一些"不懂人类"的个人,一些可以说是出自神的种子和诞生自理性的个人,那对整个人类是好的。

313

不再符合期望的朋友。——人的不再能满足其愿望的朋友,人宁愿将其当作敌人。

314

[227]来自思想者的聚会——在无边的生成海洋(Ozeans des Werdens)的深处,我们这些探险家和候鸟,在一个比一只小船大不了多少的小岛上醒来,向四周张望一番:既紧张又好奇,因为也许一分钟之后,一阵大风就会把我们刮跑,或一阵巨浪就会把小岛吞没,我们将不再有立足之地! ——然而,在这片小小的土地上,我们遇到了另外的候鸟,并听说了更早来过的候鸟——于是我们又是振翅,又是鸣唱,度过了一刻短暂的认识和发现的美妙时光,然后精神振奋,沧海一笑,飞向海洋更深的地方。

315

自我剥夺。——放弃自己的财产,放弃自己的权利,使人快乐,当它指示着更大的财富时。慷慨就属于此类。

316

弱小的宗派。——那些自觉强大无路的宗派用心网罗少数才华横溢的信徒,希望以质量弥补数量的不足。才智之士的莫大危险正在于此。

317

黄昏的判断。——如有人在其暮年和疲倦时回首他的盛年和一生的工作,他多半会得出一个令人忧郁的结论。但这并不是因为他的盛年或他的一生有什么问题,而是他的疲倦使然。[228]——当我们忙于创造时,或当我们忙于享受时,我们总是少有时间仔细端详生活和人生;但是,若我们确实要对生活和人生做出判断,那么,我们不应该像他一样,直到第七天歇下来时才肯去发现人生的异常之美。——他错过了最好的时间。

318

小心体系制造者。——出现了体系制造者的表演:

他们想完成一个体系并使之圆润,于是他们不得不尝试允许他们较弱的品质出现在他们较强的品质的风格中。——他们想扮演完美无缺的、独特而强大的人物。

319

好客。——好客习俗的意义是:麻痹陌生人身上的敌意。一旦人们在陌生人身上不再首先感受到一个敌人,好客之风也就衰落了:好客之风流行之日,就是人们普遍相信其恶毒前提之时。

320

关于天气。——一种反常和无常的气候甚至使人们之间也彼此怀疑;同时他们变得对革新上瘾,因为他们经常不得不偏离他们的习惯。因此独裁者喜爱的所有地带一律是气候温和之处。

321

[229]无辜蕴含的危险。——无辜的人总是最容易沦为受害者,因为他们的无知妨碍他们区分适度和过量并及时提醒自己适可而止。因此,无辜的也即无知的青年女性最初热衷于频繁的云雨之欢,当其丈夫后来不幸病倒或早衰了,就会感到难耐的寂寞;正是由于这种不怀

恶意的和深信不疑的女儿之心,使其觉得频繁的云雨之欢(Aphrodisien)①正当而合适,从而养成了一种需求,决定了未来的强烈挣扎与困厄。概言之:谁爱上某人或某物,但却对他爱上的人或物没有了解,谁就会成为他若看清楚就不会爱的东西的俘虏。在所有需要经验、警惕和预防措施的地方,最无可救药的人必定是天真的人;对于摆到他面前的任何事物的残渣和苦果,他都不得不一饮而尽。我们不妨看一下所有君主、教会、宗派、政党和集团的实践,在这些地方,天真的人总是被当作最危险、最恶毒陷阱的最甜美的诱饵——正如奥德修斯利用天真少年涅俄普托罗摩斯骗取生病的隐居者和雷诺斯岛②的魔鬼的弓箭。——基督教出于对尘世的蔑视,把无知弄成了一种美德:基督教的无辜,这也许是因为,正如我们上面所说,这种无辜最经常的结果是罪过、罪恶感和绝望,因而弄成了这样一种美德,即一种绕道地狱通向天堂

---

①　[Pütz]爱的快乐,也指高度性兴奋(该词源于希腊性爱女神阿芙洛狄特)。

②　[Pütz]奥德修斯在特洛伊战争的第十个年头从一个预言得知,只有使用赫拉克勒斯的弓箭,才能攻占特洛伊。该弓箭在被遗弃于雷诺斯岛上的伤员菲罗克忒忒斯手里。狡诈的奥德修斯利用天真的涅俄普托罗摩斯——阿喀琉斯的儿子——将菲罗克忒忒斯接到特洛伊。根据索福克洛斯的戏剧《菲罗克忒忒斯》(公元前409),涅俄普托罗摩斯为自己帮助实施奥德修斯的狡诈计划而羞愧,打算将受伤的菲罗克忒忒斯带回希腊。但是赫拉克勒斯却显身并命令菲罗克忒忒斯一起到特洛伊去并参加战斗;在那里他也会康复。在特洛伊,康复了的菲罗克忒忒斯用一只毒箭杀死了帕里斯。

的美德：因为只有现在，基督教救赎的幽暗前厅
(Propyläen)①才能开启，只有现在，对死后第二次无辜
的许诺才起作用——这是基督教最美妙的发明之一。

322

[230] 尽可能不用医生地生活。——在我看来，接受医
生治疗的病人比自己照料自己的病人更不关心自己的健
康。在前一种情况下，他只要按部就班地遵守医生的指令
就行了，而在后一种情况下，他更多地注意到了这些指令的
目的也就是他自己的健康，他服从得更多，将自己置于比他
的医生可能强迫他的纪律更严厉的约束之下。———切规
则都有这种作用：分散我们的注意力，使我们不再注意规则
的根本目的，变得漫不经心。——想一想吧！当人类无保
留地相信上帝，将上帝当作他们的医生，说"愿上帝的旨意
行在地上"，他们该是如何极度放纵自己和败坏自己啊！

323

天空的变暗。——你知道那些羞怯的人的复仇吗？
他们在社会中的举止就像是有人偷走了他们的四肢？你

---

①　[Pütz] 源于希腊语 propylon[前厅]；在古代，当然也在特
洛伊，人们建立巨大的带纪念柱的前厅，作为神殿、宫殿和公共建
筑的突出部分。前厅(Propyläen)也指歌德在 1798—1800 年间所
编艺术杂志，这些杂志被认为好像应该像前厅一样通向完美典范。

知道那些谦卑如基督徒、日夜在世界上潜行游荡的人的复仇吗？你知道那些总是急忙做出判断又总是很快被判断为错误的人的复仇吗？你知道各种各样的醉鬼——对他们来说，清晨永远是一天中最悲惨的时光——的复仇吗？你知道所有不再有勇气恢复健康的弱者、病人和压抑者的复仇吗？这些可怜的复仇者，更不用说他们的可怜的复仇行动，是数不清的。空气中充满了他们所施放的恶意冷箭的不停的嗖嗖声，以至于生活的太阳和天空都因此变得暗淡了——不仅是他们的天空，更多地是我们的、其他人的、剩余的人的天空：这比他们在我们心灵上和皮肤上留下的道道伤痕还要糟糕。[231]难道我们不是因为长时间没有见到天空和太阳而有时竟然否认它们存在吗？——那就是说：孤独！为此也要孤独！

324

演员的哲学。① ——所有伟大演员都有一种幸福的幻觉，以为其所扮演的历史人物真像他们扮演他们时所感觉那样感觉——但他们完全错了：他们的模仿和揣度的力量，虽然他们一心要将其说成是千里眼式的能力，却只能深入到让我们理解姿势、声音、面部表情和任何外表事物的程度；这也就是说，他们捕捉到某个大英雄、政治

———————

① ［译注］"哲学"，Pütz版为"心理学"。［KSA］"哲学"，在第一版中为"心理学"（大八开版全集），手稿中缺。

家、将领、野心家、嫉妒者、绝望者的灵魂的影子，相当靠
近了灵魂，但却没有深入灵魂的内部，深入对象的精神。
如果只要有演员的千里眼，而不需要思想家、专家和专业
人员的艰苦劳作，就可以澄清一个对象的本质，这可真是
一个天大的发现！每当听到这种自负，我们都应该记住，
演员不过是一个完美的猴子，而且如此是一个猴子，以至
于他不能相信什么"本质"或"本质的"：在他那里，一切无
非表演、台词、姿势、舞台、布景和观众。①

325

　　离群索居地生活和信仰。——成为时代的先知和
奇人，其方法古今一辙：离群索居地生活，几乎没有什么
知识，少许观念和极端自负——最终这样一种信念就会
如约而至我们这里，即人类离开我们就无法生活，因为
很显然，我们可以离开人类而生活！[232]一旦这种信
念在这儿了，人们也就找到了信仰。最后，对想要这
样做的人还有一个建议（这是卫斯理②的精神教师伯勒

————————

　　①　[Pütz]这些标志再次刻画了瓦格纳及其音乐的特征。
[KSA]结尾部分草稿：这是德意志原创天才最新推出的闹剧。

　　②　[Pütz]卫斯理（John Wesley，1703—1791），循道宗的创
立者，1738年他作为英国圣公会的牧师"皈依"新教兄弟会的精
神。他多次旅行宣传循道宗，使其在英格兰成为一种群众运动，在
美国得到广泛传播。作为宗教觉醒运动，循道宗反对圣公会的理
性主义和僵化教条，并在卫斯理死后脱离圣公会。循道宗接受宗
教改革的原则，强调罪和神的救恩的普遍性、通过忏　（转下页注）

尔①送给他的）："喋喋不休宣讲信仰直到你拥有它，然后你就会因为拥有它而喋喋不休地宣讲它！"——②

326

认识其环境。——我们可以评估我们的各种不同力量表现，但是不能评估我们的力量本身。环境不仅对我们掩盖和揭示我们的力量——不！它还放大或缩小它们。人们应该将自己看作一可变量，他的工作能力在有利的环境下也许可以不亚于最高的量：因此，人们应该思考环境并且在观察环境中不畏任何辛劳。

327

一个寓言。——知识的唐璜③：他还没有被任何哲学家或诗人发现过。他对已知的东西没有兴趣，只有知

（接上页注）悔（皈依）获得拯救，以及强调个人对拯救的确信和对神圣化的不懈追求。

①　［Pütz］伯勒尔（Peter Böhler，1712—1775），盎格鲁-萨克逊兄弟会的主要教会上层人物，来自亲岑道夫伯爵（Nikolaus Ludwig von Zinzendorf，1700—1760）的圈子。亲岑道夫作为虔信派摩拉维亚兄弟会的创始人，通过伯勒尔影响了循道宗创始人卫斯理。

②　［Pütz］引文出自莱基（Lecky）：《18世纪英国史》，卷2，章9，页600。

③　［Pütz］尼采选择文学题材中永不停歇的引诱者唐璜作为比喻。对其引诱技艺之常新的牺牲品的逐猎给予唐璜享受，而他对他所引诱的女性的爱仅仅是一个借口。

识的追逐和探索才能打动他,引诱他,吸引他——直到最
高和最远的知识星座!——直至最后,除了那些绝对有
害的知识以外,再没有什么知识留下来让他追求了,他像
一个酗酒者一样最终喝起了苦艾酒和硝酸。① 最后他开
始想要地狱——这是诱惑着他的最后的知识!也许这种
知识也像所有知识一样,也会使他失望。于是他不得不
被留在了永恒里,被牢牢钉进失望里,而且他自己变成了
那位石客②,带着对他不再有份享用的一顿知识的晚餐
的渴望!——因为整个物质世界再没有任何一点食物可
以用来款待这位饥肠辘辘的人了。

328

[233]理想主义理论说明了什么。——最保险地遇
到理想主义的地方,是在毫不迟疑的实干家那里;因为他
们的声望需要理想的光辉。他们本能地追求这种光辉,
不认为这样做有任何伪善:就像一个英国人很少觉得其
基督教信仰和礼拜日圣化(Sonntagsheiligung)③有什么

---

① [Pütz]苦艾酒是一种(有害健康的)以苦艾为原料制成的
烈性酒。硝酸被用来分解一种金银合金。

② [译注]石客:被唐璜邀请到他家赴宴的石头雕像。生前本
是骑士长,因已有未婚夫的女儿被唐璜引诱,他找唐璜决斗而被杀。
唐璜在又一次引诱与逃离中无意来到墓地,看到了被他杀死的骑士
长的雕像并受到警告。唐璜无所畏惧地邀请石像来家中赴宴,石像
如约而至并令唐璜悔改,唐璜不从以至于被地狱烈火吞灭。

③ [Pütz]由于加尔文-清教的传统,在英格兰,"礼拜日神圣
化",对世俗的娱乐、工作甚至孩子的游戏的禁止,获得了一种特别
的重要意义。

伪善一样。反过来：耽于沉思的人物,他们必须严于律己反对一切异想天开,而且也畏惧于幻想之名声,惟有冷酷严厉的现实主义理论才能使他们满意:由于同样的本能的强迫而去追求现实主义理论,而同时又未丧失其真诚。

329

对快乐进行诋毁者。——深受生活所伤害的人,怀疑一切快乐,仿佛这种快乐始终是浅薄而幼稚的,仿佛它透露着一种非理性。见此光景,人们只会觉得可怜和同情他们,就好像当人们看见一个垂死的小孩在病床上还恋恋不舍地玩着他的玩具时。这样的人看见了隐藏在所有玫瑰下的坟墓;娱乐、喧嚷、快乐的音乐,在他们看来都像重病之人最后的自欺,最后一刻还想啜饮生命的沉醉。但是,关于快乐的这种判断,无非是从他们那疲倦和疾病的阴森和晦暗之根底上反射而来的光:它本身是某种感动人的、非理性的、催逼人同情的东西,是的,甚至是带有某种孩子式和孩子气的东西,然而却是来自伴随老年而来和作为死亡前驱的第二个儿童期。

330

[234]还不够! ——仅证明某事是不够的,还必须能诱使或促使别人去做这事。因此,有知识的人应该学会说出他的智慧;而且经常说,以至于它听起来像是愚蠢!

331

正当性及其界限。——禁欲主义对这些人来说,是一种正当的思维方式。他们不得不摒除自己的感官欲望,因为后者是盛怒的食肉动物。但也仅仅是对这些人而已。

332

浮夸的风格。——一个艺术家,如果不是把自己的高涨的情感在作品中发泄出来,从而使自己变得轻松,而是要直接传达这种高涨的情感,他就会变得夸夸其谈,他的风格就是浮夸的风格。

333

"人性。"——我们不认为动物是道德存在。但你觉得动物会认为我们是道德存在吗?——如果动物能开口说话,它会说:"'人性'乃是偏见,我们动物至少没有患这种病。"

334

慈善家。——慈善家满足了自己内心的某种需要,

当他行善时。这需要越强烈,他就越不为满足其需要的
人着想,[235] 他变得粗暴,有时甚至侮辱人。(人们说
这话是根据犹太人的善行和博爱的:众所周知,他们这方
面比其他民族更热烈。)

335

为了让爱被感受为爱。——为了能够对其他人做出
那被称为善和爱的博爱之伪装,我们首先必须对自己诚
实和非常了解自己。

336

我们会做得出什么? ——有人被他不肖、邪恶的儿
子折磨了一整天,忍无可忍,到了晚上杀死了他,然后舒
了一口气,对剩余的家人说:"好了! 现在我们可以安心
睡觉了!"——天知道我们在情境的驱使下会做出什么
事来!

337

"自然。"——至少在他的缺点方面,他是自然的——
这也许是可以给予拙劣艺术家的唯一赞美,他在其他方
面都是做作的和不诚实的。因此,这样一位艺术家刚好
会满不在乎地放大他的缺点。

338

替代性良知。——一个人是另一个人的良知：若这另一个人没有其他良知，这良知就尤为重要。

339

[236]义务之变迁。——当我们的义务不再是负担，经过长期实践后变成了一种乐趣和一种需要，与我们的义务——也即我们现在的乐趣——相对应的其他人的权利就变成了给我们带来愉快的东西。从此以后，由于他们对我们的权利，其他人变成了可爱的对象，而不是像过去那样，只是我们畏惧和尊敬的对象。承认和支持他们的权利范围，现在对我们来说就是承认和支持我们的快乐。当静寂教徒不再觉得他们的基督教信仰是一种负担，当他们只有在上帝那里才能体验到欢乐时，他们把"一切为了主的荣耀"当作其箴言：他们在这条戒律下做的一切不再是一种牺牲；他们的箴言也可以说成是："一切为了我们自己的快乐！"要求义务必须是负担——像康德所做的那样①——实际上就是要求它永远不会成为习惯和习俗：这一要求中藏着一丝苦行者之残酷的残余。

――――――――

① ［Pütz］参康德《实践理性批判》，第一部分，第一卷，第二章（"纯粹实践理性的动机"）。

340

表象反对历史学家。——谁都知道，人来源于母亲的身体，但当孩子长大，与母亲比肩而立，这种假设显得十分荒唐；它有了反对自己的表象。

341

错认的好处。——某君尝言，在其童年时期，他对忧郁性格的耽于幻想是如此鄙视，以至于直到他长大和步入中年之后，他才意识到自己是什么性格：它恰恰是一种忧郁性格。他宣称这是一切可能无知中最好的无知。

342

[237]别搞错。——确实，他从各个方面考察事物；所以，你们以为他是真正热爱知识的。但实际上，他只是想压低价格，讨价还价——他想买它。

343

自称道德的。——你们永远不会对自己不满，永远不会寻自己的烦恼——你们称之为你们的道德倾向！好吧，别人也许会称之为你们的胆怯。但唯有一件事是确定的：你们永远不会周游世界(而这个世界就是你们自己!),对你们来说,自身永远是一种意外,是乡土之上的一片乡土! 难道你们以为,我们这些与你不同观点的人,是因为我们是十足的傻瓜,才贸然走进自己的沙漠、沼泽和冰川,像那坐在柱子上修行的人(Säulenheiligen)①一样自寻烦恼和痛苦吗?

344

　　失策中的精巧之处。——如果像人们所说,荷马②

---

　　①　[Pütz]高柱苦行僧,源于希腊文 stylos(柱子)。基督教修行的特殊形式,4—6 世纪在东方教会里一度广泛传播。为了更接近上帝,隐居者在一根柱子上孤独地生活,并且将这种站立作为禁欲练习而常至筋疲力尽。他们常常是朝圣的目标,而且作为预言者有巨大的影响。

　　②　[Pütz]生活在公元前 8 世纪,西方最早的史诗诗人,希腊人认为他是《伊利亚特》和《奥德赛》的作者;几千年来被阅读最多和最为人赞美的诗人。希腊人崇敬他,将他看作他们自己的人的形象和神的世界的第一个真正的创造者。尼采在荷马身上看到的也同样是希腊人的代表。此外,尼采在此援引贺拉斯的《诗艺》,据《诗艺》,"大才如荷马者亦时有疏忽",虽然人们"打个盹"原谅了他的作品的冗长(行 359 以下)。尼采关于"具有失眠之野心的艺术家"的评论在贺拉斯的文字中也找到了其对应,或者更准确地说,在亚历山大大帝天真的御用诗人利科勒斯(Choirilos)身上找到勤奋却拙劣的文学家的原型(贺拉斯:《诗艺》,行 356 以下)。([译按]中译参贺拉斯:《诗艺》,杨周翰译,见《诗学·诗艺》,北京:人民文学出版社,1962 年,页 156:"同样,我认为一个诗人老犯错误,那一定变成利科勒斯第二:偶尔写出三两句好诗反倒会使人惊讶大笑。当然,大诗人荷马打瞌睡的时候,我也不能忍受;不过作品长了,瞌睡来袭,也是情有可原的。")

有时也会打盹,那他也比那些具有失眠之野心的艺术家
更聪明。人们必须让赞扬者喘口气,通过不时把他们变
成指责者;因为没人能够忍受持续不断地闪耀着并清醒
着的善意;这样一位大师走在我们前面时,他就变成了让
人痛恨的管教大师,而不是使人感到舒适愉快。

345

　　我们的幸福不是赞成或反对的论据。——许多人只
能获得很少的幸福,这不是对其智慧的反驳,[238]不是
对这种智慧没有给他们提供更多幸福的指责,正如许多
人死去和其他一些人总是处在病中不是对医学的反驳。
一个人幸运地找到了能够实现其最大幸福的生存哲学,
这是可能的,但这并不必然意味着,他的生活因此就不再
是可怜的,就是值得羡慕的。

346

　　仇女性者。——"女人是我们的敌人",一个对其他
男人这样说的男人表现了一种毫无节制的欲望,这种冲
动不仅痛恨自身,而且还痛恨其满足手段。

347

　　演说家之学校。——沉默一年,就会忘掉闲聊,学会
雄辩。毕达哥拉斯派是当时最好的政治家。

348

权力感。——记住这区别：有人想获得权力感，一切手段都会用，不会轻视任何滋长其权力感的养料；有人已拥有权力感，其口味则变刁，越来越考究；他现在很难找到还能使他满意的东西。

349

甚至并非那样重要。——当我们看到一个人正在死亡，心里常会浮现出一种想法——但由于一种虚假的行礼如仪的观念，我们立刻就会将这种想法压制下去：死并不像通常人们煞有介事地认为的那样重要；[239]临近死亡者在其一生中也许已经丧失了比他马上要丧失的重要得多的东西。很明显，在这里，结局并不就是目标。

350

如何最好地许诺。——做出一个许诺时，构成许诺的不是说出的言辞，而是隐藏在言辞背后的未说出的东西。事实上，言辞甚至削弱了许诺，因其释放和消耗了许诺的一部分力量。因此，伸出你的手，闭上你的嘴——如此你就立下了最可靠的誓约。

351

通常的误解。──在谈话中可看到,某人设下圈套,让旁人钻,但却非如人们所想,出于恶意,而是出于逞机锋之乐;还有人专门备下笑料,故意打下一结,使旁人扯散:其非如人们所想,出于善意,而是出于恶意和对寻常心智的轻视。

352

焦点。──当人们被羞耻突然袭击时,那种感觉就会非常强烈地出现:"我是世界的焦点!"于是人们就站在那儿,麻木地,像处于汹涌的波涛中,感觉像被一只巨大的眼睛搞得眼花缭乱,那只眼睛从各个方面看向我们并看穿我们。

353

[240] 言论自由。──"必须说出真理,哪怕这世界因此化为齑粉!"── 了不起的费希特豪气干云地说!① ──

① ［Pütz］尼采在此转述费希特原话的大意。在其反对 1788 年普鲁士书报检查令的《向欧洲各国君主索回思想自由》(1793)一文中,费希特将"思想自由",也就是发表意见的自由,理解为追求真理的前提条件。在这一背景下他要求:"君（转下页注）

说得好！没错！但那也得人拥有真理！——但是他若认为，所有人都应该说出自己意见，即使这会带来混乱。那么，就此，我们还可以跟他争论一番。

354

勇于受苦。——时至今日，我们已能忍受许多痛苦；我们的胃已进化得相当完美，足以吞下如许坚硬之食物。事实上，若没有这些痛苦，我们也许会觉得生活的宴席淡而无味；而若不是如此敏于受苦，我们生活中的无数欢乐也就会不复存在了。

355

崇拜者。——那如此热衷于崇拜，以至于随时准备把任何不崇拜者送上绞架的人，是其党派的刽子手——要小心向他伸出你的手，哪怕你和他属于一个党派。

356

幸福的效果。——幸福的首要效果是权力感，这种

（接上页注）主，你无权压制我们的思想自由［……］，当你周围的世界倒台，你和你的一伙将要被埋葬在你们的废墟之下。"（费希特《巴伐利亚科学院全集》，斯图加特1964年以后，系列一，卷一，页187）

权力感渴望表达自己,或向我们自己,或向旁人,或向观念或向想象中的存在。最通常的表达方式是:赠予、嘲笑、毁灭——三者源于同一种根本欲望。

357

[241]道德的牛虻。——那种道德家们,他们缺乏对知识的爱,只懂以制造痛苦为乐,他们拥有小镇居民的精神状态和无聊;其残酷、可怜的快乐便是盯着旁人的指头,并且悄悄藏一根针,以便使其刚好扎上去。他们身上落后守旧的东西就像小男孩的顽皮,若不能伤害或折磨某些活的或死的东西,他们就不会感到快活。

358

理由及其无理。——你讨厌他并为这种讨厌提出一大堆理由——但我只相信你的讨厌,不相信你讨厌的理由!把本能地发生的东西像一种理性推论一样展示给你和我,这是对你自己的一种奉承。

359

称赞。——人们称赞婚姻,或因不了解婚姻,或因已经习惯了结婚之观念,或因已经结婚。这也就是说,几乎在每一种情况下人们都称赞婚姻。然而,所有这些理由没有一条能够证明婚姻之值得称赞。

360

非功利主义者。——"宁要遭人嫉恨和声名不佳的权力,不要人见人爱的无权力"——希腊人就是这样想的。这意味着:相比任何功利或美名,权力感受到他们更高的评价。

361

[242]显得丑。——节制视自身为美的;它对此没有责任,即在无节制者眼中,它严酷而清醒,因而显得丑。

362

不同的恨。——有人只在其感觉衰弱和疲倦时才恨:其他时候他们是宽宏和不记仇的。有人只在看到复仇的可能性时才恨:别的时候他们则提防一切隐蔽的和公开的愤怒,而且遇到可怨怒之处,也忽略过去。

363

意外之人。——偶然干的事都是每个发明中本质性的部分,但是这种偶然并不对大多数人出现。

364

环境的选择。——人应该留心,不在这样的环境中生活:在其中人既不能超然地沉默,又不能表达其高远怀抱,而只能表达其各种怨怒、需求和困苦。在这样的环境中,我们对自己和环境都将忿然——是的,由于意识到自己总是以抱怨者的面目出现,我们在引起抱怨之痛苦外又增加了一重痛苦。我们应生活在一个我们在其中羞于谈论自己也不需要谈论自己的环境中。——但是,有谁想到过这些事情吗! 有谁想到过可以选择环境! 我们谈论我们的"命运",弓起我们宽阔的背,叹息说:"我,一个多么不幸的阿特拉斯啊!"①

365

[243]虚荣。——虚荣原本是恐惧的显露,那就是说骄傲的缺乏,但不必然是独创性的缺乏。

366

罪犯之苦恼。——使落网罪犯痛苦的不是犯罪本

---

① [Pütz]指阿特拉斯的"阔背";阿特拉斯是希腊神话中的一个巨人,他的肩膀支撑着天界和苍穹。当赫拉克勒斯被派去偷金苹果,他暂时接过阿特拉斯肩上的重担,以便让阿特拉斯帮他去偷。在完成使命后,阿特拉斯却不愿意再接过沉重的苍天,而是让赫拉克勒斯扛下去。然而赫拉克勒斯假装说,他先得放个垫肩,从而骗阿特拉斯重新负担起他的沉重的使命。

身,而是由于某种失算而感到耻辱和烦恼,或过惯了的生活不见了让他们不舒服——究竟是何种痛苦,需要极其仔细地加以分辨。那些经常出入监狱和感化所的人惊奇地发现,他们几乎从未感觉过"良心谴责",相反倒是每每思念可爱的犯罪旧业。

367

总是显得幸福。——当哲学成为一种社会竞争事业之后,在公元前 3 世纪的希腊不乏这样的哲学家,他们以为,如果让按照不同哲学原则生活和为其所苦的其他哲学家看到自己幸福,他们必然会恼怒,于是他们就让自己成为幸福的:好像他们的幸福就是对于对手最好的反驳,为驳斥其他生活方式,他们只要显出幸福的样子就够了:但这样一来,他们慢慢地就不得不变成总是幸福的了。例如,犬儒派的命运就是如此。

368

许多误解的来源。——神经力量增长时的道德性是快乐的和活跃的,神经力量消退时的道德性,则如日暮时的道德性,或病人和老年人的道德性,是被动的,平静的,忍耐的,忧郁的,甚而至于阴郁的。[244]人们根据自己拥有的这种道德或者那种道德,并不能理解我们所缺乏的那些道德,以及他们视之为不道德和弱点的其他道德。

369

抬高自己以超越自己的可悲。——有些骄傲的家伙，为了显得自己了不起，是大人物，最须臾不可离开的是那些他可以发号施令和予取予求的人，即那些无能而懦弱的人，因为只有在这些人面前，他才可以随心所欲地作出高贵和愤怒的姿态。——他们需要一种环境的可悲，以便瞬间抬高自己而超越自己的可悲！——为此，有人需要一条狗，有人需要一个朋友，有人需要一个女人，有人需要一个党派，以及更少见者，需要整整一个时代。

370

思想者如何爱敌人。——切莫压制、隐瞒可能与你的思想相反的思想！要鼓励相反的思想！此乃思想之首要的诚实。你必须每天展开反对你自己的战役。一场胜利，一处堡垒的攻取，不再是你关心的，只有真理才是你唯一应该关注的——甚至你的失败也同样不再是你关注的！

371

强者之恶。——作为某种激情——比如愤怒——的结果，暴力行为在生理上可理解为防止可怕窒息发生之尝试。[245]通过剧烈的肌肉活动转移迅猛的血液冲动，产生了向其他人发泄的无数放纵行为：也许所有"强者之恶"
都可在此观点下考察。（强者之恶无意伤害别人，它不能
不发泄自己；弱者之恶想要伤害别人和看到痛苦场面。）

372

行家里手的荣誉。——如果有人并非行家里手却扮
演裁决者，人们应该马上提出抗议：无论他现在是小男人
还是小女人。对事物或人的狂热和迷恋并非证据；对它
们的讨厌和憎恨也不是。

373

背信弃义的指责。——"他不了解人"——有人这样
说，意思是"他不了解人之共性"；另有人这样说，意思却
是"他对特性了解甚少，对共性了解太多"。

374

牺牲的价值。——人们越是剥夺国家和君主牺牲个人
的权利（如涉及司法或军令等时），自我牺牲的价值就越大。

375

说得太清晰。——过于清晰地发音吐字可能有各种

不同原因:因为使用一种新的、不熟悉的语言是对自己的
不信任,[246]或因为担心别人笨,理解力迟钝。在精神
性的事物上也是这样:我们的传达有时不得不非常清晰,
非常准确,因为否则我们要传达的对象就不会理解我们。
因此,完美而轻盈的风格只有在一个完美的听众面前才
是被允许的。

376

多睡。——当人疲惫了,厌倦了,如何才能使自己
振作起来?有人推荐赌场,有人推荐基督教,还有人推
荐电流。但是,我的忧伤的朋友,最好的是且永远是:多
睡,真正的和非真正的! 如此,他的清晨将再度光临!
生活智慧的秘密在于,知道如何在适当的时候,插入各
种睡眠。

377

狂热理想的背后。——我们在哪里有所缺欠,也就
在哪里不厌其烦地倾诉我们的狂热。"爱你的敌人"这样
狂热的话只能是犹太人的创造,①出自有史以来最佳的
仇恨者之口,而对贞洁的最美的赞扬,不过是那些青年时
期曾经历了放荡并感到恶心的人的编造。

_____

① [Pütz]参《马太福音》5:44 和《路加福音》6:27、35。

378

干净的手和干净的墙。——既不要在墙上画上帝，也不要在墙上画魔鬼。谁这样做，谁就会毁了他的墙和他的邻人。

379

[247] 可能的和不可能的。——一个女人暗恋一个男人，以其为心目中的英雄，在心底里无数次说："若这样一人爱我，则真像命运之恩惠，在他面前我只合低到尘埃里。"——而那男子也完全一样，私心里有着同样的感想。终于有一天，两人都说了出来，交换了内心的秘密与隐私，接着又都沉默了，陷入沉思。最后女人开始冷冷地说："现在都清楚了！我们都不是对方所曾爱着的！若你完全如你所说，而不再是我曾爱着的，则我的谦卑和爱恋皆为徒然；魔鬼迷惑了我，也迷惑了你。"——这一极为可能发生的故事从来没有发生过——为什么？

380

屡试不爽的办法。——对那些需要安慰者来说，没有什么比断言在其处境下没有任何手段可安慰他们更使他们感到安慰的了。这样一种赞扬的原因在于，他们重新抬起头来。

381

认识一个人的"细节"。——我们常常忘记,在那些第一次见到我们的人眼中,我们的形象非常不同于我们通常自以为之形象:往往不过是一个跃入眼帘的细节决定了旁人对我们的印象。因此,即使最温和、最可亲之人,如果他留着一副大胡子,他的和善和平易也会完全消失在大胡子中,[248]因为一般人只看见了他的大胡子,会说他具有一种好斗、易怒和暴力倾向的个性——并据此对他做出反应。

382

园丁与园。——在潮湿阴暗的日子里,在孤独中,在人们甩给我们的冰冷的语言中,我们心中真菌似地生长出了某些结论:我们在某天早晨醒来,看到它们生长在那里,不知它们是如何在那儿长起来的,它们苍白无望地、阴郁易怒地寻找着我们。呜呼!那些思想家,他们不是心中作物的园丁而只是其土壤!

383

同情之喜剧。——无论我们多么想与一个不幸者分忧,在他面前,我们总有些像是在演喜剧:我们不会说出我们想到的一切,也不会说出我们是如何想的,我们就像站在重病人床边的医生一样小心谨慎。

384

怪人。——世有怯懦者,认为其最好的作品与影响都微不足道,他们拙劣地传达或吟诵它们:而出于报复心理,他们亦视旁人的同情微不足道,或压根儿不相信有这样的同情;他们羞于让别人看到自己被自己所吸引,而且他们在变成可笑时感觉到一种反抗的欢乐。——这就是来自忧郁艺术家的心灵的状态。

385

[249]虚荣者。——我们好像是一些商店橱窗,里面装着别人赋予我们的那些假想的性质,我们不断整理这些性质,隐藏某些性质,突出某些性质——以便欺骗我们自己。

386

充满激情的人和天真的人。——不放过任何机会表现出激情,这是一种很不高尚的习惯:为的是享受那种乐趣,即与此同时想象观众捶胸顿足,自觉悲戚与渺小。因而,取笑充满激情的场面并在其中插科打诨,也可以是高贵的标志。古老的尚武的法兰西贵族拥有这种高贵和优雅。

387

婚前试验性地思虑。——若她爱我，长此以往，她于我是多么沉重的负担！而若她不爱我，长此以往，那她于我才更是多么沉重之负担！——说到底只是两种不同负担之问题——那么我们结婚吧！

388

带着好良心的流氓行为。——在某些地区，如在提洛尔（Tyrol）①，数额不大的欺诈让人极为不快，因为在这些地方，除了不公平交易外，我们还不得不接受欺诈者的丑恶的嘴脸，鄙陋的贪欲，坏良心和无耻的敌意。[250] 反之，在威尼斯，骗子对其计已售从心里满意，对被骗者毫无敌意，甚至很愿向他表善意，陪他共欢笑，只要他有心情。——总之，即使欺骗也要有好良心和趣致：这几乎使被骗者原谅了欺骗行为。

389

过于实诚。——某些人过于老实，不知如何恰当地

① ［译注］横亘奥地利西部与意大利北部的阿尔卑斯山脉的一个区域。

表现礼貌和友好,每当有人向他们客气,他们就立刻报以最诚挚的殷勤,或者马上贡献出他们的家财。看到他们在别人赠送的镀金硬币面前如何不好意思地掏出他们的金块是让人感动的。

390

藏锋。——若我们察觉,有人对我们隐藏其才智和思想,我们就称其恶毒:若我们疑心他出于礼貌和仁慈这样做,则更如此。

391

恶的瞬间。——活泼的人只在瞬间撒谎,他马上就骗过了自己,转眼就相信自己说的是真的,因此他现在变成真诚的了。

392

礼貌的条件。——有礼貌是非常好的,不愧为四美德之一(虽然位列最后):然而,为使礼貌不成为彼此之间的累赘,[251] 我礼貌待之的那人必须比我更多一点或更少一点礼貌才好——否则我们只能停滞不前,这油膏不仅润滑,而且把我们粘住动弹不得。

393

危险的德性。——"他什么都没忘,但他宽恕一切"——这将使人加倍恨他,因为通过其记忆和通过其宽大,他两次羞辱了别人。

394

不虚荣。——热情奔放的人很少想到旁人会怎样想,他们的精神状态使他们超越于虚荣之上。

395

沉思。——对一个思想家来说,思想家特有的沉思状态完全是某种恐惧状态的结果,对另一个思想家来说,则完全是某种欲望状态的结果。因此,第一位思想家觉得,沉思与安全感相联结,另一位思想家觉得,沉思与满足感相联结——这意味着:那位思想家在这件事上是勇敢的,而这位则情绪厌倦而中立。

396

逐猎时。——逐猎时,一人追逐愉快的真理,另一人追逐不愉快的真理。但即使对第一个人来说,追逐也比猎物更让他感兴趣。

397

[252] 教育。——教育是生殖之继续，且通常是一种追加的美化。

398

更急切者何以能够被辨认出来。——在两个互相争斗、互相热爱或互相欣赏的人之间，更急切的那位总是接受更不舒适的地位。这对两个民族之间也是同样适合的。

399

为自己辩护。——许多人完全有权这样那样行动；然而一旦他们开始为此辩护，则我们就不再相信了——而且我们会弄错。

400

道德上的娇生惯养。——有道德上柔弱的性格，其因所有成功而羞愧，因所有失败而懊悔。

401

危险的荒疏。——我们以荒疏爱其他人始，以发现我们自己再无可爱之处止。

402

也是一种容忍。——"在炭火中多放会儿,烤焦点儿[253]——这对无论人还是栗子都是好的! 有了这小小痛苦和磨难,方能品味果仁的甜美可口。"——是的! 你们这些会享受者如此判断! 你们这些高品位的吃人者!

403

不同类型的骄傲。——女人因想到她们所爱慕者可能配不上她们而失色,男人因想到他们可能配不上所爱慕者而失色——我这里指的是全部男人和全部女人。在一种强烈激情的控制下,通常自信和充满权力感的男人变得害羞而怀疑自己,而通常扮演弱者和被动角色的女人在激情的高度例外状态变得骄傲而充满权力感——她们问:那么谁还配得上我?

404

人们很少正确评价谁。——对有些人来说,即使是美好和伟大的事业,如果不能同时允许他们在某些其他方面做下同样大的坏事,他们也会提不起兴趣——这就是他们的道德。

405

奢侈。——人心深处包含着对奢侈的爱好：它透露出他的心灵最爱在其中游泳的水是过剩的，过量的。

406

[254]使之不朽。——有谁想杀死敌人的，先应想想，这样做是否会使敌人在自己心中成为永恒。

407

有违我们性格的。——如果像常常发生的那样，我们不得不说出的真理有违我们的性格，我们就会撒谎撒不圆似地说出它们，从而引起人们对它们的疑惑。

408

急需更多温和之处。——有些人只有两种选择：或成为公开的作恶者，或成为隐蔽的受苦者。

409

病态。——病态包括：老年、丑陋和悲观判断的过早来临:这几种东西总是相互归属。

410

胆怯者。——不灵活的、胆怯的人恰恰容易成为杀人者:他们不理解小的、适当的自卫或报复;由于缺少才智与应变,他们的恨好像除了去毁灭外没有别的出路。

411

勿用仇恨。——你想与你的激情告别吗? 可以,但勿用仇恨反对激情![253]否则你就会有一新的激情! ——使自己摆脱了罪的基督徒后来往往又毁于对罪的仇恨。看看那些大基督徒的脸! 这是些大仇恨者的脸!

412

有才智的与头脑狭隘的。——除他自己外,他不知道如何爱任何东西;当他想爱别人时,他必须先将别人转化成他自己。这方面他倒是挺有才智的。

413

私人的和官方的控告者。——仔细观察每个控告者

和追查者,他在控告和追查别人时暴露出他自己的品格
(Charakter);确实,常常比他正在追查其犯罪的被追查
者的品格更坏。控告者天真地相信,对罪犯和罪行的任
何攻击都必定表明了好品格或是被算作好品格——因此
他有恃无恐,真相毕露。

414

自愿变瞎。——有一种狂热的、达至最极端的对一
个人或对一个党的献身,这透露出,我们暗地里感觉自己
优越于它们,并且我们因此而对自己恼怒。我们戳瞎自
己,仿佛自愿为此受罚,即我们的眼睛看得太多了。

415

爱之良药。① ——使爱之疾病痊愈的,在多数情况
下,还是一剂古老的猛药:同样的爱。

416

[256]糟糕的敌人在何处?——善于并自知善于推
进其事业的人,心里通常不会太恨其反对者。但是,相信

---

① ［Pütz］拉丁语,指罗马诗人奥维德(Ovid,公元前43—公
元18年前后)的性爱教育诗《爱之良药》(*Remedium amoris*)［译
注］中译本分别名为《爱经》《爱的艺术》)。

自己的事业是正义的,同时又知道自己没有能力捍卫它,
这就造成了对其事业的对手的一种愤怒的且不可和解的
恨。——每个人都可以据此预计,他的最糟糕的敌人应
该何处去寻找!

417

所有谦卑的边界。——无疑,许多人确曾达到"因其
荒谬而信仰"的谦卑,并为此献出了理性。然而,就我所
知,还没有一个人达到"因我信仰而荒谬"的谦卑,虽然从
前者到后者只有一步之遥!

418

真戏。——许多人之所以诚实,不是因为他讨厌去
伪装感受,而是因为让人相信他的虚伪,这在他很少能成
功。简言之,他不信任自己作为演员的天赋,而宁愿诚
实,此为"真戏"。

419

党派之勇。——可怜的羊群对其头羊说:"只管往前
走,我们永远不缺少跟随你的勇气。"但是可怜的头羊心
里想:"只要你们在后面跟随,我就永远不缺带领你们的
勇气。"

420

[257] 牺牲者的狡猾。——我们自欺地以为,当我们为某人牺牲自己时,我们是在造成一种情势,使该人只能像我们希望他的那样——即以我们为牺牲对象的身份——对我们出现:这是一种可悲的狡猾。

421

通过别人的眼睛。——有这样的人,他们根本不想自己被看到,除非通过别人闪烁那么一下。这是很精明的。

422

使别人快乐。——为什么制造快乐高于所有快乐?——因为人们借此把他自身的 50 种欲望一下子做成了一种快乐。分别观之,每一种欲望带来的也许只是一点点微小的快乐;但当我们把 50 种欲望带来的快乐同时放到一个人的手中,快乐就充满了他的手以及他的心。

卷　五

423

[259]大沉默。——这里就是大海,在这里我们
能忘掉城市。尽管刚好在此刻响起了它那"万福玛利
亚"的钟声(Glocken des Ave Maria)①——那于昼夜交
替时分响起的阴沉的、愚蠢的,但却甜美的喧闹声——
但是也就只那么一瞬间而已! 现在一切都归于沉默!
大海躺在那里,苍白而闪烁,它不能说话。天空用红
色、黄色和绿色玩起了它那永恒的、无声的黄昏游戏,
它不能说话。小的礁石和岩石带冲入大海中,仿佛为
了找到最孤寂的所在,它们全都不能说话。这突然降

---

① [Pütz]自 14 世纪以后天主教教堂在早晨、中午和晚上响
起的钟声;钟声对应于以"万福玛利亚"开头的三次祈祷中的某次
祈祷以及对应于圣经中的一节,并被看作是一种民众祈祷,早晨是
纪念复活,中午是纪念钉十字架,晚上是纪念基督变成人。

临的巨大的缄默,美丽,忧郁,同时充满我的心。——
啊,这缄默之美的闪耀！它可以说得多么好,也可以说
得多么恶,如果它愿意！它被捆住了舌头,它脸上带着
痛苦的幸福,这是一个诡计,目的是嘲笑你的同情！好
吧！这样一些力量的嘲笑并不会让我羞愧。但是,自
然,我可怜你,因为你不得不沉默,即使仅仅是你自己
的恶毒捆住了你的舌头:是的,我因为你的恶意的缘故
而可怜你！——随着大海越来越寂静,我心再一次充
满:它害怕一种新的真理,它也同样不能说话,倘若这
时嘴里对着这无言之美呼喊出什么,它就一同嘲笑自
己,[260]它享受自己的沉默所有的甜蜜的恶意。说
话,甚至思想,在我眼里开始变得可恨:在每个词语背
后,我不都听见了错误、幻象和疯狂在发笑吗？我岂不
要嘲笑我的怜悯？嘲笑我的嘲笑吗？——啊,大海！
啊,黄昏！你们是坏的教师！你们教人如何不再成为
人！他应该委身于你们吗？他应该像你们现在这样苍
白、闪烁、沉默、阴森神秘,栖息自身之上？超越于自身
之上吗？

424

真理为谁而在此。——直至现在为止,谬误都曾
是安慰的力量:现在人们期待被认识的真理有同样的
作用,而且已经等得稍微有点久了。但是,若真理恰好
无能于此——也即安慰,那又如何？这究竟是不是反

对真理的一个借口呢？这些真理与痛苦、萎缩和生病的人的状态有什么共同之处，以至于它们必须恰恰对他们有用呢？若一植物被发现无用于病人之康复，人们并不以为植物的真理就被反驳了。然而，在较早的时代，人类为世界之目的的信念是如此强烈，以至于人们毫不犹豫地假定，知识所揭示者无不应该对人有益、有用；甚至不能也不可以有别的东西存在。也许，我们可以从这一切推出如下定理，即作为整体和相关联之物的真理，仅仅是为强大的同时又无害的、充满欢乐同时又充满和平的灵魂（如亚里士多德那样的灵魂）而在此的，大概也唯有像这样的灵魂才会去寻求真理：因为其他人，[261] 尽管他们依然自豪于他们的心智及心智之自由——但他们并不寻求真理，而只为自己寻求治疗的药物。因此，如下的事就发生了，即他们在科学中找不到任何真正的欢乐，只能谴责其冷漠、枯燥、非人性：这是病人对健康人之游戏的评价。——希腊诸神也不懂安慰；最终当希腊人也统统生病时，这就成了这样的神没落的一个理由。

425

我们这些流放中的神。——通过关于其起源、独特性、命运等错误观念，以及通过根据这些错误观念而提出的各种权利要求，人类使自己得到了很高的提升并一再重新"逾越自己"（selber übertroffen）；但也正是通过这些错误，无数的痛苦、相互迫害、怀疑、误判，以及个人的种种内忧外患，才来到这个世界上。各种道德（Moralen）①的结果是，人已经变成了一种受苦受难的造物：而由此换来的不外这样的感觉，即好像对这个地球来说，人根本上是太好了，太重要了，他只是暂时停留于此。"受苦的傲慢者"暂时始终还是人的最高类型。

426

思想者之色盲。——我们必须承认，希腊人对于蓝色和绿色是完全盲目的，前者对他们来说只是一种深棕，后者则是一种黄色，因此，他们眼中的自然必定非常不同于我们所看到的自然②。（例如，他们用同一个词描述黑发的颜色、矢车菊的颜色和地中海海水的颜色，[262]或用同一个词描述青翠植物的颜色、人的皮肤的颜色、蜜的颜色、黄树脂的颜色：他们的大画家只用黑、白、红、黄这几种颜色再现他们生活的世界的色彩。）——对于他们来说，自然必定是多么不同，而且也必定要被移动多少才能

---

① ［Pütz］道德之无资格作为一个统一的、要求普遍效力的权威机构，原因已经在其复数化中了。

② ［Pütz］根据古代的颜色理论，比如德谟克利特的颜色理论，希腊人只区分四种颜色：白、黑、红和绿，这四种颜色分别由不同的原子形状造成。（关于最新的研究进展参 Andrea Orsucci 的论文《希腊人颜色感觉的发展》和 L. Geiger、H. Magnus 的《语言学考古：关于〈朝霞〉第 426 节的一个评注》，载《尼采研究》22，1993，页 243—256。）

更接近人类,因为在他们眼中,人类的色彩在自然中也占上风,就仿佛沉浸在人类的色彩苍穹中!(而实际上,与所有其他颜色相比,蓝色和绿色才最能使自然脱去人类的色彩。)基于这种缺陷,使希腊人出众的那种游戏的轻松得以高度发展,也即自然进程被视为神和半神,那就是说视为类人的形态。——但是,对一个更进一步的猜测来说,这可能只是个隐喻。每个思想者用来描绘他的世界和每一物的颜色,比现实存在的颜色要少,他对某些特定颜色是盲目的。这绝非仅仅是一种缺陷。由于这种接近和简化,他把色彩的和谐看进了事物中,这种和谐能够具有一种巨大的魅力,能够构成自然的一种丰富。也许这正是曾经的那条道路,在这条路上,人们才学会了在此在的光景中享受乐趣:也就是说通过如下方式,即这个此在首先是在一种或两种色调中,由此是和谐地展示给他们的:在能够转而从事更多的色调之前,人类似乎只练熟了少数的这几种。甚至直到今天,许多人还在费力地试图走出某些特定色彩的盲目,以便进入一种更丰富的看和更丰富的区分:但在这个过程中,他不仅找到了新的乐趣,而且也始终不得不放弃和失去以前的某些乐趣。

427

[263]科学之美化。——洛可可园林① 来自这样一

---

　① ［Pütz］作为巴洛克艺术之继起风格的洛可可(转下页注)

种情感:"自然是丑的、荒凉的、单调的——来! 让我
们美化它(embellir la nature)!"同样,所谓哲学也总是
来源于这样一种情感:"科学是丑的、枯燥的、冷酷的、
困难的、艰苦的——来! 让我们美化它!"像所有诗歌
和艺术一样,哲学首先想使人得到消遣,但却是按照
其固有的骄傲,以崇高和超然的方式,并且是为使少
数特别心灵得到消遣。为创造这样一种园林,使其像
那些"普通"园林一样,主要魅力在于一种视觉幻象
(通过诸如亭阁、远景、假山、曲径、飞泉等,这些词汇
便于譬前性地传达);选取科学的某些内容,配上种种
奇光异彩,挽上大量不确定性、非理性和幻想,使人们
徜徉其中宛如置身"蛮荒自然",但却没有辛苦和无
聊,——这是不小的野心:有此野心者甚至梦想着,借
此使在过去的人那里充作最高种类的消遣艺术的宗
教成为多余。——这一过程日渐发展,总有一天会达
到其高潮:现在我们已经听到一种反对哲学的声音,
这声音呼喊道:"回到科学! 回到科学的自然和自然
性!"——也许,一个时代由此开始了,对这个时代来
说,最强有力的美恰恰只能在科学的"野蛮、丑陋"部
分中去发现,就像自卢梭起,人们才突然发现对高山
和荒原之美的感受力。

(接上页注)园林,在很大程度上建立在力求人为美化未经雕凿之
自然的愿望上。然而它放弃了巴洛克园林的宏伟特征和华丽—庄
严的特点,以有利于同级别的、更小的园林部分之间的一种并置,
并通过装饰手段来强调其舒适惬意的魅力。

428

　　［264］两种道德家。——某一自然规律的最初发现和完整认识，也就是说，该规律的证明（引力之证明、光反射证明、声反射证明等），与该规律之解说是完全不同的事，需要完全不同类型的心智。同样，那些认识和描述人类道德规律和习惯的道德家——一些具有敏锐的眼睛、耳朵和鼻子的道德家——与那些解说它们的道德家也是完全不同的两类人。① 后者首先必须是善于创造的（er-finderisch），并且拥有不受洞察力和知识约束的想象力。

429

　　新的激情。——为什么我们害怕和痛恨有可能返回野蛮状态？ 因为野蛮状态会使人比现在更不幸吗？ 非也！ 所有时代的野蛮人都更幸福：我们不要欺骗自己！ ——原因在于，我们对知识欲望已经变得如此强烈，从而无能于重视不带知识的幸福，或一种强烈而稳定的幻想之幸福，甚至仅仅想象这样的状态就会使我们感到痛苦！ 我们沉迷于不断发现和揭示，不能自拔，正如不幸

---

　　① ［Pütz］在此，尼采把例如以拉罗什富科为代表的道德家类型与他自己的经验区分了开来。在此强调的重点首先在于，更深刻地切入的知之生产性（"虚构"和"不羁的幻想"）与浅显措辞（"证明观察事实"）之间的不同。

的恋情使恋爱者着迷和不能自拔,无论如何都不愿意进入漠不关心的状态;——也许,我们同样是一些不幸的恋爱者! 知识在我们身上已经化为一种激情,这激情不会因为任何牺牲而退缩;实际上,除了它自己的灭亡外,它什么也不怕;我们真诚相信,在这一激情的压力与驱使下,整个人类都必然认为自己得到了提高和安慰,虽然他们对于野蛮人所具有的那种简单的满足仍然不无羡慕。[265] 这种对知识的恋情甚至可能导致人类的灭亡! ——甚至这一前景也不能打动我们! 但是,难道基督教害怕过类似的前景吗? 爱情和死亡不是孪生姊妹吗? 是的,我们恨野蛮状态——我们宁肯人类灭亡也不愿知识退步! 最后,如果人类不因某种激情灭亡,它将会因为某种虚弱而灭亡;你喜欢哪一种? 这是问题所在。为了知识,我们是愿意在火与光中终结呢,还是愿意在沙漠中终结?

430

也是英雄行为。——去做某些声名狼藉、人们谈之色变、但却有用和必须的事,这也是英雄行为。希腊人不觉得打扫牛圈有什么可耻,他们把它算作赫拉克勒斯的伟大工作之一。①

----

① ［Pütz］宙斯和阿尔克墨涅的儿子,奉迈锡尼的欧律斯透斯之命去完成 12 件困难的、实际上是人类所不可能完成的工作,其中包括打扫养有众多牲畜的奥革阿斯的牛圈。

431

敌人之意见。——为测量甚至最聪明的人的天赋品质，看他们是生来精妙还是生来虚弱，可以观察他们如何把握和传达敌人的意见，每一个头脑的天赋程度都在此泄露了自己。——完美的智者不自觉地将其敌人提升为理想，从他的反对意见中去掉了所有缺陷和偶然性：只有当敌人通过这种方式变成了一个佩戴着闪耀武器的神，智慧之人才与他作战。

432

［266］探索者和试探者。——不存在什么获得知识的唯一的科学方法！我们必须试探性地对待事物，对它们时而恶时而善，还可以相继用公正、激情和冷漠对待它们。一个人像警察一样对待事物，另一个人则像听告解的神甫，第三个人则像旅行者和好奇者。为了从事物那里催逼点东西出来，有时我们可以使用同情，有时则必须使用暴力；对其秘密的敬重使一个人得手，另一个人冒失而恶作剧地揭露其秘密也同样解决问题。像所有征服者、发现者、航海者和冒险者一样，我们科学探索者也具有一种放肆大胆的道德性，必须容忍我们总体上被视为恶的。

433

　　以新眼光看。——假设艺术中的美始终被理解为对幸福的东西的模仿①——而且因此我把它视为真理——而因为一个时代、一个民族或一个自立法度的伟大个人都有自己对于幸福的想象：那么，从当代艺术家的所谓现实主义艺术②中透露出来的这个时代的幸福又如何理解呢？毫无疑问，是我们现在懂得去最容易地理解和享受的它的美的样式。因此，我们是不是必须好好地相信，我们今天特有的幸福在于现实主义的东西，在于对现实尽可能敏锐的感觉和尽可能忠实的把握，因而不在于实在性而在于关于实在性的知识？科学的影响来得如此广泛和深远，以至于我们这个世纪的艺术家也不知不觉地自己就变成了科学"无上幸福"的赞颂者。

---

　　① ［Pütz］尼采在此引用司汤达（原名 Henry Beyle，1783—1842）：La bequté n'est jamais, ce me semble, qu'une promesse de bonheur［在我看来，美永远只是一种幸福的许诺］。载：司汤达《罗马，那不勒斯，佛罗伦萨》，巴黎 1854，页 30。

　　② ［Pütz］自然科学的方法和成就之影响，在现实主义中表现已经很明显，在自然主义中则还要变本加厉。自然主义想进一步通过对现实尽可能精确的复制代替艺术创作的主观因素。通过从现实性本身中剥离出作为"对现实性之认识"的现实主义，尼采阐明了这样一种观点以之为基础的现实之陌异化（Wirklichkeitsentfremdung）。尼采通过将所谓现实作为"关于现实性的知识"而从实在本身中勾销，通过将其解释为现实之虚构，从而彻底摧毁了这样一种观点。

434

[267] 说情。——简朴平淡的对象是为大风景画家①存在的，而奇特罕见的对象是为小风景画家存在的。也就是说：自然和人类中的伟大事物不得不为其崇拜者中一切渺小、平庸、虚荣之辈说情——而伟人则为质朴的事物说情。

435

不要无声无息地走向毁灭。——我们的伟大和才能不是在一夜之间化为乌有的，而是一点一滴消失的；小的植被长到一切东西里去，而且到处紧紧粘附，它最终会毁掉我们身上伟大的东西——我们生活在可悲的环境中，而我们却每时每刻都在忽视这种可悲性，看不到在我们的邻人、我们的工作、我们的社会交往和我们的日常生活中，无数卑劣和琐碎情感在发芽、成长。如果我们对于这些小的杂草不闻不问，我们最终就会因为它们而无声无息地走向毁灭！——如果你们无论如何都想毁灭，那宁愿一下子和突然地毁灭：这样还可能为自己留下一个崇

---

　　①　[Pütz] 尼采崇敬的伟大的风景画家，首先是法国画家洛兰(Claude Lorrain，1600—1682)。他的典型化的风景作品以生动逼真的自然描述而闻名，同时与神话中和圣经中的场景结合在一起。

高的废墟！而不是像现在有理由担心的那样，只留下一
个田鼠掘出的山丘！上面长满蒿草，那些渺小的胜利者，
仍然像过去一样谦卑，太可怜以至于不配庆祝它们的
胜利！

436

　　决疑。——一个并非所有人都有勇气和能力面对的
痛苦抉择：一艘船上的乘客发现，船长和舵手犯了大错，
而自己在航海知识上超过了他们[268]——于是产生一
个问题：何如！如果你发动一场哗变，把他俩关起来？又
是否并非因为你更精通航海知识你就有义务这样做？他
们是否也并非同样有权因为你损害顺从而关你禁
闭？——这不过是那些更高等且更险恶处境的一个比
喻：在这些处境中，说到底，问题始终依然在于，什么能够
保证我们的优势，保证我们在这种情况下对自己的信念。
成功吗？但在此为了获得成功，我们恰恰不得不先去做
那些包含着一切危险在自身中的事——不仅是对我们自
己危险，而且是对全船人危险。

437

　　特权。——谁真正占有自己，也就是说，谁决定性地
征服了自己，他就会把惩罚自己、宽恕自己、怜悯自己当
作私有的特权：他不需要向任何别人让渡这种权利，但他

可以因为另一个人（比如说一个朋友）而自由地放弃这项
权利——然而他知道,当他这样做时,他是在授予一项权
利,而一个人之所以能够授予权利,是因为他拥有权力。

438

人与物。——人为什么看不见物? 因为他自己站在
中间:他遮住了物。

439

幸福的标志。———一切幸福感都有两个共同之处:
情感的丰盈,以及在其中的纵情欢乐,就像水中的鱼儿一
样,[269] 人也感觉到了他自身周围的自然力,而且他还
在其中跳跃欢腾。好的基督徒会理解,什么是基督教的
欢闹放纵(Ausgelassenheit)。

440

并非断念! ——像修女一样放弃世界而不是去了解
世界——导致了一种徒劳无益的、也许忧郁的孤独。这
种孤独与思想家的沉思生活(vita contemplativa)的孤独
毫无共同之处:当思想家作此选择时,他决非断念;相反,
如果他必须埋首实践生活(vita practica),那对他来说倒
是一种对自身的断念、忧郁和毁灭:他放弃实践是因为他

了解实践,因为他了解他自己。因此,他纵身跃入他的水中,并在那里找到了他的喜悦。

441

为什么邻人离我们越来越远。——对于曾在和将在的一切,我们想得越多,当下存在的一切恰恰因此对我们变得更苍白。当我们与那些过去的人一起生活并共其死亡时,"邻人"又算得了什么? 我们变得更加孤独,更确切说,因为人类的全部洪水都呼啸而来围绕着我们,我们心中对全部人类的热情始终在增长——由此我们望向围绕着我们的东西,那目光就像它已经变得更无关紧要而且也更虚幻了似的。——但我们冰冷的目光侮辱了他人。

442

规则。——"规则总是比例外更让我感兴趣"——谁如此感受,谁就在知识中向前推进了很远,并属于知内情者。

443

[270] 关于教育。——我渐渐地明白了,我们的教养和教育方式最普遍的缺陷在于:没有人学习、没有人谋求,也没有人教授——忍受孤独。

444

对于阻力的惊奇。——因为某些东西对我们来说变得透明了,我们就认为它再也不会造成任何麻烦了——当我们发现自己可以看穿它却不能通过它时,我们就和玻璃窗上的苍蝇一样傻乎乎地感到惊奇。

445

最高贵之人的失算。——我们把自己最好的东西、我们的珍宝送给某人——直到我们的爱再没有东西可以送出为止:但是,我们的最好的东西并不一定就是他的最好的东西,因而他并没有施予者所期望的那种满满的且深藏的感激。

446

等级制。——首先是浅薄的思想者,其次是深刻的思想者——他们下降到事物的深处——第三是彻底的思想者,他们探求事物之根基,这当然比只是下降到深处更有价值! ——最后是一头扎进沼泽的思想者:然而这应该是既非深刻也非彻底性的一个标志! 他们是些热爱地下工作的人。

447

〔271〕师与徒。——警告其学生当心自己，属于师父的人性。

448

敬重现实。——眼见欢乐的人群，我们如何能不感同身受、热泪盈眶！我们从前曾以为他们欢乐的对象非常渺小，如果不是亲身体验了，我们现在还是会这样认为！但是看看这些体验将我们带到了什么地方！我们的意见现在还算得了什么！要想不迷失自己，不迷失自己的理性，就必须远离体验！柏拉图就是这样逃离了现实，投向了事物的暗淡的精神影像的王国：他知道自己充满了感性，知道这种感性的波涛如何轻易就能吞没他的理性。——这智慧者是不是只能这样说，"我敬重现实，但我将转身背对现实，因为我了解现实和害怕现实"？难道他也如非洲土著们在其首领面前所做的那样，当他们的酋长走过时，转身背对他们的酋长，以此显示他们的敬重，同时也显示他们的畏惧？

449

需求精神者在哪里？——呜呼！把自己的思想强加

于别人,多么让我反感!让另一个人的思想战胜自己的思想,心中产生新的感情和发生悄悄的变化,多么让我欢喜!不过,偶尔还会出现一个更高等的节日,于是有一天容许人赠送掉他的精神家产,就像一位神父,坐在自己的小屋中,[272]焦急地等待着某个需求者前来倾诉他思想的困苦,而他的手和他的心则使需求者手和心再次充满,使他不安的灵魂重新轻松起来!他不仅不追求声名:而且也想逃避感激,因为感激有些纠缠不休,缺乏对孤独和沉默应有的畏惧。但是不为人知和有点可笑地生活,谦卑得不致唤起任何嫉妒和敌意,拥有冷静的头脑,少量知识和大量经验,就像一个贫穷的精神方面的医生,碰到这人那人的头脑被一些意见搞乱了,就帮助他,而没有正当地意识到是谁在帮助他!他不想在这人那人面前显示自己拥有权利或庆祝自己的胜利,而是这样对他说话以至于他按照一种轻微的、不易察觉的示意和反驳来说出他自己的权利并骄傲地离开!就像是一片小客栈,不拒绝任何有需求的人,但过后竟被忘怀或被嘲笑!他并没有什么过人的地方,既没有更精美的饮食,也没有更纯净的空气,或者更快乐的精神——但他交出,归还,分给,变得更穷!他可以如此谦卑,以便更多的人走近他并且不会感到受了侮辱!加自己以许多的不公,蜗行于一切错误的巷道上,以便沿着那秘密的道路走到许多隐蔽灵魂的深处!永远地怀有某种爱,同时又永远怀有某种自私和自我享受!拥有一块领地,同时又隐姓埋名和拱手相让!永远躺在优美的和煦阳光之中,然而又知道通向崇

高的阶梯伸手可及！——这将是一种真正的生活！一种
让人有理由活得更长的生活！

450

　　[273]知识的诱惑。——朝科学之门里面看上一
眼,它对热情的精神的作用就像一切魔法中最厉害的
魔法;也许他们会因此变成幻想家,或在最好的情况下
变成诗人:他们对于知识者的幸福的欲望就是如此强
烈！你们不是无论如何都会想起——这甜蜜诱惑的声
音吗？科学就是带着这种声音以 100 种、101 种最美的
言辞发布其快乐的福音:"让妄念消失,则'我受到伤
害'的妄念也就不存在了,随之'伤害'也就消失了。"
(马可·奥勒留①)

----

　　① [Pütz]马可·奥勒留(Marcus Aurelius Antonius,
121—180),161—180 年为罗马皇帝。他领导了多次防御战争,
它们开启了第一罗马帝国政府形式的终结。他早年受过修辞学
的训练,146 年起同时致力于哲学,并成为斯多葛派的最后一个
重要代表。在多瑙河战役中,他写了由格言和独白组成的《沉思
录》(尼采这里的引文出自第 4 卷第 7 节。)[译按]多瑙河战役
指公元 167 或 168 年北方日耳曼蛮族南下侵犯罗马帝国北部边
境,时为罗马帝国皇帝的奥勒留北征多瑙河地区,与日耳曼人战
斗直至去世前。此间,奥勒留用希腊文写下 12 本日记,构成了现
今《沉思录》12 卷的内容。尼采所引可参《沉思录》,何怀宏译,北
京:中央编译出版社,2008 年,页 39。何怀宏从英文本译出,与
Pütz 德文表述略有差异。)尼采对知识之无限诱惑表现出的热烈
兴趣,与马可·奥勒留受非自私的人类之爱影响从而要求过苦行
生活相对立。

451

　　必须养宫廷小丑的人。——非常美者，非常善者，非常有权者，几乎在任何事情上，都很少能经验到完全的和平庸的真理——因为在他们面前人们会不由自主地多少说些假话，因为人们不可能不感觉到他们的影响，并根据这种影响，以一种与之适应的形式表达人们可能以真理的方式告知的东西（改变事实的程度和色彩，省略或增加某些细节，遇到根本不想去适应的就将其留在嘴边而不说出）。然而，如果无论如何，这种人仍然想听到真理，那他们就必须自己养有自己的宫廷小丑，这小丑像狂人一样具有不必适应旁人的特权。

452

　　不耐心。——思想者以及行动者中都有一些无耐心的人，一遇到失败，就立即跑到另一相反领域，对之发生浓厚兴趣，开始大干一番——直到再次因为忍受不了成功的缓慢不辞而别。[274]他们就像是一些漫不经心和马不停蹄的漫游者，游历了无数的领域和行当，最后由于前所未有的旅行和实践积累下来的对人和事物的知识，也由于急躁的冲动有所缓和，他们变成了强有力的实行者。因此，我们看到，某种性格缺陷最后变成了一所培养天才的学校。

453

道德过渡时期（interregnum）①。——有谁现在已经处于这样的状态中，即能够描述将来有一天将接替道德感觉和道德判断的东西！——人们也能够如此确凿地认识到，道德的感觉和判断，在其全部基础中都被铺设错了，而且对其建筑的修缮也不可能：如果理性之约束力不减少，则道德感觉和判断之约束力必定日趋减少！重新建立生活和行动的法则，对这一任务来说，我们的生理学、医学、社会学和孤独学等这些科学还不敷应用：而且人们只能从这些科学中取出新理想的基石（倘若不是新理想本身的话）。因此，按照趣味和才能，我们真的是要么活成一种先导的此在，要么活成一种跟随的此在，而且在这段过渡时期所能做到的最好事情是：尽可能成为自己的国王（reges）和建立小型实验国家。我们就是实验：我们同时意愿自己成为实验！

454

插话。——像本书这样一本书不是用来通读或朗读的，而是用来翻阅的，尤其在散步中和在旅途中，人们必须一次又一次埋下头去和一次又一次地抬起头来，直到

---

①　［Pütz］拉丁语中的 interregnum 原来的含义是王（reges）位仍然空缺的"过渡时期"；在此指有效的道德规则和体系的中止。

发现自己进入了一个完全陌生的天地。

455

第一自然。——我们今天所受教育的目的在于给我们灌输一种第二自然：当整个世界都认为我们成熟了、长大了、有用了，我们就获得了这种第二自然。然而，我们中间的少数几个人却足够像蛇一样，有一天能蜕下这层第二自然之皮：在被覆盖的第一自然发育成熟之后。在大多数人那里，第一自然的萌芽早就枯萎了。

456

[275]一种正在生成的美德。——如古代哲学家说的美德和幸福的统一①，或者如基督教说的"只要你追随上帝的国和他的公义，所有这些东西都会加给你"②，这些断言和预告从来都不是出于完全真诚性作出的，但也从来没有坏良心：人们确立这样的、他们希望其为真理的定律，满不在乎地把这些定律作为反对表面现象的真理，而同时却没有感到任何宗教上或道德上的内疚——因为通过荣耀（in honorem majorem）美德或上帝，人们已经

---

①　[Pütz]指苏格拉底的命题：关于善的知识、美德和幸福是统一的。

②　[Pütz]参《马太福音》6：33："你们要先求他的国和他的义，这些东西都要加给你们了。"亦参《路加福音》12：31。

超越了现实,并且不具有任何自私的动机! 甚至直到今天,许多杰出的人仍然处于真诚的这一阶段:当他们觉得自己无私时,似乎就允许自己更轻率地对待真理。然而人们要注意,诚实(Redlichkeit)一词无论在苏格拉底美德中还是在基督教美德中都没有出现:它是最为晚近的美德之一,还没有完全成熟,①仍然经常被人曲解和误认,还很少意识到它自身——它是某种正在生成的东西,我们既可以推动它,也可以扼杀它,完全依我们的心意。

457

最终的沉默。——有人就像是一个寻宝者:偶然发现了另一个陌生心灵隐藏的东西,[276]对此的了解常常沉重得难以承受! 有时,人们对于活着和死去了的人是如此了解和心有灵犀,以至于向别人谈论他们对一个人来说变成了一种痛苦:人们每说出一句话都惟恐泄露天机。——我完全能够想象最智慧的历史学家为什么会突然变得沉默。

458

大奖。——一个人具有完美构造的心智,同时又具

①　[Pütz]节 370 和节 482 给出了对诚实的一个简短的特征刻画。自《朝霞》起,尼采就召唤在叔本华那里已经得到预先塑造的诚实之认识激情,这种激情他在基督教美德目录中以及苏格拉底美德中都未能发现。

有与这样一种心智相匹配的品格、性情甚至还有经验,这是非常少见的,但也是特别值得欣喜的。①

459

思想者的慷慨。——卢梭②和叔本华③——两人都非常骄傲,足以把"为真理献身"(vitam impendere vero)作为铭言刻在他们的生命上。由于不能成功地将真

---

① ［KSA］草稿结尾部分:例如保罗·瑞(Rée)。(〔译按〕:保罗·瑞［Paul Rée,1849—1901］,德国哲学家、医生,尼采的学生、朋友兼情敌。他的《道德感的起源》一书对尼采哲学思考的核心之一即道德问题产生过深刻的影响。这种影响在尼采著作中多处体现出来,如《人性的,太人性的》卷一章二,尤其是第37节,《朝霞》以及《道德的谱系》前言第4节等。)

② ［Pütz］特别是针对卢梭1762年问世的小说《爱弥尔或论教育》(*Emil ou de L'Education*)卢梭的批评者指出,法国哲学家的生活和他的作品之间并不一致。小说讲述了虚构的住宿生爱弥尔的教育故事,他在远离有害影响的乡下、在他的教育者的时刻陪伴下成长。借助于这一理想情境,卢梭展开了他的教育理论,按照这一理论,强迫和命令作为教育手段被儿童的自由发展所取代。批评者指出,这部教育小说与卢梭的生活处于一种明显的矛盾之中。一方面,当卢梭致力于从理论上探讨教育主题时,他只有一段很短的作为教育者的亲身实践工作可以回忆(在里昂马布利神父家里,从1740年4月到1741年初)。另一方面,事实表明,卢梭将他自己的孩子们送到育婴堂,因此,他完全不处在与孩子交流更不用说教育他们的位置。因此似乎很难对《爱弥尔》当真。

③ ［Pütz］经常可以发现,在叔本华的生活实践——例如他在性方面的敏感或他的明显的忧虑状态——与他的否定生命的哲学之间,存在着矛盾。

理——他们各自所理解的真理——献给他们的生命①,
这种非凡骄傲给他们带来的是非凡的痛苦:他们的生活
就像是一只发出与乐曲不和谐声音的古怪贝司一样,发
出与他们的知识不和谐的声音! ——然而,如果知识只
能按照它碰巧适合每个思想家的生活的程度呈现自己,
那么,这就是一种不怎么样的知识! 如果思想家的虚荣
心是这样强大,使他只能忍受那些与他的生活适合的知
识,那么,他就是一个不怎么样的思想家! 一个大思想家
最美的德行,恰恰在如下中闪烁着:慷慨,即作为认识者,
他毫不畏惧地,常常感到羞愧地,常常带着崇高的嘲讽和
微笑地,献上他自己和他的生活。

460

[277] 利用危险时刻。——人们对一个人和一种形
势的认识会完全不同,当其人、其形势的每一变动,都使
我们及我们最爱的人在财产、荣誉和生死方面处于危险
中时:例如,提庇留一定极其深入地思考了奥古斯都大
帝②的性格和他的政府体制,对它们比甚至最聪明的历

---

① ［Pütz］前一句引文的颠倒。

② ［译注]提庇留(Tiberius,公元前 42—公元 37),也译提比
略,全名提比略·恺撒·奥古斯都,罗马帝国第二位皇帝;奥古斯
都大帝(Kaiser Augustus,公元前 63—公元 14),全名盖乌斯·屋
大维·奥古斯都,罗马帝国第一位皇帝,元首政制的创始人,统治
罗马长达 40 年。提庇留为奥古斯都的养子,公元 14 （转下页注）

史学家可能知道的还要多。现在,相对而言,我们全都生活在极大的安全中,以至于我们没有可能成为好的识人者;其中一个人认识人是出于业余爱好,另一个人是出于无聊,第三个人是出于习惯;从来没有一个人是因为"认识还是毁灭"。①只要真理还没有用刀切入我们的肉里,我们心底里就对它保留着一种隐秘的轻蔑:在我们看来,它们始终类似于"羽毛般轻柔的梦境",好像我们可以自由地要或不要它们——好像这属于我们的爱好,好像我们可以像从一个梦境中醒来一样随时从真理中醒来!

461

这里就是罗德岛,就在这里跳吧(Hic Rhodus, hic salta)!②——我们的音乐能够表达任何东西;它也必须表达什么东西,因为像某些海怪一样,它本身没有任何特征:过去这种音乐曾追随基督教学者③,能够把他的理想改写成乐声:为什么它就不能最终也找到一种与理想的

(接上页注)年奥古斯都驾崩后,提庇留继位。

①　[译注]此处貌似尼采在戏仿莎士比亚剧中的哈姆雷特,"生存还是毁灭"。

②　[Pütz]拉丁语,语出《伊索寓言》"吹牛的人",在这个寓言中,一个好说大话的运动员吹嘘说,他在罗德岛有一次跳的何其远也,于是一个围观者就用上面的话回答他。

③　[Pütz]文艺复兴和巴洛克的学者文化所发展出的音乐,以人文主义精神与词联系在一起,后来也被修辞地加以解释,尤其在宗教改革的德国,屈从于表达宗教的、伦理的和教育的要求。新教的教堂音乐就是由此发展出来的,例如圣乐曲艺术。

思想家相适应的更明亮、更快乐和更普遍的乐声呢？——一种能够在他灵魂的辽阔的、悬浮着的拱顶中上下摇摆的音乐？——我们的音乐曾经如此伟大，如此卓越：对它来说没有什么是不可能的！因此，让它向我们表明，同时感受到三者是可能的：[278]即崇高、深邃和温暖之光、最合乎逻辑的欢乐！

462

长期疗法。——心灵的慢性疾病，正如身体的慢性疾病，很少是由于单独一次对身体的理性和心灵的理性进行粗暴践踏导致，而是一般而言产生于无数次未被察觉的微小疏忽。——例如，一个人的呼吸一天天变弱，肺部吸入的空气越来越少，即使这种变化的单位无限微小，最终也会因为肺部长期得不到足够运动而导致某种慢性疾病。这类疾病的唯一疗法是相反方向的无数次简单锻炼——例如，养成习惯，每一刻钟深呼吸一次（如果可能应该平躺在地板上；还应该将一只指示时刻的钟表选为终身伴侣）。所有这些治疗都是缓慢而琐碎的；同样，希望治疗心灵疾病的人也必须注意改变他最细小的习惯。许许多多的人每天诅咒他的环境 10 次，但很少考虑到事实，特别是很少考虑到几年之后他就会为自己造就一条习惯规律，因而不得不每天诅咒环境 10 次的事实。但是，另一方面，他也能给自己造成一种每天改善环境 10 次的习惯！——

463

第七天。——你们赞美那个,说是我的创造?但我不过是丢掉了我身上的负担![279]我心超越于创造者的虚荣之上。——你们赞美这个,说是我的断念?但我只不过是丢掉了我身上的负担!我心超越于断念者的虚荣之上。

464

施予者之羞。——每每给予,每每赠送,并因此每每做给予赠送者状,这多么缺少慷慨!给予和赠送吧,但请藏起自己的名字,收起自己的好意!或者就像自然一样,连名字也没有——自然的最令人振奋之处在于,我们在这里不再遇到一个给予者和一个赠送者,一个"仁慈的面容"了。——确实,你甚至把自然的这种令人振奋的性质也断送了,因为你已经在自然中安置了一位神——现在一切重新成为不自由和被压抑的了!呜呼!难道我们永远没有权利不受打扰地独自生活?难道我们永远都不能不受注视、不受保护、不受牵引和不受馈赠?如果我们身边总是有另一个人的影子挥之不去,那么,最佳的勇气和善就将不复存在。难道这种来自天堂的纠缠,这位不可摆脱的超自然的邻人,还不足以把我们推向魔鬼吗?——但是,并不需要如此,这不过是一场梦!让我们从梦中醒来！

465

一次邂逅。——甲：你在望什么呢？你已经一动不动地站在这很久了。

——乙：总是老一套，周而复始！一件事情需要帮助，如此之深也如此之远地把我卷入，然而当我好不容易到达它的根基，我却发现它并不值得如此费力。在所有这类经历的最后，我都产生了一种悲哀和恍惚的感觉。每天我都在较小的程度上如此经历三次。

466

[280] 声名之累。——能像一个无名之辈那样跟人们说话多好！诸神在拿走我们的匿名（Inkognito）和让我们闻名的同时，也拿走了我们"一半美德"。

467

双倍的忍耐。——"你这样做将使许多人痛苦。"

——这我知道；同时我还知道这将使我不得不忍受双倍痛苦，首先是因为同情他们的痛苦而痛苦，其次是因为他们将要施加于我的报复而痛苦。尽管如此，我一点也不会不去做该做的事情。

468

美的王国更广大。——我们在自然中巡游，机敏而快活，试图发现和当场捕获万物固有的美；遥望一段布满岩石、港湾、橄榄树和松树的海岸，我们设法发现它的美在什么情况下才臻于化境，表现无遗：是在灿烂的阳光下，还是在无边的风暴中，抑或是在天空收起它的最后一道光线之时；同样，我们也应该以欣赏者和发现者的身份在人们中间跑来跑去，让他们既表现出善也表现出恶，以便一个人在阳光下，另一个人在风暴中，第三个人在夜幕下和阴雨中，分别展示出他们特有的美。难道要禁止欣赏像有其粗犷线条和动人之美的蛮荒风景一样的恶人吗？如果这同一个人，当他装出善良规矩的样子，我们岂不像看了一幅劣作和讽刺画，岂不像自然中的一个污点一样让我们痛苦吗？——是的，这是禁止的：[281]人们至今只许在有道德的善人身上寻找美——难怪他们所得甚少，总是在寻找没有躯体的虚幻的美！——毫无疑问，恶人身上有千百种有德性之人梦想不到的幸福，也具有千百种有德性之人所没有的美；其中许多还有待我们去发现。

469

智者的非人道。——如一首佛教徒的赞歌①所说，

---

① ［Pütz］参《经集。早期佛教巴利文教理诗选》，（转下页注）

智者像"犀牛一样孤独漫步",而由于他的步伐如此沉重,把路上的一切都化为了齑粉——他不得不时常做出某种和解和表现出某种人情味:我指的不仅仅是放轻脚步,不仅仅是彬彬有礼和与人为善,不仅仅是机智和自我嘲讽,而且是指自相矛盾和经常退回到坊间的无稽之谈。由于不想像压路机一样把灾难碾压向人,希望教导别人的智者就不得不把他的缺陷,当作一种美化来利用;当他说"鄙视我吧",他是在请求,以利于他成为一种肆无忌惮的真理的代言人。他希望把你带进深山,他也许还希望让你去冒生命危险:为此,他也愿意无论事前还是事后都听任你们对这样一位领路人进行报复——这是他为自己赢得走在别人前面的享受所付出的代价。——你是否记得,当他某一次领着你沿着湿滑的小路穿过幽暗的岩洞时,你的心里是怎么想的?你心里一边紧张得怦怦直跳,一边又情绪很坏,你对自己说:"这位领路人可以做些更好的事,而不是在这种地方爬行!他是那些游手好闲之徒中的一个——我们跟随他,以此我们似乎确实赋予他一种价值,这是不是已经给了他太大的荣誉了?"

(接上页注)Nyanaponika 翻译和编辑,修订第 2 版,康斯坦茨 1977,页 40 以下。《犀牛》:歌曲,由每节四行的 41 节四行诗组成,每节的最后一行每次总是像咒语一样重复折返:"人喜欢独行,犀牛也是一样。"尼采熟悉《经集》的一个英文译本,并且将上引诗行付诸"家用"。(参 1875 年 12 月 13 日尼采致卡尔·冯·格斯多夫[Carl von Gersdorff]。[译注]格斯多夫和保尔·多伊森[Paul Deussen]同为尼采读普福塔中学时的同学和朋友。)

470

[282] 在人多的宴会上。——若人们能像喂鸟①一样宴客,手中漫不经心地撒下食物,而不是盯着鸟儿看且论功行赏,客人该多么幸福! 让我们像鸟儿一样想来就来,想走就走,喙上也没有刻着名字。如此这般在人多的宴会上尽情享受将是我的快乐。

471

另一种邻人之爱。——一切激动的、吵闹的、前后悬殊的和神经质的行为都与伟大的激情相对立:伟大的激情像一股安静而阴沉的火焰居于人的内心深处,而且那里聚集了全部的光和热,使人从外表看上去平静而冷漠,给他印上了某种拒人千里之外的特征。毫无疑问,这样的人有时也是能爱邻人的②——但是,他们的爱不是联络感情的、急于取悦他人的爱:而是一种温和的、思索的和松弛的友好:他们仿佛是透过其城堡——这城堡是他的屏障因而也是他的牢笼——的窗子打量外面:打量一个陌生的、自由的世界,打量他人,这给他带来了极大的

---

①　[Pütz] 参《马太福音》6:26:"你们看那天上的飞鸟,也不种,也不收,也不积蓄在仓里,你们的天父尚且养活它。你们不比飞鸟贵重得多吗?"亦参《路加福音》12:24。

②　[KSA] "爱其邻人的":热心与人交往的。(清样)

愉快!

472

不为自己辩护。——甲:你为什么不愿为自己辩护?
——乙:我可以为自己辩护,我可以在这件事和其他
100 件事上为自己辩护,但我蔑视这种辩护中所包含的
快乐:因为这些事情于我还不够伟大,我宁肯背着坏名
声,也不可能助长那些卑贱的小人物的幸灾乐祸,让他们
说:"他还很看重这些事哩!"这恰恰不是真的! 也许我应
该考虑自己更多一些,把订正有关自己的错误意见当作
一项责任;[283]——我对于我自己以及我所造成的东西
实在是太不关心和太懒散了。①

473

人应该在哪里建造他的房屋。——如果离群索居使
你觉得自己伟大而多产,那么一种社会中的生活就会使
你变得渺小而荒芜:反之亦然。一种有力的父亲般的温
柔宽厚——你在哪里捕捉到了这种心绪,就把你的房屋
建在哪里,无论现在是在熙攘喧闹中,还是在寂静无声

---

① [KSA]草稿:我能在 100 件事上为自己辩护,但我鄙视这
辩护所包含的快乐,不能容忍其他人可能的对我的想象:我真的很
看重这些事情。这完全不是真的——这对我来说并没有什么重
要,而做另一个人以为看透我要做的事情使我不快。

中。哪里我成为父亲,哪里就是我的祖国(Ubi pater sum,ibi patria)。①

474

唯一的道路。——"辩证法是达到神圣的存在和深入现象的面纱背后的唯一道路"——柏拉图庄重而热情地宣布,正如叔本华同样庄重而热情地宣布,一种与辩证法相反的方法才是唯一的道路②——但他们两个都错了。因为他们指给我们一条道路所要通达的那个东西根本就不存在。——迄今为止,人类所有的伟大热情不都是这样一种对于无(Nichts)的热情? 人类所有的庄重不都是关于无的庄重?③

475

负重。——你们不了解他:他负重很多仍能飞往高空。根据自己翅膀的可怜扇动,你们断定,既然他如此负

---

① [Pütz]拉丁语,这是对一个短语的改编,这一短语可以追溯到阿里斯多芬(《普洛托》1151),以及西塞罗(《塔斯库勒姆对话》Ⅴ,37,108)根据帕库维乌斯(《透克洛斯》,残篇19)引用的说法:Patria est,ubicumque est bene。其简化形式广为人知:Ubi bene,ibi patria[哪里过得好,哪里就是祖国]。

② [Pütz]引自穆勒:《全集》,Th. Gomperz 编,莱比锡1869—1880,Ⅻ,页 67。与辩证法相反的方法指的是直觉。

③ [KSA]草稿:辩证法是达到神圣存在的唯一道路:柏拉图,穆勒67,叔本华从直觉出发同样断言。

重多多,那他一定是想留在低处。①

476

当精神丰收的节日。——经验、事件,对于经验和事
件的思考,以及对于思考的梦想,所有这些每天都在不断
增长和积累[284]——一笔巨大的令人欣喜的财富! 其
景象让人晕眩;我不再能够理解,为什么精神上贫乏的人
可以被称作有福的②了。然而,当我感到疲倦时,我有时
也会嫉妒他们:因为掌管如此巨大的一笔财富绝不是一
件容易事儿,其沉重往往会压倒一切幸福。——如果我
们需要做的只是站在那里和随便看看该有多好! 如果人
只是他自己知识的守财奴该有多好!

477

从怀疑中走出。——甲:经过一场普遍的道德怀疑之
后,其他人变得忧郁而虚弱,被腐蚀了、被虫蛀了,在某种
程度上被蛀空了——但是我却变得比以前更勇敢和更健
康,带着重新赢得的本能。哪里狂风呼啸,哪里波涛汹涌,
哪里危险重重,哪里我就感觉最好。我并没有变成一只蛀

---

① ［KSA］在草稿中是"我"而不是"他"。

② ［Pütz］指涉登山宝训的第一个祝福,见《马太福音》5:3:
"虚心的人有福了,因为天国是他们的。"

虫,虽然确实经常不得不像一只蛀虫一样工作和打洞。

　　——乙:你刚好不再是一个怀疑者了! 因为你否定!

　　——甲:通过这否定,我重新学会了肯定。

478

　　让我们走开! ——不要碰他! 让他一个人呆着! 你难道想让他完全破碎吗? 他岂不像一只玻璃杯子,当你把开水一下子倒进去,他就会裂成碎片吗? 而他是这样珍贵的一只杯子!

479

　　爱与真。——我们在爱恋中时都是违反真理的重犯、习以为常的同犯,真理的偷窃者,[285] 我们所允许为真远远多于向我们显现为真——因此,思想者不得不一次又一次吓跑那些他所爱恋的人(这些人并不就是那些恰好也爱他的人),以便他们露出他们的毒刺和恶意,从而不再能诱惑他。因此,思想者的善意也和月亮一样有其阴晴圆缺。

480

　　无法避免的。——你们所愿意经历的:那些不愿你们舒适愉快的人,在你们的经历中找到贬低你们的机会! 假如你们经历了心灵和知识上的最深刻变革,最终像一个初愈者,带着痛苦的笑容,进入自由与明亮的宁静中——人们仍然会说:"他把他的病当作一种论据,认为他的无能证明了所有人的无能;他太虚荣了,他为了感觉到痛苦者的优越感而不惜让自己病倒。"——假设有人挣脱了锁链而且同时受了重伤:于是就有另一个人嘲笑地指出来。"可是这家伙得多笨啊!"他会说,"所以说,这人到底什么状况啊,他已经习惯了他的锁链,而又愚蠢到想要打碎它!"

481

两个德国人。——如果我们将康德①、叔本华②与

---

① ［Pütz］除了向所谓批判哲学的决定性转变以外,康德哲学的发展没有经历什么戏剧性转变;他的哲学风格以审慎的批评,严密的逻辑和极端抽象为特点,以至于过了 50 年他才写出这一转折著作。

② ［Pütz］早在 1818 年,叔本华就在给歌德关于《作为意志和表象的世界》问世的一篇书面通知中写到,他"以为,爱尔维修说的是正确的:人到了 30 岁,最多到 35 岁,就通过对于世界的印象产生了所有思想,他所能胜任的,他此后所交付的一切,永远只是那些思想的展开而已"。通过指明这种"不变"的特点,尼采影射叔本华关于悟知品格（intelligibler Charakter）的理论。（［译按］:正如叔本华在《作为意志与表象的世界》第 1 卷第 28 节中［参石冲白译本,北京:商务印书馆,1982 年,页 223 及以下］首次引入 intelligibler Charakter 时指出的那样,这个术语源于康德［参《纯粹理性批判》,1976 版,A539/B567 以下,中译本参邓晓芒译,北京人民出版社,2004 年,页 437 及以下］。不过同一个词,石冲白译为"悟知性格",邓晓芒译为"理知性格"。）

柏拉图、斯宾诺莎、帕斯卡、卢梭和歌德①进行比较,考虑
他们的灵魂而不是才智,我们会看到,这种比较不利于前
者:他们的思想并不是由他们充满激情的灵魂的历史构
成的,在其中也不会有传奇、危机、灾难和生死时刻等着
我们去猜;他们的思想并非同时也是其灵魂的不自觉的
传记,而是说,[286]在康德那里,它只是一个头脑的传
记;在叔本华那里,只是一种性格("一种不可改变的[性
格]")的描述和反映,以及对于"反映"本身的喜爱,也就
是对于一种卓越才智的喜爱。康德,当他透过他的思想
闪现出来时,完全是一个诚实和可敬的人,但同时也是一
个无关紧要的人:他缺乏广度与力量;他没有什么经历,
他的工作方式不允许他有时间去经历什么——我指的不
是粗劣外在生活"事件",而是在最孤独和最寂静的生命
中所遭受的命运和痉挛,这样的生命才有闲暇,可以在思
想的激情中燃烧。叔本华有一点超过了康德:因为当他
恨、欲望、虚荣和怀疑时,他至少具有强烈的丑陋性情,他
的心性更狂野,并有时间和兴致沉湎于这种狂野。但他

---

①　[Pütz]在歌德从《维特的烦恼》(1774)直到《玛丽恩巴德
哀歌》(1823)的作品中,都可以看到作为创作动机的痛苦主题。
([译按]《玛丽恩巴德哀歌》为歌德晚年最著名的爱情诗篇。1823
年夏天,已是74岁高龄的歌德又一次光临捷克温泉疗养胜地玛丽
恩巴德,他请魏玛公国的卡尔·奥古斯特公爵代为转达向19岁的
乌尔丽克求婚。久等无果后,歌德于9月5日乘马车踏上回程,途
中当年"维特"的痛苦与惆怅再次袭来,最终促成了这篇爱情悲歌。
一个世纪后,茨威格在他著名的传记作品《人类群星闪耀时》第六
章中生动复现了这一事件。)

缺少"发展"，正如他的思想的疆界之内也缺少发展一样；他没有"历史"。①

482

寻找同伴。——我们究竟是否谋求过多，若我们谋求这样的同伴，他像放到火上烤到正好程度的栗子一样软、香、有营养？他是否对生活要求很少，更愿意把生活看作一种馈赠而非应得，仿佛是小鸟和蜜蜂给他衔来的礼物？他是否太骄傲了，根本不能觉得自己是被酬报的？他是否过于严肃地沉缅于对知识和诚实的热情中，以至于没有时间和兴趣去爱好声名？——我们将把这样的人称作哲人；而他们自己则会找到一个更为谦逊的名字。

483

[287]厌倦于人类。——甲：认识！是的！但永远

---

① [KSA]草稿：康德是一个可敬的但也无足轻重的人，他的个人需要有时流露出来：他的经历有限，他的思想方式没有给他以时间去经历什么：他缺少广度和力量。叔本华要好，他至少表现出某种强烈的丑陋性情，在仇恨、贪欲和虚荣中，他表现出更狂野的天性并有时间发展这种狂野。——但是，这两人都没有其自我的深刻的历史，没有危机和生死时刻，他们的思想并不就是一部传记，在康德那里只是他的头脑的历史，在叔本华那里只是其性格和对反映、对智力的兴趣的记录。叔本华的思想中没有冒险事件，没有传奇，没有灾难。想想帕斯卡！

都是作为人去认识！永远只能看同样的滑稽戏，扮演同样的滑稽戏角色？永远只能用这种眼光观察事物？然而也许存在着无数类型的生物，它们的感官比人类更适于认识！在所有认识的最后，人最终认识的是什么？是其感官！这也许说明，认识是不可能的！可怜！可厌！

——乙：这确是一次凶险的袭击——理性在袭击你！但是到了明天，你又会沉浸在认识也就是非理性中，你会说：沉浸在对一切人性的东西的兴趣中。我们下海吧！——

484

自己的路。——一旦我们迈出了决定性的一步，踏上了所谓的"自己的路"：于是一个秘密就突然向我们揭开了：所有过去对我们友好和与我们亲密的人，他们迄今为止都自以为比我们优越，而现在他们觉得受到了冒犯。其中最好的人宽大为怀并耐心等待，期待我们已经再次找到了"正路"——似乎只有他们才知道什么是正路！——另一些人则嘲笑我们，他们干的事情，就像我们暂时变傻变疯一样，或者他们恶意地称我们为引诱者。更恶毒的人则赞同我们是纯粹的傻瓜，并试图抹黑我们的动机，而最糟糕的人则把我们当作他们最糟糕的敌人，认为我们由于长期依赖他们而渴望报复——并因此害怕我们。——我们该怎么办呢？我建议：以此开始自己的自主，确保有一年的时间用来赦免所有熟识我们的人犯下的所有罪过。

485

[288] 远观。——甲：但是，这种孤独是为什么？

——乙：我没生任何人的气。我只是觉得，独处时看我的朋友，比与他们共处时，更清楚也更美；我最热爱音乐和对音乐最有感受的时候，也正是我远离音乐而生活的时候。看来，我需用远观，以便更好地思考事物。

486

金子与饥饿。——常有这样的人，他所触及之处，一切皆化为黄金。① 但是总有一天，他会发现，他不得不因他的特殊才能而饿死。置身于全是闪闪发光的、富丽堂皇的、理想的、难以接近的东西中，他现在急切渴望那些完全不可能被他变为金子的东西——多么强烈的渴望！一个饥肠辘辘的人对食物的渴望！——他将向什么伸手呢？

487

羞惭。——一匹骏马站在那里，不耐烦地用脚刨地，

---

① ［Pütz］指关于佛律癸亚（Phrygia）国王弥达斯（Midas）的希腊传说，这位国王所碰到的一切都会立刻变成金子。他跳到帕克托罗斯河（Paktolos）河中——这条河从那时起就流淌金子——才解除这一才能，因此消除了被饿死的危险。

打着响鼻,它渴望纵情驰骋一番,它爱那个一贯骑着它的骑手——但是,说来惭愧! 它的骑手今天不能坐在它的背上,他疲倦了。——这是疲倦的思想者在他自己的哲学面前所感到的羞惭。

488

反对爱的浪费。——当我们突然意识到自己强烈嫌恶某人时,我们不是会为之脸红吗? 但是,当我们发现自己强烈喜爱某人时,我们同样也该为其中包含的不公正羞愧! 不仅如此,对某些人来说,[289] 如果别人给予他的喜爱是这样来的:即另外一些人被剥夺了这种喜爱,他的心就会收紧、感觉被束缚。当此之时,我们从这种声音听出了这样的意思,即我们是被挑选出来受到宠爱的! 但是,可惜,我对于这样被挑选出来毫无感激:那个希望以这种方式喜爱我的人让我不快:他不应该以他人为代价来爱我! 然而我已经意愿,跟我一起来忍受我自己! 而且我常常拥有满溢的心灵并有理由纵情放肆——对于一个这样的人,拥有如此心灵的人,人们不应该给予他其他人急需的、如此急需的任何东西!

489

处于困境中的朋友。——有时我们注意到,某位朋友倾心的不是我们而是另外一个人,他的体贴令他在抉择时备受折磨,而他的自私又不能胜任这种抉择:在此,我们必须使抉择对他变得容易,我们必须让他受到我们的持续冒犯。——这同样是必要的,即当我们转向另一种思考方式,而这种思考方式却有可能败坏这位朋友时:我们对他的爱必然驱使我们,通过一种由我们来承担的不公,为他与我们脱离关系创造一种心安理得。

490

这些渺小的真理。——"你们知道这一切,但你们从来没有亲身经历过这一切——所以我不会接受你们的证明。这些'渺小的真理'——你们认为它们渺小,是因为你们从来没有为它们付出过血的代价!"——但是,它们伟大,竟然仅仅是因为人们已为此付出太多代价了吗?难道血就算是太多代价吗?"你们这样想吗?你们是多么吝惜你们的血啊!"

491

[290]也因此而孤独!——甲:你现在打算回到你的荒野吗?

——乙:我不是一个快成急就者;我必须长时间地等待自己——水总是迟迟不肯从我的自我之泉喷涌而出,我经常焦渴得失去了耐心。我隐退到孤独之中,就是为了不从众人的水池饮水。当我生活在人群中,我的生活恰如他

们的生活,我的思想也不像是我自己的思想;在他们中间
生活过一段时间以后,我总是觉得,所有人都在设法使我
离开我自己,夺走我的灵魂——我对所有人都感到愤怒,
并且恐惧他们。因此,我必须走进荒野,以便恢复正常。

492

在南风中。——甲:我真搞不懂自己了! 就在昨天,
我心中还波涛汹涌,同时又如此温暖、如此阳光灿烂——
明亮到极点。但是今天! 现在一切都平静、辽阔、抑郁、
阴沉,就像威尼斯潟湖①②:——我什么也不想要,同时
长长松了一口气,然而私下里我又对这种无欲无求
(Nichts-Wollen)感到不耐烦——于是在我的忧郁之湖
中,起了阵阵微澜。

　　——乙:在此,你描述了一种适意的微恙,下一阵东
北风就会从你那儿把它带走!

　　——甲:可为什么会这样!

----

　　①　[Pütz]带着对歌德在《意大利之旅》中的威尼斯生活的印
象,尼采多次访问威尼斯,最早是在1880年初,也就是《朝霞》出版
的前一年。在这里,他口授了他的格言的一部分,名为 L'Ombra di
Venezia[威尼斯的影子]。威尼斯在1900年前后成了文学没落的
体现:从尼采著名的《威尼斯诗歌》(1888,见《尼采反对瓦格纳》,
"间奏曲"一节,GKA7650,页156以下)到托马斯·曼的小说《威尼
斯之死》(1912)。
　　②　[译注]威尼斯潟湖(die Lagune von Venedig),在意大利
亚得里亚海,有一片广阔的浅水区与大海隔绝,形成潟湖,意大利
著名城市威尼斯就位于潟湖内。

493

在自己的树上。——甲：没有哪个思想家的思想，像我自己的思想一样，让我有如此多的享受：当然，关于它们的价值，这说明不了任何东西，但是，若冷落了对我来说最美味可口的果实，仅仅因为它们碰巧长在我的树上，那我可真是个傻瓜哩！——而我曾经是这样一个傻瓜！

——乙：其他人的情况正好相反：[291]关于他们的思想的价值，这同样证明不了任何东西，尤其是，也不证明他们的思想没有价值。

494

勇者的最后论据。——"这片树林中有蛇。"——那我进去杀死它们。——"但结果也许是你没有除掉蛇，反而被蛇咬了"——这于我算什么！①

495

我们的教师。——年轻时，人们从当代，从当时刚好

---

① 〔KSA〕"这于我算什么"（was liegt an mir）：这句话及其变体在尼采这时期草稿中很多，亦可参本书节488和539；此外亦参这一时期的信件，如1880年10月31日致欧文贝克信。（〔译按〕这句话及其变体亦参本书214、270、547。）

碰到的圈子选择教师和指路人：我们漫不经心地深信，当代必定有更适合我们而非适合其他人的教师，而且用不着太费力，我们也必定会找到他们。后来人们才发现，不得不为这种幼稚交纳苛刻的罚金：人们不得不从他的教师那里赎买自己。然后人们开始满世界寻找合适的指路人，连前世界也找遍了——但是也许一切都太迟了。而最遭的情况是，我们发现，在我们的青年时代，他们本来还活着——只是我们那时选错了人！

496

恶的原则。——哲学思想者如何在他生活的每一个社会中被视为一切臭名昭著之典范，柏拉图对此有过出色的描述：因为作为习俗的批评者，哲学思想者是信守风俗之人的敌人，因此，除非成功地变成新风俗的创立者，否则他在人们心目中永远都只能是"恶的原则"。[292]由此我们可以猜测，雅典城尽管非常开放和热爱革新，但在柏拉图在世时却是多么不遗余力地败坏他的名声：因此，这位自称体内充满"政治本能"①的柏拉图，为什么三次去西西里岛进行尝试也就不足为奇了，当时那里似乎刚好有一个全希腊的地中海-国家②正在酝酿中。正是在这一国家中，并且在它

---

①　[Pütz]事涉哲学家柏拉图的《第七封信》(324b)。

②　[译注]指西西里岛东部强盛的城邦叙拉古。当时叙拉古在西方的地位几乎可以与波斯帝国在东方的地位相比。叙拉古实行僭主制，推行军事独裁。

的支持下,柏拉图认为他能够为全体希腊人做某些事情,这些事情也就是后来穆罕默德①为他的阿拉伯民族所做的:确立无论巨细的习俗,特别是规定每个人的日常生活方式。和穆罕默德的想法一样,他的想法也是确定地可能实行的:因为即使基督教那些难以置信得多的观念最终也被证明是可以实行的!如果某些偶然事件不曾发生,如果另外一些偶然事件曾经发生,世界就会经历南欧的柏拉图化了;如果这种状态一直延续到今天,那么可以推测,柏拉图将作为善的原则为我们所崇拜。然而他未能成功:因此为他保留了一个梦想家和乌托邦分子的名声——其他一些更为拙劣的称呼则随着古代雅典人一起消失了。

497

具有纯化力量的眼睛。——我们可能最容易在这样的人那里谈论"天才",如柏拉图、斯宾诺莎和歌德,在他们那里,精神,作为一种有翅膀的存在,似乎跟性格及气质只有松散的联结,它能够轻易跟它们分开,能够远远地超拔于它们之上。相反,那样的人才恰恰最热烈地谈论

① [Pütz]伊斯兰教的创立者(570—632);最初是麦加的一个商人,他于610年意识到他的使命并接受了神启,其核心是造物主的唯一性和末日审判。在最初的宣布之后,他只在小圈子里作为神的使者出现,但却在麦加引起了如此激烈的反对,以至于他于622年决心进行"希吉拉"(Hidschra,大迁徙),也就是迁移到麦地那,在那里他被承认为先知并被接受为领袖。他尤其极大发展了他的学说的法律方面,并且制定了礼俗仪式,使伊斯兰教与基督教和犹太教区别开来。

自己的"天才"，他们一刻也离不开他们的气质，却善于给予它最精神性、最宽泛、最普遍甚至有时是宇宙性的表达（如叔本华）。这些天才飞不起来、不能超越他们自己，然而他们自己却相信，无论飞到哪里，他们都发现和重新发现了自己，[293]——这就是他们的"伟大"，它还真可说是一种伟大哩！——另一些人，天才这个名字更应该归于他们，他们有一双纯洁和令人纯洁的眼睛，这双眼睛仿佛不是从他们的气质和性格生长出来的，而是脱离了它们，通常与它们处于温和的对立之中，这双眼睛看向世界就像看向一位神，而且它爱这位神。但是，即使对于这些人，这样的眼睛也不是一下子就赠送给他们的：有一种关于看的训练和预备性训练，而且谁真正幸运，谁就能在恰当的时间找到一位也会纯洁地看的教师。

498

不可要求。——你们不了解他！确实，他轻松而又自由地屈从于人和物，而且对二者都亲切友好；他唯一的请求是，让他安之若素、泰然自若，——但是，在此期间，只有人和物都不要求他屈从，这才是可能的。任何要求都会使他骄傲、受惊和好战。

499

恶人。——"只有孤独的人才是恶的"，狄德罗这样说,①卢梭②立即觉得受到了极大冒犯。因此,他向自己承认狄德罗是正确的。确实,在社会生活和社交生活中,每一种恶的倾向都不得不让自己受到严厉的束缚,戴上各种各样的面具和经常躺在美德的普洛克儒特斯(Prokrustes)床③上,以至于我们完全可以谈论一种恶人的殉道。在孤独中,所有这一切都不复存在。凡恶的人,都最多地处于孤独中:也最好地处于孤独中——而且因此对于那种处处只看到奇观的眼睛来说,也最美地处于孤独中。

500

[294] 违反本性。————一个思想家可以连续多年违反本性地思考,我指的是,不去跟随那些从内在而来愿意为他效劳的思想,而是去跟随那些由于公务、规定好的日程安排或一种

①　[Pütz] 参法国作家狄德罗(Denis Diderot,1713—1784)的市民感伤剧《私生子》(Le fils naturel ou les épreuves de la vertu,1757),但其中的说法相反:Il n'y a que le méchant qui soit seul [只有恶人才孤独]。

②　[Pütz] 由于认为不能被他的环境所理解,所以卢梭总是一再与他的同时代人闹翻。这一内在和外在冲突的结果是他不得不忍受巨大的孤独,但是,他同时又把这种孤独理解为自己独特性的证明。

③　[Pütz] 普洛克儒斯特斯(Prokrustes)在希腊语中的意思是"拉长者"。希腊神话中一个大恶棍和拦路抢劫的强盗,自称是波塞冬的儿子,他拦截过路者。身材短小的人他将其拉长,直到与一张大床一致;身材高大的人他则将其截肢,直到与一张小床一致。他被忒修斯杀死。尼采在此通过借用"普洛克儒斯特斯之床"指一种必须痛苦地适应的预定规则。

任意形式的勤勉责成他去追求的思想。但是最终他病了:因为这种看似道德的克服,同样彻底地败坏了他的神经力量,就像唯有对于常规的一种偏离和放荡才有可能做到的那样。

501

有死的灵魂! ——对认识而言,最有用的成就也许就是:人类对不朽灵魂的信仰被放弃了。现在,人类可以等待,现在它无须再像过去那样不得不过分仓促并强咽下一些未经完全检验的思想。在过去的时代,这一可怜的"不朽灵魂"之得救取决于人们在一个短暂的生存过程中所获得的认识,人们必须在一夜之间决定一切——"认识"具有一种令人心惊的重要性! 我们现在又重新赢得了十足的勇气,可以去犯错误、做试验、可以接受暂时性——所有这一切并不具有什么终极重要性! ——而且正是由于这一原因,个人和种族现在可以考虑这样一些宏大的任务,这在过去的时代似乎会显得疯狂,像在拿天堂和地狱开玩笑。我们可以用我们自己来做试验! 人类的确可以用自己来做试验! 最大的牺牲依然尚未为认识而作出——确实,在过去的时代,哪怕仅仅是想一下决定我们今天行动的那些观念,也是对神的亵渎,对个人自己的永恒救赎的葬送。

502

[295]一个词代表三种不同的状态。——在一个人

那里,狂野的、丑陋的、无法忍受的动物性于激情中产生了;另一个人通过激情升到了一个高度,神情宏伟而壮丽,与之相比,他通常的存在则显得贫乏。第三个人全然变得高贵了,他同样体验到了最高贵的狂飙和突进,在这种状态中,他变成了具有野性美的自然,比他通常所代表的处于伟大的宁静美中的自然更深刻,虽然只是那么一点点:然而,处于激情状态中,他更多地被人们理解,并恰恰由于这种因素而更多地被人们崇拜——此时他离他们更近一步,也更像他们。当他们这样看他时,他们感到了着迷和惊恐,并因此称他为:神圣的。①

503

友谊。——针对哲学生活的那个异议,对现代人从未出现过,即人会因哲学生活而变得对朋友无益:它属于古人。尽情享受过友谊,考虑过友谊,深刻而强烈,而且几乎至死不渝。这是古人优于我们的地方:与之相反,我们则表明了理想化的两性之爱。古人的所有伟大的卓越,其支撑都在于:男人和男人并肩携手,一个女人不可

---

①　[Pütz]指通过柏拉图和其他人奠定的"迷狂"(Enthusiasmos,神圣的热情)学说。迷狂首先被看作诗人艺术创作的前提条件,在古代后期也被看作造型艺术家创作的前提条件;艺术家可以上升到"神圣的疯狂"(theia mania),但并不排除冷静的技术和有意识的造型。关于艺术创作的这一观念,在诗学理论中,通过文艺复兴的中介,影响到18世纪。在尼采文本中语义双关的"狂飙和突进",只是这一观念在18世纪末的许多表现形式之一。

以提出这样的要求,即成为他的爱的最近或最高的目标,
更不用说是唯一目标了——像热情促使我们去感觉的那
样。也许我们的树木之所以长得不高,正是因为树上爬
满了常青藤和葡萄藤。

504

调和!——哲学的任务难道应该是调和孩子学到
的东西和成人认识到的东西吗?［296］哲学应该恰恰
是青年的任务吗,由于青年处于儿童和成人的中间,具
有一种折中的需要?事情看来几乎就是如此,如果人们
考虑一下,哲学家现在习惯于在什么年龄作出他们的构
想:在一个对信仰来说已经太晚而对知识来说还太早的
年龄。

505

实干家。——我们思想者最先确定了一切事物的
健康趣味并在必要时颁布它。最后实干家从我们手里
接受了它:他们对于我们的依赖程度难以想象地大,这
也是世界上最可笑的景象,他们自己却对此毫无所知,
而且还如此地骄傲,喜欢避而不谈我们这些不切实际的
人:真的,如果我们想贬低他们的实际生活,他们甚至也
会贬低它——为此,有时一种小小的报复欲就能够刺激
我们。

506

一切好东西所必需的干燥。怎么！——只能像其所诞生的时代那样来理解一部作品吗？但是，如果不是这样来理解，人们将会有更多的乐趣，更多的惊奇，也将从它那里学到更多的东西！你们难道没有注意到，每一部新出现的优秀作品，只要它还处在它的时代的潮湿空气中，它就具有最小的价值——恰恰因为它还随身携带着那么多市场的气息、敌人的气息、最新的舆论的气息以及一切昙花一现的东西。后来它变干燥了，它的“时间性”①死去了——这时它才得到它的深刻的光辉和健康的气息，以及如果它追求的话，得到它的永恒的沉静之眼。

507

[297] 反对真理专政。——即使我们真的如此疯狂，以至于认为我们的全部意见都是真的，我们也仍然不

---

① [Pütz]“如其时代那样”理解每一部作品，符合 19 世纪历史思想的基本原则。与此相反，尼采早在其《不合时宜的沉思》(1873—1876)中已经指出，一切伟大的东西如何根本上是与当下的权力对立的，以及如何本质上是关涉未来的。充满理论教益和整体奠基性的第二个沉思《论史学对于人生的利弊》(1874)，在其历史类型学中同时隐晦地提出对于“时间性”的一种特征刻画。以“生命”为尺度来考验时间性事物的创造性价值及将其从遗忘中夺回的权利。

能希望只有它们存在——我不明白，为什么真理独自统
治世界和成为至高无上的主宰必须被想望；在我看来，它
拥有巨大的权力就足够了。但是它必须能作战，并且拥
有敌人，而人们也必须能不时离开真理在虚假中休
养——否则，真理就会变得令我们厌倦，变得无力和无
趣，并使我们变得同样如是。

508

不感情用事。——我们为了有利于自己所做的一
切，不应该为我们带来无论其他人还是我们自己的任何
道德赞美；我们为使自己快乐所做的一切，同样也是如
此。在这样的情况下，避免感情用事和克制一切感情上
的做作自身，乃是所有高等人那里的好的音调；而且谁对
此已经习以为常，谁就重新获赠质朴（Naivität）。①

509

第三只眼睛。——你仍然需要剧院？为什么？难道你
仍然如此稚嫩？聪明起来吧！到别处去寻找更精彩的悲剧

---

① ［Pütz］热烈激动的感伤状态（pathetische Zustand，来自
希腊语 pathos，意为"忍受"），表明人从其原来的形象异化了。尼
采在此追随一种古老的历史思考模式，用人类返回"质朴"之乌托
邦也即返回与自身的统一，对晚近时期文化上的一种分裂状态提
出异议（参例如席勒《论朴素的诗和感伤的诗》，1795/96）。

和喜剧表演吧！那里发生的一切更有趣也更让人感兴趣。确实,在这些事件中仅仅做一名观众是很不容易的——但是,你可以学习！然后,即使在最困难和最困苦的情况下,甚至是当你自己的激情袭击你的时候,你都仍然会拥有一扇通向快乐的小门和一个避难所。睁开你的戏剧眼吧,伟大的第三只眼,它穿过你的另外两只眼看向世界！

510

[298]逃离自己的美德。——如果一个思想者不懂得偶尔逃离他自己的美德,那他还有什么价值！他的确不应该"仅仅是一个道德存在"！

511

诱惑者。——真诚(Ehrlichkeit)对于所有狂热者都是大诱惑。那似乎以魔鬼形象或一个美女形象走近路德,但被他以一种粗鲁方式赶走的东西,①可能就是真诚,也许在某些更罕见的情况下,甚至是真理。

512

做事的勇敢。——据其天性对人考虑周到并谨小慎

---

① [Pütz]传说路德在瓦特堡(Wartburg)时遇一魔鬼诱惑他,他掷墨水瓶驱之。

微的人,对事却自有其勇气,他顾忌于新的和太近的相识,也限制他的旧相识:借此,他的"匿名"(Inkognito)和他的无所顾忌得以在真理中紧密结合。

513

界限与美。——你寻找具有美的文化的人吗?但是你必须让自己也属于有限的前景和观点,就像当你寻找美的地区时一样。当然,全景的人是存在的,他们就像全景的地区一样,一定富有教益而令人惊奇:但是不美。

514

致更强大者。——你们这些更强大的、高傲的精灵,所求于你们的只有一件①:[299]不要在我们肩上增加新的负担,而是把我们的负担拿走一些,放到你们的肩上,因为你们才是更强大者嘛!然而,你们的所作所为正好相反:因为你们想要飞行,我们就不得不在我们的负担之外再加上你们的负担:这就是说,我们该爬行!

515

美的增加。——为什么美随着文明进步而增加?因为

---

① [译注]只有一件:尼采著作中多处戏仿耶稣,语出《新约》中的故事。参《路加福音》10:42:"但是最需要的只有一件,马利亚已经选择那上好的福分,是不能从她夺去的。"

在被文明化的人那里,实现丑的三种机会很少,而且越来越少;第一,处于最狂野的暴发中的情绪;第二,身体的极度的劳累;第三,强制人面对引起恐惧的景象,在低级而充满危险的文化中,此种强制是如此重大且如此频繁,以至于它甚至为此规定了专门的手势、神情和礼节,使丑变成了一种责任。

516

不要让你自己的魔鬼跑到别人身上![①] ——就我们的时代来说,我们无论如何还在坚持如下看法,即善良和仁慈的人就是好人;我们唯一要补充的是:"假如善良和仁慈地对待他自己的话。"如果没有这一前提,如果他逃离他自己、仇恨他自己、伤害他自己,那他肯定就算不上一个好人。此后他只不过是逃到了他人那里,以躲避他自己:这些他人有能力注意到,他们自己此时还没那么糟糕,即便如此,他也想让他们看上去很糟糕! ——但恰恰是这种逃离自我、仇恨自我、生活在其他人中间和为了其他人而生活的人——人们迄今为止都不假思索地和愚蠢地称为"无私"以及因此也就是"善"。

517

[300]诱惑人去爱。——那仇恨他自己的人,我

---

　　① [Pütz]事见《马太福音》8:28—34,《马可福音》5:1—17,《路加福音》8:26—39:耶稣治疗加大拉和格拉森地方的被鬼附体的人,将作祟的鬼驱赶到猪群里去了。

们应该害怕他,因为我们会成为他的愤怒和复仇的牺牲品。那就是说,我们要想想,我们要如何诱惑他爱上他自己!

518

断念。——什么是屈服(Ergebung)? 它是一个病人最舒服的姿势;他在痛苦中辗转反侧,为了找到这种姿势,最终因此而疲倦了——这时他找到了它。

519

受骗。——若你们想行动,必先关上怀疑之门——行动者这样说。——难道你就不怕因此受骗吗? ——观察者这样回答。

520

永恒的葬礼。——若有人走向历史,相信他一定会听到连续不断的墓前悼词:人们过去一直在,现在也仍然还在,把他们最珍爱的东西、他们的思想和他们的希望不停地送进坟墓,以便获得和继续获得尘世之荣耀(gloria mundi)的骄傲——也就是葬礼致辞的辉煌。由此,一切都应该得到了很好的补偿! 葬礼致辞者始终还是公众最大的恩人。

521

不同寻常的自负。——某人拥有某种伟大品质并为此感到欣慰：而对自己身上其余的一切——几乎等于他的一切——他都投以轻蔑的目光。[301]然而，一旦他走近他的圣殿（Heiligtum），他就自我康复了；甚至那通向圣殿的小路，在他眼前也变成了有着宽大柔软台阶的阶梯——而你们却残忍地因此称他为自负的！

522

不听的智慧。——整天听别人议论我们什么，甚至绞尽脑汁去推测别人心里对我们的想法，这会毁了最坚强的人！因为其他人容许我们生活，只是为了每日保持优越于我们的权利！如果我们有权反对他们或者我们哪怕仅仅是想要这样，他们就不会再容忍我们！总之，为了普遍易于相处，我们需要作出牺牲，当我们被议论、被赞扬、被谴责、被希望和期待时，我们都要充耳不闻，一次也不要去想这些。

523

深究。——每当有人对我们有所揭示，我们可以问：它要隐瞒什么？它打算将我们的目光从什么上移开？它要造成什么偏见？然后还有：这一伪装妙到何种程度？

它又在哪里用错了？

524

孤独者的嫉妒。——善交际者和孤独者(假定二者都富有才智!)的区别在于：无论什么东西都能使前者满意或几近使他们满意，只要他们能在自己心中为其找到一种可传达的、幸运的转换就行——这使他们甚至可以与魔鬼握手言和! 但是，一样事物于孤独者而言，其欣喜陶醉与痛苦折磨都是寂静无声的，[302] 他们憎恨对他们内心深处的问题作机智而耀眼的展览，就像不愿意看到他们的情人打扮得花枝招展：他们忧心忡忡地注视着她，仿佛怀疑她正急不可待地要去取悦别人。这是所有孤独的思想者和狂热的梦想家在机智(esprit)①面前感到的嫉妒。

525

赞美之效。——高度赞美使一些人变得羞惭，使另一些人变得狂妄放肆。

526

不愿成为符号。——我可怜那些达官贵人：他们一

---

① ［Pütz］法语，意为机智、妙语。

刻也不允许其身份作废(anulliren),并且因此只能从一
个不舒服的处境和伪装来结识人;事实上,持续不断强迫
自己意味着些什么,最终把他们变成了一些庄严的零
(Null)。——所有以成为符号为己任者,其命运都是
如此。

527

隐身者。——你难道从来没有遇到过这样的人,他
们什么时候都把心灵的大门关的严严实实,即使满心欢
喜也不露半点声色,宁可装聋作哑,也不肯失态于
人?——你难道也从来没有遇见过这样的人,他们往往
和善的令人难受,总是蹑手蹑脚,惟恐别人认出自己,甚
至不停地抹去他们留在沙滩上的脚印,欺骗别人和欺骗
自己,以便一直隐藏下去?

528

[303]更稀有的节制。——不愿去评断甚至不去想
某些人,这往往是极大的人性的表现。

529

个人和民族如何能够获得光芒。——有多少真正个人
性的行动仅仅因为行动前预见到或担心遭人误解而被放弃

呀！——然而,恰恰这些行动才是真正有价值的行动,无论
是善还是恶。一个时代或一个民族对个人越尊重,给予他
们的权利和优势越多,他们就越敢于更多做出这类行
动——最终,好与坏中的真诚性和真实性的微光就会扩散
到整个时代和民族:这样,他们——就如同希腊人——就会
像某些星体一样,在灭亡几千年后仍放射出璀璨之光。

530

思想者的曲折。——在有些思想者那里,其总体思想
的进程是严格的、无情地果敢的,是的,有时甚至对自身也
是残酷的,但在细节上,他们却和缓而柔韧;凡遇一事,必带
着善意的犹豫思虑再三,但最终还是继续走他们那严格的
路去了。他们像是一条蜿蜒曲折的河流,时常峰回路转别
有洞天;给自己来一首岛屿、树木、岩洞和瀑布的小牧歌:然
后继续奔腾而去,涌上岩石、强行穿过最坚硬的石头。

531

[304]换种方式感受艺术。——无论在孤独中还是
在人群中,一旦人们只与深刻和丰富的思想为伴,消耗着
它们,也被它们消耗着,人们就会变得要么根本不需要艺
术,要么需要跟以前完全不同的艺术——这就是说,人们
的趣味发生了变化。因为人们过去朝思暮想,希望通过
艺术片刻沉浸于其中的那种生活,就是人们现在整日厮

守的;我们从前梦想通过艺术拥有的、人们从前通过艺术梦想着一种拥有的欣喜,现在却真正拥有着。确实,从现在开始,暂时抛却目前所有,可怜地幻想自己是个孩子,是个乞丐,或是个白痴,这偶尔能令我们欣喜着迷。

532

"爱使相爱者同一。"——爱想消除它所献身于的另一个人的所有异在感,因而充满了伪装和模仿,它总是做出实际并不存在的同一性骗人。这一过程是如此自然而然,以至恋爱中的女人根本就不承认这种伪装和不断的温情脉脉的欺骗,反而大胆地断言,爱使相爱者同一。(也就是说,爱创造奇迹!)——当恋爱中的一方处于被人爱恋的位置,不觉得自己有任何必要伪装,而只让恋爱的另一方去伪装,这一切都是简单明了的。然而,如果双方同时堕入情网,互相拜倒在对方脚下,都身不由己地盼望变得和对方一模一样,那么,世界上最错综复杂和最捉摸不透的做戏就产生了:最后不再有人知道,他所模仿的,他所伪装的,恰是他应该放弃的。这一奇观的美妙疯狂对于这个世界过于出色,对于人类的眼睛过于精细。

533

[305]我们是新手!——一个演员在观看另一个演

员演出时,其所猜出和看出的东西何其多也! 他知道,哪
些姿势中的哪个肌肉动作失误了,哪些细微而刻板的技
巧是演员在幕后对着镜子机械地练出来的,因而不能与
整个演出融为一体;他察觉到,演员什么时候对自己在舞
台上的发明创造感到惊奇,什么时候在惊奇中败坏了他
的发明创造。——一个画家观察一个从他面前走过的人
的方式又是多么不同! 尤其是他马上加了很多东西,以
便完善眼前的东西并使其整体效果发挥出来;他在心里
不停尝试把同一对象置于不同光线下,他通过添加对立
以烘托整体效果。——但愿我们在人类灵魂的世界也能
拥有像这位演员和这位画家一样的眼睛。

534

小剂量用药。——如果改变要尽可能地深入,人们
就必须小剂量地但长期不断地给药! 有什么伟大的东西
是一下子完成的吗? 因此,我们应该注意,不要手忙脚乱
并采用暴力改变我们已经习惯的道德状态,以用一种新
的对物的价值评估取而代之——不,我们甚至应该继续
在其中生活很长很长时间——直到也许是非常遥远的未
来,我们觉察到,新的价值评估已经成为我们内心占优势
的强制力,长期的小剂量的用药——我们从现在开始就
必须习惯每天小剂量用药——已经在我们身上造成了一
种新的自然。——我们也开始认识到,最近一次对价值
评估进行巨大改变的尝试,而且是关涉政治之事物

的——"大革命"①——[306]不过是一种慷慨激昂而又血腥残酷的江湖骗术,它想通过突然的危机,促使轻信的欧洲人希望突然的康复——并且因此使直到目前这个时代的所有政治病人都变得急躁而危险。

535

真理必然需要权力。——无论诌媚的启蒙主义者②多么习惯于把真理吹得天花乱坠,真理本身并没有任何权力!——毋宁说,真理必须把权力吸引到它自己这边,或把自己列入权力那边,否则,它始终会走向毁灭的!这一点现在已得到了充分的和过于充分的证明。

536

拇指夹。——总是一而再再而三地看到,每个人都拿他的几种私人美德找那些碰巧没有它们的人算账,看到他如何用它来夹疼他们、折磨他们,最后就让人出离愤怒了。因此,如果我们想用"诚实感"来干同样的事,那我

---

① ［Pütz］指法国大革命。1793/94 年雅各宾派少数所获得的不是法国大革命的本来目标——自由、平等和民主,而是一种恐怖专政。

② ［Pütz］甚至康德的后期应征论文《回答这个问题:什么是启蒙运动?》(1784),其标志也依然是,对真理的一种权力持典型的启蒙运动式信任,即相信它最终可以演变为政治上的自我规定。

们就人道点——我们把这个拇指夹用在我们自己身上试验下！因为为了把所有这些伟大的自私者——他们直到现在还想把他们的信仰强加给整个世界——夹得痛到流血，人们肯定拥有对付他们的拇指夹。

537

大师。——行动既不出错，也不迟疑，即成大师。

538

[307]天才道德上的精神错乱。——在某一类型的伟大的精神那里，我们看到了一种痛苦甚至有些可怕的景象：在最具创造力的时刻，他们高飞远举，但往往好像与他们的身体状况不相称，超过了他们的力量，以至于每每发生错误，久而久之，最终酿成机体的大病；而在我们这里所说的这些高度精神化的人身上，这种疾病则更经常地表现为各种道德上或精神上的症状，而不是身体的症状。因此，他们那突然发作的、不可理解的恐惧、虚荣、恶意、嫉妒、紧张和令人紧张，他们天性中那极端的不自由和太个人性，如卢梭和叔本华的情形，完全可能是一种周期性发作的心脏病的结果：这种心脏病又是某种神经疾病的结果，以及这种神经疾病又是……的结果。只要天才住在我们心中，我们就是勇敢的，是的，就像疯了那样，不在乎生命、健康和荣誉；白天我们比雄鹰还自由地

飞翔,夜里我们比猫头鹰还清晰地凝视。然而,一旦天才离我们而去,深沉的恐惧就会突然降临我们:我们不再理解我们自身,一切经历过的都使我们痛苦,一切没有经历的也使我们痛苦:我们如置身暴风雪中,站在光秃秃的礁石下,无可躲避,又像是一个稚弱的小儿,害怕事物的影子和声响。——这个世界上四分之三的恶行都来源于恐惧:而恐惧主要是一种生理现象!——

539

你们知道你们想要的是什么吗? ——难道这样的恐惧从来没有折磨过你们,即你们可能完全不适合认识真实的存在? [308]你们的意识太粗糙,连你们的明察秋毫也还是挂一漏万? 当你们万一留心下,是什么样的一种意志在背后支配着你们的“看”? 比如说,为什么昨天你们想要比旁人“看”得多,今天想要跟旁人“看”得不同,又或者为什么你们从一开始就渴望自己看到的东西跟别人以为他们看到的东西相等或相反? 噢,最令人感到羞耻的渴望! 有时你们翘首以盼的是那些能强烈地作用于你们的东西,有时又是那些能安慰你们的东西——因为这时你们恰好疲倦了! 你们的心中总是充满了隐秘的预先规定:真理必须具有什么性质,你们才能接纳它们! 或者,你们是否以为,由于你们今天冷淡干燥如冬日里一个明亮的早晨,心中一无所有,你们就有一双更好的眼睛了? 把公正带给一样思想之物,难道不需要热情和狂热吗? ——而且这恰恰

意味着看！好像你们就能够以不同于与人打交道的方式
跟思想之物打交道一样，在与思想之物的交往中，存在着
同样的道德性，同样的正直，同样的谨慎，同样的放松，同
样的胆怯——你们全部的可爱和可恨的自我！当你们身
体疲倦不堪，你们所看到的事物也苍白而疲倦；而当你们
发烧，它们又在你们面前变成了妖怪！你们在清晨看到的
事物不是很少使你们伤心，你们在黄昏看到的事物不是很
少使你们振奋吗？你们就不害怕在每一个知识的洞穴里
再次碰到的都只是你们自己的幽灵，而真理就伪装成这个
幽灵躲避你们？这岂不是一出可怕的喜剧吗，而你们竟如
此欠考虑，一心想要参与其中？①

540

学习。——米开朗基罗②在拉斐尔身上看到的是功
力（Studium），在自己身上看到的是"自然"：在拉斐尔是
学习（Lernen），在他自己是天赋。然而，这是一种迂见，
是怀着对那位伟大学究的敬畏之心说出来的。[309]因
为所谓天赋，无非是一个名称，代表着一段过去的学习，

---

① ［KSA］清样结尾部分删去：确实！我愿意，我愿意参加
游戏——我该怎样回答！回答永远只有一个，没有别的：这于我算
什么！这于我算什么！

② ［Pütz］米开朗基罗（Michelangelo Buonarroti，1475—
1564），文艺复兴盛期的意大利雕塑家、画家、建筑家和诗人，他的
作品不仅对意大利艺术，而且对欧洲整个巴洛克时期产生了持久
的影响。

是我们的祖先甚至更早时代所处阶段的学习、经历、练习、掌握和吸收！而且再次：学习就是自己使自己有天赋——只不过这种学习并不容易，光有学习的愿望还不够；一个人还必须会学习。在一个艺术家那里，常常有嫉妒或者那种骄傲挡在他学习的路上，这使他一感觉到陌生的东西就立马竖起他的刺来，不由自主地置身于防卫状态，而非学习状态。拉斐尔和歌德一样，没有这种嫉妒和骄傲，所以他们是伟大的学习者，而不仅是那种由于冰川沉积和祖先历史上的开采已被耗尽的矿脉之开采者。拉斐尔是作为一个学习者逝去的，当时他正把他伟大的对手称为"自然"的东西据为己有：这位最高贵的窃贼每天都在不停地搬走一些；但是，在他把整个米开朗基罗转移到他自己身上之前，他死了——他的最后一批作品，作为一项新的学习计划的开端，不够完美，不够出色，因为这伟大的学习者在他最艰难的课程中被死神打扰，把他所憧憬的本可达到的最终目标也一起带走了。

541

人应该如何化为石。——慢慢地，慢慢地变坚硬，像宝石一样——最后静静地留在那里，进入永恒所致之欢乐。

542

哲学家与老年。——让黄昏评判白日，这么做一点不聪明：[310]因为在此，疲倦过于经常地想要成为力量、成就和好的意志的法官。同样，对于老人及其对人生的判断，我们也必须百倍警惕，特别是因为，像黄昏一样，老人爱用新奇而迷人的道德性装扮自己，知道如何通过晚霞、暮色、和平的或渴慕的寂静使白日羞惭。我们对上了年纪的人的敬重，特别是对上了年纪的哲学家和智者的敬重，很容易迷住我们的双眼，使我们看不到他们的心灵也同样上了年纪，因此，必须把这些衰老和疲倦的标志从其藏匿处拉出来——也就是说，把道德偏见后面的生理现象拉出来，以免成为只知崇敬的傻瓜、成为知识的害虫。老人常常进入一种伟大的道德更新和再生的幻想中，并从这种感触出发，对于一生的工作和道路做出判断，仿佛只是现在他才看清了一切：然而，这种幸福感和自信的判断背后的教唆者，不是智慧，而是疲倦。而这种情况最危险的标志可能就是天才信念，它惯于侵袭那些精神上伟大和比较伟大的人，当其生命走到尽头时，相信自己占有一个不同寻常的位置，拥有一种不同寻常的特权。受这种信念支配的思想家，认为自己从现在起可以更为轻率地对待事物，更多作为天才发布命令而不是进行证明：然而，非常可能的是，精神的疲倦感受到了寻求轻松这一欲望，后者恰恰是那种信心最强大的源泉，而事后，信念却抢在了欲望之前，不管表面上看起来可以多么地不同。此后：这时人们就会按照所有疲倦者和老年人的追求来享受他的思想的结果，而不是重新检验它们和把它们的种子撒向未来；为了达到这一目的，他精心调制他的思想,[311] 去掉其中一切枯燥、冷漠和乏味的东西,把它们做成可口的美味佳肴。因此,我们看到,某些上了年纪的思想家似乎自以为比他生命的作品高明,而实际上却通过往里掺杂狂热、甜蜜、风趣、诗意的烟雾和神秘的光线而败坏了它。柏拉图的一生是这样结束的,那个伟大而正直的法国人孔德(作为精确科学的拥抱者和驯服者,这个世纪的德国人和英国人中没有谁可以与他匹敌)的一生也是这样结束的。疲倦的第三征象:当伟大的思想家年轻时,他胸中涌动着的野心,当时没有找到任何可以满足它的东西;现在,随着岁月的流逝,这种野心也变老了,他像一个没有更多时间可以失去的人一样,开始追求那些更粗俗和早准备好了的满足手段,也就是说,追求那些工作着的、统治着的、暴力的、征服着的人物的满足手段。从现在起,他希望建立的不是思想的大厦,而是留下他名字的制度;对于现在的他来说,证明和反驳领域里那些超凡脱俗的胜利和尊敬又算得了什么!他在书本中的永恒,读者心灵中的颤抖的欢呼又算得了什么!相反只有制度才是一座神庙——对此他非常清楚——一座用石头和持久建成的神庙保存他的神,肯定要比在柔软的、稀少的心灵的献祭中活得更长久。也许,在他生命的这个阶段,他还将第一次感到一种更适合神而不是人的爱;在这轮爱的太阳的照耀下,他的整个存在都变得愈加柔和和甜美,有如秋天里的果实。事实上,这位伟大的老人确实变得越来越神圣和越来越美了——尽管让他变得如此成熟、安静,让他在一位女性的闪闪发光的偶像崇拜中休息的,是暮年和疲倦。现在,他早先那种倔强的、超越独特自身的渴望已经消逝了,那种渴望欲求真正的弟子,他的思想的真正继续者,[312] 也就是他的思想的真正反对者;那种渴望来自一种还没有变得虚弱的力量,来自一种有意的骄傲,觉得自己任何时候都能变成自己学说的反对者,甚至死敌——现在,他则想要坚定的党派追随者、毫无顾虑的同志、助手、传令官、一个堂皇气派的随从。每一个走在别人前面的思想家不得不生活于其中的那种可怕的孤独,现在对他来说,是完全不可忍受的;从现在起,他适应敬拜的对象、团体的对象,感动和爱的对象,最后他甚至还希望像所有宗教信徒那样,在团体内赞颂他所崇敬的东西,他甚至会创造一种宗教,只是为了拥有团体。智慧的老人就是这样生活的,而且与此同时,他也不知不觉陷入了这样一种可悲的几近牧师般和诗人般的放荡不羁中,以至于人们很难回忆起他年轻时的智慧和严格,他的头脑当时是严厉的道德性,面对心血来潮的想法和狂热幻想时他那真正的、充满男子气概的羞怯。过去,当他把自己与其他更老的思想家相比时,他这样做只是为了用他们的力量来比照自己的虚弱,以便更为冷静和更为坦率地对待自己;但是现在,他用这种比较来制造关于他自己的幻象,让自己陶醉。过去,他充满信心地期待着未来的思想家,甚至乐于看到他们的强烈光芒使自己暗淡下去;但是现在,想到自己不可能成为最后的思想家,这使他大为苦恼,他在思考有什么想法能使他留给人类的遗产同时也是托付给自主的思想者的一种限制。

他害怕并诋毁个人主义思想者的骄傲及其对自由的渴望——他之后不应再允许有人完全自由地支配自己的理智，他自身想成为根本上允许思想的波涛去拍打的那座堡垒，永远留在那儿——这就是他秘密的，也许再也不是秘密的愿望！然而，隐藏在这种愿望后面的无情事实却是，他自己在他的思想面前停住了，[313] 他在自己的思想中立下了"到此为止，不可越过"（Bis hierher und nicht weiter）①的界碑。通过他的自我圣化（kanonisiert），他签下了他自己的死亡证书：从现在起，他的思想不许再发展，他的时间已经用完，指针已经停下。一旦一个伟大的思想家希望使自己成为未来人类的约束性制度，人们无疑可以假定，他已经过了他力量的颠峰期，他已非常疲倦，他离他生命的日落已经非常近了。

543

不要把激情当真理的证据！——你们这些善良甚至高尚的狂热者，我了解你们！你们想要在我们面前和你们自己面前，但特别是在你们自己面前为你们自己辩护！——一种敏感而精细的恶的良知，恰恰常常刺激并驱

---

①　［Pütz］参《约伯记》38：11。（［译按］《约伯记》38 章神在旋风中讲述他施行创造的奇妙，以诘问约伯，第 10—11 章："我为海定界限，又安置门闩和门户，说：'你只可到这里，不可越过，你狂傲的波浪要在这里止住。'"）席勒的《强盗》第二幕第一场亦引用了这句话。

使你们反对你们的狂热！在谋骗和麻醉这种良知中，你们
变得多么富有才智啊！你们多么痛恨正直的、质朴的和单
纯的人，你们多么回避他们无辜的眼睛！那种更好的
知——他们是它的代言人，你们也在心中听过它的声音的
大声疾呼，它如何怀疑你们的信仰——你们又如何地怀疑
它是不良习惯，是时代病，是你们自身精神健康的疏忽和
感染！你们驱使它直至开始仇视批评、科学和理性！你们
不得不伪造历史，以便它能够为你们作证；不得不否认美
德，以免它使你们的偶像和理想相形见绌！在急需理性论
证的地方，代之以生动活泼的形象、表达的热情和威力！
银色的烟雾！安布罗西亚之夜（Ambrosische Nächte,
Ambrosia）①！你们知道如何照亮和如何变暗，知道如何
用光来变暗！当你们的激情开始汹涌，那个时刻就会到
来，[314] 此时你们可以对自己说："我现在问心无愧，我现
在高尚、勇敢、自我否定、宽宏大量，我现在是一个正直的
人！"你们是多么渴望这一时刻，此时你们的激情在你们面
前为你们提供完满的绝对的权力，似乎也给予你们无辜；
此时你们在战斗、陶醉、冒险和希望中完全忘掉自己，忘掉
一切怀疑；此时你们宣布："凡是没有像我们这样忘掉自己
的人，都不可能知道什么是真理和真理在哪里！"你们是多
么渴望发现在这种状态中——那是理智的恶习性状

---

① ［Pütz］源于希腊语 ambrosios［不死的］），在希腊神话中
代表人吃了不死的神的食品，也表示香膏和油。源于神的饮料奈
克塔尔（Nektar）和神的食物安波罗西亚（参荷马《奥德赛》9：359）。
"安波罗西亚之夜"的惊叹指酒神的狂热。

态——与你们志同道合的人,渴望用你们的火苗点燃他们的大火! ——噢,高于你们的殉道! 越过你们那被说得那么神圣的谎言的胜利! 你们难道必须使你们自己如此痛苦吗? ——必须吗? ——

544

人们现在如何搞哲学。——我清楚看到,我们今天爱好哲学的青年、女士和艺术家从哲学中所要求的,与希腊人曾经从哲学中接收到的,正好相反。谁从没有听到过一场柏拉图式对话中①双方的演说和反驳所引起的不断欢呼声,谁从没有听到过为理性思维的新发明而响起的欢呼声,他对柏拉图,对古代哲学,又理解些什么呢? 当时,当进行严格而清醒的概念、概括、反驳和限定的游戏时,灵魂充满了醉态——也许连古代伟大的、严格而清醒的对位法(Kontrapunkt)②作曲家也知道的那种醉态。

───────────────

① [Pütz]除了《申辩篇》和书信以外,柏拉图的所有作品都是由较短的讨论构成的对话。通过他的学生特别是柏拉图对苏格拉底的教导的回忆,对话成了哲学讨论的经典形式,一直延续到希腊化时代。对话用于逐步发现真理而不是系统地探讨原理。亚里士多德(《诗学》1447b)将对话创作作为散文和诗的一种混合形式。

② [Pütz]Kontrapunkt,来自拉丁语 punctus contra punctum[音符对音符];在多声部的乐曲中,对位法的规则是,其各声部尽可能地保持独立,但同时又彼此互不冲突,共同构成优美的旋律。对位法的经典表现可在 16 世纪声乐交响乐中找到,如在拉索(Orlando di Lasso,约 1532—1594)和帕莱斯特里纳(Giovanni Pierluigi Palestrina,1525—1594)的声乐交响乐中。

当时,在希腊,某些古老的、一度占据统治地位的趣味仍然存在:与之相比,新的趣味如此令人着迷,以至于人们结结巴巴地歌唱辨证法,"神圣的艺术"有如处在一种爱的疯狂中。① [315] 在古老的思想方式下,思想完全为习俗所支配,存在的只有一成不变的判断和一成不变的原因,权威的理由就是全部的理由:因此,思想只不过是重复说,讲话和交谈的全部快乐不得不都只在于形式中。(在内容被当作永恒和普遍有效的地方,只存在一种巨大的魔力:形式——也就是风格——变化的魔力。甚至在荷马以后的希腊诗人身上,以及在更晚一些的希腊雕刻家身上,使希腊人欣赏的也不是他们的独创性而是相反的东西。)只有苏格拉底才发现了相反的魔力,原因和结果的魔力,根据和推论的魔力,我们现代人对这种逻辑之作为必需品如此习以为常,我们已经养成了以逻辑为必需品的习惯,以至于它变成了我们的正常趣味,而对于那些贪婪而自负的人来说,它却必是一种可恶的乐趣。令这种贪婪而自负的人着迷的是某种与逻辑趣味相反的东西:他们更精致的野心甚至想使他们乐意相信,他们的灵魂是特例,

---

① [Pütz]事见柏拉图的哲学对话《会饮》。在一场饮宴上,人们依次发表赞美爱神厄若斯的讲话,一直轮到该苏格拉底讲话。他辩证地(希腊语意为演讲或提问的方式以及反驳的方式)消解了演讲的形式,把他对爱的赞美提升为认识的阶梯。阶梯之开端是对美的身体的爱,终端是对作为神圣真理之理念的纯粹美的神秘洞见。

不是辩证的或理性的存在,而只是——比如"直觉性存
在",这种存在具有"内知觉"或"直觉"。① 不过,他们
首先想成为一个"艺术性的人物",拥有一个天才的头
脑和一个魔鬼的身体,因而也具有一种特权,无论在这
个世界上还是在那个世界上,都具有一种神圣的特权,
特别是不让人们理解的特权。这就是人们现在在搞的
哲学! 我恐怕他们早晚会发现他们弄错了——他们实
际上想要的是宗教!

545

　　但我们不相信你们! ——你们很想、很乐意以人类
认识者自居,但我们不会让你们这么溜掉的! 我们岂看
不出,你们装得比你们实际上更有经验、更深刻、更热情
和更完美? [316]正如我们只要看一下一个画家挥动他
的刷子的方式,就可以看出他的自以为是:只要听一下一
个音乐家导入其主题的方式,就可以意识到,它假装比其
实际所是更崇高。你们经历过你们内心的历史吗,经历

---

　　① ［Pütz］通过一种内在感知能力进行的直觉(拉丁文 intui-
tion),在诸如叔本华等那里找到了用武之地。智性直观这一概念
涉及知性,也即一种概念能力,它不仅安排规定知觉中被给定的感
觉材料,而且同时是其规定进行直观的生产性能力。因此,智性直
观逼近了神的理性,因为对于思想来说,存在之直观和存在之创造
是一回事。康德不承认具有这样一种能力;费希特和谢林则在其
中看到了自我意识和哲学认识的基础;浪漫派也在其中瞥见了艺
术的机要(Organ)。

过心灵的震动、地震、深远长久的悲伤和闪电般的幸福
吗？你们曾经和伟大的和渺小的傻子一起犯傻吗？你们
真正承受过好人的幻想和痛苦吗？还有最坏的人的痛苦
和幸福的方式呢？① 那就可以跟我谈论道德，否则闭嘴！

546

奴隶和理想主义者。——爱比克泰德的趣味显然不
同于我们今天那些追求理想者的趣味。他的生存的长期
的紧张状态，他的永不疲倦的内心审视，当他偶尔打量外
部世界时他的目光的内敛、谨慎和冷淡；特别是他的沉默
或寡言：最严格的勇敢无畏的所有标志，对我们的理想主
义者来说，首先是为了追求膨胀！不管怎么样，他都不狂
热。他憎恨我们的理想主义者的表演和自吹自擂：不管
多么高傲，他并不想用这种高傲去干扰别人的生活，他允
许某种温和的亲近，不想败坏任何人的好心情——是的，
他能够微笑。这一理想中包含了古人的多少人性！然
而，最美的是，他完全没有对上帝的恐惧，严格信仰理性，
他不是忏悔演说家。爱比克泰德是一个奴隶，他心目中
理想的人，能够不属于任何特定阶层，却可能存在于任何
阶层，但是，作为一个处于普遍奴役深处的沉默的人和自
我满足的人，作为一个独自对抗外部世界、保卫自己且经

---

① ［Pütz］参歌德《浮士德》第 465 行："［我觉得有勇气，去
世界冒险，］承担人间的幸福，人间的苦难。"在此浮士德博士表达
了他对冒险经历的向往。

常生活在最高的无畏状态中的人，[317]则首先应该在卑贱的社会底层去找他。他不同于基督徒的地方首先在于，基督徒生活在希望中，生活在"无言的荣耀"①对他们的敷衍中；基督徒容许赠予，期待并接受来自神的爱和慈恩而不是来自他自己的最好的东西，而爱比克泰德既不希望、也不容许别人赠予他最好的东西——他已经拥有了它，勇敢地把它抓在自己手里，如果有人想夺去，他会提出整个世界都无权占有它。基督教是为古代奴隶中的另一个种类发明的，是为那些意志虚弱且理性虚弱的人发明的——也就是说，是为奴隶中的绝大多数发明的。

547

　　精神的专制者。——现在，科学的进程不再像过去漫长岁月中的情况那样，受制于一个偶然的事实：人的寿命一般只有 70 年的时间。从前，人们曾想在这短短 70 年内达到知识的终点，人们根据这一普遍的渴望来对知识的方法进行估价。较小的单个的问题和实验被视为可鄙的：人们想找到最短的路，他相信，因为世上的一切似乎都是依照人来布置的，物的可认识性也应依照人类的时间尺度来布置。用一个词一下子解决所有问题——这就是人们内心深处隐秘的愿望；他们用戈尔迪斯之结

---

　　① ［Pütz］参《哥林多后书》12：4，保罗在此讲述了他的皈依经历。

(gordischen knoten)①或哥伦布蛋②的象征表达这种任务；他们毫不怀疑，在知识中，人们也可以像亚历山大或哥伦布那样一蹴而就，直接达到自己的目的，用一个答案了结所有问题。"有一个谜有待解开"：于是生活的目标进入了哲学家的眼帘；首先是找到这个谜并把世界难题压缩进最简单的谜语形式。[318]成为"解开世界之谜的人"的无限野心和欢乐，构成了思想家的梦想：任何无助于他达到目的的方法，对于他来说，似乎都不值得费力。哲学乃是这样一场争夺精神的统治的决战——以至于这样一种专制统治，只为某些非常幸运、聪明、有创造性、大胆和有力量的人保留和储备着——只为一个人！——没有人怀疑这点，而且好些人还误以为，自己就是这唯一的一个人，叔本华就是其中最近的一个。——由此可以得出，迄今为止，由于其追随者道德上的画地为牢，科学从整体上说是落后的，而未来必须以一种更高级和更慷慨的根本感受从事科学。"这于我又算得了什么！"这句话刻在未来思想家的门上。

------

①　[Pütz]据说亚历山大大帝挥剑斩断了以老佛律癸亚国王戈尔迪斯之名命名的难结，而按照一个预言，谁解开这个结，谁将成为亚细亚之王。因此后来人们用"斩断戈尔迪斯之结"表示"用一种果断的方法解开某一难题"。

②　[Pütz]据说，哥伦布第一次航行后，在向他致敬的庆祝宴会上，当有人说他的发现很容易做到时，哥伦布就拿起一个蛋问大家，谁能将鸡蛋立起来？看没人能做到，哥伦布就拿起鸡蛋，将鸡蛋的一头用力一磕，于是鸡蛋立住了，以此指困难问题的出人意料的简单解决办法。

548

对于力量的胜利。——只要想一下迄今为止一直被尊敬为"超人之精神""天才"的都是些什么东西,就会得出一个悲观的结论,即整体上,人类智力必然曾经是非常低下和可怜的东西:迄今为止,只需要一丁点精神就可以感觉自己似乎大大地超出了它。啊,那些"天才"的名声多么廉价! 他们的王位得来多么快,对他们的崇拜多么迅速就成了一种惯例! 由于一种古老的奴隶习俗,我们一见到力量就不由自主要在它面前屈膝,然而,确定一种力量的可敬程度,只应该取决于它所包含的理性的程度:人们必须估量,力量到底在什么程度上刚好被某些更高的东西克服了,从现在起被用作它们的手段和工具。但是,对于这样的估量,我们甚至还不具备相应的眼睛;[319]在绝大多数情况下,甚至估量天才也被视为一种亵渎。因此,也许最美的事物始终依然出现在黑暗中,未及出世就已沉没于永恒的暗夜里——我指的是这样一种力量的奇观,天才不是将力量用于作品,而是用于他自身,把他自身当作一件作品,也就是说用于控制他自己,纯化他自己的想象力,安排和选择汹涌而来的任务和印象。伟大的人——正是他们身上的最伟大之处要求着我们的崇拜——仍然像遥远的星辰一样不可见:他对于力量的胜利一直没有见证,因而也没有歌曲和歌唱者。过去所有人类之伟大,其等级制仍然始终没有确定。

549

"逃避自我。"——那些有才智上的危机的人——例如拜伦和缪塞①——对待他们自己焦躁而阴郁,做起任何事情来都像是脱缰的野马,从自己的所作所为中只能获得一种短暂的、几乎使他们的血管就要迸裂开来的快乐和热情,接着便是严冬一般的荒凉和悲伤:他们该怎么忍受他们的自我啊! 他们渴望上升到一种"外在于自我"的境界;出于这样一种渴望,如果人们是一个基督徒,他就会渴望上升到上帝之中,"与上帝合为一体";如果人们是莎士比亚,那上升到最热烈生命的形象中才会让他满足;如果人们是拜伦,他就会渴望行动,因为行动比思想、情感和作品更能把我们从自身引开。② 因此,行动欲也许骨子里就是一种自我逃避? ——帕斯卡也许会问我们。③ 事实确实如此。这一命题在行动欲的最高样本那里可以得到证实:人们不妨以精神病医生的知识和经验公正地想一下[320]——为什么历代最渴望行动的人(也

---

① [Pütz] 缪塞(Alfred de Musset,1810—1857),法国浪漫派最重要的代表作家之一,作品有抒情诗、戏剧、诗体故事、小说。

② [Pütz] 尼采在此想到,例如拜伦作品中的这样的地方:《杂著》卷 2,页 49:"当我要写点什么,我自己被从我自己拉开(哈,这种逃离自我的自私之心),这是我唯一的、特有的、真诚的动机[……]。"

③ [Pütz] 参前述帕斯卡译本中尼采划线一章"消遣"(卷 2,页 26—37)。

就是亚历山大①、恺撒②、穆罕默德和拿破仑）都是癫痫
病患者：为什么拜伦也同样深受此种痛苦。

550

认识与美。——如果人们像他们至今仍然做着的那
样，把他们的敬意和快感似乎都留给想象和伪造的作品，
那么，毫不奇怪，面对任何反面，他们都会感到冷酷和无
趣。在知识取得的最微小的、确定无疑的、最终的步伐和
进步中产生的欣喜，以及从现在这种科学方式中涌出来
的如此丰富的而且已经如此多的欣喜——这些欣喜，暂
时还不会为所有那些人所信，他们已经习惯于只在脱离
现实和跃入假象的深度中去时才感到欣喜。这些人认
为，现实是丑的；但是他们不知道，对哪怕最丑的现实的
认识也是美的，而一个经常认识和认识很多的人，最终发

① ［Pütz］亚历山大（Alexander der Große，公元前 356—前
323 年），公元前 336 年后为马其顿国王，菲利二世的儿子，亚里士
多德的学生，最伟大的古代军事统帅之一。作为一系列战役胜利
的结果，他的帝国从多瑙河和亚德里亚海延伸到埃及和高加索，远
至印度。由于他的突然死亡（据说是由于一次发烧感染），未能实
现进一步征服阿拉伯和北非的计划。
② ［Pütz］恺撒（Gaius Iulius Caesar，公元前 100—前 44
年），著名的罗马政治家、军队统帅和作家。尼采将他的"扎拉图斯
特拉"与恺撒直接联系起来："扎拉图斯特拉痊愈时如恺撒，无情而
友好。"（《1882—1884 遗稿》，KSA，卷 10，页 526）在他精神彻底崩
溃之前不久，尼采 1889 年 1 月 3 日写信给科西玛·瓦格纳，称在
他最终成为"常胜的狄奥尼索斯"之前，恺撒是他的化身。

现现实的伟大整体总是带给他幸福,而发现它的丑则离他很远。难道有什么东西"本身美"吗?认识者的幸福增加了这个世界的美,使一切存在的东西都更加光彩照人;认识不仅用自己的美环绕事物,而且还持续地把自己的美置入事物之中——但愿未来的人类能够为这一命题做出见证!而现在,我们回想起一种古老的经验,柏拉图和亚里士多德①,天性如此不同的两个人,谈到什么是最高幸福——不仅是对他们自己或人类来说的最高幸福,而且是最高幸福本身,甚至是神的最后的最高幸福——却意见一致:他们发现它在认识中,[321]在受过良好训练的好奇的和有创造力的心智活动中(而不在"直觉"中,如德国的大小神学家们所想;不在幻觉中,如神秘论者所想;同样也不在于创造中,如一切实干家所想)。笛卡儿和斯宾诺莎也曾表达过类似的看法:他们所有人必定怎样享受过知识!而且他们的诚实必定面临过何等的危险,即因此而变为事物的阿谀奉承者的危险!——

551

未来的美德。——为什么随着可理解性的增加,世界越来越不像过去那样庄严持重(Feierlichkeit)?是否

---

① [Pütz]他的《尼各马可伦理学》卷10在下述定义中达到了最高点:"属于一种存在自身的东西就对于它最好、最愉悦。同样,合于努斯的生活对于人是最好、最愉悦的,因为努斯最属于人。所以说,这种生活也是最幸福的。"(1178a 5—8)

恐惧是那种敬畏的基本元素，它在我们面对所有未知和神秘的事物时降临我们，使我们拜倒在不可理解的事物面前并学会请求它们宽恕？是否随着我们对这个世界的畏惧的减少，她在我们眼中也就失去了魅力？是否随着我们的畏惧之心衰落，我们自己的尊严和庄严也随之衰落，我们自己也没以前可畏了？也许，由于更勇敢地思考世界和思考我们自己，我们对世界和对我们自身都减少了几分敬意？也许，出现了一个未来，在那里，这种思之勇气得到如此地增长，以至于它作为极端的高傲，感觉自己超越了一切人和物——在那里，智者作为最勇敢者，把自身和此在都看得最低于自身？——勇气的这一种类，与放纵的宽容相去不远，人类迄今为止都还缺乏它。——啊，然而诗人想再次变成他们过去曾经应该之所是——先知，为我们讲述某些可能之事！现在，他们对现实和过去的权利越来越多地被剥夺了而且必须被剥夺，——因为无害的伪造的时代正在走向终结！［322］但愿他们使我们对未来的美德有某种预先感受！或者对于从未在地球上出现过，但可能已经在宇宙的其他什么地方存在的美德有某种预先感受！——对美的紫色光芒的星座和整个银河有某种预先感受！你们理想的天文学家，你们在哪里？

552

完美的自私。——还有比孕育更神圣的状态吗？人

们所做的一切都是在一个无言的信念中作出的：它无论如
何必须有益于正在我们之中形成的东西！它必将增加它
的神秘价值，我们怀着欣喜设想的价值。此时，弃绝了很
多东西，同时又不必冷酷无情地强迫自己！此时，人们抑
制过激的言辞，伸出和解的手：孩子应该在柔和和良好的
气氛中长大。我们的尖锐和突如其来令我们不寒而栗：就
像她向她最爱的未知者的生命之杯中注入了一滴有害的
液体！关于那将要到来的东西，人们什么也不知道；一切
都是朦朦胧胧的，一切都是隐隐约约的；人们满怀期待，随
时都做好准备。但是，就在同时，在我们心中有一种纯洁
和令人纯洁的、深刻的不负责任感，有如一个面对拉起来
的帷幕的观众——它成长着，它就要出现了：我们既不能
决定它的价值，也不能决定它的时刻。唯一指定给我们
的，就是所有间接的祝福和保护的影响。"正在生长的东
西，是比某种比我们之所是更伟大的东西"，这是我们最隐
秘的希望：为了使它能顺利来到这个世界上，我们做好了
一切准备：不仅准备了一切有用的东西，而且还准备了我
们心灵的真诚和桂冠。——这就是人们应该生活于其中
的庄严！人们能够生活于其中！而且所期待者，无论它是
一个观念还是一项行动，[323]我们与一切重要的成就
（vollbringen）所有的关系无非是孕育关系，而所有狂妄自
大的"意愿"和"创造"之谈则纯属白费唇舌。这是真正完
美的自私：始终照料和看护，保持灵魂之宁静，以便我们的
丰硕成果能有美的终结！因此，以这种间接的方式，我们
照料和看护对所有人有益者；而且我们生活于其中的那种

心态,那种骄傲和温柔的心态,像油一样在我们周围扩散
开去,扩散到那些躁动不安的灵魂。——然而,孕育者是
奇特古怪的! 那就是说,我们也是奇特古怪的,而如果别
人也不得不成为这样的人,那我们就不会惹恼他们! 而且
甚至在这种孕育变得艰难和危险时:处于对生成者的敬畏
之中的我们也不会被世俗的正义落下,因为世俗的正义也
不允许法官或刽子手去动一位孕育者!

553

迂回曲折之路。——这整个哲学,其所有道路都迂回
曲折,它意欲通往何方? 它所做的一切,似乎都只是把一
种持久而强大的欲望改写成理性:对和煦的阳光,清澈而
活跃的空气,南方的植物,大海的呼吸,稍纵即逝的肉、蛋
和水果食物,饮用的热水,镇日无声的漫游,简短的谈话,
罕见而谨慎的阅读,离群索居,清洁的、简朴的和几乎战士
般的生活习惯,总之,对一些刚好最适合我的口味和刚好
对我的健康最有益的事物的欲望? 也许哲学根本上是个
人的一种饮食本能? 一种通过我的头脑的迂回曲折之路,
寻找我的空气、我的高空、我的气候和我的健康方式的本
能? 当然,存在着许多其他的、也一定具有更多的更高级
的庄严的哲学,[324]而不仅仅是那些比我的哲学更阴暗
和更苛求的哲学——但是,也许它们也统统只是类似个人
欲望的迂回曲折的理智之路? ——然而,就在同时,我用
新的眼睛看到,一片布满岩石的海岸,生长着许多奇花异

草，一只蝴蝶神秘而孤独地在它们之上高高的飞舞：它飞着，舞着，一点也不关心它只能再活一天，它翅膀的柔嫩脆弱将不能承受夜的寒冷。也许，我们也可以为这只蝴蝶找到一种哲学：哪怕它可能与我的哲学完全不同。——

554

前驱。——当人们赞美进步（Fortschritt），人们因此赞美的只是变动和那些不让我们在某处停下来的东西——也许，特别是当人们生活在埃及人中间的话，人们对进步、变动肯定会赞美更多①。但是，在灵活的欧洲，变动是——用人们自己的话说——"不言而喻的"，啊，如果我们真的只理解变动的东西就好了！——我赞美前驱（Vorschritt）和先行者（Vorschreitenden），他们总是不断把自己留在身后，一点也不在乎是否有人跟随："每当我停下来，我只看到了孤零零的自己：我为什么要停下来！沙漠仍然望不到尽头！"一个这样的先行者如此感受道。

555

一点点就已经足够了。——如果我们知道某些事件，无论如何琐屑微末，都会给我们造成足够强烈的印

---

① ［Pütz］对于欧洲观察者来说，古埃及文化的成就唤起的印象经常是，刻板的和无时间性的巨大宏伟（Monumentalität），尤其是当我们将其与希腊文化的成就相比时。

象,而我们又无法逃脱这种印象,那么,我们就应该避开这些事件。——对于所有那些他一般都想经历的事物,思想家必须在心中拥有一个大致的规范。

556

[325] 四美德。① ——诚实,对我们自己,要不就是对我们的朋友;勇敢,对敌人;宽容,对战败者;礼貌——始终如是:这是四美德寄望于我们的。

557

开赴前线。——当人们开赴前线时,最难听的音乐和最蹩脚的理由听起来也何其悦耳!

558

但也不要隐藏自己的美德。——我喜爱那些像清澈的水一样的人,用蒲柏的话说,他们也让人看到他们溪流底部的不清洁。② 但是,即使这些人也同样怀有某种虚

---

① [Pütz]柏拉图曾提出四主德,从这几种主德中,可以得出其他一切德行:智慧、勇敢、正义和节制。斯多葛派继承了这一分类;基督教则补充以信、爱和望。

② [Pütz]蒲柏(Alexander Pope,1688—1744),英国诗人。引文出处不详。

荣,只不过是一种更罕见和更精深的虚荣;他们中的一些
想要人们刚好只看到不清洁,而不去注意那使之可能的
水之清澈。不止是乔达摩佛一个人发明了这种少见的虚
荣,以如下的套话:"在人前显露你们的罪过并隐藏你们
的美德!"但是,这意味着不给世界提供好的景象——这
是一种违反趣味的罪过。

559

"取法惟乎其上!"——个人多么经常地被劝说,设置
一个他不能达到的目标,一个超出他力量的目标,以便他
至少达到如下,即能在最高的张力时实现他的力量。但
是这真的那么值得想望吗? 按照这一教导生活得最优秀
的人以及他们的最优秀的行动,[326]是不是得到了某
些不必要的夸张和扭曲,恰恰由于他心中有太多的张力?
由于到处都只能看到战斗的运动员和阴森的神情,无论
在什么地方也看不到一个头戴花环的、有胜利的勇气的
获胜者,这个世界岂不是遍布失败的苍白无望的微光吗?

560

可供我们自由选择的。——人们可以像一个园丁那
样管理自己的欲望——虽然很少有人知道,这点,可以培
育自己的愤怒、同情、深思和虚荣的萌芽,使它们如此丰
产而有益,有如棚架上一种美好的水果;人们可以按照一

个园丁的高雅趣味和低劣趣味培育它们,而且似乎也可以以法国的、英国的或荷兰的风格,或中国的样式培育它们,人们也可以让自然来管理,只是有时负责一些小小的装饰和扫除,最后人们也可以抛却所有知识和考虑,让植物在种种自然的机会和障碍中生长,让它们在自身中把自己的斗争进行到底——不仅如此,人们甚至会对这样一种狂野感到快乐并恰恰想要这种快乐,虽然这同时也给他们带来了一些麻烦!所有这些都供我们自由选择;但是,有几人知道我们在这些事情上可以自由选择?大多数人不都是把自己当作某种完全的,充分发展的事实吗?大哲人们岂不是将其图章——用性格不变论——盖在这种成见上面了吗?①

561

　　　　也让其幸福放射光芒。——画家无法实现的现实那天空深邃明亮的色调;[327]当他描画景物时,他不得不让他所使用的所有颜色比自然中实际的颜色暗淡一

---

①　[Pütz]尼采揭露的是康德哲学的、被叔本华放到其道德哲学中心的性格学说。性格被看作是原理或法则,按照这种原理或法则,在一系列可能行动中只有一个确定的行动会被实际选择。为了避免因果决定论,以及正确对待责任感(叔本华)或义务感(康德),康德和叔本华在经验的(可以经历到的)性格之外,区分出一种本身可以认识的、可理智化的性格,这种性格的原则就是自由。叔本华特别强调,因此也必须将自由设想为一种存在,这样我们才能从我们之所做认识我们之所是。

些①；通过这种技巧，他终于再次达到了一种光彩上的相
似性，以及一种与自然中的色调相符的色调和谐：因此，
对于诗人和哲学家来说，幸福闪耀的光芒也是无法实现
的，但是他们也必须有方法；因此，他们为所有事物着色
都比它们实际之所是暗了几度，他们所擅长的光，其作用
几近太阳般且类似于完满的幸福的光。——赋予万物以
最黑暗和最阴郁的颜色的悲观主义者，他只使用火焰、闪
电、天空的灵光以及一切有刺眼的光度的东西和令人目
眩的东西；在他们那里，光亮的存在仅仅是为了增加恐
惧，让人感到事物的存在比它实际的样子更可怕。

562

　　定居者和自由者。——只有在冥界（Unterwelt）②，
人们才指示给我们，所有那种冒险者的极乐所具有的某
种阴沉背景，那种像永恒的大海闪耀般围绕着奥德修
斯③和他的同伴的快乐——那种人们一旦看到再也无法
忘记的背景：奥德修斯的母亲④因为忧伤和思念她的孩

---

　　①　［Pütz］尼采偏爱洛兰以及拉斐尔的绘画及其压抑色调。

　　②　［Pütz］在许多神话和宗教观念中，通常作为死者居住的
世界，这里具体指哈得斯（Hades）；哈得斯原为希腊神话中掌管冥
界的神的名字，在《奥德赛》卷11中，奥德修斯下降到冥界，为的是
向预言者忒瑞西阿斯（Tiresias）打听未来和重新见到他的母亲。

　　③　［Pütz］尼采在此把诡计多端的奥德修斯的"幸福冒险"跟
"阴沉的背景"或底色，与《奥德赛》卷11中向冥界的下降相互对照。

　　④　［Pütz］即安提克勒亚（Antikleia）。当她的儿（转下页注）

子而死。一人不停地从一地跑到另一地,另一人——定居者和温存者,则为他心碎:历来如此。忧伤令那些人心碎,他们经历了如下,即恰恰是他们最爱的人放弃了他们的观点:他们的信仰——这是自由精神制造的悲剧;事实上,它偶尔知道这种悲剧。因此,他们也不得不像奥德修斯一样,在某些时候下降到死者中间,去除他们的忧伤,抚慰他们的温存。

563

[328]道德世界秩序的幻想。——根本不存在什么永恒的必然性,要求一切罪过都受到惩罚和付出代价——相信存在着这样一种必然性,乃是一种可怕的和很少用处的幻想——;相信我们现在觉得有罪的一切事实上有罪,同样是一种幻想。不是物,而是关于根本不存在的物的意见,使人类精神错乱!

564

紧邻经验。——即使伟大的天才也只有他那五指宽的经验——紧邻这经验,他的思考停止了:而且他的无限的空虚的空间和他的愚昧开始了。

(接上页注)子在特洛伊战斗时,她由于儿子多年在而忧郁至死。奥德修斯在冥界遇见了她的灵魂。(参《奥德赛》卷11,著名的nekyia[祭亡],特别是母亲对儿子所说的话[行155以下]。)

565

尊严与无知携手。——每当我们有所理解，我们就会变得彬彬有礼，变得幸福和有创作力：只要我们学得足够，我们的眼睛和耳朵训练得足够，我们的灵魂就显示给我们越多的轻快灵活和妩媚。但是，我们领会如此之少，我们了解如此之可怜，以至于我们很少拥抱一样事物，并同时让自己也变得令人喜欢：毋宁说，我们僵硬死板且麻木不仁地走过城市、自然和历史，我们为自己的这种姿态和冷酷而自负，仿佛它们是我们具有优越性的反应。确实，我们的无知和我们低微的求知欲，最善于装出有尊严和有个性的样子高视阔步而来。

566

[329]廉价的生活。——思想者的生活方式是最廉价和最无害的那种：先说最重要的一点，他最需要的，恰好是其他人鄙视的和剩下的——。其次：他很容易快乐，没有任何昂贵的娱乐渠道；他的工作不辛苦，而似乎是南国的；他的白天和黑夜，没有被良心谴责败坏；他以一种符合他精神的方式活动、吃、喝和睡觉，使他的心灵越来越安静、有力和明朗；他的身体使他快乐，他没有理由害怕它；他不需要同伴，偶尔需要是因为，随后要更温存地拥抱他的寂寞；他用死者作为生者的替代，甚至作为友人的一种

替代:那就是说用曾经生活过的最好的人。——人们不妨想一想,难道不正是那些相反的欲望和习惯使人们的生活变得昂贵,并因而变得辛苦和经常让人无法忍受吗?——毫无疑问,在另一种意义上,思想者的生活又是最昂贵的——对于他来说,没有什么是太好的;而恰恰对于最好的东西的剥夺在此就是一种难以忍受的剥夺。①

567

在前线。——"我们必须更快乐地对待事物,超出其所应得;特别是因为,长时间以来,我们一直过于严肃地对待它们,也超出了其所应得。"勇敢的知识之战士如是说。

568

诗人与鸟。——凤凰鸟②给诗人看一卷正在燃烧着并变焦的东西。它说:"别惊慌! 这是你的作品! [330]

---

①　[KSA]草稿:思想者的独立不倚,他需要很少,他不做重体力工作,没有良心的谴责,没有昂贵的娱乐,他用死者代替生者,用最优秀者代替朋友。

②　[Pütz]希腊神话中的一种传说性质的鸟,每当自觉死亡临近,就积木自焚,以期从自己的灰烬中重获新生。凤凰,与太阳紧密联系在一起,成为返老还童和再生的象征。在罗马帝国时代,凤凰是罗马的永恒统治的象征。自我牺牲的动机自教父和早期基督教作家起已经被应用于基督身上,并与基督的死亡和复活结合在一起。在中世纪,凤凰鸟是基督的象征。尼采在此拿神话开玩笑,将诗人描述为凤凰鸟。

它没有时代精神,更少有反时代精神:因此,它必须烧掉。不过,这是一个好兆头。它具有朝霞的某些性质。"

569

致孤独的人们。——如果我们在内心独白中,不能像在公开场合一样敬重别人的荣誉,那我们就算不上正派的人。

570

损失。——有一些损失分给灵魂一种崇高,当此之时,它克制住悲叹,就像在高高的、黝黑的松柏间漫步低徊。

571

心灵的野战药房。——最有效的药物是什么?——胜利。

572

生活应该安慰我们。——如果人们像思想者那样,习惯于生活在川流不息的思想和情感的壮阔洪流中,甚至在夜晚,我们的梦也追随着这股洪流:那么,我们就会

渴望生活给予我们休息和宁静；而其他人则正好相反，当
他们把自己托付于沉思时，他们是想在生活后得到休息。

573

蜕皮。——如果一条蛇不再能蜕皮，它就会死掉。
同样，精神，如果人们阻止它们变换自己的观点；它们就
不再成其为精神。

574

[331] 不要忘了！——我们飞升越高，我们在不能
飞翔者眼中就显得越渺小。

575

我们是精神的飞船驾驶员。——所有这些勇敢的鸟
儿，飞向远方，最遥远的地方——肯定！在某个地方它们
将不能再继续飞翔，并且栖身于某根桅杆或某个陡峭的
崖壁上——它们现在甚至还如此感激这凄凉的落脚之
地！然而，谁又能因此得出结论，在它们前面不再有巨大
惊人的自由的道路，而它们已经飞过了人们所能飞行的
极限？我们所有伟大的导师和先驱，最终都在某个地方
停了下来，精疲力竭，姿势可能既无高贵也不优雅：这也
将是你我之辈的下场！但你我又算得了什么！其他鸟儿

将飞向更远的地方！我们的这种洞见和信仰与这些鸟儿
竟相高飞,此消彼长,我们的洞见和信仰径直升上我们的
头顶,而且也越过了鸟儿们的无能升入高空,从此处望向
远方,看见一群又一群比我们更强健的鸟儿仍然不懈地
向着我们曾经飞向的地方飞翔,向着大海,向着无边无际
的大海飞翔!——那么,我们究竟欲向何方? 我们想飞
过海洋吗? 这种强大的渴望,这种比其他任何东西都更
被我们视为一种快乐的渴望,究竟要把我们带向何方?
为什么我们飞行的恰恰是这个方向,这个迄今为止所有
人类的太阳陨落的方向? 人们有一天也许会这样在背后
议论我们,我们也转舵向西,希望到达某个印度①——但
却命中注定要触礁在这无垠上?② 或者,我的兄弟们?
或者?

---

　　①　［Pütz］哥伦布向西航行,希望到达印度。

　　②　［Pütz］尼采指莱奥帕尔迪(Giacomo Leopardi,1798—
1837)的诗《无垠》(L'infinito)的结尾。［译按］莱奥帕尔迪是意大
利19世纪著名浪漫主义诗人,他的诗开意大利现代自由体抒情诗
的先河,内容多为表达民族复兴和田园写景,景中又融入了环境和
自身体弱多病造成的悲观主义色调。《无限》是其田园诗代表作之
一,作于1819年,当时诗人年仅21岁。《无限》结尾两行的意大利
原文为:Immensita s'annega il pensier mio; / E'l naufragar m'e
dolce in questo mare. 其英译有多个版本,仅择其一如下:Immensi-
ty my thought sinks ever drowning,/And it is sweet to shipwreck
in such a sea［在这无限的海洋中沉没/该是多么甜蜜］。

尼采的朝霞（代后记）

田立年

这是我的勤奋和我的懒惰，我的战胜和我的放弃，我的勇敢和我的战栗，这是我的阳光和我从乌云密布的天空中的闪电，这是我的灵魂，也是我的精神，我沉重的、严肃的、坚如磐石的自我，但它又能对自己说："我算得了什么！"——尼采[1]

本文从《朝霞》一书对尼采个人的健康和写作的意义谈起，然后讨论该书的核心主题，即对道德偏见的批判性思考，或者按照尼采自己的说法，"对道德偏见的偏见"，并试图表明，正如海德格尔的天才性思想所表明的，尼采之所以用偏见批判偏见，是因为在他的偏见概念和公正概念之间存在着内在紧密联系。在尼采的"偏见"中有一种"公正"。但是，对尼采来说，他的偏见不仅是生命的公

---

[1]　尼采，《重估一切价值》，维茨巴赫编，林笳译，华东师范大学出版社2013年，页1011。

正,本能的公正,同时也是对于自身的公正,试图超越自身的公正,是"公正"本身。因此,与海德格尔关于尼采的"公正"实际上最大程度偏执地遗忘了存在的论述不同,本文尝试更正面地表述尼采偏见概念与公正概念之间的联系,以及这种联系在《朝霞》一书中的体现。最后,在探讨尼采偏见概念与公正概念之间内在关系的背景下,本文描述了尼采涌起的浪涛和燃烧的朝霞的意象。

广而言之,虽然我们每个人都只能从我们自己特定和有限的观点、立场、见解出发来看待其他一切,我们的观点甚至我们的存在都必然是某种视差或偏见,但是,观点、立场和见解等不仅是我们自己的力量和欲望的反映,而且也是其他存在的力量和欲望的反映,换句话说,我们的观点和立场不仅有一个正面的自我的出发点,还有一个负面的非我的出发点:只有当从另外的欲望和力量截住了我们的欲望和力量的地方,我们的观点、立场和见解才会形成,界面和世界才会形成,否则它们就一直是某种意义上的潜在而非现实的存在,或者,就像是莱布尼茨那只有"微知觉"的单子,因此,我们的所有视差和偏见同时也必然是某种被视差或被偏见,因此在某种意义上是自我克服和自我公正的。借用莱布尼茨的说法,单子没有窗口,因此单子之间不能互相影响,这意味着我们的立场的必然性和坚定性,但是,每个单子同时以自己或微弱或清晰的知觉反映着整个宇宙,在宇宙之间存在着一种公正和预定的和谐,这意味着我们的偏见的公正性。

尼采试图表明,世界不仅是自我的局限之地,同时也是自我的敞开之地。自我和世界在根本上是相通和共生的，二者交错而共生。尼采有言：我们努力认识自我，看到的却是世界；我们努力认识世界，看到的却是自我。这就是我们二而一一而二的世界和自我。除此之外，并无其他世界和自我。此中或有"公正"之真意，惟欲辩而忘言。

健　　康

虽然对读者来说，尼采的每一部作品都是独立的，具有各自不可替代的位置和意义，但就尼采个人生活和思想的实际经历来说，却存在着一个转折点，这个转折点既是他生命的最低点，也是他变得健康和更健康——至少尼采自己在灵魂中是这样深刻感觉的——的开始。《朝霞》，正如其名字，意味着转变和新的开端。

正是以这一时期为转折，尼采将他的生命和思想划分为两个阶段。在清醒的生命的最后几个月中，尼采回首往事，将这一转折之前的语文学家生涯，他对叔本华和瓦格纳的追随，看作是本能"迷途"的时间。尼采对整个转折之前时期的标志性概括是"误入歧途"：尼采感到自己的本能当时整个误入歧途了，而个别的失误，无论是瓦格纳还是巴塞尔的教职，都只不过是这种总体迷误的标志而已。尼采认为自己当时忘记了生命的使命，最初是由于"无知"，由于"年轻"，而陷入了这种"无自身性"当中，而后来则是由于惰性，由于所谓"责任感"，继续停留在这种本能和生命的迷途中,停留在这种学者和学徒生涯的"无自身性"中,停留在逃避自己的使命的虚假的"谦逊"中。将尼采从这种迷途中拯救出来的是疾病。疾病给予他一种完全改变自身习惯的权利,静卧、休息、遗忘,与过去的工作和阅读彻底断了关系。在尼采身体状态最差甚至不得不辞去工作的时候,他的健康却开始恢复了,他本来的自我,那个最深层的自我,仿佛一直被埋在下面,一直不得不无声地听从另一个自我的命令,现在又慢慢地复苏了,并终于开口说话了,而尼采的身体也因为辞去了语文学教授的职务,因为瑞士和南欧适合的气候、生活方式、饮食等等,特别是因为开始变得自由的精神,而得到了某种程度的恢复。尼采将从这一转折点开始之后的全部生活都看作一种康复和更康复:

> 人们只要看一看《朝霞》或者《漫游者及其影子》,就能理解这种"回归自我"什么了:那是一种至高的痊愈本身! …… 其他的痊愈都只是它的结果。[①]

这些"其他的痊愈"包括尼采最主要的著作:《快乐的科学》《扎拉图斯特拉如是说》《善恶的彼岸》《道德的谱系》《偶像的黄昏》《瞧,这个人》《敌基督者》,以及未最后完成

---

① 尼采,《瞧,这个人》,孙周兴译,载《尼采著作全集》(第六卷),孙周兴等译,商务印书馆 2015 年版,页 414—415。

的尼采哲学的"主楼"：《重估一切价值》。

　　按照尼采的说法，他的整个生活都是患病和康复的历史，例如，他通过《悲剧的诞生》试图从语文学中解脱出来，通过《不合时宜的沉思》试图从"历史病"中解脱出来。但对尼采来说，最关键的"大痊愈"是《漫游者及其影子》（1879 年底），《朝霞》（1880 和 1881），《快乐的科学》（前四卷，1882）。自此之后，"自由的精神"开始飞行，漫游的哲人开始走他"一个人的道路"，尼采感到自己从此处于越来越明亮、越来越健康的无限海洋中：

　　　　你用火焰之矛/把我灵魂的寒冰粉碎/我的灵魂怒吼着/奔向它那至高的希望之海：/总是更明亮，总是更健康/自由地在最可爱的必然中——它就这样颂扬你的神奇，至美的雅努斯！①

这次痊愈使尼采从此处在一种解放和自由的情感状态中："一旦扔掉所有重负，我就是这个样子"；"我从来没有像现在这样，在这样的海洋上乘风破浪，扬帆远航"。在清醒生命的最后几个月，尼采极为多产。尼采现在这样描述他的身体和精神状态："我现在是世界上最幸福的人——我的思想中弥漫着秋天的气息（在'秋天'这个词的最好的意义上）；这是我的巨大收获的季节。一切对我都变得容易，一切都向我走来，虽然一个人要是手上拥有

_____

　　① 尼采，《瞧，这个人》，前揭，页 425。

这么多东西，他是会感到沉重的。"①

因此，从《漫游者及其影子》《朝霞》和《快乐的科学》等"过渡时期"或"转折时期"的著作开始，尼采的思想、生命和感觉呈现出一种不同的色调和意义。如果仔细阅读尼采在这之前的著作和在这之后的著作，可以看到，虽然存在着诸多主题和思想上的连续性，但是，这些主题和思想的色彩与声调变了。一种新的基本情调出现。一种自信而清晰的声音响起，这是一个遥望近乎完美的表达形式出现在地平线上的艺术家的喜悦的声音：

> 一种艺术家幸灾乐祸的心情：反差再大他都敢于尝试——节奏犹如万马奔腾，戏谑的兴致极为高涨，表现的却是冗长、沉重、艰深、危险的思想。②

他现在感到自己拥有了极少有人体验的哲人的体验：一边是大胆放纵的精神，像音乐中的快板一样飞奔；一边是辩证推理的演进和必然，行进中绝不失足。自由意志与必然性结合在一起，对于规则的服从与自由相辅相成。思考不再是苦役或"值得高贵者为之流汗的"，而是"轻盈的、神性的、翩翩起舞和放浪形骸的"。或者说是一种艺术家的体验：正是在不再"随心所欲"以及将一切视为必

---

① 转引自施特格迈尔，《尼采引论》，田立年译，华夏出版社2016年，页36、38、45。

② 尼采，《善恶的彼岸》，魏育青等译，华东师范大学出版社2016年，节28。

然时，对自由、精美、全能的感觉，对创造性的确立、支配、塑造的感觉，达到了巅峰。① 总之，在这种巅峰体验中，尼采认为，他可以肯定一切，因为如果能像他所敬仰的佩特洛尼乌斯一样："足下生风，如风一般运动和呼吸，如带来自由的风一般冷嘲热讽，促使万物奔腾，从而让一切变得健康，果能如此，那么，这些个泥沼，即病态的、糟糕的世界，包括'老旧的'世界，全又算得了什么！"②

在尼采现在的身心状态中，他认为自己恢复了健康。但我们要正确看待尼采的痊愈和健康。对尼采来说，痊愈从来不意味着中产阶级那种岁月静好、无病无灾的"矮墩墩"的健康，而是他所谓"大健康"，这种健康不仅不排除疾病，而且意味着疾病，以疾病为前提。因为在尼采看来，疾病乃是健康的条件和动力，生命借创伤而成长，凡是不能杀死人的，都只能使人更强壮。

> 下一个冬天，也就是我在热那亚的第一个冬天，差不多由一种血液和肌肉上的极度贫乏而引起的那种轻松愉快和超凡脱俗，使我创作了《朝霞》一书。

尼采认为，健康意味着对疾病的克服，而大健康意味着对于严重疾病的克服，只有巨大的痛苦才是精神的最终解放者。尼采的大健康的标志是，他从最严重的生理虚弱

---

① 尼采，《善恶的彼岸》，前揭，节 213。

② 尼采，《善恶的彼岸》，前揭，节 28。

中,从极端的身体痛苦中,生长出精神的快乐和思想的丰富,比如《朝霞》。疾病没有毁灭尼采,反而变成了一种促使他开阔视野、转换视角、变得更强的兴奋剂。事实上,在创作《朝霞》之后,尼采仍然不断生病,情况时好时坏,情绪起伏不定。尼采自己承认,康复的同时也伴随着"复发、衰落以及一种颓废的周期"。① 但总体上他一直处于一种越来越健康的情调中,出于力量的充溢肯定自己和进行侵略性的攻击。因此,与之前的"本能的迷途"时期相比,尼采认为自己现在是健康的。这种健康不在于没有疾病,而在于他现在战胜和控制了疾病,并且疾病越严重,越频繁,他的健康也就越"大",越兴致勃勃。一个医生或病理学家也许会将尼采的越来越快乐和越来越具有思想上的创造力与他所患疾病的逐渐加深并最后导致崩溃联系起来。但那是另外一个话题了。

尼采认为,正如不幸和幸福一样,疾病和健康不是绝然对立的两个东西,而是一体之两面,你不可能只要一个而不要另一个——只要幸福不要不幸,只要健康不要疾病。疾病是健康在可能性中的阴影婆娑,而健康是疾病在现实性中的光明熠熠。重要的是二者的联动和均衡,协调和共致。重要的是,病人在多大程度上渴望健康,或者痊愈者在多大程度上克服疾病,赢得胜利,回忆疾病,或防止疾病。换句话说,在尼采的理想中,人通过大疾病而达到大健康,最强烈的光明同时伴有最深重的阴影,最

① 尼采,《瞧,这个人》,前揭,页 329—331。

凌乱的影子衬托着最热烈的舞姿。所以，尼采为《朝霞》等著作感谢他自己多病之"命运"，并主张世人应该"危险地生活"。①

肯　　定

在人们通常的印象中，尼采的影响在很大程度上来源于他的批判性和否定性，来源于他的惊世骇俗，来源于他对传统宗教、道德和哲学的猛烈批判，或者更简单地，因为他大声说"上帝死了"。尼采自己也宣称，从《朝霞》开始，他开始了震惊世人的旅程：重估一切价值。由于宗教、哲学和道德按其性质向来都恰好是不许批判、人们只能信仰的对象，因而尼采对它们的批判必然造成了巨大冲击和影响。

但是，尼采却不认为这种对于传统道德和宗教的批判和冲击是他的哲学的最重要的方面。关于他自己的哲学的实质和性质，尼采有与众不同的看法。在尼采看来，肯定才是他的哲学的特征，他的理想和目的是要成为一个对一切说"是"的哲人。否定只不过是这种肯定性特征的一个间接的效果，并非其实质。创造者必先毁灭，但是造成创造的并非是因为毁灭了什么，而是因为创造了什么才附带毁灭了什么，所以否定和毁灭乃是那进行否定

---

① 尼采，《快乐的科学》节354，杨恒达译，载杨恒达等译，《尼采全集》第3卷，中国人民大学出版社2016年版。

的存在肯定自身的一个间接结果。

按照尼采的看法,一切高贵的东西都自我肯定,而只是间接地对其他一切造成否定,而一切虚弱的生命无力自我肯定,只能通过对高贵存在的否定来间接肯定自己。这是完全不同的两种做法,两种道德,而他认为自己属于前者。在《道德的谱系》中,尼采追溯了贵族道德和奴隶道德,提出了"怨恨"概念。在尼采看来,贵族的评价方式是健康的、高贵的,其主要的目的是肯定自身,同时因为肯定自身而造成了对其他等级的负面和消极评价。但高贵存在或强者的出发点不是这些更低的等级,他的高贵不是通过与其他等级对比、否定其他等级才形成的。高贵存在对其他等级的存在和价值甚至有一种漠然和忽视。与此相反,奴隶道德则是一种怨恨道德,这种道德的价值评价中心不是对奴隶自身及其价值的自豪和肯定,而是对高贵等级及其价值的怨恨,由于这种怨恨才分娩出奴隶自己的道德价值。例如,正是出于对贵族的高贵、富有、健康、骄傲的怨恨,奴隶才将低贱、穷困、病弱、谦卑推到了最高价值的位置。

因此,如果我们因为尼采后期哲学中越来越强烈的论战甚至谩骂——特别是在最后的著作《偶像的黄昏》和《敌基督者》中——而看不到尼采思想的肯定性,那么,在尼采看来,这不是因为我们不够细心或眼光不够敏锐,而是因为我们完全看错了方向,因为我们站错了立场。当我们从尼采所批判所攻击的对象的立场,也就是传统哲学、道德和宗教的立场出发,那么,无论我们是赞同这些攻击还是反对这种攻击，我们所能注意到的都只能是这种批判性，但是，如果我们转而采取那个进行批判的主体的立场，体会这种立场对于那个进行批判的存在的身体和精神健康的意义，体会他由此获得的解放之感、力量充溢之感和创造之力，我们就会发现，这种批判不是为了批判而批判，其实质是对批判者自身存在的释放、赞颂和肯定。不是为了攻击道德，而是一个已经成为其所是的非道德和非道德主义者不能不自我肯定、自我宣告其存在：

　　　　全书没有出现一个否定性的词语，没有攻击，没有狠毒。……"无数的朝霞，还没有升起"，……本书作者到哪里去寻找那新的黎明，那迄今还没有发现的、开启新的一天的烂漫朝霞呢？……要在一种对所有道德价值的摆脱中去寻找，要在一种对所有以往被禁止、被蔑视、被诅咒的东西的肯定和信赖中去寻找。这本肯定之书向纯然恶劣的事物散发出它的光芒、它的爱意、它的温存，它使这些事物以重获"灵魂"、好良心、对于此在的崇高权利和特权。道德并没有受到攻击，道德只是再也不被考虑了。①

　　说《朝霞》等著作没有任何否定性的词语，这当然不是客观事实，这需要加以诠释：无论在这些著作中尼采在事实上是如何否定和批判，甚至也许正是因为他批判和

_____

① 　尼采，《瞧，这个人》，前揭，页422。

否定,他在主观上是完全肯定的,首要目的是肯定他的新生和自我存在。对于尼采所推崇的高贵价值来说,强烈的他者否定性与强烈的自我肯定性并行不悖甚至相辅相成,但后者才是根源和核心。否定性、攻击性和批判性乃是强者自我肯定的力量洋溢的一种表现,这种自我肯定的恢弘和平静的状态甚至使高贵者没有注意到自己是否定的。他是侵略性的,但他也是快活的,心地良善(贵族眼中的"善"),全是"好良心",毫无"坏良心"的纠缠。"我消灭你,与你无关"——此之谓也?

尼采认为,人们无法通过纯粹的否定达到任何东西,只有创造者才有权否定。从根本上说,不是道德受到了攻击,而是一个非道德主义者成长起来了,旧有的道德被自然地排挤和取代了,但非道德主义者的目的并不是排挤这些东西,正如贵族将自身肯定为价值并不是为了贬低奴隶,他甚至粗心地对待他们,甚至没有太注意到他们的存在,甚至"不妨和他们共欢笑,只要他们有心情"。确实,如果我们仔细地指给他看,他会看到他造成了伤害和毁灭,但这是创造附带的毁灭,是因为肯定自己而否定其他的阴影。这种否定和毁灭是不可避免的、健康的,因为谁要是想在善与恶中成为一个创造者,他就必须先成为毁灭者,必须先打碎价值。但是在时间中先行的东西在逻辑上和价值上却是后来的:

至高的恶归属于至高的善,而这种善却是创造性的善。……我是第一个非道德主义者:因此我是卓越的毁灭者。①

因此，我们不应受制于"非"这个前缀的迷惑性，以为这意味着道德的存在与被否定，实际上对尼采来说却是非道德的存在及其自我肯定。一旦我们像尼采一直主张的那样，用行动者的逻辑代替沉思者的逻辑，用艺术家的美学代替艺术接受者的美学，或者用尼采的另一个更直接的说法——用男人的美学代替女人的美学——将我们的目光切实转移到非道德主义者的肯定性存在上，那么，我们就会看到，尼采所言不虚，这是一部肯定之书，肯定的是"第一个非道德主义者"的活生生的存在，肯定的是他摆脱疾病的道德、宗教和哲学的欢欣，是天空的朝霞，是对正午的期待，是力量的充溢。借用鲁迅先生的名言来说：这种肯定好像是东方的微光，林中的响箭，冬末的萌芽，进军的第一步，是对于前进者的爱的大纛，也是对于摧残者的憎的丰碑。

《朝霞》在另一种更具体的意义上也是肯定性的。当尼采从长期的"迷途"中解脱出来，他的力量是充溢的并因而肯定自己，这种自我肯定在《扎拉图斯特拉如是说》中达到了顶点。但是，到此为止，尼采认为，他的"肯定部分"已经完成，他将开始他的学说的"否定部分"，创造者开始进行必要的攻击和摧毁，因此我们看到了一系列更为"否定性"的著作：《善恶的彼岸》《道德的谱系》《偶像的

---

① 尼采，《瞧，这个人》，前揭，页474。

黄昏》《敌基督者》,以及未完成的主要著作《重估一切价值》。从这个角度看,也许我们可以说,《朝霞》是自我肯定的,但也是不够自我肯定的,因为尼采此时的自我肯定力量还不够,既没有达到扎拉图斯特拉的酒神颂歌的高度,也没有充溢到对基督教、西方形而上学、道德全面攻击的程度。

关于尼采的"肯定",我们需要强调和注意的一点是,无论是就尼采思想整体上的肯定性质来说,还是就《朝霞》的特殊肯定性质来说,尼采的肯定都是对一个个体的偶然而特殊的存在的主观的肯定,而非对一个无所不包和要求普遍约束性的大全思想体系的肯定,并不借助于某种更高存在而要求绝对约束力。相反,这是一种自我肯定,一种针对个体的个体化的肯定,也只有相同心性、相似构成的个体才会与之认同。这种肯定的个体性、偶然性和主观性也减弱了尼采的肯定的实际上的冲击性。在 1883 年写给欧韦贝克的一封信中,尼采解释了他的《快乐的科学》的写作。孙周兴引用这封信说:尼采自己的解释倒也简单,这本著作"只是让自己快乐的一个感情洋溢的方式,能让人一个月在自己头顶上有纯净的天空"。① 对此我们是不是应该补充说:你高兴就好? 总之,尼采言论的大部分冲击性效应也许只是被否定者自身虚弱的反映而非外部的实际否定的反映。换言之,尼

① 孙周兴,《尼采的科学批判》,载《世界哲学》2016(2),参 *Kritische Studienausgabe sämtlicher Briefe Nietzsches*(KSB), Walter de Gruyter:Berlin, 1986, Band 6, S. 318ff。

采的自我肯定及其附带否定并不妨碍其他类似然而不同的高贵个体的自我肯定。尼采希望刺激甚至呼唤他们的自我肯定而不是尼采的自我肯定。尼采对于少数心有灵犀的读者的呼吁是要他们成为他们自己，像尼采一样按照他们自己的旋律跳出他们自己的舞蹈。尼采也许为其他类似个体树立了一个榜样，但却并没有提供普遍性的规范。扎拉图斯特拉要求他的弟子们离开他，说只有这样他才会真的走近他们。扎拉图斯特拉也要求：你们的心灵在与敌人敌对的时候要与他们保持最大程度的接近。因此，我们看到，在《朝霞》结尾，自由精神飞翔的方向乃是太阳沉落的方向，尼采的朝霞揭开的并不是一个所有人的永恒的白日，而只是尼采个人的一个白日，朝霞因此同时证明自己是晚霞，并以此开启了"无数朝霞"的可能性，而《朝霞》最后以"或者"结束，暗示着在一个清晨成为过去之后，无数个其他清晨将会排闼而来。①

偏　　见②

《朝霞》在其副标题——"关于道德偏见的思考"

---

①　《朝霞》节 575。

②　在尼采哲学中，"偏见"或"视差"是一个普遍和根本概念。Perspektiv，汉语通常译为"视角""透视"或"视野"，与视觉理论和绘画艺术中的透视法有关，但在尼采哲学中，该词的含义超出了通常的知觉理论甚至认识论的层次，而与尼采关于权力意志的根本学说结合在一起。可以说，正是凭借这一概念，尼采在传统理性主义的普遍视野和大全体系中打入了生命个体和生命自（转下页注）

(Gedanken über die moralischen Vorurtheile)——中承
诺将批判"道德偏见"。但是,需要注意的是,首先,正如
普茨指出的,"道德"在该书的论述中并不限于习惯和习
俗,限于好和坏的行动或行为,而是接近其在 18 世纪的
词义,包括不同于非人自然存在和物理存在的人类存在
的全部领域。同样,道德也不只是与伦理学问题有关,而
且也与认识论和心理学有关,与宗教和政治有关——一
句话,与康德眼中可以成为人类学研究的一切有关;这些
研究被康德归纳为三个根本哲学问题(我能知道什么?
我应该做什么? 我可以希望什么?)。[①]其次,一方面,《朝

―――――――――

(接上页注)我的楔子。在尼采看来,透视、偏见或视角不是纯粹感
知和认知的问题,而是力量作用和力量冲突意识化和形象化的结
果,或者说是知觉、意识和形象作为力量存在和力量展现的结果。
甚至无机物都是"透视""偏见"性存在。生命和存在的本质就是
"透视""偏见"及其互相斗争。因此,这个概念意味着生命或存在
的本能非理性力量及其意识状态的某种多元本体或次本体地位。
"偏见""透视"或"视角"既是力量之实行,也是意识之作用,是力量
驱使下的意识作用。如果我们要为尼采的"偏见"寻找一个哲学史
上的类似物,那么,我们也许可以利用莱布尼茨的"单子"概念。像
莱布尼茨哲学中的单子一样,"偏见"具有超出道德、知觉和意识地
位的本体性的地位。

　　确实,"偏见"在汉语通常的用法中比在原文的含义中具有太
多的贬义,但相比视角或透视概念,它的好处是可以表明,Perspe-
ktiv 从根本上说不是知觉、意识、理性,而是背后的生命、本能和力
量,并具有本能和力量所具有的强制理性和意识、使其变形的力
量。因此,我们在本文中(仅在本文中)将暂时采用这一概念来翻
译尼采的 Perspektiv 概念以及 Vorurteil 概念。

　　①　Peter Pütz 为《朝霞》所写的"编者说明",见《朝霞》,田立
年译,华东师范大学出版社 2007 年版。针对康德的三(转下页注)

霞》副标题中所说的"偏见"是 Vorurteil,而非 Perspek-
tiv,具有明显否定和批判的色彩,因此,如果更仔细地加
以分辨和表述,或可用"成见"来译 Vorurteil,而将"偏见"
一词保留给尼采的视角或透视概念(Perspektiv,偏见,
透视,视角,视差;perspektivisch,透视的,偏见的,视角
的,视差的;Perspektivismus,透视主义,视角主义,偏见
主义,视差主义)。另一方面,偏见与成见的区别具有某
种暂时性和次要性。从根本上说,在尼采的思想中,一切
生命,一切存在都自在地肯定自己,并从自己的角度出发
"透视""偏见"和估价其他存在的一切,因此,一切存在都
必然互为"偏见性"的存在。这不包含任何公开或隐含地
谴责的意味。既然没有神目视角或核心视角的"正见",
一切都是透视性的偏见,所以一种偏见就其自身来说即
是天然正当之见,虽然在另外其他视角中又必然呈现为
一种被透视和被偏见,而按照尼采的自我肯定的哲学,艺
术家的哲学,男人的哲学,这种他者视角在尼采思想中并
不十分重要。从这个角度理解,尼采在《朝霞》中以及在
其他著作中所批判的"道德偏见"已经是呈现在其他存在
的视角中的"道德偏见",因而已经是一种透视、偏见或视
角的结果,对于这一结果,从尼采自己的透视角度出发,
或可以称之为"成见",即被透视或被其他视角打量下的

――――――――

(接上页注)个问题,尼采也许可以回答说,我能知道我的偏见,我
能将我的偏见提高到最大的程度,我能希望我的偏见的没落的弧
线,以及对应的其他人的偏见上升的弧线。这甚至具有超出了康
德的人类学的范围的含义。

"透视""视角"或"偏见"。但是,正如尼采所意识到的,成见有其自身的偏见基础,本质上也是一种偏见。具体来说,成见乃是过去的透视或偏见,或衰弱的自我伪装的透视或偏见,它试图以无透视无偏见的全知者的形象出现,但在其他主体视角的强大的偏见面前,它被呈现和被判定为"成见"。不过,如前所述,尼采并不否认,这一判定具有主观性、暂时性和相对性。因为对于被判定为"道德偏见"或"成见"一方的主体视角来说,尼采的思想也可以被判定为同样的东西。尼采对此心知肚明,所以他在《快乐的科学》中指出,"关于道德偏见(成见)的思考"或许是"关于道德偏见(成见)的偏见(成见)"。因此,从尼采哲学的更根本的观点和核心概念出发,可以将尼采所谓的"道德偏见"或"成见"不加区别地全部涵盖于透视、偏见或视角的概念之下。从根本上说,偏见和成见的本质都是作为生命之实行的偏见。Vorurteil 是 Perspektiv 的一种形式,是被置于另外一种 Perspektiv 中的 Perspektiv。

　　以尼采之见,一切有机体——有时尼采也说包括无机存在在内的一切存在——都是透视性偏见性的存在,也就是说,都会按照其力量大小和距离而对其他一切存在做出各自不同的"估价",锁定维持和提高自己的存在的特定条件。

　　　　在肯定与否定、偏爱与拒斥、爱与恨的一切相互关系中,仅仅传达出特定生命类型的一个视角、一种兴趣：一切存在着的事物都自在地肯定。①

因此，所谓世界就是从某个特定角度对看待者呈现出远
近大小的必然透视和偏见的世界，比如越近者越大越重
要，越远者越小越不重要："……一个按照价值被看待的
世界，按照价值被排列和筛选的世界，在此情形下也就是
着眼于某个特定动物种类的保存和权力提高、按照有用
性观点被排列和被筛选的世界。"所谓"世界"于是"就被
还原为某种特殊的对世界的行为方式，以某个中心为出
发点……世界不过是表示此类行为的总体运作的一个词
语而已……这种特殊反应方式乃是唯一的反应方式"，不
存在任何其他"另外的""真实的""本质的"反应方式。透
视和偏见与所谓"无偏见"的对立不是偏见与正确观点的
对立，而是偏见与虚无的对立。② 并非存在着某个自在
的事物，我们看待这事物的有限方式造成了偏见，而是像
在量子力学哲学中一样，在某种意义上可以说，我们看待
事物的有限方式就是事物存在的确定方式，透视和偏见
对于事物来说是构成性的，没有透视和偏见就没有事物：

> 质言之，一个事物的本质也只不过是一种关于
> "事物"的意见。或者毋宁说："被视为"（es gilt）乃

---

① 尼采，《权力意志》，孙周兴译，商务印书馆 2007 年，页
953。

② 尼采，《权力意志》，前揭，页 1109—1110。

是真正的"存在事实"（das ist），唯一的"存在事实"。①

外部世界就是有机体将它们的评价投射到外部而形成的，因此，透视或偏见是本体论或存在论意义上的：

　　　基本问题：偏见是否属于本质？而且不光是一种观察方式，不同本质之间的一种联系？是不是不同的力处于联系中，以至于这种联系维系于感知之透镜？倘若一切存在本质上都是某种感知之物，那么这就是可能的。②

尼采认为，即便在无机物领域里，对某个力之微粒来说，要考虑的也只是它的邻居关系：远方的各种力获得平衡。这里隐藏着偏见的根本原因，以及为什么某个生命体是彻底"利己的"。

　　道德即评价。评价即偏见。偏见即力量。力量即世界。道德代表了特定生命保存和提高的特定条件，有其自然性和正当性。尼采谴责的不是道德评价本身，而是道德哲学家们为道德规范和道德命令提供的道德理由：

　　　不用说——除非我是一个白痴——我不否认，

---

① 尼采，《权力意志》，前揭，页151。
② 尼采，《权力意志》，前揭，页173。

许多被称为不道德的行为应该加以避免和抵制，或许多被称为道德的行为应该加以实施和鼓励，然而我认为，当我们鼓励一些行为而避免另一些行为时，我们的理由应该是一些与我们迄今所见到的理由不同的理由。①

尼采认为，迄今为止哲人对道德的成见恰恰在于他们不承认道德的有限性、透视性、偏见性，而试图代之以一种无透视偏见的绝对、唯一的普遍视野。哲学家们提供的道德理由是什么理由呢？绝对论和普遍论的理由。柏拉图的善本身，基督教的普世的爱的上帝，康德的绝对律令。哲学家们认为，他们那普遍性的无偏见的东西能将所有人都捉拿归案，从而让他们可以一劳永逸地实行他们的理论的教条主义和专制主义。这其实不过是沉思之人的自我骄傲和自我迷信。他们作为乏于行动能力之人将他们自己的特定生存条件普遍化了。结果，有利于特定沉思之人群体的生存条件变成了所有人的生存条件。道德被从其自然基础上连根拔起。

而在尼采看来，有益于生命的道德必然是视野收敛的、差别化的，道德本身必须是有限的、地方性的、民族性的，这样它才能有效用，才能成为特定生命维持和提高的条件。哲人的普遍性要求破坏了道德的自然基础和自然效力。尼采称之为哲人固有的专制倾向和"教条主义"，

---

①　《朝霞》，节 103。

一个民族和一个群体的道德的非自我化、非自然化、虚无化。

　　此外,哲人的道德成见不仅是破坏生命和诋毁生命的,而且也是不够真诚和正直的。教条主义者也有其透视和偏见基础,从根本上说他们的教条也代表了他们自己生命的维持和提高的条件,因此也有其"正当性",但问题是他们不敢承认这一点,而试图用虚假的普世性来掩盖自己的特定透视和偏见,在表面上好像公正无偏见,就此而言他们是不诚实的。在《善恶的彼岸》中,尼采表示,之所以批判哲人,不是因为他们天真地拥有偏见,而是因为他们不够诚实,装模作样,似乎他们的真正见解是从冷静、纯粹、上帝一般漠然的辩证法中发现的,并给自己的成见起名为真理,例如康德就是这样将我们引入他的辩证法的曲折道路,引入他的绝对命令。①

　　对尼采来说,正当和正直的标准来自生命。尼采哲学的核心概念是"生命"。生命意味着评判和趣味,意味着偏见和偏见之争。尼采不仅在生命的透镜下来打量艺术,而且也在生命的透镜下打量宗教和道德。某一群体狭隘的道德偏见代表了该群体维持和提高的条件,因而是正当的;基督教和柏拉图主义道德试图摧毁这种狭隘性和条件性,因而是危害生命和诋毁生命的,是不正当的;柏拉图主义、康德主义仍然有其维持一己生命之功效,因此仍然具有其自身正当性;但是,柏拉图主义之类

――――――――
　　①　尼采,《善恶的彼岸》,前揭,节5。

的哲学"不够真诚和正直"，不敢承认自己的特定透视偏见性，这在"生命的透镜"下意味着什么呢？意味着生命力的贫弱。贫弱的生命力在尼采的生命等级制中必须被置于服从的位置，而非它们现在所在的发号施令的位置：

> 当我们谈论价值的时候，我们是在生命的激励下、通过生命的镜头谈论的：生命迫使我们制定价值；当我们制定价值的时候，是生命本身通过我们进行评价……由此可见，那种违反自然的道德——它把上帝视为反生命的概念，视为对生命的判决——也不过是生命的一种价值判断——什么生命？何种生命？——我已经给出了答案：是衰退的、衰弱的、疲惫的、被判决的生命。（……）它是被判决的人做出的判决……①

与迄今为止的哲人不同，尼采并不宣称自己的哲学是无偏见的，因为这也是一种特定类型的生命的"透视和偏见"。但他认为，这是一种更健康、更有力的生命作出的"透视或偏见"。而道德哲人们的透视和偏见由于其诋毁生命和不够真诚而判定为"成见"。例如，在"学人们的成见"（Vorurtheil der Gelehrten）这条格言中，尼采指出，所有时代的人，都自以为知道什么是好，什么是坏，什么

———————

① 尼采，《偶像的黄昏》，李超杰译，载孙周兴等译，《尼采著作全集》第6卷，商务印书馆2015年，页105—106。

该赞扬,什么该遣责。学人们对此提出批评很正确。但以为我们现在比任何其他时代都知道的更清楚,这就是成见了。各个时代的人都有其偏见,学人们也可以甚至必须有其偏见,所以他们也可以批评前人,但他们认为唯独自己没有偏见、认为唯独自己知道的最清楚说明了他们的"成见"。①

勇于承认自己的透视和偏见在强大的自然和本能中有其基础,而哲人们的伪装成客观、绝对和普遍的成见在虚弱的意识和思想中有其基础。与迄今为止哲人们对于意识和思想的高度评价不同,在尼采看来,生命本身与有意识思考的距离要远大于与无意识思考的距离。动物当然能思考、感觉、意欲和记忆,而无需让这一切进入意识中,而这种感觉、思考和记忆即使在理智发达的现代人身上也是占更大部分的。就像弗洛伊德所说,人的绝大部分精神生活都是无意识发生的。人之所以需要让某些精神活动进入"意识",不仅思考而且让别人"看见"其思考,是因为人是脆弱的动物,需要他的同类的帮助和保护,因此他必须能够懂得如何传达自己,让其他人理解他的需要。因此,我们的思想像一切有机体一样,本身可以是完美无意识的,但是,由于群体生存的压力,为了相互理解和相互帮助,其中一小部分变成了意识,而在尼采看来,这小部分是我们的思想中最肤浅的一部分,因为只有这些变得有意识的思想才以词语的形式,也就是说,以平均

①　《朝霞》,节 2。

和平庸的交流符号的形式发生。离群的人和猛烈的生灵不需要意识。意识不属于人的个体存在，而属于人身上的那种团体性、群体性的方面。因此，哪怕我们每个人都希望尽可能个别地理解自己、"认识自己"，我们却还是会把非个体本身，把"平均数"带给意识。因此，我们能够意识、思考的体系化的世界是一个肤浅的、符号的、一般化的世界。可是这个体系化的思想世界反过来却要求成为本体，要求引导和裁决整个生命。平均化的意识成为主导带来了生命的堕落和危险。①

　　因此，问题不是如何离开和克服我们的偏见，而是如何强化我们的本来生命，如何正确地进入、保持和扩大我们的本来生命的偏见。因此，尼采不是试图通过超出偏见的普遍视野来克服偏见，而是将偏见和视野狭隘看作生命健康的前提，看作面对意识和知识的过度发展需要加强而不是削弱或者消除的东西。透视和偏见代表了维持生命和提高生命的必要条件，既是限制也是力量的来源。在《论史学对于人生的利弊》中，尼采批判现代人的"历史病"和"知识病"，认为历史知识所带来的视野扩大侵蚀了生命的根基，使人不再能够像历史认识和感觉有限、视野褊狭的阿尔卑斯山谷的居民一样，心无旁骛地坚持自己的判断。这样一个人的判断是偏颇不公的，他的经验是残缺不全的，但他却挺立在不可战胜的健康和精力充沛之中，让所有看到他的人都赏心悦目，而在他旁

---

　　①　尼采，《快乐的科学》，前揭，节 354。

边,更为视野开阔、更为正义和博学的人却疾病缠身,日益瘦弱,因为他的视域的边界不断变动,正义和真理之网在他面前不断无限地展开,使他根本无法迈开他的双腿,开始行动。教条主义者和绝对论者缺少生命的强力,他们也不敢进入生命的强力,他们诚然也还有虚弱的透视和偏见,但他们只能竭力将其表现为平均、平庸和不诚实的成见。

公 正

在本文这一部分,我们将按照海德格尔的指引,讨论尼采哲学的核心概念:公正。但是,对于海德格尔所谓尼采的公正实际上是西方主体性形而上学遗忘存在之偏见的顶点和完成的看法,我们将加以分辨,尝试从一个不同的角度来理解尼采哲学中的"公正"。

海德格尔认为,尼采不仅有一种著名的透视主义或偏见主义,而且还有一种关于公正的核心思想,而且这两者实际上是内在一体的。但是,最终在海德格尔看来,尼采的"公正"不过是他的透视或偏见而已,从根本上说是推进到极端的西方形而上学偏见而已,它将"存在"最大程度地遗忘了。

海德格尔指出,从很早开始,关于公正的思想就成了尼采的一个中心思想。尼采是在他对前苏格拉底形而上学的沉思中,突然产生这个思想的。这个关于公正即dike的希腊思想在尼采那里点燃并且贯通他整个思想,隐而不显地持续激励着他的思考。海德格尔认为，在扎拉图斯特拉这个形象中，尼采创造了对他本身来说不可企及的这样一种思想的理想。在这个时期，尼采写下了一些简短的笔记，对他的"公正"思想作了极为明确的表述。然而，尼采并没有把这些思想公诸于世。而在最后几年，尼采对所谓公正保持沉默。①

　　海德格尔指出，在尼采看来，所谓的认识必然是持存之保障。即使是尼采把真实之物刻画为一种谬误的做法，也是建立在那种使被表象者适应于有待固定者的过程的基础上。然而，认识之所以总是把被固定和具有固定作用的界限设定起来，主要目的不是为了保存这种固定和界限，而是为了艺术随后再取消和超越这种固定和界限。通过这种取消和超越，艺术对于认识保持了一种更高的必然性，并且与认识仍然处于相互需要之中，二者联手共同为生命本身提供了"完全"的持存保障。②

　　为什么海德格尔说艺术和认识联手提供的这种保障是"完全的"？这种保障与认识单独所提供的持存保障的区别在于，它不仅仅是在认识中对混沌进行固定化，而且还在艺术中对混沌进行美化，二者共同完全地"将人类生命同化和指引到混沌之中"，达到最终的融为一体的"符合"，所以是"完全的"终极持存保障。③

　　海德格尔说，在尼采看来，"世界"是境域性的偏见范

① 海德格尔，《尼采》，前揭，页 659。
② 海德格尔，《尼采》，前揭，页 662—663。
③ 海德格尔，《尼采》，前揭，页 663。

围,世界起源于和维系于生命体的生命实行。① 因此,这种根本的同化并不是对现成事物的模仿性的和复制性的适应,而是命令性和创造性的同化,那么这种同化从何处获得其发号施令和进行创造的尺度和方向? 由于命令和创造性同化的根本性,这种尺度和方向只能是从其自身而来:只有同化本身才能并且必须提供尺度,"制作出"正当之物。于是,向混沌同时也即向"存在者整体"的这种同化就成为指向正当和合宜的"公正"。像西方形而上学从来所做的那样,尼采把真理的本质解释为"符合",并且把"符合"不是解释为现成之物的模仿,而是解释为命令、创造、指向性的"公正"。海德格尔认为,这就是尼采的形而上学思想对西方形而上学的继承和"完成"。作为"解蔽"的真理在西方形而上学中一直隐而不显,没有得到思考和追问,而尼采关于"公正"的思想乃是这一事实的最内在和最遥远的必然后果。由于尼采的"公正",存在者的存在在最大程度上被离弃了。②

海德格尔认为,尼采的公正与偏见内在地联系在一起。从偏见冲突的角度来看,公正的动态的"符合"行为使某些偏见被裁决为成见,因为公正乃是偏见对自身的超出之路,而不是对现成偏见或对偏见的可能思想基础的静态确认。只有这种使偏见成为偏见的更高和更深层次的偏见才是"公正"。因此,海德格尔引用尼采如下

---

① 海德格尔,《尼采》,前揭,页651。
② 海德格尔,《尼采》,前揭,页663—664。

格言：

> 公正，作为一种全景式眺望着的强力的作用，它超越善与恶的细小视角向外观看，因而具有一个广大的优势境域——其意图是保持比这个和那个个人更多的某物。①

海德格尔认为，对尼采来说，最根本的偏见乃是思想本身，而思想本身，在摆脱了和一个自在的对象的符合之后，将自身设定为尺度，这个尺度就是公正。因此，这个尺度超出了善善恶恶的细小视角，作为"一种全景式眺望着的强力的作用"，保持的是"超出了这个个人和那个个人"的作为存在者整体的生成：公正，作为一种构造着、离析着、消灭着的思想方式，是生命本身的最高代表。② 因此，虽然尼采强调的是作为存在者整体基本特征的生成和生成者，但他的生成恰恰先于一切地是"持留者"，他证明"生成"才是真正的"存在者"：给生成打上存在之特征的烙印——这乃是最高的强力意志。③

公正意味着对于通常的透视偏见的超越，但是它用来超越偏见的是更大的偏见。或者更准确地说，是更基础的基础偏见或偏见基础，是使偏见成为可能的偏见可能。按照海德格尔的理解，这就是尼采所谓的"优势境

---

① 海德格尔，《尼采》，前揭，页672。
② 海德格尔，《尼采》，前揭，页666。
③ 海德格尔，《尼采》，前揭，页684。

域"的含义：公正乃是在分配进行之前预先在一种分配中分得的东西。从公正的宏大视角看出去，西方形而上学达到了无以复加的程度，因为现在出现的是一个特殊的人类种类，能够把对大地的无条件统治地位设置起来。[①]因此，在海德格尔的强有力解读中，尼采的"公正"的实质是最大程度上的"真正的"偏见。在此存在着微妙的语义差别。在"偏见"和"公正"之间确乎存在着一种贯通。但是，海德格尔要说的是，尼采的"公正"实际上是最大的"偏见"，而尼采要说的也许是，他的最大的"偏见"乃是"公正"。这两种说法的主音和泛音并不相同。公正的"优势境域"究竟是如海德格尔所指意味着某个超人的或某个超人类的优势境域还是意味着一种超-人或超-人类的优势境域？因此，我们这里要问的问题是，是否尼采的偏见即公正可以在一种比海德格尔所述更为正面的意义上来理解，也就是说，尼采的"偏见"是否也可以在某种意义上说是真正的"公正"。

　　首先，按照海德格尔的看法，尼采所谓"公正"在于主体作为偏见通过强有力的扩展、更大范围的支配和征服成为所谓公正的"尺度"。但是，尼采的尺度首先是用来丈量自身的而不是用来丈量世界的，特别不是用来直接丈量其他一切尺度的，其方向是内在收敛的而不是外向扩展的。在尼采看来，成为尺度所要求的与其说是无限扩展和支配，不如说是自我限制和自我收敛。因为从根

---

　　① 海德格尔,《尼采》,前揭,页1019—1020。

本上说，无限是反尺度的，尺度是反无限的。因此，尺度自身会被尺度所贯穿，被尺度所丈量，这才是真正的尺度。"最小的缝隙最难消除。"例如，尼采在谈到希腊人的尺度、自由和无限时指出，希腊人没有了诸神的限制，恰恰导致其自由行动能力的消失：他自由地凝视着无限，但无限是没有尺度的，所以不能给他一个目标。尽管他表面上拥有更多不受限制的自由行动的空间，但他通常比过去更不能自由地做出行动。他就会像爱利亚派芝诺寓言中捷足的阿喀琉斯，完全被无限所贯穿，无限包围着他，使他永远都追不上乌龟。[①]

海德格尔认为，尼采极度推进了笛卡尔主体形而上学的"我思"，推进了主体作为尺度对世界的支配。但是，与此相反，尼采也经常有意推进"非我思"。理性的能力就是记忆和计算的能力。从理性的观点来看，"偏见"忘记了更广大世界的其他存在，忘记了比较和计算，忘记了其他视界的存在和"视界融合"。但在尼采看来，偏见的这种遗忘能力才是其优点。与记忆、理性、计算和支配相比，遗忘是更重要、更健康的精神能力。克服偏见的不是更大的偏见范围，而是通过沉溺于偏见，在自己偏见的热情中沉睡过去，忘记更广大世界的存在，甚至也忘记自身的偏见性。这是真实的生命的"公正"，生气勃勃的"公正"，而不是抽象的理性计算和比较虚假的"公正"。不是

---

① 　尼采，《荷马的竞赛》，韩王韦译，上海人民出版社 2018 年版，页 164—165。亦参拙文，《尼采的"好战争"教诲》，载《古典研究》2014 年秋季卷（总第 19 期）。

理性,不是记忆和计算,而是遗忘,是一叶障目,才是最重要的精神能力。不是永恒的理性的白昼,而是在恰当的时候进入黑夜和进入另一个早晨,才是最重要的精神能力:

> 多睡。——当人疲惫了,厌倦了,如何才能使自己振作起来? 有人推荐赌场,有人推荐基督教,还有人推荐电流。但是,我的忧伤的朋友,最好的是且永远是:多睡,真正的和非真正的! 如此,他的清晨将再度光临! 生活智慧的秘密在于,知道如何在适当的时候,插入各种睡眠。①

因此,针对我思故我在,尼采也许会说,有时我不思故我在,"我睡故我在"? 他说,那在睡觉前合上的书甚至也不要在一大早就打开:若某人闻鸡即起,在漫天朝霞中,在一天中精力最旺盛最活跃的时候,开始读书,尼采认为"这绝对是一种恶习"! (当然,尼采所指主要是精神上的清晨。)②

尼采认为,过分的知识将会扼杀行动和损害生命。地球必须包裹着一个大气层,生命才能在其中诞生和成长,而一切行动和生命也都必须在一定程度上停留在不能透视的热情的云雾中,否则就会走向毁灭:

---

① 《朝霞》,节 376。
② 尼采,《瞧,这个人》,前揭,页 367—368。

　　褊狭,对过去的东西不知感恩,对危险视而不见,对警告听而不闻,是夜的遗忘和死寂海洋中的一个小小的有生命的旋涡:然而这种状态却……不仅是不义行为的母腹,而且也是任何正义的行为的母腹;没有一位艺术家能完成自己的画卷,没有一位统帅能取得自己的胜利,没有一个民族能获得自己的自由,如果不是事先在一种如此非历史的状态中追求它们并为之努力的话。

行动者总是为了做一件事而忘记多数事情,都喜爱自己的行为无限多于该行为之值得被喜爱,而人类所有最好的行为都发生在这样一种视野褊狭和不公正的爱的充溢中。[①] 囿于自身的偏见而不是超越偏见的理性成为公正,不是因为它的扩展,而是因为它自我设限,自然设限,是因为它代表了理性的必然局限性,代表了生命和健康的自我挺立和自我肯定。

　　其次,在《快乐的科学》的开篇,尼采就提出了偏见是否就是完全的偏见的问题。尼采在这里为偏见提出的理由是,在人们"习惯性的鼠目寸光中",人们将一些人一些事称为有害的、恶的,另一些人另一些事称为有利的、善的——这实际上也就是将某些人某些事称为"偏",而将另外一些人和事称为"正"。这当然是又一种偏见,或更

---

　　① 尼采,《不合时宜的沉思》,李秋零译,华东师范大学出版社 2007 年,《历史对于人生的利弊》,节 1。

恰当地说，又一种"成见"的结果。但在尼采看来，人们从物种保存的目的出发，进行这种清理和估算实际上是完全不必要的。

> 我不再知道，你，我亲爱的同类和邻人，究竟能否不利于物种地，也就是说，"非理性地""有害地"生活。能损害物种的东西也许在千万年前就已经灭绝了，现在属于连在上帝那里也不可能的事物。沉溺于你的至善或至恶的欲望吧……你在某种程度上仍然可能是人类的促进者和裨益者……

与这种鼠目寸光的估算和清理相比，坚持本能更重要，无论何种本能，因为"没有本能，人类早就衰落了"，而最有害的人在自己身上以及通过他的影响在其他人身上保存了本能。[1] 个体的偏见无碍于整体的公正，甚至是整体上的公正的执行者，沉溺于任何个体的偏见同时也是沉溺于整体的公正。

第三，尼采之所以呼吁正确地进入偏见，不仅仅是因为偏见代表了生命本能的极端强力，而且还因为一旦我们进入这个极端的强力，我们就会发现，极端的强力同时也蕴含着极端的温柔。尼采认为对立双方的转化并非要跨越极度遥远的距离才能实现，而是当我们向着一个方向推进到极端，就会发现物极必反，我们向着相反的方向

---

① 尼采，《快乐的科学》，前揭，节 1。

张开了眼睛。因此，对于尼采来说，偏见的最重要的品质不仅仅在于偏见固定了生命维持和提高的条件，是生命的力量之源，更在于偏见一旦被推进到极端就会发现它同时将自身的反面包含在内。在一个偏见之内，人们可以通过偏见的顶点实现从一个偏见到另一个偏见的极端运动，从而将偏见的力量和偏见转换的轻捷结合在一起，使最固定的东西同时成为最流动的东西：

> 我们非道德论者——在今天，我们是为了取胜而不需要任何盟友的唯一力量：因此，我们乃是强者中的强者。我们根本就无须说谎：有不说谎的势力吗?！一种强大的诱惑为我们而战，这也许是世间最强大的诱惑了——真理的诱惑……真理吗？是谁把这个词塞进了我的喉咙里？但我又把它吐了出来；不过，我算是羞辱了这高傲的字眼：不，我们也不需要它，没有真理，我们照样会获得权力，走向胜利。为我们而战的魔术师，会使我们的敌人晕头转向的维纳斯的媚眼，这乃是最高的魔法了，是无所不用其极的诱惑：我们非道德论者——我们是极端的人……。①

因此，尼采呼吁的不是"容忍"或"保留"我们或好或坏的偏见，而是"沉溺于"我们的或好或坏的偏见。在上面这

————————

①　尼采，《权力意志》，前揭，页281—282。

条著名格言中,尼采自称拥有的魔法并不是从一个极端观点到达另外一个极端观点的长距离摆动,而是在一个极端的观点中如何必然已经包含了另一个极端的观点,在上升的曲线中如何必然也包含了下降的曲线。极端的偏见在达到顶点的瞬间移形换影,要求义无反顾地通过推进偏见而消除偏见。这比跨越遥远距离的外在克服和转换更令人眼花缭乱,所以尼采称其为"最高的魔法"和"维纳斯的媚眼"。对于尼采来说,极端意味着诚实、自败、自失,也意味着重生和自救。

尼采表示,对于所有过去的哲人来说,真理是最强大的诱惑,道德是最大的诱惑,但是他不再需要这种诱惑手段,真理放进他的嘴里但又从他的嘴里吐出,因而尼采不是通过真理而是通过与真理嬉戏的生命运动获得权力和胜利。所有的哲人都对真理和道德有所依赖,而极端的人是唯一不需要盟友的人。真理和道德出现了,随即又被取消了。我们看到,在尼采那里,偏见如何援引沉重同时又克服沉重。尼采自豪地说,他因此超过了迄今为止的所有哲学,因为包括怀疑论在内,所有的哲学都以单一的重装命题护体,都以道德和真理为最高价值。[1] 尼采则以与最沉重的东西嬉戏和舞蹈作为力量之源。

在这个意义上,我们在一定程度上可以说,偏见不仅具有物种保存上的内在的公正合宜,而且还通过极端的魔法将"公正"内化了。但是,从偏见到公正还有一个更

---

[1] 尼采,《权力意志》(商务),前揭,页 1053。

大的第四个视野。对于这个视野,尼采总是在争取,但从来也未曾完全获得。不过,这也许并不是因为尼采自己的思想的局限性,而是由于偏见和公正思想本身的性质。也许我们可以说,尼采不仅以对公正的视野和指向而表明了他的公正,而且还因为他没有让这种公正变成现实的公正,而让其最终停留在视野和指向中,更表明了他的节制和公正。

我们看到,在关于偏见的物种公正之后,尼采指出,这种公正仍然没有达到最终的解脱和清白:

> 可是,你永远找不到这样一种人,他懂得全面嘲讽甚至处于最佳状态中的你,嘲讽你这个人,能在真理许可的范围内让你充分明白你那像苍蝇、青蛙一样的无边无际的可怜状况！就像你要为了真理的缘故而笑,因而不得不笑的那样,笑你自己——要做到这一点,最优秀者至今都没有足够的真理意识,最有天赋者所具有的天才也太少太少。……现在生存的喜剧尚未"意识到"自己,现在始终仍然是悲剧的时代,道德和宗教的时代。①

但是,尼采的思想指向这样一个最终的解脱和清白,指向真正"快乐的知识"。在这个意义上,尼采思想具有一个"宇宙学的中心"。在谈到尼采晚年的手稿时,维茨巴赫

---

① 尼采,《快乐的科学》,前揭,节1。

认为,"肯定还没有一本哲学著作具有一个如此超越人类的中心点",虽然也许是出于敬畏,这个中心点就像上帝那样注定是说不出和看不见的。① 尼采认为,从这个中心出发看待世界和人类,这对人类来说是困难的,但也不是完全不可能:

> 这不是我们看事物的视角:但是,它是类似我们的、更伟大的生物的视角:我们可以朝他的图像里面看。②

换句话说,我们无法完全采取这种更伟大的视角,但我们可以竭力"望入"这一视角。从这一更广大视角出发,人类被被置回"墙角站立者"的位置:

> 世界的价值可能比我们所相信的大得多——我们必须识破我们的理想的幼稚性,也许,在给予世界最高解释的意识中对我们人类的生存甚至连一个普通低廉的价值也不曾给予。③

因此,人就像是神的梦境中的人,他可以但也仅仅可以竭力猜想神的梦境。④ 早在《悲剧的诞生》中,尼采已经指

───────────

① 维茨巴赫,《尼采的哲学"主楼"》,载尼采著,维茨巴赫编,《重估一切价值》,前揭,页 38。
② 尼采,《重估一切价值》,前揭,页 349。
③ 尼采,《重估一切价值》,前揭,页 38。
④ 尼采,《重估一切价值》,前揭,页 300。

出,这种猜想既是让我们人感到骄傲的理由,也是让我们人感到谦卑的理由。①如是,人类的公正具有一个外在的超人类的基础。

权力意志的量的增加或有助于我们竭力接近这种视角。尼采曾经描述一种"权力意志的马基雅维利主义"。在各种被压迫者和奴隶那里,它表现为求"自由"的意志;在较强者和权力增长者那里,表现为追求超级权力的意志,而如果没有成功,则追求"平等";而在最强者、最富有者、最独立者、最勇敢者那里,表现为"对人类的爱"、"同情"、"自我牺牲"、显示自己委身于人。尼采带有讥讽的语调表明,这种自我放弃在某种意义上是虚伪的,也许顶多算是那理想的"公正"的一点影子。② 但是,尼采仍然对这种更多权力意志的视角不无赞美:

> 看在上帝的份上爱人——这是迄今为止人类所有情感中最为优雅、也最为遥远者。爱人,这要是没有某种神圣的意图背景,倒不如说是一种蠢行或兽行;这种爱人的癖好是从一种更高的癖好那里获得了自己的尺度,自己的成色,自己的盐粒和龙涎香粉的……③

---

① 尼采,《悲剧的诞生》,孙周兴译,商务印书馆 2012 年,节5。
② 尼采,《重估一切价值》,前揭,页 770—771。
③ 尼采,《善恶的彼岸》,前揭,节 60。

因此,尼采并没有否认这个宇宙方向,他实际上推进了这个宇宙方向,并在恰当的地方适时地停了下来。他最后暗示了这种遥望的有限然而现实的收获。例如,在讨论宗教人的内心世界的经历时,他承认,"或许自己内心就得深沉、博大、伤痕累累,就像帕斯卡的理性良知一样",但这还不够,然后还需要"绷紧的天幕,那天幕上的遍布着澄明而狡黠的才智灵性,居高临下地俯视着拥挤成一团的危险遭遇和痛苦经历,进行整理、归纳和公式化的硬性表述"。在抱怨没有人来帮他做这事,这样有能力帮他的人任何时候都不太可能出现之后,他又以退为进地结束了这条格言:"抱歉!我其实想说:热爱真理,会在天上获得回报,而且在地上已经获得回报了。"①

第五,从偏见到公正的转变可以被理解为一个从生存斗争、你死我活的"偏见"(尤其是成见)世界到为了更多权力而斗争的权力意志斗争的"公正"世界的转变。在尼采看来,生存斗争确实是存在的,但并非如人们所理解的,是动物和人类的普遍状况,而是一种极限情况。通常来说,生命既已存在,便不会追求存在,而是追求更多权力和更多权力的释放。在精神领域尤其如此:

> 观念和感知之间进行的不是一种生存斗争,而是争夺统治地位的斗争——被克服的观念并没有被

---

① 尼采,《善恶的彼岸》,前揭,节45。

消灭,而只是被遏制或被驯服了。在精神领域不存在什么消灭……①

超出甚至是假想的极限情况,人类处于一个超越的公正的世界中,这个世界超出了生存的毁灭或死亡,而永远处在"公正"的运动中,最弱者会成为最强者,奴隶也有机会当一回主人。翻盘的机会永远存在。权力意志永恒复返。由于尼采对权力意志及其冲突的界定,在诸权力意志之中,强弱乃是一个相对和动态的概念,并无绝对的支配和消灭。因此,强者将有其弱,弱者亦必有其强。在某个方面成为强者就意味着同时在某个方面成为这个强者之"弱",而在某个方面成为弱者也就意味着获得这个弱者之"强"。这个世界是偏见或任何权力主张的外在的"公正"世界。

不仅如此。第六,从根本上说,实际上主人或奴隶这里都不重要。如海德格尔所说,重要的是,这里存在的是使"主人"或"奴隶"等的地位、位置成为可能的一种预先的分配:

透视性的领域是如何形成的呢?那是因为——借助于某个有机体——并非某个生物,而是斗争本身意愿保存自身,意愿增长并且意愿意识到自身……人是一个标志,表明何种巨大的力量能够被

---

① 尼采,《权力意志》(商务),前揭,359。

发动起来,通过某个渺小的生物而具有多样性的内
容……与星辰游戏的生物。①

这条笔记表明,"公正"不仅在某种意义上被内化了,而且
也在某种意义上被外化并有其外在的"基础";但这种基
础不仅不是"人类中心"的,而且更深一层,是基础中的基
础,是通过悬置而奠基的基础。"优势境域"是谁的优势?
或者是对谁的优势? 海德格尔认为,尼采的这种预先分
配的"公正",代表遮蔽统治大地的形而上学发展到顶点,
但按照尼采的一种说法,透视性的领域并非某个生物要
通过斗争保存自己,而是斗争本身通过某个生物保存自
己,通过一个"渺小的生物而具有多样性的内容",巨大的
力量被发动起来,渺小的生物与星辰游戏。

　　若以柏拉图为例,则可以说,柏拉图所谓正义的城邦
意味着统治者、武士、生产者都各自实现自己的德,既可
以理解为这样分别体现的各部分之德构成城邦整体之德
即正义的前提,前者是原因而后者是结果,但也可以理解
为前者是后者之体现,是后者之结果,因此,二者并非平
面关系而是立体关系或显隐关系。与此类似,作为更基
础层次的"预先的分配",尼采的"公正"也可理解为使诸
偏见成为可能的隐性秩序,而非诸偏见结构形成的现实
秩序。或者说,诸偏见结构形成的现实公正秩序(如果可
以形成的话)在根本上依赖于形成诸偏见的非现实隐性

_____

① 尼采,《权力意志》(商务),前揭,页 40。

公正秩序。看似人类主体或主体间公正秩序的东西具有一个超人类的公正基础，一个非基础的基础。

第七，换个角度看，也许偏见并不需要如此多方证明，因为任何"生成"本来都是无辜的，如果没有大全和整体，那么，偏见和部分也就不再是偏见和部分：

> 愿望的立场、未被授权的法官游戏的立场，这也属于事物之进展的特征，任何不公正和不完美状态亦然。这就是我们实现不了的关于"完美性"的概念。任何想要得到满足的欲望都表现出对事物现状的不满：如何呢？也许是由完全不满足的、满脑子都是愿望的各个部分组成了整体？难道"事物之进程"就是"离开这里！离开现实！"就是永远的不满足本身吗？莫非愿望就是驱动力本身？就是——deus［上帝］吗？①

尼采主张，面对虚无主义，我们必须将大全粉碎掉，"为着最切近的东西、属于我们的东西"——我理解也就是我们的偏见、片段和瞬间——取回我们已经赋予未知之物和整体的东西。尼采用来粉碎大全的一个武器是"永恒复返"，被永恒复返加持的每一个无论好还是坏的瞬间、片段、偏见都是自身挺立的，都神圣地永恒复返，而禁止这一切的上帝和大全转瞬不见了。正如扎拉图斯特拉的宠

---

① 尼采，《权力意志》（上海人民版），前揭，页212—213。

物在宣讲永恒复返时所唱的:存在开始于每一个瞬间;彼
处之球围绕着每一个此处旋转。到处都有中心。永远之
路是曲折的。① 有解读者说,宠物的宣讲和侏儒的宣讲
一样让扎拉图斯特拉不满。但是,若如尼采上面所言,不
满足不是应该的吗? 不满足不就是尼采所说的"上帝"
吗? 扎拉图斯特拉岂不是满足于自己的不满足和欣喜于
自己的恼怒吗? 侏儒和宠物以自己的方式提供了扎拉图
斯特拉所需要的。

但是,第八,扎拉图斯特拉的不满同时又是真正的不
满。在扎拉图斯特拉看来,宠物和侏儒确实将永恒复返
学说弄得太容易了,而我们也可能头脑简单地错误认为,
每一个片段每一个瞬间都是孤立地永恒复返,在永恒的
复返中形成了同一物的孤独的链条,从而自己给自己盖
上封印。在尼采看来,我们在每个瞬间的生存超出了每
个瞬间本身,自我不是多环节链条上的一个单元,而是链
条本身:比起多环节链条上的单元,自我要多出千百倍;
自我就是链条本身,完完全全;类乃是对这一链条的多样
性及其局部相似性的一种单纯抽象,是一种错误解释的
结果。② 我们比个体更丰富,是整个链条,还带有这个链
条的全部未来的使命。③

因为这个原因,相比之下,扎拉图斯特拉认为魔鬼对
永恒复返的描述是带有神圣性的描述:

---

① 尼采,《查拉图斯特拉如是说》,前揭,页 259。
② 尼采,《权力意志》(商务),前揭,页 613。
③ 尼采,《权力意志》(商务),前揭,页 389。

　　如果某一个白天或夜晚,一个魔鬼偷偷尾随你进入你最孤独的孤独中来,对你说:"你现在过的、曾经过的这种生活,你将不得不再一次并继而无数次地去过;其中将没有任何新东西,而是每一种疼痛、每一种喜悦、每一种思想和叹息,以及你生活中非语言所能表达的大大小小的一切,都必然回到你这里来,而且一切都是以同样的次序、顺序回来——甚至这只蜘蛛,甚至这道树荫之间透过来的月光,甚至这个时刻,甚至我自己都同样回来。生存之永恒沙漏一再被颠倒过来——而你,一小粒尘土,伴随它一起!"

与侏儒和宠物的表述相反,魔鬼所描述的是瞬间和自我所连带的一切及其相似永恒复返,因此这带来了"最重的重负",但这种重负同时又是轻快可喜的,因而赢得了扎拉图斯特拉的高度称赞:你是一位神,我从未听到比这更神圣的话呢! 诚然,这话可能压垮听到的人,但这话也可以让听到的人变得前所未有地善待自己和生活,"渴望这一永恒的最终的确证和封印,超过渴望其他任何东西"。①

　　因此,永恒复返的不是"瞬间",而是连带的所有其他过去和未来的场景,一个现象学所谓的有延展的当下,瞬间或两条相反方向的笔直的道路也不见了。发生的事件

――――――――――

　　①　尼采,《快乐的科学》,前揭,节341。

和行动及其序列既是当下的,也是永恒的,是永恒当下
的。如此,才能真正如西美尔所说,通过永恒复返的乘
法,尼采消除了行动只在这里、只在现在的展示所加给它
的内涵的偶然性。① 或如海德格尔所说,瞬间不是生成
海洋中转瞬即逝的一个浪花,而是过去与未来在此碰撞
之地。永恒复返的沉重在于瞬间的沉重,因为瞬间决定
着一切如何复返。②

　　但是,对尼采来说,瞬间又是轻省的。正确理解的当
下和瞬间不是纯粹的生成,但也不是纯粹的存在,而是给
所有生成打上存在的烙印。

　　　　给生成打上存在之特征的烙印——这是最高的
　　权力意志。……一切皆轮回,这是一个生成世界向
　　存在世界的极度接近——此乃观察的顶峰。③

给生成打上具有存在特征的烙印,让一个生成的世界极
度接近一个存在的世界,依靠的不是将生成加以固化甚
至取消从而突出存在,而是让同一物去而复返,返而复
去,因此只剩下生成和生命的"呼吸"作为真正的存在的

---

　　①　西美尔,《叔本华与尼采》,朱雁冰译,上海人民出版社
2009 年版,页 177。参孙周兴,《永恒在瞬间中存在》,载《同济大学
学报(社科版)》2014 年第 5 期。

　　②　海德格尔,《尼采》,前揭,页 327。参孙周兴,《永恒在瞬间
中存在》,前揭。

　　③　尼采,《权力意志》(商务),前揭,页 359—360。

核心挺立，而不是让通常的存在成为生命和生成的核心。
生命因而既是沉重的也是轻松的。尼采认为，通常的"存
在"和"理性"是建立在感觉偏见的基础上的，相信感觉判
断的真理性而意识不到它们是生命的谬误，而正确地加
以理解：

> "存在"是"生命"概念的普遍化，而"生命"（呼
> 吸）即"富有生机""意愿、作用""生成"。与之对立的
> 是："了无生机""不生成""不意愿"。①

在尼采看来，心灵、气息和此在（Dasein）乃是相同的存
在：生命就是存在（Sein），此外没有什么存在。② 这就是
同一物的永恒复返，这就是给生成打上存在之特征的烙
印，这就是一个生成世界和一个存在世界的极度接近。
这是尼采的"观察的顶峰"。

最后，正确地加以理解，海德格尔所谓尼采的"公正"
乃最大偏见的说法仍然固有其力量。我们迄今致力于证
明，在尼采的"偏见"背后存在着一种"公正"，但另一方
面，我们又必须说，尼采的"公正"同时又以一种根本"偏
见"或"偏见性"作为其基础，否则它就会像所有道德一
样，变成一种自以为是的东西，一种"神圣而无聊的东
西"。③ 因此，尼采思想中的公正概念和"公正性"首先指

---

① 尼采，《权力意志》（商务），前揭，页421。
② 尼采，《权力意志》（商务），前揭，页11。
③ 《朝霞》，节536。

向和回归的是其自身的偏见和偏见性,它首先意味着,它必须永远能够以各种不同的方式对自身的"公正"保持公正。无论如何,偏见和偏见性永远都作为可能性与"公正"并立共存。尼采的"公正"实际上不能——并且也不愿意——免除海德格尔的批判。

《朝霞》中的偏见与公正

下面我们再具体给出一个例子,看看尼采在《朝霞》中所划出的道德运动的曲线,以及哲人所能采取或渴望采取的轻盈的运动方式。

尼采批判传统哲学的道德成见和成见道德,但这并不意味着要完全放弃这种道德,因为这种道德对于普遍性的追求代表了生命的一个面向。并且,在尼采的永恒复返中,被克服的一切也都同样复返。总之,生命不仅需要维持,需要视野狭隘化,而且也需要提高,需要扩展视野,建立尽可能大的透视偏见领域,在这个时刻那个时刻形成支配性的统治关系。最重要的,尼采需要去掉过去哲人们的伪装和掩饰,通过将它们推进到极端的方式完成它们和克服它们。《朝霞》的副标题为"关于道德偏见的思考",而在《快乐的科学》中,尼采自称,"关于道德偏见的思考"实际上或许应该称为"关于道德偏见的偏见"。①

─────────────

① 尼采,《快乐的科学》,前揭,节380。

因此,尼采首先继承这种从狭隘生命中解放出来、扩展和扩张自己的道德冲动,只是不再使用伪装普遍性和虚假声称的方式,而是用真诚、勇敢和正直取而代之。因此,尼采呼吁,我们要通过更多道德克服道德:

> 道德信仰在本书中失去了位置,但其理由不是别的,恰恰就是道德本身! 如果不是道德,我们又该如何称呼那种策动本书、策动我们的慨然之气呢? 因为我们本来倾向于更朴素的表达。无可怀疑,一种"汝应"的声音同样在我们心中响起,一道严厉的道德星光同样在我们头上闪烁——此乃道德的最后的可见光,它仍然照耀着我们最后的道路,因而至少就此言之,我们仍然是良知之人;……正是作为这种良知之人,我们这些现代非道德论者和不信上帝者才会觉得自己仍然与长达千年的德意志正直和虔诚联系在一起,即使是作为它最成问题和最不可救药的后代;在某种意义上,我们确实是这一传统的继承者,它的最内在意志的执行者——这种意志,如前面所说,是一种悲观的意志,它无畏地否定自己,因为否定就是它的欢乐! 在我们手中完成了——用一句时髦的话说——道德的自我扬弃![①]

因此,尼采认为,在逐渐老去的文化及其迟钝暗淡的肃穆

---

① 《朝霞》,"前言"节 4。

之上,我们自由精神所独有的"正直"的美德,将闪耀光芒。

但是,我们的美德仍存在危险,过度道德化的危险。为了自我克服,我们不仅需要更多的道德,有时还需要更少的道德。如果有一天像迄今为止的哲人们一样,我们的正直也变得倦怠了,叹着气伸着懒腰觉得反思和审慎对我们太强硬了,而希望过得更舒服、更轻松、更温情,仿佛是一种惬意的恶习,那么,作为廊下派的否定者同时也是继承者,作为最后的廊下派,让我们不要屈服,让我们保持我们的强硬,[①]首先是对我们自身的强硬的强硬:

> 拇指夹。——总是一而再再而三地看到,每个人都拿他的私人美德找那些碰巧没有它们的人算账,看到他如何用它来夹疼他们、折磨他们,最后就让人出离愤怒了。因此,如果我们想用"真诚感"来干同样的事,那我们就人道点——我们把这个拇指夹用在我们自己身上实验下!因为为了把所有这些伟大的自私者——他们直到现在还想把他们的信仰强加给整个世界——夹得痛到流血,人们肯定拥有对付他们的拇指夹。[②]

---

① 尼采,《善恶的彼岸》,前揭,节 227。
② 《朝霞》,节 536。

对我们自身的强硬保持强硬,这意味着温柔,意味着不那么强硬,意味着对自己的美德有所保留,在廊下派的强硬后面强硬地打上尼采认为更真诚的"小小的问号",而不是让我们的强硬变成了一种习惯性的舒服。尼采警告自由的精神,不要让自己的正直像所有美德一样,最后变成了自己的虚荣、装饰和奢靡,局限和愚蠢,不要让自己的正直最后成了一种神圣而无聊的东西。[①]

现在,我们看到,尼采通过将道德透视或道德偏见推进到极端而展现"最高的魔法"和"维纳斯的媚眼"。最后道德透视偏见的毛毛虫甚至破茧而出,变成蝴蝶,展开它那流光溢彩的翅膀:

这整个哲学,其所有道路都迂回曲折,它意欲通往何方? 它所做的一切,似乎都只是把一种持久而强大的欲望改写成理性:对和煦的阳光,清澈而活跃的空气,南方的植物,大海的呼吸,稍纵即逝的肉、蛋和水果食物,饮用的热水,镇日无声的漫游,简短的谈话,罕见而谨慎的阅读,离群索居,清洁的、简朴的和几乎战士般的生活习惯,总之,对一些刚好最适合我的口味和刚好对我的健康最有益的事物的欲望? 也许哲学根本上是个人的一种饮食本能? 一种通过我的头脑的迂回曲折之路,寻找我的空气、我的高空、我的气候和我的健康方式的本能? 当然,存在着

---

① 尼采,《善恶的彼岸》,前揭,节227。

许多其他的、也一定具有更多的更高级的庄严的哲
学，[324]而不仅仅是那些比我的哲学更阴暗和更苛
求的哲学——但是，也许它们也统统只是类似个人
欲望的迂回曲折的理智之路？——然而，就在同时，
我用新的眼睛看到，一片布满岩石的海岸，生长着许
多奇花异草，一只蝴蝶神秘而孤独地在它们之上高
高的飞舞：它飞着，舞着，一点也不关心它只能再活
一天，它翅膀的柔嫩脆弱将不能承受夜的寒冷。也
许，我们也可以为这只蝴蝶找到一种哲学：哪怕它可
能与我的哲学完全不同。——①

尼采并没有宣称，他已经拥有这种哲学——这不是他拥
有这种哲学的方式，这不是这种哲学允许人们拥有它的
方式。尼采的上述表述方式告诉我们，他也怀疑自己的
哲学，希望另外完全不同的哲学，而他并不认为自己可以
完全拥有这种哲学。换句话说，尼采同时缺乏却又拥有
这种哲学，不断失去和不断重新拥有这种哲学。在《快乐
的科学》中，尼采这样描述他探讨真理的方式：

我探讨深刻的问题，就像洗冷水澡——快进快
出。说我因此而到不了深水中，说我没有往下达到
足够的深度，这是怕水者，那些冷水之敌的迷信，他
们无经验可谈。哦！寒气逼人让人快速行动！——

---

① 《朝霞》，节553。

　　顺便说一句：一件事情真的由于它仅仅在转瞬即逝
中被触及、被看到、被注视，就不会被理解、被认
知吗？①

稍纵即逝的事物，迅速进入又迅速出来的冷水澡，有限的
才是完美和不可克服的，短暂的才是宝贵的和永恒的：与
斯宾诺莎和笛卡尔的幼稚的永恒不变之物的价值相对立
的，是最短促而易逝之物的价值，是生命这条长蛇肚皮上
闪烁的诱人的金色光芒。② 有一些真理特别羞怯，特别
敏感，为了捕捉它们，我们不能像老母鸡孵蛋一样纹丝不
动地坐在上面。③ 真理是一个女人，教条主义者因为他
们表现出来的可怕的一本正经，因为他们的笨拙和粗鲁
的举止，注定无法赢得她的芳心。④

浪　　涛

　　过去的哲学和宗教思想家用广度和长度来克服强
度，但他们的广度和长度是稀薄的，这促使他们不诚实地
进行掩饰和伪装。而尼采反其道而行之，用生命的强度
来克服过去哲人们的广度和长度，世界和永恒，同时承

---

　　① 尼采，《快乐的科学》，前揭，节 381。
　　② 尼采，《权力意志》（商务），前揭，页 220。
　　③ 尼采，《快乐的科学》，前揭，节 381。亦参《善恶的彼岸》，
前揭，"序"。
　　④ 尼采，《善恶的彼岸》，前揭，"序"

认,主观就是主观,短暂就是短暂,而由于既然不再有一个超越的客观和永恒来裁定"主观"和"短暂","主观"也就不再仅仅是"主观","短暂"也就不再仅仅是"短暂","偏见"也就不再仅仅是"偏见"。尼采用浪涛来描写权力意志和生命。作为生命的象征,浪涛既不是主观的也不是客观的,既不是短暂的也不是永恒的,它在升起和落下之间忘记了这一切,它就是它自己,或者说,它因为主观而客观,因为短暂而永恒。浪涛升起又降落,涌起的曲线伴之以下降的曲线——这正是使生命完美的双重曲线。

对瓦雷里来说,生命是一个矢量:弦响使我生,箭到使我丧命(《海滨墓园》)。对尼采来说,生命是一个浪涛,涌起又落下。生命就是在生与死、涌起和落下之间的存在。但在这个"之间"中,死亡和没落消失了,被转化了,变成了生命的一部分。在一曲生命之歌中,最沉重的东西变成了最轻盈的东西,最固定的东西变成了最流动的东西。死亡和没落不再是生命的外在终结者,而是变成了使生命完满和完美的句号:要获得光荣的人,必须及时跟荣誉告别而且练习一种高难度的本领,即在恰当的时候离去。①

尼采用浪涛来象征生命,象征生命强力而轻盈的运动。在题为"波涛与意志"的一条格言中,尼采描述了意志和波涛"共有的秘密":

———————

① 尼采,《查拉图斯特拉如是说》,前揭,"自愿的死",页78。

　　　　这个浪涛多么贪婪地接近，就好像在设法够着
什么东西！它如何令人恐惧的匆忙，爬入岩石悬崖
绝壁最深处的角落！似乎它要抢在某人前面先到；
似乎那里藏有价值，有很高价值的东西。——而现
在它回来了，慢了一点，仍然因不安而苍白——它失
望了吗？它找到它寻找的东西了吗？它是装作失望
的样子吗？可是另一个浪涛已经接近，比第一个浪
涛更贪婪、更疯狂，甚至它的灵魂似乎都充满秘密和
挖掘宝藏的渴望。这就是浪涛的生存，这就是我们
这些欲求者的生存！

在形而上学炯如太阳的目光下只能呈现为片段和有限的
浪涛，在尼采的偏见转换主义中呈现为完美的存在形式。
高高地涌起又高高地落下吧，生命的浪涛！你的上升同
时也是你的下降，你的偏见同时也是你的无私。因此，在
尼采所描述的最高浪涛的生存中，置身事外的认识、四海
普照的宁静目光彻底被抛在脑后，偏见被提高到了最大
的程度：

　　　　你们这些美丽的野兽……尽可能提升你们绿色
的身体，在我和太阳之间构成一道墙——就像现在
一样！真的，世界已不再有任何东西留下，除了绿色
的朦胧和绿色的闪电。[1]

————————

[1]　尼采，《快乐的科学》，前揭，节 310。

当偏见提高到最大程度,公正也提高到最大程度,因为上升的浪涛的顶点同时也是下降的浪涛的顶点。在尼采看来,恰恰是在最高力量的浪涛中,而不是在置身事外的平静的目光中,人才能拥有大海。在《扎拉图斯特拉如是说》中,扎拉图斯特拉宣讲"超人",他宣称,人是一条不洁的河流,只有成为大海,才能容纳不洁的河流而不至于污浊。人追求的"幸福"是"贫乏、不洁和可怜的安逸",道德是贫乏、不洁和可怜的安逸,理性是贫乏、不洁和可怜的安逸",人们珍视的正义和同情也是不重要的。人们所能体验到的最大事物就是大轻蔑的时刻,在这个时刻,甚至幸福、理智、道德,正义和同情,也让人感到恶心。这个时刻是成为大海的时刻。但是,你到哪里去寻找这大海呢?

　　　　"人的所有伟大和最伟大的江河究竟流向何处?难道没有为它们而存在的海洋?"——你成为这种海洋:那么,这种海洋就存在了。①

人必须成为大海,才能获得大轻蔑的时刻,而在涌起的浪涛的力量和快乐中,在沉浸于意志和主观的内在激情之眼中,而不是在理智人的高冷的目光中,他变成了大海。柏拉图的太阳变得遥远而不真实,他的周围只有绿色的朦胧和绿色的闪电。

---

　　① 尼采,《重估一切价值》,前揭,页 1012。亦参《查拉图斯特拉如是说》,前揭,"查拉图斯特拉的前言"节 3。

同样是在《扎拉图斯特拉如是说》中，尼采嘲笑追求纯粹认识和无私静观的人，认为纯洁和纯粹恰恰在于敢于追求创造和生育、爱和毁灭，而不是让一个形象仅仅停留在形象。尼采将这些声称对事物没有任何要求的纯粹的"静观者"比作苍白、冰冷的月亮，虽然也鼓着肚子像怀孕一样躺在地平线上，用怯懦和好色的眼光抚摸大地，却永远不会生育。在这个意义上，柏拉图的太阳并非真正的太阳，实际上是月亮。当真正的太阳带着创造者的欲望和对大地的爱降临，月亮的把戏结束了，真正的太阳和波涛的运动开始了：

> 太阳要在海上狂吸，把深海的水吸到她自己的高空：这时，海的欲望竖起成千的乳房。大海情愿让太阳的焦渴吻它，吸它；它情愿化为大气、高空、光的道路和光本身。①

济慈在自撰的墓志铭中称自己为"一个将名字写在水上的人"，感叹声名之易逝和虚妄。但若将尼采的观点加以引申，我们也可以说，济慈的创作表明，用诗歌的风暴写在水上的名字才是不会消逝的名字。黑塞在诗中则说，我们的心绝不爱僵死和永久的事物，而是爱流动、爱飞逝、爱生命，爱一切将要消失的事物，就像爱风儿在沙上写下的字迹，并且爱的宽广而忠贞，从而与时间结亲，

---

① 《查拉图斯特拉如是说》，前揭，"无玷的认识"。

永不停留。

　　总之,用尼采自己的话来说,在我们的偏见及其克服之间的关系是这样的:人类理智不得不从自己的视角方式来看自己,看一切。我们不能绕过自己的角落来观看:想要知道对于其他种类的理智和视角来说可能还存在着什么,这是一种无望的好奇心:例如,是否有某些生物能够感受到时光倒流或者交替进退。但是,另一方面,我们今天至少远离于那可笑的苛求,就是从我们的角落出发下达命令,说人们只可以从这个角落来获得视角。相反,世界对我们来说再度变成"无限的"了。世界本身包含着无限的阐释。①

　　尼采也将偏见及其公正称为"短暂的习惯"。对尼采来说一种完全没有习惯的生活是不可忍受的,一种持续地要求即兴发挥的东西几乎就是他的流放地,他的西伯利亚。但是,另一方面他又憎恨那些持久的习惯,感觉一个暴君近在咫尺,使生活空气变得压抑。因此他爱短暂的习惯:我的天性完全是为短暂的习惯而备的……即便短暂的习惯也具有那种充满激情的信仰,即对于永恒的信仰——发现和认识到了这一点,我是会让人羡慕的:——而且它现在在午间和夜晚滋养着我,在它周围撒播一种深刻的满足感,并且深入我之中,以至于我不再另有所求了,或许也不必比较、蔑视或者仇恨什么了。而且有一天,它到时候了,结束了:美好的事物与我分离,并非

---

　　① 尼采,《快乐的科学》,前揭,节 374。

作为现在引起我厌恶的某物——而是平和地、在我身上获得满足，正如我在它身上获得满足一样，就仿佛我们必须相互感谢、就此握手道别似的。而且新东西已经等在门口了，我的信仰亦然——那牢不可破的愚笨和智慧！——这种新东西会成为正确的东西，是最晚近的正确的东西。①

恰恰是勇敢投身于时间之流中的东西才会获得不朽，即所谓"运动的不朽"，在尼采看来这才是"真正的不朽"：

> 人的每个行为都以某种方式成为其他行为、决定、思想的动因，发生的一切都和将要发生的一切牢不可破地紧密联系，那么就不难觉察到什么是真正的不朽。这种不朽乃是运动的不朽：曾经运动的东西会像琥珀中的虫子那样置身于万有之中，并得以永生。

就作者来说，每个作家都会不断惊讶的发现，写完的东西一旦脱离他就会获得独立的生命，走上自己的道路。也许他彻底忘了那本书，也许他超越了他在那本书中表达的思想，也许他现在自己也失去了当初构思时的飞翼，觉得那本书难以理解了。但就在这时，那本书却在寻找新的读者，点燃生活之火，给人快乐，让人震惊，刺激创作，

---

① 尼采，《快乐的科学》，前揭，节295。

成为种种意图和行动的灵魂。作者当年创造生命、赋予力量、带来提升和启蒙作用的思想和情感通过作品而得以延续,比作者活的更长久。作者成了灰烬,火种却保存下来并四处蔓延。①

朝　霞

《朝霞》以"无数的朝霞,还没有升起"作为开篇题记,而其最后一条格言则宣称,"我们"飞行的方向乃是"太阳落下的方向"(节 575)。"朝霞"因此表明自己同时也是晚霞。而晚霞意味着黑夜即将降临,意味着明天和另一个早晨开始上路。尼采的朝霞因此是永恒的朝霞,永恒复返的朝霞。尼采的朝霞,也为你我他升起。无数的朝霞,还没有升起。②

尼采在书中还将"朝霞"描述为某种真正的燃烧:

> 凤凰鸟给诗人看一卷正在燃烧着并变焦的东西。它说:"别惊慌!这是你的作品!它没有时代精神,更少有反时代精神:因此,它必须烧掉。不过,这是一个好兆头。它具有朝霞的某些性质。"③

在尼采看来,某种东西只有少数人甚至一个人寓目游心;

---

① 《人性的,太人性的》(上),前揭,页 176、177。
② 《朝霞》的题记,尼采引自《梨俱吠陀》。
③ 《朝霞》,节 568。

某种东西如惊鸿照影只存于刹那之间——这并非永恒的伤心，而是永恒的安慰。① 曲高知音稀，君子怀璧，其惟春秋；皎皎者易污，尧尧者易折，彩云易散琉璃脆，美好的东西稍纵即逝，但美好并不因之失其为美好，反而恰恰因之而成为美好。灵魂过于充实的人会忘却自己，因此万物都成为他离去的机缘。② 青春没有皱纹，"神所钟爱者早死"——人所钟爱的一切也如是。③ 在我们与那因为负载一滴露珠而颤动的玫瑰花苞之间，有什么共同之处呢？④ 美的声音如此细微，它只悄悄潜入最警醒的灵魂。⑤ 不是写下的作品，不是作品中的时代精神或反时代精神，而是作品凤凰涅槃式的焚烧，让我们在瞬间获得了某种具有朝霞性质的存在。朝霞只存于刹那之间，是美好的但也是短暂的。朝霞因其美好而短暂，因其短暂而美好。

　　伊壁鸠鲁说，人都恐惧死，但死其实与人不相干，因为一切的好与坏都在感觉中，而死是感觉的剥夺。当我们活着的时候，死还没有来临；当死来临的时候，我们已不存在了。所以，死既与活着的人无关，又与死去的人无

---

　　① "与永恒不变之物的价值……相对立，乃是最短促易逝之物的价值，是生命这条长蛇肚皮上闪烁着的诱人的金色光芒"——《权力意志》（商务），前揭，页220。

　　② 尼采，《查拉图斯特拉如是说》，前揭，页11。

　　③ 神所钟爱者早死，这适用于一切事物，它们因此得以永生。最珍贵的东西无需像皮革一样坚固耐久——尼采，《悲剧的诞生》，前揭，节21。

　　④ 尼采，《查拉图斯特拉如是说》，前揭，"论读与写"。

　　⑤ 尼采，《查拉图斯特拉如是说》，前揭，"论道德家"。

关。因为人们在想象中比较才会有死亡,但如果不在想象中抽象比较,也就没有死亡。也因此,只有在想象中的死亡才是真的死亡。这样的人当他们活着的时候已经在某种意义上死去了。尼采说,死亡并不是人生中发生的最重要的事情,许多人在死亡最后到来之前已经死去很久了。并且——也许我们可以说——他很可能是由于恐惧死亡而早早死去的。那些活的最好的人恰恰是那些对生命最不在意的人,而所有"作品"的作者,当其作品完成之时,都会相信,他们的目标已经达到,可以耐心地接受死亡:我们已经成熟,可以往这条路上去了。这不是生命疲惫的表现,而是生命饱满圆润的曲线。① 人可以通过沉溺在自身中,通过沉睡在他的热情中,通过"活够了",通过得享天年,而藏身于生成的波涛之中,而获得"运动中"的永恒。

在尼采看来,偏见虽然固执一隅但同时又具有天然的多样性和动态变化。尼采不畏惧用偏见来裁决偏见,同时尼采也坦然接受其他偏见的裁决和评判,因为在他看来,生命就意味着互相斗争,互相裁决。② 这种裁决是不断变动的而不是永恒的,裁决者在某个时刻也会成为被裁决者,而被裁决者在某个时刻也会成为裁决者。③

---

① 尼采,《快乐的科学》,前揭,节 376。

② 一切生命都是趣味和口味之争——前揭,"崇高的人们"。

③ 支配中包含有对被支配的承认,服从中包含有反抗,有时位置会颠倒过来——尼采,《权力意志》,孙周兴译,上海人民出版社 2016 年,页 17,45。

生成者没有一个常数。① 因此，这种裁决也许不会产生某种超越而永恒的普遍性的东西。但确实会产生现实的短暂而特殊的东西。每一次裁决都是力量对比形势的一次瞬间固定。而因为力量对比是动态的，这种固定转瞬即逝，在下一刻就会发生变化。但片段和瞬间是我们要去追求的东西，而不是要克服的东西。整体并不是片段的总和，在每一个片段中都有全部的链条。它们就像转瞬即逝的音符一样，也有其长度、宽度和深度，是我们在运动和音乐中所追求的唯一的永恒。

关于如何读《朝霞》这本书，尼采也给出了自己的建议。尼采希望我们不要坐在书斋里，弓腰曲背，彻夜研读，而要在散步中，在旅途中，自由地、兴之所至地翻阅它，一次次埋下头去，一次次抬起头来，直到发现自己进入一个完全陌生的天地。②

总而言之，在尼采心目中，《朝霞》是健康之书，肯定之书，偏见之书，公正之书，犹如涌起的波涛和燃烧的朝霞。我们不妨按照尼采的指点，试着拿起又放下、放下又拿起这本书，直到有一天，发现自己进入了一个新的世界，找到了自己的浪涛和自己的朝霞。

---

① 尼采，《权力意志》（商务），前揭，页211。
② 《朝霞》，节454。

图书在版编目(CIP)数据

朝霞／(德)尼采著；田立年译. –上海：华东
师范大学出版社，2022
(尼采全集：注疏版)
ISBN 978-7-5760-3264-2

Ⅰ.①朝⋯　Ⅱ.①尼⋯②田⋯　Ⅲ.①尼采
(Nietzsche,Friedrich Wilhelm 1844—1900)—哲学思想
Ⅳ.①B516.47

中国版本图书馆 CIP 数据核字(2022)第 174661 号

华东师范大学出版社六点分社

企划人　倪为国

尼采全集·注疏版

朝霞

著　　　者　[德]尼采
译　　　者　田立年
校　　　者　刘丽霞
责任编辑　彭文曼
责任校对　王　旭
封面设计　卢晓红

出版发行　华东师范大学出版社
社　　　址　上海市中山北路 3663 号　邮编　200062
网　　　址　www.ecnupress.com.cn
电　　　话　021-60821666　行政传真　021-62572105
客服电话　021-62865537　门市(邮购)电话　021-62869887
地　　　址　上海市中山北路 3663 号华东师范大学校内先锋路口
网　　　店　http://hdsdcbs.tmall.com

印　刷　者　上海盛隆印务有限公司
开　　　本　890×1240　1/32
插　　　页　2
印　　　张　16.25
字　　　数　270 千字
版　　　次　2023 年 7 月第 1 版
印　　　次　2023 年 7 月第 1 次
书　　　号　ISBN 978-7-5760-3264-2
定　　　价　98.00 元

出　版　人　王　焰